经济管理学术文库 • 管理类

人气营商投资理论与实践

Investment Theory and Practice in Renqi Doing Business

陈敬东／著

图书在版编目（CIP）数据

人气营商投资理论与实践/陈敬东著. —北京：经济管理出版社，2018.11
ISBN 978-7-5096-6134-5

Ⅰ.①人… Ⅱ.①陈… Ⅲ.①市场营销学—研究 Ⅳ.①F713.50

中国版本图书馆 CIP 数据核字（2018）第 256593 号

组稿编辑：杨国强
责任编辑：杨国强　张瑞军
责任印制：黄章平
责任校对：王纪慧

出版发行：经济管理出版社
（北京市海淀区北蜂窝 8 号中雅大厦 A 座 11 层　100038）
网　　址：www. E-mp. com. cn
电　　话：（010）51915602
印　　刷：三河市延风印装有限公司
经　　销：新华书店
开　　本：720mm×1000mm/16
印　　张：19.75
字　　数：341 千字
版　　次：2018 年 11 月第 1 版　2018 年 11 月第 1 次印刷
书　　号：ISBN 978-7-5096-6134-5
定　　价：68.00 元

前　言

在56岁生日即将到来之际，人生的第一本著作终于与大家见面了，在我的学术研究生涯中，曾经写过100多篇论文和编写过几本书籍，但是，这本书让我无比激动和感激，它凝集了我30多年的教学、科研活动和50多年丰富的人生生活阅历、实践经验。随着时代的变迁，我们“60后”一代人经历了中国农业社会后期、工业社会整个历史进程和商业社会初始阶段。沿着这样的人生脉络和时代背景，站在社会发展新的时间节点上，深刻领悟人类利用自然规律过上幸福生活、挖掘技术享受物质生活、创新思维追求美好生活，从而推动社会进步。

本书沿着“营生”“营销”“营商”的思维体系，运用自然规律、科学方法、哲学思维，以心理学、行为学、社会学、管理学、经济学、金融学等学科为基础，系统地提出商业社会的核心是商业价值创造，创新地提出商业价值概念，商业价值=增值/损失。以人类认知心理学为出发点，从差异、差距和层次的思维跳跃到商业满意是倍增（减），度量、心理期望、比较价值、价值体系，构成了价值满意；从产品、顾客和关系的思维跳跃到人气的商业含义是关注，人气线、人气矩阵、心理周期、关注力、价值多元，构成人气对策；从价格、成本和关联的思维跳跃到币值的商业含义是平台，心理关口、心理预期、平台趋势、价值支撑，构成币值对策；从渠道、便利和反应的思维跳跃到金钱的商业含义是杠杆，心理阈值、心理承受、资产市值、价值引擎，构成金钱对策；从促销、沟通和回报的思维跳跃到权力的商业含义是契约，时间节点、心理空间、影响力、价值维数，构成权力对策；着重研究人们普遍关注的“三价”——房价、股价、物价核心人气线的投资理论和实践，并以此为切入点。只有每个国家的人们都正确地理解和识别人气线，运用好四个对策，不断创造倍增的商业比较价值，跳跃发展，才能引领商业社会发展，每个人能够有效投资就会过上美好生活。

从事商业投资活动以及生活在商业社会的人们应该阅读本书，以认识到创造商业价值是商业社会人们的共同追求，是社会的正能量，应大力提倡创新、创业。本书是从事商科学习的所有大学生、研究生、MBA和EMBA学生，创新创业的个人和团队，价值营商的政府和金融投资人士共同关注的一部著作。书中有很多新鲜词汇，可以引发人们的深入思考，是一本非常“烧脑”的书，需要读者非常用心地体会和感悟，才能理解其深刻的含义；只有循序渐进把握这些词汇，才能理解后续的有关人群营商和人口营商的两本书籍。本书与即将出版的另外两本书籍共同构成价值营商理论体系，填补价值思维理论研究的营商学空白，也是中国为哲学社会科学作出的一点贡献。

本书的写作基于我对于商业社会的理论、实践的抽象和深入思考，特别是传统营销理论思维的长期训练，商业社会中房价、股价、物价投资的丰富实践经验，以及近10年来EMBA的教学工作，使我的理论研究迈上了一个新的平台。能够写出这本书必须感谢近600名EMBA学生的陪伴和思维的碰撞，是他们对于这门课程的热爱，让我坚定信心继续讲下去，结果讲出一个大故事；感谢我的妻子和孩子，没有将我的思想消灭在萌芽状态，让我天天讲、时时讲，终于讲出一本书；感谢西安理工大学经济与管理学院这个大家庭，教师们的相互理解和宽容，给了我一个宽广的舞台，成就了“人气营商学”课程；感谢我多年的学术研究生，一直陪伴我进行思维的碰撞、海阔天空的漫谈，才有了这本著作；感谢经济管理出版社相关工作人员积极有效的工作，为本书的出版提出了许多宝贵意见，并付出了辛勤的劳动；感谢国家的“双一流”学科建设，它是我写这本书的重要支撑，本书得到了陕西省工商管理“双一流”专业的资金支持；特别要感恩的是我们生活在这样一个伟大的时代和伟大的国家，没有时代的变迁，我无法感悟这本书，没有伟大祖国的悠久历史、灿烂文化和经济的高速发展，我无法寻求研究的思想源泉和成功的动力、信心。

本书选择了一个全新的研究领域，涉及的学科门类较多，是跨学科的研究成果，也是对传统学科的一个挑战。同时，希望本书能够抛砖引玉，从一个新的视角出发，成为开拓营商学科研究的新起点，通过本书让读者在商业社会的创新思维下讲出“故事”，帮助人民追求美好生活，为真正形成全球人类命运共同体作出一点贡献。我的知识和阅历有限，书中错误和不足之处在所难免，恳请广大读者批评指正！我的邮箱：2274634176@qq.com。

陈敬东

2018年9月于西安

目　录

第一章　人气营商价值投资理论产生背景

第一节　社会发展变迁的规律性

对于“发展”这一词汇，尽管人们在频繁地使用，但很少有人对其内涵给出具体的阐述。发展问题最早出现在哲学家们关于宇宙形而上学的思辨之中，表现为一种世界目的性倾向。古希腊的哲学家们认为，世界是一个依据理性或“逻各斯”而运行的、合理的存在结构，其发展表现为一个向着终极的“善”的运动过程，而人作为一种理性的存在，可以通过对世界“逻各斯”的认识而把握世界的本质，继而推动世界的发展。在这一基础上形成了进步的观念，有了进步的信仰，再加上现代科学技术的突飞猛进，人类对于社会的进步抱有一种必然的观念，认为人类社会发展是必然的、自然的历史过程。由于人类社会变迁包含了人活动的内容，因此蕴含了对于价值的判断，在其中展现了人生存的意义和贡献。

社会变迁的漫漫长河中，社会形态的第一个阶段是围绕“地”进行的，人类需要生存就必须通过土地来保障供应。农业社会是以农业生产为主导的经济社会，土地是社会价值的基础，一切的经济社会运行都围绕着土地进行。在原始社会、奴隶社会、封建社会中，土地都是社会发展的绝对标志，历经几千年的农业社会中，土地一直是这段历史的见证者，也是推动农业社会一步步发展的重要动力。

土地能够给人类带来的东西越来越受到限制，迷信“天”已经阻碍了社会的进步，人们开始从探索土地的规律，发展到发现“天”的科学技术。技术的发展成熟推动社会进入更高级、高效、高规模的发展形态，满足更为复杂、丰富的需求成为处于该阶段的社会形态所要肩负的历史使命，伴随着隆隆的蒸汽机和西方国家几百年的多次科技革命，科学技术将这一形态的社会发展推向顶峰。最终土地和技术完成了社会发展变迁的历史使命，以人的价值思维创新为主的商业社会带领人们大踏步迈向新时代。

社会的发展归根结底是以人为主导推进的发展，只有淘汰了以规律和技术为社会基础、支撑的社会形态之后，人类才真正进入了靠人发展的社会，利用人们更快、更为丰富的思维变化和发展去克服土地及技术所带来的诸多阻碍，从保障人类生存的多样供给到满足人类不断丰富的利益需求，最终社会形态的发展是依靠人类的智慧创造更大的价值。

一、社会形态划分根源

19 世纪，英国科学家达尔文经过长期的研究，提出了人类是由一种古猿进化而来的，初步揭开了人类起源的奥妙，人类的进化现象可能是自然选择和环境作用导致的。

与自然界相比，人类社会显得纷繁复杂，五光十色的历史景象往往令许多思想家、哲学家眼花缭乱。面对变化万千的社会现象，有人认为社会是变化的、发展的，有人认为社会是重复的、循环的；有人认为社会是停滞不前的，有人认为社会是堕落退化的。纵观整个人类社会历史的发展演变，人们总会发觉它呈现出阶段性发展的态势，而社会发展形态划分根源的探究要回答的是从宏观上看整个人类社会历史按照某一特定标志可划分为多少个相对独立的历史阶段的问题。简言之，社会形态划分理论是多维度的。根据不同的标准可以将同一演变过程区分为不同的社会形态。

马克思根据作为社会主体的人的发展状况，把人类历史划分为人的依赖性社会、物的依赖性社会、个人全面发展的社会三种依次更替的社会形态。[①] 第一大形态是资本主义以前的生产方式，人的依赖性是第一大形态的主要特征，具体表现为片面的自给的生产能力、原始丰富而缺乏自主的活动、狭隘的地域性的社会联系、自然的需要、萌发状态的自由个性。第二大形态是“以物的依赖性为基础的人的独立性”的社会，其主要特征是“形成普遍的社会物质变换、全面的关系、多方面的需要以及全面的能力的体系”。这种形态对应的典型形式是资产阶

① 社会形态是指在一定社会发展阶段与生产力相适应的经济基础和上层建筑的具体的、历史的统一体。

级社会。第二大形态中人获得了较大程度的独立性和自主性，但这种人的独立性不是真正完全的独立，而是以物的依赖性为基础的独立性。随着世界市场的形成，人的交往范围不断扩大，使得人的社会关系高度丰富化、高度社会化、高度普遍化。第三大形态是“个人的自由而全面发展”的社会，也就是人类真正获得解放的“自由王国”（杨文圣，2012）。

在对人类社会历史进程进行研究与阐述时，马克思形成了五种社会形态理论：各个国家和民族在没有外来干涉的情况下，按其自然历史过程，一般都经历大致相同的发展阶段，即依次经历原始社会、奴隶社会、封建社会、资本主义社会、共产主义社会（社会主义是它的第一阶段）五个社会形态。在马克思的思想中，五种社会形态理论的划分依据是生产方式即生产力与生产关系结合体的不同，划分标准是生产关系的核心，即所有制关系。

随着经济全球化和现代科技革命的发展，特别是科技成果在全球范围内的广泛应用，科技的影响力越来越大，已成为社会进步的主要标志、现代社会进步的决定性力量。以至于一些学者强调应从科学技术作用的角度划分不同的社会发展阶段，反对唯物史观基于生产方式尤其是基于生产关系对社会形态和发展阶段所做的划分。美国政治哲学家丹尼尔·贝尔在 1973 年出版的《后工业社会的来临——对社会预测的一项探索》一书中，对“后工业社会”系统地进行了论述。他根据技术的变化，即按照技术中轴原理，将人类社会的发展区分为前工业社会、工业社会和后工业社会三个发展阶段。1959 年，美国社会学家丹尼尔·贝尔第一次提出“后工业社会”概念；1962 年撰写了《后工业社会：推测 1985 年及以后的美国》，强调“智能技术”的重要性，后经过不断的修改，这篇文章在 1964 年哥伦比亚大学召开的“技术与社会变革讨论会”上发表；1973 年，丹尼尔·贝尔对其后工业社会概念作了广泛的概括，出版的《后工业社会的来临——对社会预测的一项探索》详细描述了后工业社会的基本轮廓，在他看来，在对社会以及社会形态的把握上存在着两种不同的中轴原则。“封建主义、资本主义和社会主义这些名词，都是马克思主义结构内以财产关系为中轴的概念顺序。”即马克思主义是以生产资料所有制为中轴来区分社会发展阶段的（王凤祥，2013）。丹尼尔·贝尔以生产力的发展为中轴来区分社会发展阶段。在他看来，人类社会的区分不在于生产资料的所有制问题而在于生产力，前工业社会、工业社会、后工业社会的区分在于其生产力不同。后工业社会的中轴是理论知识，知识和技术成为社会发展的主要资源，成为革新和变革的直接力量。如表 1–1 所示。

表 1–1 丹尼尔·贝尔关于三种社会形态之间的比较

	前工业社会	工业社会	后工业社会
经济部门	消耗自然资源为主	利用能源技术和机器技术的制造业为主	服务等第三产业
职业	农民、矿工、渔民、不熟练工人为主	半熟练工人和工程师为主	专业性和技术性职业以及科学家为主
技术	原料技术为主	能源技术为主	信息技术为主
计划	人对付自然的策略	人对付人造自然的策略	人与人之间的对策
方法论	利用常识和经验	经验、实验等方法	抽象理论方法：决策论、系统分析等
时间观点	面向过去	适应调整，作出推测和估计	面向未来，强调预测
中轴原理	以传统主义为轴心，考虑土地和资源的控制	以经济增长为核心，强调国家或私人对投资决策的控制	以理论知识为核心，大学、研究机构和知识部门成为中轴结构，智力技术、知识阶级重要性增强
资源	土地	机器	知识
统治阶级	地主、军人	企业家	科学家、研究人员

资料来源：丹尼尔·贝尔. 后工业社会［M］. 北京：科学普及出版社，1985.

由表 1–1 可以看出，人类社会的分类是以工业社会为基础划分的，并研究各个社会形态下职业、资源、统治阶级等问题。但这种研究会把视野局限在工业社会的框架下，忽视了各个社会形态具有各自独立的特点。

随着社会的不断变迁，社会形态划分的方法多种多样，每一种划分方式都从一定的角度揭示社会形态发展的规律性和科学性，只是人们的认识角度不同而已，都有存在的合理性，这些观点的提出为人们在当今时代更加深刻地研究社会形态发展、变迁奠定了扎实的基础。无论是马克思的划分，还是约翰·奈斯比特的划分，或多或少都带有一定程度的政治色彩和经济色彩，并且生活在那个时代的人们只能准确总结截止到其所生活时代的社会形态变迁，无法准确预测未来社会的发展演变，但社会进步的发展从未停歇，时代的局限性已经要求人们重新对人类社会形态的变迁进行划分。如表 1–2 所示。

表 1–2 对人类社会形态的划分

代表人物	划分依据	社会形态划分
约翰·奈斯比特	以信息化程度为依据	农业社会、工业社会、信息社会
罗尔夫·詹森	以信息化程度为依据	渔猎社会、农业社会、工业社会、信息社会、梦想社会

续表

代表人物	划分依据	社会形态划分
费孝通	以人的发展进程为依据	猎人—采集者社会、农业社会、工业社会、信息社会和第五种社会形态
马克思	根据人与人的社会关系和人自身的发展程度，以及生产关系的不同性质	人的依赖性社会、物的依赖性社会、个人全面发展社会、原始社会、奴隶社会、封建社会、资本主义社会、共产主义社会
丹尼尔·贝尔	以生产力发展程度为依据	前工业社会、工业社会、后工业社会

从人类自身主观和客观自然相互融合的角度，站在当今社会的时间节点上看待人类社会发展进程，人类社会形态可以划分为三种：农业社会保障供应→工业社会满足需求→商业社会创造价值。追求自由、民主、和谐、共享，使人类发展到更加美好的社会形态，是人类社会共同的追求。如图 1–1 所示。

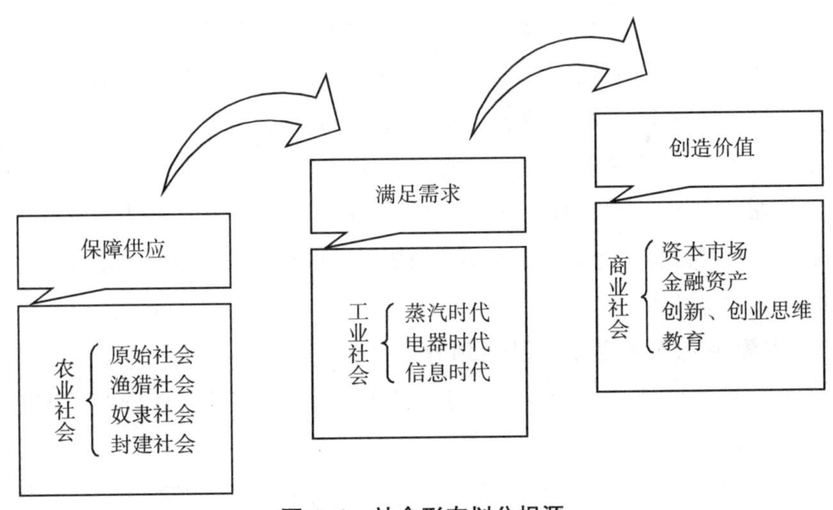

图 1–1 社会形态划分根源

二、社会形态划分内容

（一）以保障供应为目的的社会划分

在以保障供应为目的的社会划分中，把人类社会划分为原始社会、奴隶社会、封建社会。

原始社会是最初的社会形态。原始社会是自然、自发形成的，可以将其看作是生产尚未发展的社会，其意识形态主要是原始的神话和原始的宗教等。原始社会以土地公有制为基础，其生产关系的特点是生产资料的集体占有，人们之间的关系是平等互助的关系，产品平均分配。

奴隶社会把人类带入了文明时代，促进了社会生产力的巨大发展，是历史的一个大进步。但同时，奴隶制度也是最野蛮的制度，奴隶制生产关系的特点和广大奴隶的遭遇很明显地说明了这一点。奴隶主阶级占有全部生产资料并完全占有奴隶本身；奴隶毫无人身自由，是奴隶主的私人财产。奴隶制生产关系的特点：奴隶主占有生产资料并完全占有奴隶；奴隶主和奴隶是赤裸裸的剥削和被剥削的关系，奴隶主占有的以土地为主的生产资料，是达到其剥削、压迫、奴役目的，从而为其统治目的服务的根本原因。归结为一句话，奴隶社会无论是奴隶被迫压榨还是奴隶主坐享其劳动所成，都相互保障了两个阶级物质的基本供应。

封建社会中，形成的自然经济是以土地为基础，农业与手工业结合，以家庭为生产单位，具有自我封闭性、独立性，以满足自身需要为主的经济结构。这种经济结构中的关键生产资料大部分都掌握在地主或封建领主手中。封建社会中往往存在相当明显的阶级制度。封建社会的目的在于完善人类的统治，通过逐步调整、完善为后来社会的统治构建坚固的基础，同时也或多或少地发展了经济、交通、医疗，以及有限的科学、技术；封建社会为后人贡献了很多，倘若没有封建社会各个领域的基础，就没有今天的现代文明。封建社会以土地的封建等级所有制为基础，满足自身需要为主的经济结构更好地解决了封建社会人类的生存问题，从而保障社会的供应。

（二）以满足需求为目的的社会划分

以技术发展为推动力，以满足需求为目的，把人类社会划分为蒸汽时代、后电气时代、信息时代。

18 世纪下半叶开始于英国的工业革命，是近代以来的第一次世界性技术革命，这次技术革命以蒸汽机的广泛应用为标志，从此人类进入蒸汽时代。人类社会的生产工具得到了革命性的发展，人类发明和使用了以能量转换工具为特征的新的劳动工具，瓦特蒸汽机的发明标志着人类工业社会的开始，这个具有划时代意义的能量转换工具的出现改变了人类社会的生产和生活方式。

19 世纪 70 年代，欧美资本主义国家科学技术的发展突飞猛进，各种新发明、新技术层出不穷，并被迅速应用于工业生产，带来了社会生产力的巨大飞跃，随之而来的是工业生产的高涨（罗茂菊，2014）。这次科技进步被称为近代历史上的第二次工业革命，它标志着世界由“蒸汽时代”进入了“电气时代”。

如表 1-3 所示。其中，发电机和电动机是相互关联的两个重要发明，促使工业革命轰轰烈烈地展开，出现了发明和使用机器的热潮。

表 1-3　工业社会发明

项目	蒸汽时代	电气时代
发明来源	发明来源于工匠的实践经验，科学和技术尚未真正结合	自然科学的新发展迅速应用于生产，科学和技术开始紧密结合
生产组织	工厂制	公司制、垄断制
标志	改良蒸汽机的发明和使用	电力、内燃机的广泛应用
重点	以纺织工业为代表的轻工业	以新兴工业和钢铁工业为代表的重工业
规模	局限于少数国家，时间长、进展慢	在欧美先进国家几乎同时展开，发展快
扩展	首发于英国，向欧美扩展	几乎同时发生在几个先进资本主义国家，有的国家两次工业革命交叉进行

在蒸汽时代和电气时代，机器大工业有了很大发展，工业在产业结构中占主导地位，因而可以称之为工业社会（李北东，2012）。新生的工业能够成长起来，是因为它用机器代替了手工工具，用工厂代替了作坊。社会生产力大幅度提高，工业革命轰轰烈烈展开和第二次工业革命的到来，改变着社会结构和世界形势，世界日益成为一个整体。这加快了城市化进程，人们生活更加丰富多彩。同时，交通运输业迅速发展，让人们的交往更加方便，经济和文化联系也日益密切。市场总是在扩大，需求总是在增加，工场手工业不能满足这种需求，于是蒸汽和机器引起了工业革命。总之，伴随着大量机器的出现，人类生活的物质需求得到极大的满足。

20 世纪 40 年代以来，现代科学技术突飞猛进，第三次科技革命兴起。20 世纪 50 年代末，随着计算机的逐步普及，信息对整个社会的影响逐步提高到一种绝对重要的地位。以电子计算机为代表的信息技术广泛应用于生产与生活的各个方面，信息技术和信息产业在技术体系及产业结构中迅速占据主导地位，从而形成了信息社会。人类社会生活的改变，最终由社会生产力所决定，当今社会科学技术的第一生产力作用日益凸显，信息科学技术作为现代先进科学技术体系中的前导要素，它所引发的社会信息化将迅速改变社会的面貌、改变人们的生产方式和生活方式，对社会生活产生巨大影响。生产力的技术工艺性质的重大变化总会导致人们生产活动方式的变化。正如机器的普遍采用将手工工场的生产方式改造成为机器大工业的生产方式一样，信息社会也形成了新的生产方式。信息社会中，传统的机械化的生产方式被自动化的生产方式所取代，最大程度地丰富了人类的物质财富。

（三）以创造价值为目的的社会划分

原始社会、渔猎社会、奴隶社会、封建社会都围绕着吃饭穿衣、权力斗争、土地拥有等问题而发展；前工业社会、后工业社会、信息社会这类以满足需求为目的的社会形态都是为了解决产品购买、出行旅游、赚取金钱、掌握核心技术等问题。农业、工业社会的问题随着社会进步都会得到解决，人类的基本生活需要得到保障，物质利益的大量需求得到充分满足，人类自然而然进入追求品质生活（精神层面）、美好生活的商业社会，这是人类社会发展的必然。

商业社会中，人们对于物品的基本需要形成的分配，以及产品利益需求的热爱和追求形成的购买，已经被对于商品的价值投资所取代，追求最大价值的创造。农业社会、工业社会都是为了人类的生存和发展提供物品及产品，但被有限的知识和技术所制约，人们也非常明白，一味发展农业，若农作物的病虫害肆虐，还是解决不了人们的吃饭、穿衣问题，以破坏环境为代价地发展工业解决出行，代价非常惨重，这些都将成为过去时。人们依赖权力和金钱武装自己的时代已经过去，提升全社会每个人的尊严、名誉和社会影响力，从而引起全社会的关注，使社会发展完全转型到依靠"人"自身的精神追求，而不是利用"天"和"地"等自然资源形成的物质追求。商业社会发展与农业社会和工业社会发展一样，也有弊端，那就是商业社会完全依靠个人的智慧和社会发展的方方面面有机结合，发展人的同时也在淘汰人。创新、创业，接受教育，持续进步，面对极具不确定性的商业价值，优胜劣汰是商业社会"人"必须遵循的发展法则，人们将会越来越习惯发展人的商业社会，生活在商业社会的人们必须提高自己的思维能力，面对巨大的社会压力，需要健康的身心，乐观的情绪，不断创新，商业社会中人类会越来越注重自身的发展和进步，从而创造出巨大的社会价值。

社会形态的划分方法不局限于一种。郭民生对以往学者对社会类型的分类进行了总结，社会形态划分如表 1–4 所示。

表 1–4　社会形态划分

	社会类型与经济形态	主要分类依据
三分法	传统社会、现代社会、后现代社会（前工业社会、工业社会、后工业社会）	综合
	农业社会、工业社会、全面自动化社会	

续表

	社会类型与经济形态	主要分类依据
三分法	直接的社会关系、物化的社会关系、自由人联合体	综合
	自然经济、商品经济、产品经济	
	农业社会、工业社会、信息社会	
	人的依赖性社会、物的依赖性社会、个人全面自由发展的社会	人的生存发展状况
	简单的单环节社会、简单合成的多环节社会、双重合成的多环节社会	社会组合的程度
四分法	原始社会、农业社会、工业社会、知识社会	生产力水平和结构
	原始社会、农业社会、工业社会、信息社会（网络社会）	
	奴隶经济、农业经济、资本主义经济、知识经济	
	初级民权社会、集权社会、分权社会、成熟民权社会	社会大众对公共权力的拥有程度
五分法	狩猎采集社会、园艺社会、游牧社会、农业社会、工业化社会	生产方式
	狩猎采集社会、游牧社会、农耕社会、传统文明社会、工业社会	生产方式
	原始社会、奴隶社会、封建社会、资本主义社会、社会主义社会	生产力和生产关系
	原始公社制、奴隶主占有制、封建社会、资本主义社会、共产主义社会	生产力和生产关系
	渔猎社会、农业社会、工业社会、信息社会、生物社会	产业结构
六分法	原始社会、奴隶社会、封建农奴社会、集权官僚社会、资本雇佣劳动制社会、民主劳动社会	劳动者作为考察的主体
	狩猎采集社会、园艺社会、游牧社会、农耕社会、工业社会、后工业社会	生产方式

资料来源：郭民生.试论经济形态划分的依据［EB/OL］. 价值中国网，2016.

表 1–4 的研究是从生产力和生产关系的角度出发的，对社会发展的看法和分类迥异，部分学者认为工业社会将是人类社会最终形态；部分学者认为工业社会只是社会发展的一个阶段，工业社会后面还会有其他社会形态，但在是什么样的社会的问题上没有给出具体论断；马克思在五分法中涉及的分类以政治经济水平为划分依据；在后工业社会的社会形态问题上，特别是随着信息化的高速发展和知识大爆炸的出现，信息社会和知识社会的提法较为普遍，但对于两者的关系则众说纷纭（吴季松，1993；尚勇，2009）。

三、社会形态划分意义

每当一个旧的社会形态被新的社会形态所取代时，人类社会历史就会有所前进和上升，虽然历史发展过程中总免不了少许的退后和停滞，但终究会伴随着社会形态的不断改变而前进。正如列宁所指出的："把人类历史设想成一帆风顺地向前发展，那是不辩证、不科学、在理论上不正确的。"社会形态的不断向前发展是必然的。

社会发展的巨大进程推动人类历史大步向前。历史发展动力问题一直是学术界争议较大的话题，从古希腊到近代，人们对这一问题的探讨和研究从未停止，并先后产生了诸多关于历史发展的动力思想。例如：古希腊时期的自然动力思想，中世纪的神学动力思想，近代法国唯物主义思想家的"意见支配世界"的动力思想，法国复辟时代的征服动力思想，黑格尔的理性动力思想，等等。然而他们不是把历史发展的动力归结为自然的力量、神的力量，就是以人的意志或者抽象的理性作为历史发展的真正动力。在马克思、恩格斯看来，现实的人是历史发展动力的主体，人的需要和利益是历史发展的根源性动力，社会基本矛盾是历史发展的根本动力，阶级斗争是阶级社会历史发展的直接动力，科学技术是历史发展的"重要杠杆"，各种动力按照一定的规则构成动力系统，推动着历史前进的车轮（张新波、张志强，2011）。

社会的不断演变就仿佛如车轮在一圈一圈地向前滚动，清晰、科学地解析并划分不同的社会形态，在理论上对不同的社会形态进行统一归纳、具体把握，对于每一种社会形态下的生产运作方式、经济文化政治制度的掌握使得人类社会历史的步伐在思想和理论上更加完善充实，只有清晰地划分了社会形态演变的全过程，人们才能在回顾历史前进脚步时更系统、成熟，从而有助于揭示出历史发展所内含的逻辑，因此社会形态的划分也是推动人类历史进步的一个重要动力。正确把握社会发展的脉搏，科学预测社会发展的未来走向，是推动社会进步的重要因素，是制定一切路线、方针、政策的基础。

划分社会形态是历史唯物主义用以研究和把握人类社会的基本范畴，正确划分社会发展形态，不仅关系到对社会形态沿革的准确把握，而且关系到对未来社会发展形态的科学预测（余金成，2012）。这不仅符合历史发展的本来面貌，而且对促进社会发展具有重要意义。认识社会历史发展各个时期的特点和本质，正确把握社会发展的脉搏，是人类自身正确回顾过去、面对现在、规划未来的重要依据，是推动人类社会进步的重要因素，是制定一切行动方案和正确决策的基础。划分社会发展形态准确与否，不仅关系到对社会形态沿革的准确把握，而且关系到对未来社会发展形态的规律探索、科学预测和哲学判断，对于人类认识过去、把握现在、走向未来具有十分重大的现实意义和历史意义。

四、社会形态创新划分

社会形态的划分无论以土地所有权为标准，还是以技术发展为根源，或是以人为主体，都充斥着浓重的政治色彩和经济因素，这些都是当时社会发展的产物和必然。本书站在人类社会新的时间节点上，从人类正在朝着更加美好的时代发展的角度，按照人类社会发展进程，人与自然的融合状态，从“地、天、人”自然规律、科学技术、哲学思维多维度分析，提出农业社会、工业社会和商业社会三种社会形态。

本书在汲取以往研究成果的基础上，依据社会发展的客观实际，提出了一种新的社会形态划分标准。这一标准概括如图 1–2 所示。

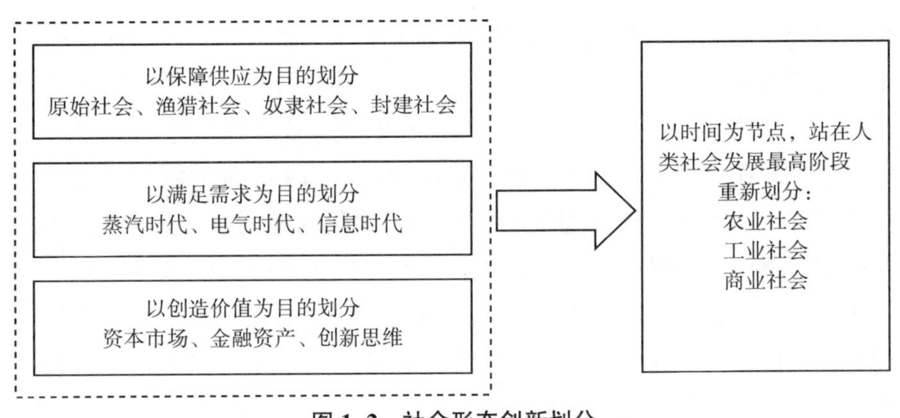

图 1–2　社会形态创新划分

农业的出现改变了人与自然的关系，标志着人类改造自然的开始。历经几千年的中国农业社会，努力地致力于解决人类生存基本的吃穿需要。中国的农业文明非常发达，传统文化源远流长，对整个社会的发展有着深远的影响，对人们的思想观念、生活方式有强大的影响力。在农业社会中，最显著的经济特征在于：土地是最主要的经济来源，也是权力的保障。刘柏志在其博士论文中提到，在农业社会中，支配型社会关系是社会治理活动得以展开的社会基础，在此基础上形成的是权制文明。绝大多数的乡村人口都生活在自给自足的基础上，生产是为他们本身消费之用，消费也基本上来源于自己的生产，因此，农业社会的人们对于土地的追求就是生存必需的本能。换言之，农业社会对权力的渴求是狂热的，当权力成为社会终极权威的时候，就会形成“权力崇拜”，这就造就了农业社会“人治”的社会制度，即国家借圣人示范的方式进入社会。中国的三皇五帝时代就是最典型的圣人之治，在一个所谓“人治”的社会中，看不到真正作为完整人格的人，看到的仅仅是无限的权力和依附于权力的非常态人格。总之，在农业社会，人们崇尚权力。

马克思在论及社会形态范畴时写道：“无论哪一个社会形态，在它们所能容纳的全部生产力发挥出来以前，是决不会灭亡的；而新的更高的生产关系，在它存在的物质条件在旧社会的胞胎里成熟以前是决不会出现的。”而农业社会在漫漫几千年的打磨演变中已经完成了自己的使命，也终孕育出更为高级的社会形态。社会转型是由农业社会向工业社会的整体性变迁，其整体特征是人们通常所说的现代化，也就是第一次现代化过程，这一过程的根本动力在于工业革命所带来的现代科学知识和技术的迅速增长以及资本主义生产关系的兴起和发展，因此现代化的核心是工业化，它是以经济发展为中心来推动政治法律和社会精神生活等各个方面、各个领域的整体性社会变迁。现代化和科学技术是当代最活跃的力量，从历史的角度考察，现代化是在 18 世纪西方工业革命以后出现的一个世界性的发展过程，在现代工业、科学和技术革命的推动下，促使农业社会向工业社会转变。1936 年 11 月，吴景超表示，中国现代化问题的核心是机械化的问题，近代化的主要条件是用机械的生产方法代替筋肉的生产方法。显然，这里的机械化与工业化同义，在生产领域方面，工厂替代了原来的个人和家庭，成为社会基本生产单位，以生产资料为主的土地变为了以科学技术为主的生产力，机械化的大型生产代替了旧有的家庭手工作坊，社会的经济形态从自然经济转向了市场经济（孙智君，2013）。从农业社会向工业社会的转变，最重大的突破就是以科学技术为推动力。

在农业社会已经解决了人们生存所需要的吃穿问题这一必要条件下，工业社会通过解决人们的出行问题推动社会的进步和发展。出行不是人类发展的必要条件，没有出行的支撑，人们依然可以生存，但人类解决了出行问题，就解决了人类社会的价值支撑问题。人们走遍世界的梦想得以实现，可以汲取世界各地不同的文化，没有出行，文化就得不到交流。也就是说，工业社会依靠科学技术解决人类的出行问题。19 世纪 70 年代，科学技术的发展突飞猛进，各种新技术、新发明层出不穷，并被迅速应用于工业生产，核心产品就是汽车、飞机和轮船。德国是汽车的发源地，美国是汽车的成长地，欧洲大陆是汽车的进化地，日本是汽车的腾飞地。这些国家都借助科技革命浪潮在工业社会时期一跃成为发达国家。汽车是工业社会的基础，也是美国制造业的象征和荣耀。工业社会的西方国家走在中国人前面，引领世界的发展，中国则落后了几百年。总而言之，工业社会最大的使命就是帮助人们解决出行的问题，从根本上推动人类社会的进步。

美国的金融危机已经给人们敲响警钟，以美国为首的西方国家已经进入商业社会，投资为主已经逐渐取代购买为主，工业经济的地位下降，创造价值代替满足需求，追求名誉取代热爱金钱，创新思维代替创新技术。商业社会的来临，是通过住房问题的解决而推动商业社会进步和发展，取代了工业社会的出行问题，美国等西方国家发现并解决了住房问题，但美国发生金融危机后，房屋资产泡沫的破灭使全世界的人们必须重新审视美国的房屋资产价值。通过对全世界房屋资产的比较价值判断，全世界人们逐渐将眼光转向中国，开始关注中国，投资中国，全世界热钱加快进入中国。中国经济近几十年的发展，为进入商业社会形成了强有力的支撑，理所当然地挑起发展住房这面商业大旗，引领商业社会的发展，完全符合人气营商理论。住房既是人类社会生存的必要条件，又是人类发展的充分条件，没有住房人们将无法生存，它是人类生存的必要条件。同时，住房又是社会发展的充分条件，住房不进步，商业社会就无法进步。住房在商业社会中至关重要。房屋资产只是一个商品符号，是人们价值思维投资的载体，创新思维的价值判断是投资住房的前提，一旦住房没有价值或者价值被高估就会造成资产泡沫破灭，出现金融危机，大大打击投资人信心。只有继续创造价值，才会吸引投资人，而价值的创造者是由智慧的名人引领、商业专家指点，所以商科教育——创造价值的思维在商业社会显得非常重要，商业社会商科教育的核心是创新思维——讲好商业故事，吸引人们投资，商业社会以农业社会形成的文化、工业社会发明的技术为基础和支撑，进一步发展成商业故事，以带动农业、工业发展。正在崛起的中国，正在讲好自己的商业故事，吸引全球投资，从工业国家发展为商业国家，自然会引起全球关注。美国的遏制是考验中国智慧的时候，稍有不慎就会落后几十年，陷入中等收入陷阱。只有持续进步和创新，才能使中国真正和尽快强大起来，并且长期保持世界领先地位。

农业生产是社会发展的基础，工业经济是社会发展强有力的支撑，而商业价值可以更好地引领社会发展。如图 1–3 所示。

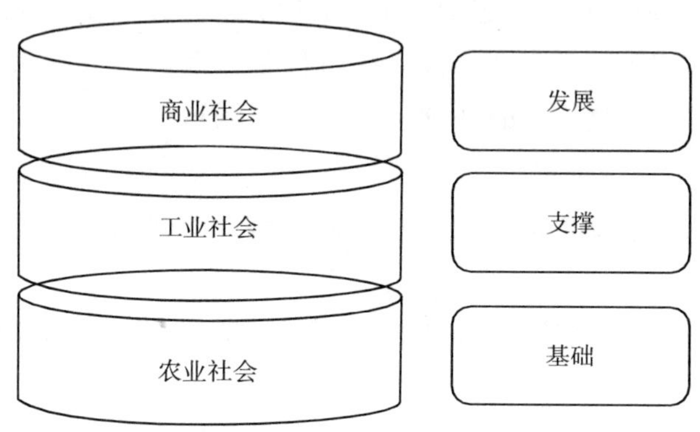

图 1–3　三种社会形态作用

从农业社会到工业社会再到商业社会的两次社会转型从社会学角度概括了人类社会发展的历史过程，这一命题的提出不仅在理论上丰富了社会变迁理论，拓展了社会转型的宏观分析面，而且在人类社会历史的具体实践中也具有十分重大的现实意义。由于世界发展的不平衡性，所有国家和地区实现这两次转型的时间并不是同步的，有些国家已经处于第二次社会转型阶段，而有些国家和地区却仍然在进行着第一次社会转型。同时，在实践中也并不是首先进入农业社会的国家就会首先完成前一次社会转型，实现后一次社会转型晚的国家一定落后，有时在一个国家和地区基本同步实现二次社会转型的可能性也是存在的，但无论社会转型的方式怎样，高一级的社会转型总是在低一级的社会转型基础上进行。因此，每个国家在时序上虽然可能不是同步推行社会转型，但进行社会转型是绝对不可避免的。

通过农业社会、工业社会、商业社会的演变，人类社会的发展是一个由低级向高级演进、由基础向高端发展延伸的过程，人类的发展是社会变迁的主流，人类从猿人开始经过几万年的进化演变，最终目标是丰富、完善人类的生活，在每一个阶段的贡献都是推动社会向前发展的助推器。人们运用跳跃思维，不断提升对人类自身的深刻认识，才能把握社会发展的真谛，任何片面和简单的描述都是对人类自身的不负责任，影响人类的发展，只有寻找事物发展的本源，才能帮助人类正确地认识自己和发展自己。

在第一次转型之前的农业社会时期，中国一直处于人类文明的最前列，农业社会作为社会体系的基础相当稳定，但随着工业革命的来临，世界上许多国家开始了第一次社会转型，而农业文明占主导地位的中国却仍然停留在农业社会的成果上，延缓了第一次社会转型，使中国落后几百年（邓志强，2012）。中国落后于西方国家，直到改革开放30多年后，在大刀阔斧的改革发展之下，中国才有了今天的工业经济支撑。现在，西方一些发达国家已经开始并陆续进入了商业社会，如果说200多年前由于种种原因中国没有能够抓住工业革命的机遇实现社会的第一次转型，使中国从强国变成弱国并留下了100多年血泪史有值得原谅的理由的话，那么在今天，在人类社会开始进行跳跃式发展，进入商业社会全球化时代的大好机遇下，如果中国再次错过这次机会，其带来的后果将绝对不只是使中国落后100多年，这是世代中国人都不愿意看到的。因此，中国在经历过农业社会的兴盛和工业社会的低迷之后，应在商业社会跳跃式发展的背景下重新崛起，引领世界前进，创造价值，实现弯道超车，创造世界新格局。

第二节　商业社会的提出

从地缘和血缘捆绑几千年的农业社会，到以科学技术为动力的工业社会，人们对于权力和土地的痴迷与崇拜终究还是被工业社会人们追逐金钱的狂热所取代。人类社会的变迁从未停止过，从农耕文明对自然规律的认识到工业技术的进步，社会主客体、社会秩序等各方面都发生了翻天覆地的变化，并且在对这种变化规律的认知中不断地向前推进，工业社会也必然不是整个人类社会的终点，人类社会必然向更加高级的社会形态发展。人类社会正处在社会发展的十字路口，传统工业社会正在沉吟，一种新型的社会形态——商业社会正在升腾。

一、商业社会提出的背景

从18世纪中后期开始的英国工业革命，带来的是一个棉纺织业、炼铁和水力的时代。这一时期的工业化进程主要是由棉纺织技术所发起的，并带动了相关产业和基础设施建设的快速增长。19世纪上半叶开启了铁路、蒸汽力和机械化时代。蒸汽机制造成为机器设备制造业的核心部门，而伴随着技术创新浪潮，制造各种机器、机床的机器设备制造业发展迅速。19世纪下半叶开始了钢铁、重工业和电气化时代。上一周期的后期，即19世纪80年代，工业化国家发生了经济萧条现象，此后进入新一轮的快速增长，一方面是由于工业革命前后建立的工业——煤、铁、铁路——出现了报酬递减趋势；另一方面是因为新的技术要求和新工业部门开始兴起，其中，电力、钢铁等新兴行业表现尤为突出。20世纪中期开始了石油、汽车大规模生产时代。上一周期的后期，即20世纪20年代末30年代初，工业化国家又发生了经济大萧条现象：华尔街金融市场崩溃、房地产繁荣终结、主要生产国出口萎缩（陈广前，2010）。到20世纪中期，随着石油的大规模开采利用，汽车、飞机制造业迅速增长，推动了新的经济繁荣。特别是，工业化国家进入了大众消费和大规模生产时期。20世纪中后期开始了信息通信技术时代。20世纪80~90年代，新技术——信息与通信技术（ITC）终于迅猛发展起来，带动世界工业化进入新阶段。前美国联邦储备委员会主席阿兰·格林斯潘多次提到：计算机、电信和互联网是20世纪90年代美国经济迅猛增长的源头。芯片、计算机、电信，乃至互联网和"网络企业"的发展，成为这一时代的标志。综上所述，世界工业化迄今为止经历了200~300年的历史，其间已经过了4~5次由产业核心科技变革所决定的长周期阶段，伴随着世界工业化取得巨大的成就，工业社会经过300年的发展已经相当成熟。

中国是一个13亿人口的巨大经济体，所以，中国工业化是人类历史上从未经历过的世界工业化版图的迅猛变迁过程，在短短20~30年内实现了经济规模的巨大扩张，在这一意义上可以说，世界工业化200多年的历史被压缩到了中国加速工业化即改革开放的30年时间里。中国改革开放30年是世界工业化进程向中国推进的一段极为辉煌的历史，在这短短的30年间，不仅中国发生了改天换地的变化，整个世界也因此而发生巨变。从工业技术路线看，中国工业30年沿着世界工业化的产业核心技术路线以急速和压缩的方式发展，取得了震惊世界的成就。在信息化和全球化的背景下，中国这个世界第一人口大国持续成功地推进了市场化改革和高速工业化进程，30余年保持经济高速增长，人均GDP从1978年不足100美元增长到2011年超过4000美元，发展成为世界第二大经济体（黄群慧，2012）。无疑，与改革开放初期相比，中国成功快速地推动工业社会发展已经举世瞩目。

二、商业社会提出的时机

近年来金融危机频繁发生。1992~1993年欧洲货币体系危机不久，1994~1995年墨西哥金融危机便紧随而至，仅仅两年之隔的1997年，众多国家就陷入

"亚洲风暴"的肆虐中（邓丕，2012）。

2007年8月，在美国因房地产泡沫而爆发的次贷危机演化成了一场席卷全球的国际金融危机，迅速席卷欧盟和日本等世界主要金融市场，这一切都是历史的必然，美国金融市场次贷危机对加剧房地产泡沫起到了推波助澜的作用（张钦辉、吉昱华，2011）。由于欧美房地产泡沫破裂，导致次贷危机爆发，投资者信心大挫，反过来次贷危机进一步影响房价使得金融危机不断加深，信用危机导致信心危机，信心危机导致发展危机。全球金融危机不但对世界经济造成巨大冲击，而且深刻影响和改变了整个金融机制和金融体制，继而改变和影响经济全球化的发展。美国次级抵押贷款市场的恶化，同样引起美国股市的剧烈动荡，尔后延伸至实体工业，到2008年开始失去控制。随着金融危机的进一步发展，又演化成全球性的实体经济危机，对全球经济发展都产生了巨大的影响，致使中国的工业经济也受到严重的影响，制造业对工业经济的边际贡献也已有所减弱，资产价值的增值成为影响经济的重要因素。金融危机让人们看到以制造业为主的工业社会已不能适应社会发展。按照社会发展的规律，当工业经济发展到顶峰，必然会走向衰退，会出现另一种更为先进的社会形态来取代这种走向衰退的社会形态，美国金融危机的发生标志着全球已经进入了商业价值社会。进行资产投资成为商业社会的主流，这是社会发展的必然。

工业是社会发展的支撑，没有工业，就没有城市的快速发展；产品的丰富、人们的就业，都离不开工业的发展，实体经济在社会发展中的作用举足轻重，这是毋庸置疑的（刘尧，2013）。欧美金融危机向实体经济蔓延，其消费需求放缓；人民币对美元升值导致对美出口增长减缓；近期欧元对美元的回落使得中国对欧洲的出口也开始吃紧。可以预见，在不久之后，中国的出口极有可能出现负增长。原本需要出口的产品不能出口，而国内又没有需求，中国产能过剩与内需不足的矛盾可能集中爆发。这就导致了企业在成本上升时，产品的最终消费价格却无法上涨。即在PPI[①]不断走高之时，CPI却一路走低，甚至可能出现通货紧缩的情况。价格传导机制被产能过剩压垮。而在这个过程中几乎不会有人感到好受。GDP快速下滑，国家财政收入减少，大量企业倒闭，工人失业。2014~2015

① 生产价格指数（Producer Price Index，PPI）是衡量工业企业产品出厂价格变动趋势和变动程度的指数，是反映某一时期生产领域价格变动情况的重要经济指标，也是制定有关经济政策和国民经济核算的重要依据。与CPI不同，PPI主要的目的是衡量企业购买的一篮子物品和劳务的总费用。

年中国经济正处在由高速增长向低速增长的转换时期，增长率维持在 7%~8%，在 2015 年发生明显下降，预计在 2019 年将低于 7%，最终可能会稳定在 6%~7%的中速水平上。中国作为新兴工业体面临着巨大的经济下行压力，如图 1-4 所示。

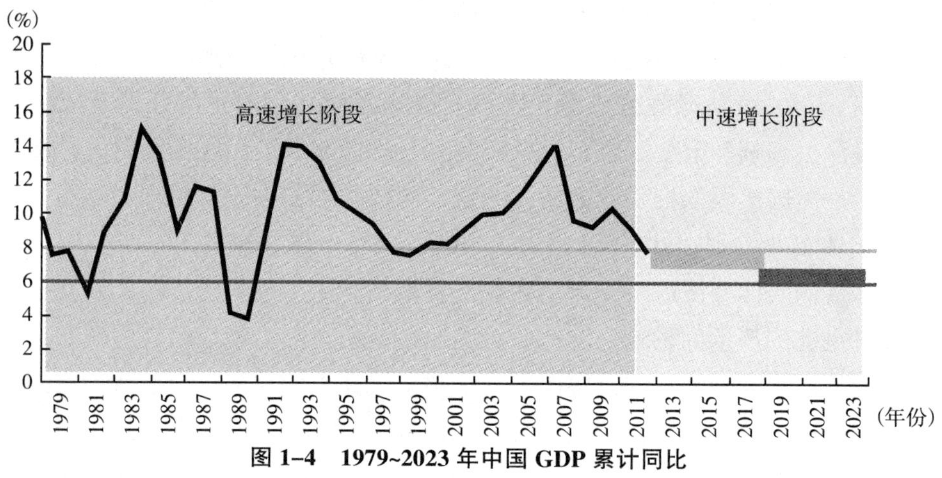

图 1-4　1979~2023 年中国 GDP 累计同比

三、商业社会提出的意义

中国工业社会经过几十年的改革开放，工业经济发展的高速时期已经过去，经济发展变缓，工业的龙头作用逐渐衰减。社会在转型，商业价值社会正在来临，在这样一个时期，聪明的人们都在进行资产投资。由于资本市场不断完善，人们信心提升，资产价格不断上升，人们的资产性收入不断增长，资产性收入的比重占人们收入的比重不断增长，人们将用自己的聪明才智和价值思维投资赚的金钱，去购买工业企业所生产的高品质的商品和服务，从而不断地释放工业剩余产能，这既改善了人们的生活，提高了人们的生活品质，又帮助当前工业社会解决难题。强调商业支持工业意义重大，说明工业自身发展的动力已经不足，吸引力明显下降。适时提出商业社会来临，以商业为龙头，带动工业、农业的发展，能促进中国社会的快速发展。

在商业全球化的今天，投资更加开放，对商品的投资已经不仅仅局限于某一个国家，而是全球投资，并且马克思在描述资本主义银行资本结构时，曾提到虚拟资本这个概念。马克思论述虚拟资本时指出，虚拟资本是信用制度和货币资本化的产物，是生息资本的派生。狭义的虚拟资本一般指股票、债券等有价证券的价格。在广义上，它包括银行的期票、汇票、名义存款准备金、股票、证券以及由投机票据等形成的资本，因此优化虚拟资本结构，促进虚拟资本发展也可以从一定程度上应对金融危机。宋勃、高波（2007）通过 Granger[①] 检验方法发现，短期而言，房地产价格上涨吸引了外资的流入；长期而言，外资的流入对住房价格上涨产生了影响。商业社会的提出，需要更加深入地研究资产和资本的问题，特别是价值创造，避免在中国出现资产泡沫破灭，从而在理论和实践上引领世界的发展。

四、商业社会的演变分析

（一）农业生产时代以保障供应为核心

农业社会是以农业生产为主导的计划分配社会，有时又称传统社会。这种以自给自足为主要特征的自然经济，大约形成于春秋战国时期，在中国历史上延续了 2000 多年（彭德金，2011）。在这种社会形态下，人的生产能力只能局限在狭窄的范围内，即以依赖土地为主的农耕文明占主导地位。

在中国传统农业社会中，最重要的生产要素是土地，土地是稀缺的和不可再生的资源，传统农业中生产关系的核心问题是劳动力和土地的结合问题，以土地为中心的土地占有关系、租佃关系、赋税关系是农业生产中一切关系的基础，决定着整个传统农业社会的生产活动，其中土地占有关系是最根本的，决定着租佃关系、赋税关系的形成与发展。土地关系演变从整体上可分为三个阶段，如表 1–5 所示。

表 1–5　农业社会土地关系

时期	土地占有关系	租佃关系	赋役制度
战国秦汉到唐代中叶	国家限制地主土地所有制发展的时期	依附农租佃制	赋役并重
从唐中叶到明中叶	地主土地所有制在国家限制松弛下的发展时期	分成契约租佃制	赋重于役
明清中叶至清代中期	地主土地所有制进一步发展时期	定额契约租佃制	役并入赋

人类要生存，就必须满足基本的衣食住行（为了便于讨论，本章只以衣食住行这一人气线来进行讨论）。人们需要食物、水、衣服和住所以维持生存；人们

①格兰杰因果关系检验（Granger Causality Test）是一种假设检定的统计方法，检验一组时间序列 x 是否为另一组时间序列 y 的原因。

通过基本的交易获取维持生计的物品；为了维持人类社会的正常生存，则需要基本的物品交易，需要依靠供应来实现。这样，就形成了一个以需要为出发点，以交易为桥梁，以供应为核心的计划分配过程。从图 1-5 可以看出，农业社会的核心就是供应，供应的稳定直接影响整个社会的稳定，因此，如何保障供应是实现农业社会稳定的关键。农作物的丰收与否是决定人们生活水平的重要因素，而决定农作物产量的是气候环境，这也就有了“靠天吃饭”的说法，以及二十四节气等对一年气候变化规律的认识。

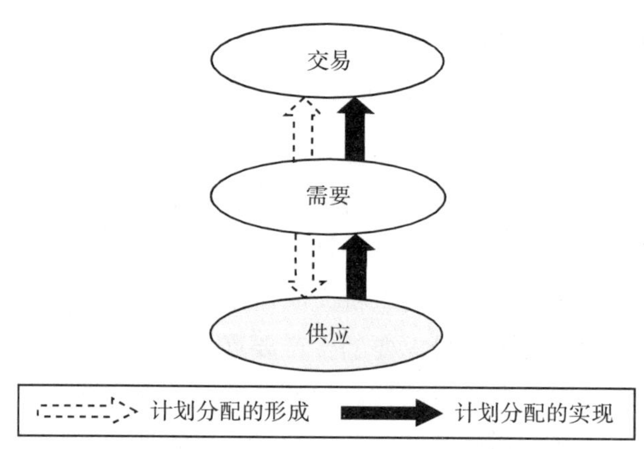

图 1-5 以“供应”为主形成的计划分配

（二）工业经济时代以满足需求为核心

人类社会从农业社会到工业社会的转变的决定性因素是技术，技术改变了原来的社会发展方式，科学技术给社会带来了前所未有的改变，于是就有了“科学技术是第一生产力”的著名论断。

随着技术的进步，企业产品的供给能力大幅度提高，产量大幅度增加，品种不断翻新，社会供给大幅度增加，导致供过于求的状况出现，产品积压，出现生产过剩。以供给为核心的理论不能满足这一阶段的发展，刺激需求才能平衡这些供给，这种供过于求的现象表明企业要充分刺激顾客的需求，以需求（经济学研究的主体）为核心而实现市场扩大，不断地创造“需求”是这一市场格局的主要特征，以需求实现产品的交换。

在这一时期的市场扩大中，经济学作为刺激需求的主要手段发挥着主导作用，需求中心说大行其道，“交换只是手段”，科学技术发挥着重要作用（詹姆斯·穆勒，1848）。因为工业经济时期主要依靠的是科学技术的进步，先进的科学技术能够创造更多的产品利益，帮助人们满足市场需求，从而实现交换，科学的产生依赖于相关的机器和设备，人们追求科学技术以满足需求。从市场供给到市场需求，构成了工业经济时期市场形成过程。需求理论让学者把目光从内部生产管理转向了外部市场，市场交换过程逐渐成为学者的共识。供给、需求和交换构成了完整的以需求为主的市场购买（见图 1–6），以共同实现市场扩大。

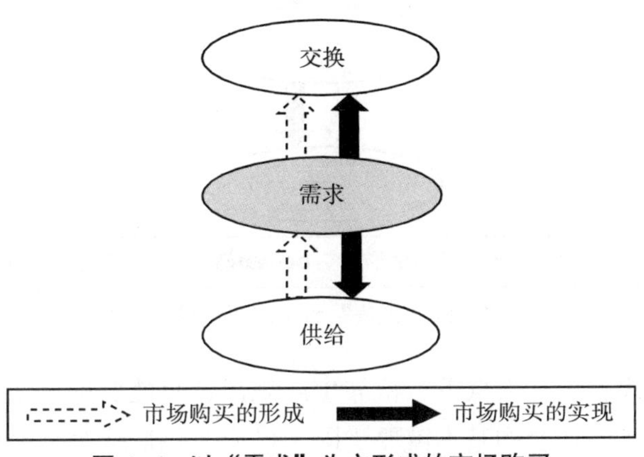

图 1–6 以“需求”为主形成的市场购买

（三）商业价值时代以创造价值为核心

商业社会的提出是以美国次贷危机和全球经济大萧条为标志的。对商品的投资实现增值和减少损失将成为社会财富的主要增长形式。

资产能够为企业带来未来收益的价值贴现，投资学研究如何把个人、机构的有限资源投入到诸如股票、债券、不动产等资产上。投资人投入资产是预期和希望资产能增值，但不智慧的投资往往会形成泡沫。美国次贷危机引发资产泡沫，给全世界敲响了商业社会发展的“警钟”。错误地追求资产增值，后果不堪设想。

在商业价值时代，人们投资以价值为依据，哪里有价值就投资哪里，从而推动商业价值社会的快速发展。人们的购买目的已经转向投资，产品转化为商品。人们投资商品，必须了解资本监管和资产的追求。资产由工业社会向商业社会转化，人们的思维从需求购买转向资产投资，由于投资人对于未来增值的认同，每个投资人都希望其投资的商品能获得较大增值，拥有更多优质资产。只有增值的资产才能够带来收益。无论是资产还是资本都是通过价值判断的，打开商品的增值空间、减少商品投资的损失（时间、金钱、精力、体力损失）是资产和资本的目的及关键。而价值的创造则依靠人的思维模式来实现。因此，在商业社会发展中，价值最大化的哲学思维将是全球价值创造的主流，由资本、资产和价值构成的以价值为主的社会将是商业社会的主导模式，如图 1-7 所示。

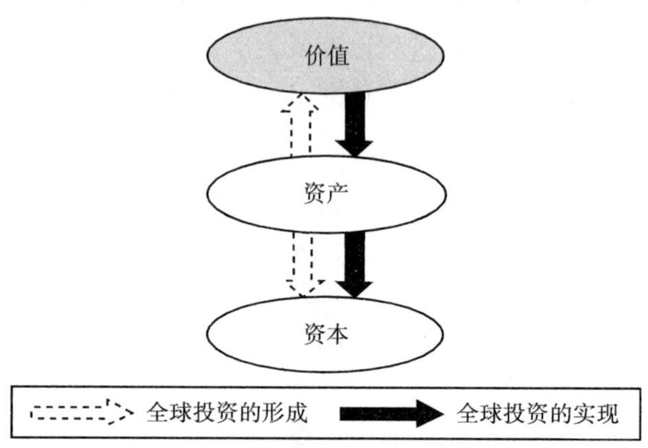

图 1-7　以“价值”为主形成的全球投资

农业生产时代，生产力低下，依靠生产规律，只能获取一定量的农作物来保障基本的生存需要，社会的基本需要受限于供应，供应成为社会的核心。工业经济时代，科学技术的进步打破了这一僵局，制造业的繁荣，使得产品、服务无论是数量还是内容，都得到了极大的丰富，以供应为核心的农业社会转向了以需求为核心的工业社会。商业社会的发展、资金的充裕，使得投资成为社会的热点，无论是资产还是资本都为了创造价值（促进增值、减少损失）。农业生产时代、工业经济时代及商业价值时代的演变过程如图 1-8 所示。

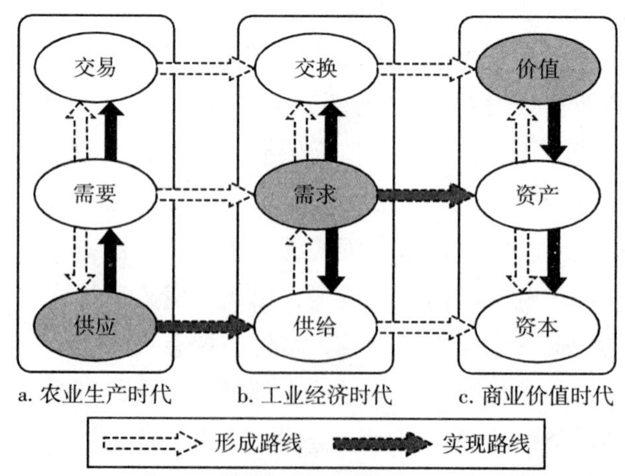

图 1-8　从计划分配到市场购买再到全球投资的发展过程及实现过程总图

综上所述，在商业价值出现的今天，为了实现全球价值的创造，必须以价值为核心。因此，在商业社会发展中，在同时兼顾农业生产计划供应的保障和工业经济市场需求的满足下，商业社会全球价值的创造将是人类社会发展的主流方式，由资本、资产和价值构成的以价值为主的社会将是商业社会的主导模式。

第三节 商业社会的创新研究

一、商业价值概念创新

通过以往众多学者对价值的研究，以社会形态为标准，将价值划分为三个方面：农业社会的价值、工业社会的价值和商业社会的价值。

（一）农业社会的价值

农业社会作为传统社会是以农业生产为主导的计划分配社会，在农业社会中，人们大多数“靠天吃饭”，因为赖以生存的农作物决定了人们生活的质量和环境，极低的生产力伴随着封闭、独立的家庭生产单位，这样的生产结构决定了整个社会以物品的供应为核心，物品的供应多少决定需要的分配过程。

在农业社会中，生存是人们的基本需要，人们所有的生产活动都是为了保障吃饭和穿衣，只有切实地保障了基本的供应才能够维持社会的稳定。农业社会最重要的产出是农作物产出，而最大的投入要素则为体力投入，劳动力投入的必要性是由于人们需要生存。在农业社会，没有体力的投入，生存就没有保障，价值更无从谈起，因此，农业社会价值的根本来源始于保障人们的生存，解决具体的吃穿问题。同时，对于权力的渴望也充斥在所有农业社会人们付出体力劳动的实践过程中，抽象出科学的表达方式体现在产出与投入之比上，如图 1-9 所示，在注重粮食等农作物增加产出的同时，最重要的是尽力减少体力劳动的投入，使得分母最小化，目的在于用最小的投入获取最大的产出，创造更大的价值，只有地主等掌握权力的统治阶级拥有土地才可以减少体力投入，创造更大价值。

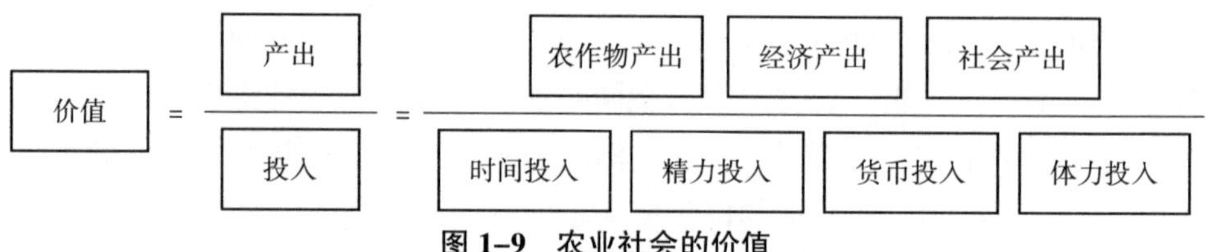

图 1-9　农业社会的价值

（二）工业社会的价值

在工业社会形态中产生了产品价值。产品价值是随着社会的发展而发展的。从价值的定义可以看出，农业社会的物品价值=产出/投入，到了工业社会演变成产品价值=利益/成本。

农业社会的漫长进程之后，伴随着蒸汽机的轰鸣声，人类社会进入到了工业社会，工业革命所带来的不仅是巨大的社会变迁，还有崭新的科学技术，这些技术给人们带来了前所未有的翻天覆地的变化。农业社会需要保障供应，所以在农业社会后期，先进的科学技术大大提高了供给的数量，使得人们从少量的、低级的供给转变到大量高级的供给，技术的进步成为人类社会迈进工业社会最好的支撑，农业社会的物品也渐渐被工业社会产品取代。

在工业社会，庞大的机器设备和科学技术早已不需要人们投入大量的体力辛勤劳作，最大限度地减少投入已经不能发挥实质性的作用，工业社会的价值根本从农业社会保障人们基本生存转变为增加物质经济利益需求。如果说农业社会价值根本在于着重解决人们吃穿问题，那么工业社会价值根本则围绕着与出行相关联的一切生产活动进行，这也就改变了人们的价值观念，土地所有权渐渐褪去诱人的色彩，企业所有权重新占领人们价值观念的高地，金钱的魅力远远超过了权力。

先进的科学技术促使生产规模扩大，使成本稳定下降，因此，利益（主要是产品、服务等）的提升成为创造价值的重点工作。企业为了获取更大的价值，必须使得利益最大化并且伴随着成本的尽可能降低，企业的活动本质就是价值创造的过程，如图 1-10 所示。

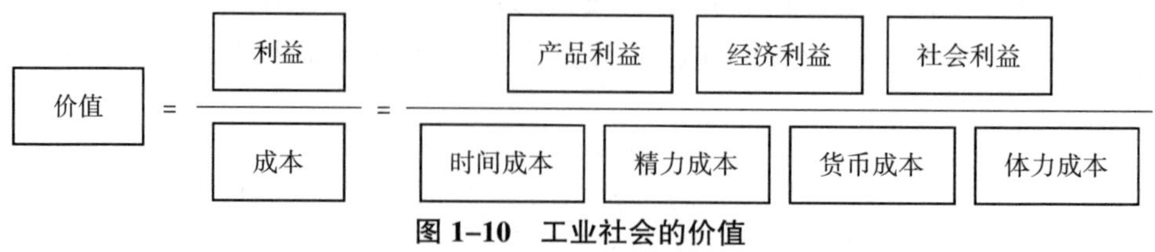

图 1-10　工业社会的价值

（三）商业社会的价值

商业社会的来临改变了传统的产品购买，使之进一步转向商品的投资。伴随着购买向投资的转变，承载的主体也发生了变化，从购买的产品转向投资的商品，从农业社会保障供应、维持人们基本生存的物品到工业社会与市场相联系的产品，最终演变为通过价值思维发现具有价值洼地并且进行投资创造更大价值的商品。在商业社会中，能进行投资的具有一定价值的东西都可以称作商品。商业社会的价值根本是从农业社会的保障生存需要、工业社会的满足利益需求转变为投资增值资产。农业社会，人们追求吃穿，工业社会，人们追求出行，商业社会，人们热衷于住房。同时，人们从对权力的痴迷到对金钱的崇拜，最终落脚在对尊严和名誉的追求。

商业社会中，投资核心是实现价值增值空间并减少时间损失，是在商业社会创造价值的重要手段。从增值和损失的双向入手，加大增值的空间和减少时间损失都有利于价值的创造，可以帮助人们真正理解价值的含义并进行有效的运用，所以本书创新地定义商业社会的价值=增值/损失，并为将来进一步分析价值以及关于如何进行商业社会的价值投资的研究奠定了理论基础。

创造价值是商业社会的核心内容，商业社会创造价值（增值/损失）是人们共同的愿望，与前面两种社会形态所表现出来的价值不同，在商业社会中，价值的增值和损失是紧密相关的，文化价值增值、经济价值增值和社会价值增值是价值增值的主要内容。与此同时，体力损失、时间损失、精力损失以及货币损失紧密伴随着价值的创造。商业社会进行投资是为了最大可能地促进价值增值同时减少损失，提升价值空间可以帮助增值，而减少损失也是增值的一种手段，所以要从增值和损失两方面同时入手。增值和损失是相生相伴的，不仅要注重增值，还要减少损失，分子、分母必须同时加以判断，否则就会出现判断失误。农业社会的价值概念中，农业产出基本一定，主要考虑投入最小化，分母最小化；工业社会的价值概念中，成本是市场的平均成本，主要考虑利益最大化，分子最大化；商业社会价值概念中，必须同时考虑增值空间和时间损失，使分子最大化，分母最小化，是人们突破传统思维的一次重大转变。如图 1–11 所示。

打开增值空间是每一个商业社会的人们必须学习和掌握的本领，否则会被社会淘汰和停滞发展。创新和侦察的价值思维是商业社会发展的前提，必须寻求价值投资的思维线条进行有效投资，才能胜人一筹，永远进步。商科智慧的碰撞成为人们终身的追求，而且永无止境，因为思维创新具有极大的不确定性，将大量

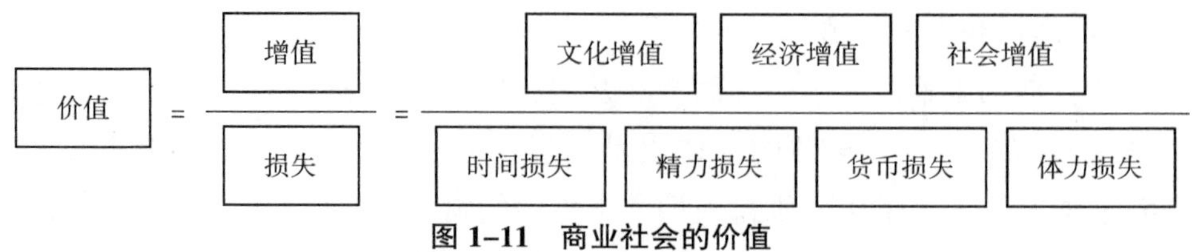

图 1-11 商业社会的价值

的时间、精力、金钱和体力投入对商科的思考要成为人们的一种习惯，同时也是一种压力。

价值思维和商科智慧是创造价值的基本保证，利用人气营商、人群营商、人口营商，创造比较价值、相对价值和绝对价值是商科的核心，它超出了以金钱为主的自由市场竞争力和以权力为主的专制计划控制力，是在全球一体化的背景下，使以名誉为主的全球共同参与和支持的社会关注力成为核心。

二、商业营商概念创新

农业生产是长期的农业社会中人们不断摸索的自然规律，四季交替，春播秋收，大量生产粮食，保障基本供应。土地是人类赖以生存和发展的物质基础，是社会生产的劳动资料，是农业生产的基本生产资料，是一切生产和一切存在的源泉，是不能出让的存在条件和再生产条件。农业社会以保障人们的基本供应为核心，短缺的物品只有分配才能保障社会的和谐和正常运转，人们的衣食均是采取按劳分配的原则保障供应实现的，农业社会的人们必须学会营生，少投入地保障供应，达成交易。

在农业社会发展到顶峰后，土地能够给人类带来的东西越来越受到限制，迷信“靠天吃饭”已经阻碍了社会的进步，人们开始从探索土地的规律，转为通过大量的科学实验，大力发展科学技术。这些先进的技术完全改变了人类的生活，人们的生活因为有了这些轰鸣的机器而得到了巨大的改善，人们不再只注重温饱问题的解决，更重要的是人们可以享受丰富的工业产品。人们逐渐将目光放在了出行、消费等提高人们物质生活的事情上，以汽车为首的工业产品琳琅满目。工业社会分工的细化，把人们从土地中解放出来，注重金钱的产品交换成为人们满足需求的载体，货币实现了产品的差异化需求和资源的优化配置，运用金钱进行产品的差异化购买，满足顾客的需求，企业与顾客获取最大的经济利益。工业社会中以购买作为基本的行为，购买的差异性大、流动性大、周期性和发展性等特征进一步明确了工业社会中购买的重要性。工业社会中，人们必须学会营销，多利益地满足需求，促进交换。

什么是投资？这是对投资的基本认识，通常人们会将投资行为误认为消费行为，其实不然。经济学中将投资定义为扩大生产、增加生产能力而垫付资金。企业会计制度将投资定义为：“企业为通过分配来增加财富，或为谋求其他利益，而将资产让渡给其他单位所获得的另一项资产。”投资是以一定的货币、资本的投入为前提，以能够带来新的生产要素和增加预期收益为目的的经济活动。然而在追求增值与减少损失的商业社会，投资活动是资本的形成过程，其目的不仅在于增加生产能力、获得物质产品，还追求资本的增值。现代各种政策制度的产生、发展使得不仅有物品交易市场、产品交易市场，还有金融商品交易市场，这使得资本增值的途径未必都按照货币—物品（产品）—货币的形式，还可以通过货币—货币的形式，物品和产品项目已不再是实现投资的必要条件。资本增值可以相对独立于产品的再生产，投资的内容及所涉及的关系更加复杂，投资的领域大大拓宽。商业社会中，人们不再只关注需求的实现，而开始重视增值与损失的变化，这正是商业社会投资的含义。因此在未来的投资形式中，价值投资将是全球一体化的主流方式，由资本、资产和价值构成的以价值为主的商业社会将是未来投资的主导模式，如图 1–12 所示。

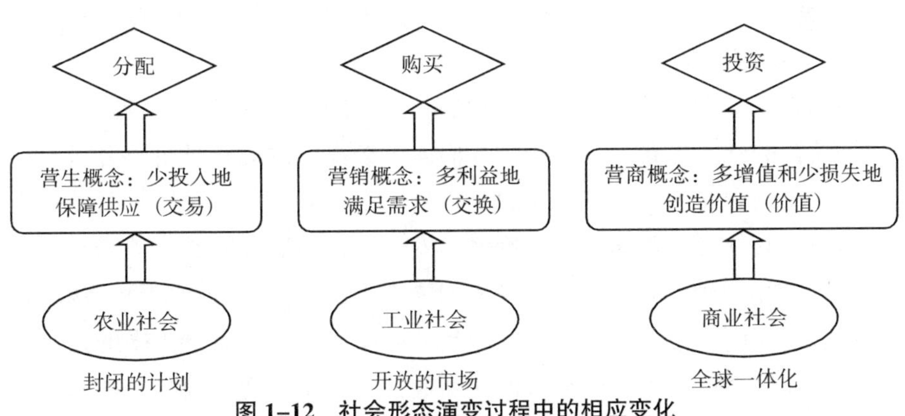

图 1–12　社会形态演变过程中的相应变化

商业社会价值概念明确地告诉人们，价值=增值/损失，增值主要是文化、经济、社会增值，损失是时间、精力、体力、金钱损失，商业社会中人们必须学会营商，多增值和少损失地创造价值，以价值引领社会的发展。

三、商业价值载体——商品概念创新

工业社会走向商业社会的过程，也是人们从购买走向投资的过程，投资代替了分配和购买。从农业社会分配的物品到工业社会购买的产品最终转变为商业社会投资的商品。从农业社会保障供应、维持人们基本生存的物品到工业社会始终与市场相联系的产品，最终演变为通过价值思维发现具有价值洼地并且进行投资创造更大的价值的东西，也就是传统定义“直接以交换为目的劳动产品”的商品。在商业社会中，能进行投资的具有一定价值的东西都可以称作商品。商品原本的含义也发生了变化，为了更为清晰地展现商业社会研究的意义和特征，这里对物品、产品和商品的概念进行阐述。

物品泛指各种保障生活需要的东西或零星的物件，农业社会时期，是一种以劳动生产的自给自足为特征的经济形态，生产力水平低下，以农业生产为主业，以手工业生产为副业，物品主要指的是保障人们基本生存的所有东西，包括粮食、棉花等农作物；工业社会中，物品被赋予了新的内涵，即经济活动中涉及实体流动的物质资料；商业社会中，物品除了指能够保障人们基本需要供应的东西和涉及实体流动的物质资料之外，还可以转化为各种商品期货进行投资。无论社会如何发展，物品始终被定义为保障供应，分配为主的物品，可以购买，也可以投资，具体表现为物品的价格——物价。

产品的狭义概念是指被生产出的物品。产品的概念始终与市场紧密相连，从现代市场营销的观点来看，产品是指人们向市场提供的能够满足顾客需求和欲望的物体。产品的含义涉及对象、概念、符号三个彼此相关的维度。对象即为产品的客观物体，其外形、色泽、营养价值、安全性、包装式样和产地来源等要素构成了产品的使用价值。产品是任何一种能被提供并满足市场欲望和需求的东西。产品是通过购买而满足市场需求的，产品核心是通过技术生产出来的，农业社会的物品在工业社会就成为了产品，但在商业社会，产品变为商品，用来投资，如企业发行股票，股票变成了商品，形成了股价，从而用来投资。

基于对商业社会的研究，对商品赋予新的含义。商品是通过价值思维发现的，具有商业价值属性。无论物品还是产品，凡是能进行投资、创造商业价值的都是商品。关于商品的新概念、新理论，全面地、真实地反映和概括了商品世界及商品投资活动。“物有所值”与“物之所值”是以物质通过投资并进入消费领域创造出价值为条件才能计量的，商品积压在仓库里和货架上，谁能承认其使用价值和价值？按照生产的数量和市场的价格来计算产量及产值又有什么实际意义？创造价值，才能使商品成为真正意义的商品；投资才能使商品的价值真正得以实现；只有投资创造价值，商品生产的实际意义才能够被承认。如表1–6所示。

表1–6　物品、产品和商品在不同社会形态下的含义的变化

	农业社会	工业社会	商业社会
物品	保障人们基本生存的所有最基本供应的东西，包括粮食、棉花等农作物	工业经济活动中涉及实体流动的物质资料，保障工业生产的正常进行所需最基本供应的东西，如原材料、电力等	能够保障人们商业社会价值创造最基本需要供应的东西，如廉租房、CPI和PPI
产品	农业社会中的能满足人们某种需求和欲望的任何东西，如丝绸、陶瓷	能够提供给市场，被人们使用和消费，并能满足人们某种需求和欲望的任何东西，包括有形的物品、无形的服务。如汽车、各种家用电器等	商业社会能够满足人们某种需求和欲望的任何东西。如经济适用房、刚性需求房
商品	农业社会能够创造价值的任何东西，如古玩、字画，粮食等大宗商品期货	工业社会能够创造价值的任何东西。如有价证券——股票、金属材料大宗商品期货	商业社会能够创造价值，即能够增值和减少损失的东西都是商品。核心是商品房

四、婚姻制度创新——契约制

由于商业社会的到来，婚姻制度受到一定冲击，夫妻离婚率有所提高，在一定程度上影响社会的稳定、家庭的和睦和孩子的健康成长，引起人们的广泛关注和社会学家的研究。但从另外一个角度看，它是社会发展的必然产物，是社会进步的表现，现今社会这种注重精神层面的契约制婚姻是一种巨大的社会进步。

农业社会的人们由于生产力的低下，依靠土地生存，只要这一家族拥有土地，门当户对，就可以谈婚论嫁。结婚代替了找对象、谈对象，人们看重结婚。父母凭借自己的丰富经验代替儿女选择结婚对象，包办婚姻成为常态。父母运用自己的婚姻经验进行判断，希望儿女过上有吃有穿的幸福生活，所以出现了农业社会的“嫁鸡随鸡”的现象，在那个时代实属正常。结婚生子，很少离婚，先结婚后恋爱，形成结婚—找对象—谈对象的农业社会德制婚姻模式。

工业社会的人们依靠机器为主的大工业，生产力得到极大的提高，不再只是靠土地来生存，拥有土地不再是人们的向往和追求，门当户对不再是唯一选择配偶的有效途径。人们开始认识到找对象的重要性，需要进行寻找和判断，加以选择，于是父母们将找对象的权力交给了儿女，父母包办婚姻成为落后的思想而被抛弃，因此年轻人也就有了婚姻的自主选择权。自由恋爱是社会的一大进步，是顺应生产力发展的现象。工业社会自己找对象决定的事情，自己负责，找对象是婚姻的起点，结婚是婚姻的终点，为了保持物质层面的满足很少离婚，形成找对象—谈对象—结婚的工业社会法制婚姻模式。

社会不断向前发展，商业价值社会已经来临，人们追求价值最大化，精神层面的要求高于物质层面，进行价值判断认为满意的对象，不能代替结婚后夫妻的契合，契合理论在结婚中发挥重要的作用。只是契合的夫妻生活还不能长远，只有夫妻双方持续努力，各自独立，在自己的领域内保持长期优秀，才能保证婚姻的长久。

农业社会选择一夫多妻制婚姻是因为人们追求幸福生活，有吃有穿，当时人们的生活向往就是幸福生活。农业社会人们主要进行体力劳动，人们离不开土地，体力劳动是农业社会的主要生产力。作为家庭主要劳动力的男性在社会上占据着主导地位，拥有大量的生产物资的人也是男性，由于没有体力，没有土地，相比之下女性在社会中并不独立，而更多地要依附于男性才能够生存。因此，农业社会的一夫多妻制婚姻，即掌握大量生产物资的男性，供养更多的女性，多子多孙，可以使更多的人得以生存，并获得幸福的生活，农业社会人们的选择就是一夫多妻制。

工业社会选择一夫一妻制婚姻是因为人们要实现物质生活——富裕生活。工业社会的机器化大生产，不仅解放了生产力，而且改变了人们的生活方式——男女获得了同等的工作机会，女性在家庭中的地位开始逐步上升，并拥有了平等的话语权。由于机器的大规模发展，女性没有必要依附男人的体力，而且一男一女，生活上互利，两人都工作赚钱一起花，比较节省，容易富裕，也无法分清钱是谁赚的，财产是夫妻共同的。所以人们选择的婚姻制度是一夫一妻制。男人想在工业社会实行一夫多妻，财产就要分割，影响了家庭的富裕，女性坚决不会同意，极大部分男人也不可能实现让女人没有工作而实现家庭富裕。工业社会人们必须选择一夫一妻制，通过法制规范人们的婚姻行为，使全社会绝大多数人过上一夫一妻、少生少育的富裕生活，是工业社会的主流认同。

商业社会选择契约制婚姻是因为人们要追求美好的生活——尊严的精神生活。商业社会人们所认同的美好生活肯定不再只是富裕生活和幸福生活，而且还要追求更加高级的精神生活。人们为了追求名誉，愿意在追求富裕和幸福生活的同时，更加追求获得社会认同，在道德、法制的框架下，讲出符合社会契约的故事（口碑和事件营销），可能离婚，不会被“一夫一妻”的婚姻所束缚，各自追求自己尊严、快乐的精神生活。虽然法制再也不会强求必须保持婚姻的稳定性，但违反法制的“一夫一妻”制和相关政策规定，处理不好契约婚姻就会影响个人名誉。一个人的名誉一旦败坏，在商业社会就会影响获得金钱、权力、地位的各个方面。由此可以看出，契约婚姻是婚姻制度更加高级的形式，并非人们想象的那么简单，特别是具有名人效应的婚姻更加需要谨慎，因为他们的婚姻会起到影响社会、示范社会的效应，更加受到社会关注。

综合上面分析可以看出，拥有名誉的精神生活是商业社会婚姻得以延续的前提，因此人们追求契约婚姻，并没有改变“一夫一妻”的法制婚姻，但婚姻的不确定性迫使婚姻的任何一方都必须努力，否则就会被婚姻的另一方淘汰。工业社会为了物质层面的满足维持“一夫一妻”的稳定婚姻的可能性在商业社会将会大大降低，同时对于离婚的双方也是平等的，只要双方努力，各自都享有寻求自己尊严精神生活的契约权力。1980~2013 年中国离婚数据如图 1-13 所示，这样的数据和社会的变化足以证明商业社会婚姻制度的巨大变化。

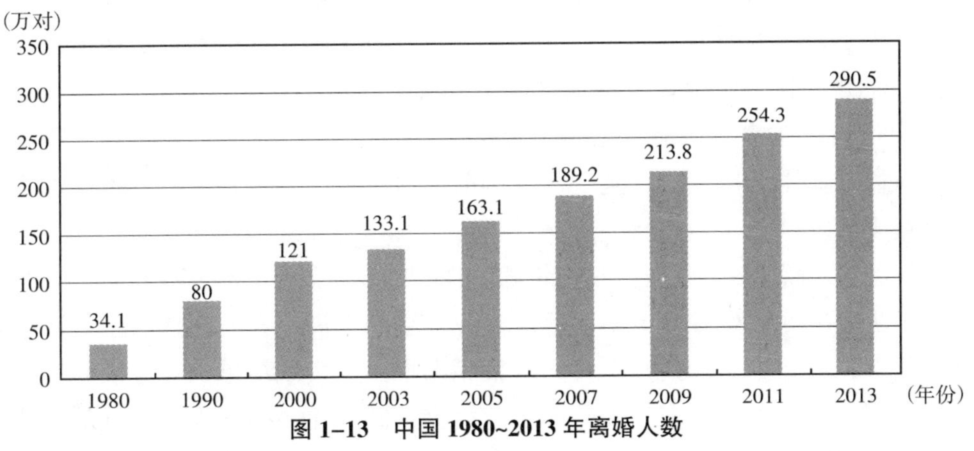

图 1-13 中国 1980~2013 年离婚人数

五、人口制度创新——优生优育

放开生育二胎的呼声，终于得到社会和政府的真正响应，人们从不同的角度理解生育二胎的意义和背景，这些说法都有其合理性。有人说生二胎是因为人口老龄化，中国人口红利下降；有人说体现生育公平；有人说放开生育二胎存在缺点，会增加就业压力、环境压力。本书从人类社会生育观念的转型探讨放开生育二胎的必然性。

农业社会人们的劳作以生存为目的，劳动力的保障是生存的基本，因此，农业社会人们选择的生育观是多生多育、多子多孙。农业社会人们多子多孙、多生多育是为了解决劳动力缺乏问题，特别是对于男性的喜爱，只要拥有健康的劳动力，家庭就会不愁吃穿，过上幸福生活。农业社会人们从事高强度的体力劳动，卫生条件、医疗条件差，粮食收成少，人们缺乏营养，所以人们的平均寿命较短，人口分散，不会过快增长，但是人类经常面临人多粮食少的难题，只有拥有土地的大户人家才敢真正地实现多子多孙，否则多子多孙也很难实现。

工业社会过程中的人口大国只能采取少生少育的计划生育政策，工业社会如果像农业社会那样放任城市人口膨胀，工业人口大量向城市聚集，经过农业社会发展，吃饭穿衣不成问题，而且随着人们生活水平的提高，人的寿命延长，城市人口就会暴涨。为了保障城市人口的就业、资源的有效分配、抑制人口过快增长、减少环境的污染，必须实行少生少育的计划生育政策。所以，在中国这样一个有着几千年封建历史、人口众多的国家，必须保证城市人口人人都有工作和丰富的产品、服务。还有，工业社会机器代替人，根本不需要多子多孙的劳动力，发展工业，人的就业成为社会难题，只要有了工作就会过上富裕生活，所以人们必须选择少生少育，特别是社会的大多数人必须计划生育，生育越多，工作岗位需求越多，占有社会资源越多，人的平均寿命在工业社会又得到延长，所以就业压力更大。这是一次深刻的人口政策的变革，人口少不影响家庭的富裕生活。

人类进入商业社会后，人口政策随着社会的发展发生了根本改变，“一刀切”的少生少育的计划生育政策不能适应商业社会的发展，人们选择的生育政策是优生优育，放开二胎、鼓励生育的政策相继推出。实践结果也充分说明，人们不可能回到多生多育、多子多孙的农业社会，同时也要抛弃少生少育的工业社会的生育观，物质高度发达，人们需要充分的时间休闲，服务业的迅速发展等原因使工作岗位缺乏的影响程度大大下降。即使这样，人们也不会多生多育，人们靠工作赚钱基本无多大差别，很难成为社会的精英阶层。人们必须靠创新、创业、个人投资、个人智慧创造价值，得到社会认同，才能成为社会尊重的精英阶层，才能成为商业社会具有名誉的人。人们不会靠多生多育、多子多孙实现价值创造，牢固树立优生优育的商业社会生育观成为全社会的共识。其他的过分担忧也没有必要，商业社会人口的总体出生率下降实属正常，如果还沿用工业社会的计划生育、一家一个孩子、“一刀切”的政策，不符合商业社会发展的要求，也不利于和推动商业社会生育观的发展和进步，价值创造要靠具有智慧的人，优生优育是培养优秀的商业人才的必然选择。不同社会人口制度如表1–7所示。

表 1–7 不同社会人口制度

社会形态	农业社会	工业社会	商业社会
人口政策	多生多育	少生少育	优生优育
社会推动力	保障供应	满足需求	创造价值
社会角度	拥有劳动力，过上幸福生活	机器代替人，人少同样过上富裕生活	依靠智慧、创造价值才能过上尊严生活

六、治国理念创新——社会契约

中国自古以来就是一个大一统的专制国家，封建的皇权统治是主导农业社会发展的绝对力量。世间的一切活动包括国家都是“天”的意志和命令，而在这种文化氛围中，统治者也自觉或不自觉地把自己的意志假托为“天”的命令。在这样的专制国家里，统治者及其集团不仅认为自己负有秉承天意统治人民的特殊职责和合法拥有相应的特权，而且这些人也慢慢地、习惯性地认为自己是理所当然地有资格享有这样的特权，并且这些权力还能够被他们的子孙所继承。

农业社会在封建的皇权统治下得以稳定发展，自古以来都是以道德作为约束人们行为规范的戒尺。道德是完善自我和治国安邦的重要工具。农业社会中人与人之间是依靠地缘与血缘捆绑组成的团体，主要靠亲情维系彼此的关联，亲情广泛地说就是道德。我国古代有着浓厚的德治传统，从原始社会一直到封建社会末期，传统的德治思想获得了长足的发展，并形成了相当完善的伦理道德体系，为中国传统治国实践提供了指导和依据。三国时期，曹操写诗赞美说，“周公吐哺，天下归心”，道出了道德在治国中的重要地位和社会价值。

法制是工业社会发展的基石，没有健全的法制对于工业社会的发展极为不利，这一点早已被证明。美国等西方国家法制健全，社会经济秩序井然，经济高速发展。法制不够健全的国家，工业发展也会比较落后。中国为了赶上经济发达的国家，下大力气建设法制社会，经过几十年的努力，比较完善的法律体系框架已经构建起来。工业社会的科学技术大力促进经济发展，市场经济要求产权明晰，因此法治不仅是工业社会市场经济的保障，更是市场经济的必然要求。

商业社会是人类发展的必然选择，是社会进步的重要表现，任何力量都无法阻挡。事实上，人类进入商业社会后，国家像其他任何社会组织一样，都是人类行动和理性选择的产物。商业社会是全体成员为了实现某种共同的目的，在自愿的、理性的和契约的基础之上建立的一个联合体，它与社会每个人的价值观念息息相关。

契约型权力社会的关注点不再是至高无上的封建皇权国家，也不是拥有法律赋予权力的政党国家，商业社会的发展依靠人类社会的契约权力，人与人之间的价值互相驱动，人类社会的价值创造、人类社会命运共同体的发展、各个个体相互的契约精神发展，构成了商业的契约型社会，代表着全世界一体化的命运共同体，社会价值的创造是全球的焦点。人与人的契约权力上升至契约治国，契约社会不仅紧随社会步伐，支撑社会进步，更加引领社会发展。

契约治国不是否定道德和法律的作用，相反，维护道德、遵守法律是契约治国的根本和支撑。在西方，宪法的概念从其产生开始就与契约有着密切的联系。比如它在最初被看成神法的一部分，是人与上帝的契约。到资产阶级革命时期，古典自然法学的契约论把宪法看成政府与人民之间订立的契约。尽管有法律的约束，但仍不能保障契约的真正履行。必须提倡和形成全社会的契约精神，发挥全社会的舆论监督作用。

第四节　商业社会的特征

商业社会是在农业社会和工业社会的基础上发展起来的，是更加高级、复杂的社会形态，在这个社会形态中，投资创造价值是这个时代的主题，而围绕投资和价值创造形成了不同于以往的社会特征。本书依据丹尼尔·贝尔对社会形态的划分标准，从职业、资源、社会精英等方面进行对比，分析商业社会的一些基本特征，如表 1–8 所示。

表 1-8　商业社会的特征

	农业社会	工业社会	商业社会
部门	以消耗自然资源为主	以利用能源技术和机器技术的制造业为主	以创新思维指导价值投资的营商、金融、大学教育、研究机构为主
职业	以农民、矿工、渔民不熟练工人为主	以半熟练工人、工程师、专业性和技术性职业为主	具有价值思维的创新、创业人才，以培养人才的大学教师、各行各业专家为主
资源	原料、土地	能源、机器	创新思维、高素质人才
资源配置	分配	购买	投资
社会主导	供应	需求	价值
战术	人对付自然的决策	人对付人造自然的策略	人与人之间的对策
方法论	利用常识和经验	经验、实验等方法	跳跃和逻辑思维，心理学和行为学等
时间观点	面向过去	适应调整，作出推测和估计	面向未来，强调预测
中轴原理	以传统主义为轴心，考虑土地和资源的控制	以经济增长为核心，强调国家或私人对投资决策的控制	以价值创造为核心，大学、研究机构和智库成为中轴结构，智力、商科教育重要性增强
社会主体	军人、地主	高官、高管	社会名人、专家学者

一、商业价值思维

（一）农业社会——神学规律

规律是自然界和社会诸现象之间必然、本质、稳定和反复出现的关系。农业社会保障供应才能维持社会稳定，农业生产必须遵循自然规律，没有对生产规律的认识则无法进行农业生产，也就很难实现农产品供应的保障，规律渗透到农业社会的方方面面，二十四节气、春夏秋冬、十二生肖等，人们总结了大量的神学规律，只要不盲目迷信，都可以成为商业故事的起点和基础。

（二）工业社会——科学技术

技术涵盖了人类生产力发展水平的标志性事物，是由工业生产实践经验和自然科学原理发展而成的各种工艺操作方法与技能。“科学技术的发展导致了经济全球化的出现，科学技术的发展是经济全球化的根本原因。没有科学技术的进步，就不可能有分工协作的层次深化，就更不可能有区域经济一体化和经济全球化。”科学技术是第一生产力，自工业革命开始，科学技术的每一次进步都会带来整个社会质的飞跃，尤其是现代科技的突飞猛进，为社会生产力发展和人类的文明开辟了更为广阔的空间，有力地推动了经济和社会的发展，使人们的需求得到充分的满足。

（三）商业社会——哲学思维

商业社会的核心是创造价值，价值创造是人们哲学思维的创新，规律和技术只是创新思维的基础和支撑，投资者的价值思维是多元的，这也就导致投资结果的迥异。价值思维决定投资结果，决定着个人、民族、国家的前途和命运。

商业社会的来临使得人们必须从重视技术转向重视创新思维的涌现，发现价值才是核心，资本、资产和价值都将成为商业社会的核心关键词。商业社会的思维创新将开始占上风，为工业社会的经济进一步高速发展画上了问号。商业社会以思维为依托、以名誉为主体、以智慧为载体，商业成为人们关注的焦点。思维进步，社会前进；价值创造，世界和谐；贤人辈出，人气提升。能否使商业发展，成为人们创新的前提，人们不断地挖掘商业价值的各种思维，大胆地进行哲学思维的碰撞，长期以来形成一系列思维的创新。商业思维创新永无止境、跨越国界、世界互联，才使商业社会得到长远和健康的发展。如图 1–14 所示。

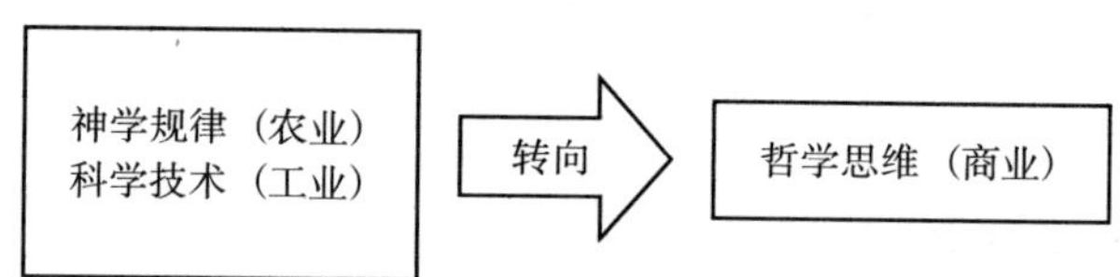

图 1–14 从生产规律和科学技术向价值思维的转变

人类经过漫长的历史进程，终于开始利用自己的哲学思维创新引领社会发展。农业社会，人们只要“四肢”发达，拥有体力，按照规律生产，勤奋劳动就有饭吃、有衣穿；工业社会，人们“心肝肺肾”强大，拥有胆量，掌握技术，就会拥有丰富的产品，过上富裕的生活；商业社会是人们的“大脑”发挥作用的时代，只有敢于思考、正确思考、富有梦想的人才能创造价值，拥有高品质和尊严的生活。人们大脑的哲学思维模式多种多样，不同社会形态下，人的思维模式各不相同，各有侧重。

（四）农业社会——感性思维为主

知识体系中的感性思维建立无非是从混沌感性到清晰感性的整理过程。所谓混沌感性是指认识建立在感觉基础上，以意识片段为形式的世界描述，此时的认识描述只是断裂受限的有限认知，并且是多意识的分离结论。因此，农业社会对世界的认识处在无法定义和理解的认识收集阶段。

农业社会是人们对自然基本规律的感性认识，并经过长期的总结而形成对自然环境的理性分析。

（五）工业社会——线性思维为主

从总体上说，人类的思维方式可以分为线性思维（Linear Thinking）和非线性思维（Non-linear Thinking），这两种思维方式主导着人认知世界的整个过程。由于认知对象的特殊性和个体思维习惯的多样性，在人的思维过程中，往往会产生对同一个思维对象的不同思维方式。线性思维的特点：思维方向沿着一定的线性或类线性的轨迹寻求问题的解决方案。线性思维方式在人们进行思考的时候往往首先被选择采用，其原因是这种思维方式可以简化对问题的处理。

进入工业社会，人们的思维方式更多的是对技术更深层次、复杂的理解，线性—非线性的模型分析，成为各个工科发展的基础。

（六）商业社会——跳跃思维为主

在商业社会，感性—理性、线性—非线性的思维方式很难进行价值投资，商业价值很难用模型等去分析，只能靠跳跃思维来判断。

简单地说，跳跃性思维是一种杂乱的思维方式。通常从对一种事物的想象突然跳到与此事物不相干的另一事物上，而且连续这样跳跃想象，想象力非常丰富，具有灵活、新颖、变通等发散性思维的特点。在商业社会中，人们要树立跳跃思维，触类旁通，增强思维的预见性，正确预测和看待天和地的变化，在天和地之间更加和谐地发展人类自身，不再过分地迷信天和破坏地，充分地发展哲学的跳跃思维是社会发展的主要趋势。社会正处在转型期，人们的跳跃思维正在逐渐形成。不同社会思维方式的差异和特点如表 1-9 所示。

表 1-9 不同社会思维方式的差异和特点

	思维特点	制胜条件	追求目标
农业社会	感性—理性	勤劳	权力
工业社会	线性—非线性	勇敢	金钱
商业社会	跳跃—逻辑	智慧	名誉

人类刚进入商业价值时代，未来如何发展，虽然不能准确判断，但基本的预测还是可以作出的。文学才能和科学技术是商业价值时代的基础，但不可能引领社会的发展，只有价值思维才能引领社会发展。文学的基础、科学的支撑、价值

思维的发展是相互配合引领社会向前的动力，只是随着时代的变更，价值思维要符合时代发展，更加显现出比较价值、相对价值、绝对价值。社会不断地进步，不能靠天、靠地，只能靠人的思维创造价值，让人们过上美好的尊严生活。本书就是利用人们的跳跃性的创新思维寻求四个投资对策进行价值创造，创造人气关注的比较价值最大化。如图 1-15 所示。

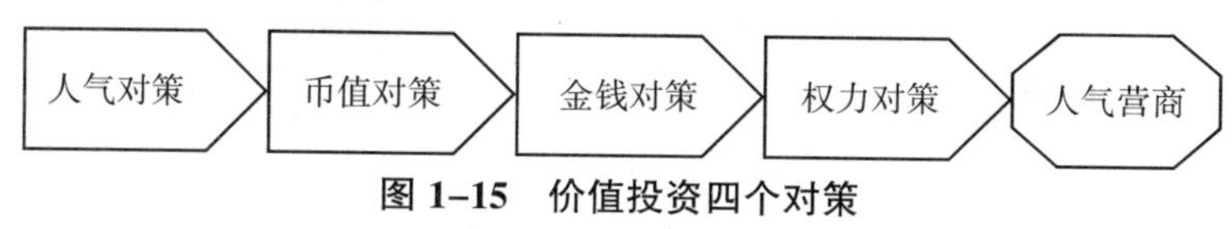

图 1-15 价值投资四个对策

二、商业社会主体的转变

人类社会发展只有顺应和分清每个社会核心主体的发展以及对于社会的推动作用，才能正确选择紧跟主体、顺应主体和争当主体，只有每个社会的主体和代表人，才能引起全社会的高度关注，才是推动社会发展的真正动力。

（一）农业社会的主体——军人、地主

农业社会以物品供应为核心，农业社会的人们为了吃饭、穿衣，辛勤劳作，大量地探索土地的生产规律，富饶的土地给人类带来了好的粮食收成，人们尽情地享受大自然带来的农作物。农作物的生产一方面受气候影响，另一方面受土地影响。气候环境因素属于客观因素，不可控制，因此，土地面积的大小决定了农作物生产能力的大小，也就决定了供应分配，土地成为社会的核心，当上地主是农业社会人们的共同追求。真正维护基本供应的核心不是生产规律，也不是土地的拥有，真正起作用的是权力，而与土地相关的概念就是权力，土地的大小是衡量一个人在社会中权力大小的标准。农业社会的统治阶级是地主和军人，军人的存在是为了保障权力的稳定和土地的占有，所以漫长的农业社会中强大军队和拥有大量土地的皇亲国戚、封建地主阶级是社会的主体。农业社会人们追求权力，所以政权的稳定和世袭是全社会的共识，加强军队建设成为重中之重，人们都为自己成为一名军人而感到自豪。在农业社会，权力的世袭制度使得老百姓只能依靠赶考获取一官半职，从此踏上仕途，领取俸禄，分封土地，但毕竟是极少数。而女子在农业社会的地位更低，只能依附于有权势的男子使得自己和家族的命运得到改变，这也就是捆绑的婚姻和权力的关系。农业社会真正成为了一个以“军人、地主”为主体的社会形态。

（二）工业社会的主体——高官、高管

工业经济的发展使分工逐渐细化，农业社会发展到顶峰，土地能够给人类带来的东西越来越受到限制，机器代替了人的简单体力劳动，使大量人口摆脱了农业生产的束缚，从事工业制造，机器设备取代了土地的拥有。人们开始从探索土地的规律，转向发展科学技术，人们通过大量的科学实验，得到了科学技术。这些先进的技术完全改变了人类的生活，人们不再进行农作物之间的物—物兑换，而是用货币购买产品，货币在社会中的地位得到极大的提高。人们不再只是注重吃饭、穿衣问题的解决，更重要的是人们可以享受丰富的工业物质产品。建立企业的前提——资本，在工业社会的有效配置，使工业经济在市场的推动下发挥巨大的效率。从权力的计划为主转向金钱的市场为主，是人类社会的巨大进步，按劳分配变为尊重市场规律根据需求购买。工业社会人们的需求越来越多，机器和金钱都是需求满足的外在表现，真正满足需求的是技术发展和进步。所以，一个国家拥有先进的技术越多，这个国家的需求满足得越好。大力发展科学技术是全世界工业国家大力提倡和追求的目标。

工业社会以金钱的多少作为对社会贡献的衡量，金钱成为社会发展的支撑，而在掌握技术基础之上迅速发展起来的企业成为工业经济时代社会发展的动力，大型企业甚至成为衡量一个国家经济实力的重要体现。工业经济时代的主体从农业生产时代的“军人、地主”转变为工业经济时代的“高官、高管”，而领导阶级是工人阶级，“高官、高管”成为领导阶级的先进代表，他们掌握着从技术转化为产品、满足需求的资源和能力，只有当上“高官、高管”，拥有更多的金钱，才能享受富裕的生活。在工业社会，权力作为农业社会的代表词已经逐渐退居二线，权力必须转化为金钱的拥有。人们追求金钱，拥有更多的金钱，大量支持工业企业的发展成为重中之重，只有企业生产出优秀的产品和服务，才能得到更多的金钱。明显的表现是，工业社会的发展史是一个个优秀企业的诞生和发展史，只有涌现出一批批优秀企业和企业家，国家的经济实力才能增强。因此，人们都为自己是一位企业家而感到自豪，企业成为工业时代主体。因此，企业的高级管理人员——高管和政府部门管理资源分配的高官是工业社会的主体。

（三）商业社会的主体——社会名人、专家学者

当人们重视金钱，发展工业经济的时候，实际上工业社会已经走上高位，到了顶端，“高官、高管”作为领导阶级成为社会主体的时代正在结束，工业经济推动社会发展的动力不足，社会主体正在悄然发生改变。金融危机的爆发，使人

们更加清醒地认识到，社会已经进入商业价值时代，人们从重视金钱转向重视名誉。无论是手掌实权的高官，还是富可敌国的巨商，都受到了价值创造的影响。只有创新，创造价值，才能守住自己手中的权力和财富。这说明，在商业价值社会，人的智慧和名誉已经超过了曾经拥有的金钱和权力，人的发展将决定商业社会的未来。

商业社会创造价值（增值/损失）是人们共同的愿望，促进增值、减少损失是每一个商业社会的人们必须学习和掌握的本领，否则会被社会淘汰（增值减少、损失加大）或者停滞发展。追求名誉和吸引投资是创造价值的基本保证。

为了创造价值，商业社会人们的创新思维必须来自教育，教育成为推动商业社会进步的重大推动力。教育的核心是商科教育，必须进行商科的学习。商科教育需要跳跃的营商思维来实现，而跳跃思维的培养则要通过对商科的不断学习和思考，价值思维是在不断的商科学习中培养出来的。在商业社会中，专家、学者为投资人服务，特别是知名学者的智慧必须为投资人服务，与投资人结合，获得名誉，创造价值，专家、学者成为商业社会的主体；商业社会的另外一个主体——创新、创业人才，越来越成为商业社会发展的主体——社会名人，名人吸引投资，投资成功使创新、创业人才成为名人，商业社会的主体——社会名人和专家、学者构成商业社会的精英阶层。

商业社会中，社会主体的变化具有不确定性，说明阶层还没有固化，只要创新思维，就可以创造价值。本书的研究表明：商业社会主体必须运用人气关注、币值平台、金钱杠杆、权力契约四个对策创造比较价值。三个社会形态和主体变化如表 1-10 所示。

表 1-10　三个社会形态和主体变化

农业社会	工业社会	商业社会
主体：以军队权力为主的各政治势力	主体：以企业金钱为主的各利益集团	主体：以教育名誉为主的各社会精英阶层
代表人：拥有武装、威胁权力的军人；拥有土地所赋予生存权力的地主	代表人：掌握国家资源的党内利益集团高官；影响企业利润的公司内部高管	代表人：创新、创业的社会各界名人；以教育为主的专家、学者

三、商业价值多元的社会结构

所谓社会结构，指的是“一个群体或一个社会中的各要素相互关联的方式”，所谓二元结构是指我国城市居民和农村人口，因为户籍或居住地制度将其区别，在劳动、收入、消费、教育、生活等方面存在着巨大的差异，形成两个相对独立的社会单元。

中国现行社会是以社会化大生产为主要特点的城市经济和以小生产为主要特点的农村经济并存的城乡二元经济结构。表现为城市经济以现代化的大工业生产为主，而农村经济以典型的小农经济为主。二元社会结构是以工业化生产为基础的工业经济和以土地为基础的农业生产并存的现象。其特点是城市带动农村，工业带动农业的发展模式。二元结构是工业社会必然产生的一种结构，两个结构成分相互支撑和影响，如图 1-16 所示。

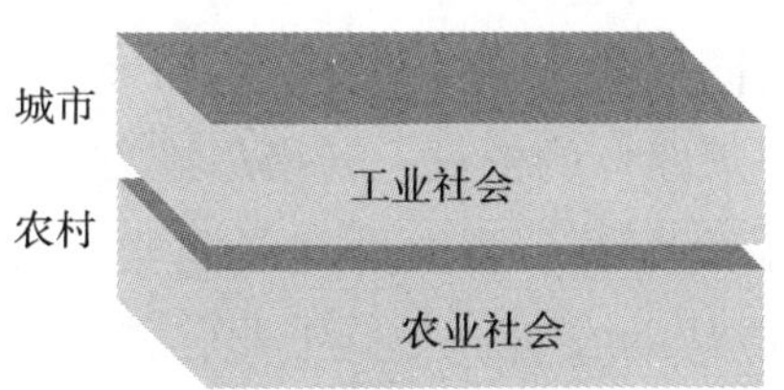

图 1-16　城乡二元结构

城乡二元社会结构在形成之初，确实履行了推动中国社会经济发展的一些正面功能。如它使工业化迅速推进，履行了资金积累功能、工业化优先发展功能和社会稳定的功能。但是，二元社会结构的弊端也显而易见。同城乡二元社会结构相联系的工业化发展模式是一种比较极端的模式，制约着中国社会经济的进一步发展。它使城市化严重滞后于工业化和经济发展。国内统一市场难以发育，农村社会发展水平大大落后于城市。

走出二元社会结构不仅是经济现代化的客观要求，也是社会现代化进程的客观要求。现代化在社会层面上表现为城市化。中国作为世界上人口最多的发展中国家，长期以来，二元社会结构人为地割裂了城市与农村之间的正常联系，导致城市化滞后于工业化的现状。因此，如果要实现社会全面进步与发展，必须打破城乡二元结构的禁锢，废除二元社会结构下的身份限制，允许城乡之间生产生活要素的自由流通。随着社会转型向纵深推进，二元社会结构赖以生存的各种经济社会条件已经发生变化，二元社会结构越来越成为中国社会转型的现实障碍。因此，走出二元社会结构不仅符合中国社会发展的长远利益，而且符合中国社会发展的眼前利益。

商业社会的发展打破了原有的城乡二元结构，社会发展出现了价值多元的社会结构。商业社会的发展不是不要工业，更不是不要农业，农业永远是基础，工业永远是支撑，商业价值才是发展。商业价值带动农业生产和工业经济共同发展。人们必须用更多的精力关注商业的发展，关注投资。投资品种的价值多元，使人们从关注工业发展的城市经济，转向关注农业发展的农村生产，文化价值、经济价值、社会价值三种价值都得到关注，发现价值、价值创造是核心，彻底改变城乡二元结构。通过“三价”的人气线进行描述，关注“三价”，即房价——社会价值（使人进步）、物价——文化价值（带动农村）和股价——经济价值（带动实业），创造更多的价值，从而使商业、工业、农业一起发展，以商业的思维发展工业和农业，形成以商业为“头部”、工业为“心肝肺肾”、农业为“四肢”的完整人体系统，共同发展；关注教育，不断地发展人类自身，尽量减少对于“天”（技术）、“地”（规律）的依赖；转换思维方式，工业技术的进步、农业生产的投入能通过金融手段实现，要大力发展商业，发现价值，创造价值，用商业发展带来的价值创造帮助农业、支持工业，使整个社会出现良性循环。商业社会是优秀人才的创新思维寻求价值洼地进行投资、创造价值显示个人智慧的最好时期，如图 1-17 所示。

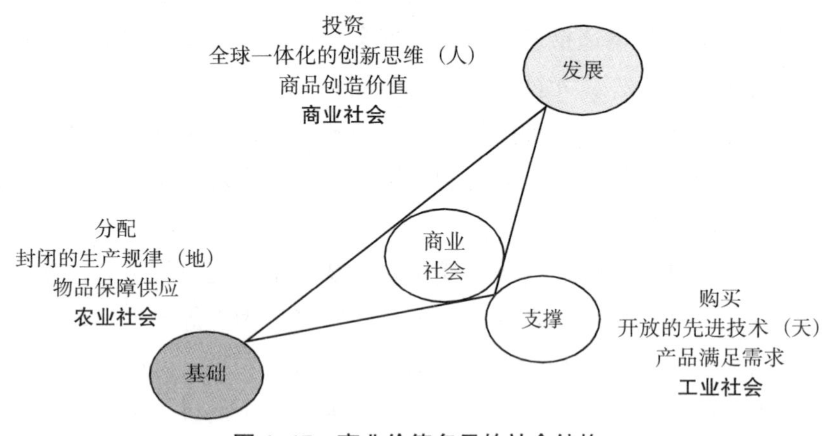

图 1-17 商业价值多元的社会结构

第二章　人气营商价值体系及满意分析

第一节　如何理解人气满意

一、满意含义

（一）满意

满意一词，最早出现在中国，至今已有几千年的历史。《辞海》中对满意的解释为“合意、快意”。满意是用来衡量人们内心是否平衡的一个标尺，基于衡量人们的心理感受或心理状态而产生。关于满意的研究较为普遍，从社会学逐渐延伸到营销学等各个领域，且日渐成熟。

满意作为一种度量人们内心平衡的标尺，与商业社会人们对于商品投资的心理期望密切相关。此处以日本为例来阐明商业价值投资中满意的重要性。众所周知，“二战”之后日本依靠与国际舞台上独占鳌头的大国结盟，一步步走向成功。纵观其近代的历史进程可知，日本 1902~1922 年追随英国，1936~1945 年追随德国，1952 年起则紧跟美国。由于紧跟强势国家，日本经济快速发展，曾一度跃居世界第二，致使世界人民对日本充满信心，进而吸引全球的人气关注，让更多的国家投资日本，投资人在投资日本的过程中获得了较好的投资期望。但随着日本的强大，日美各方面的摩擦不断加大，美国对于日本提出各种遏制策略。在两国价值创造的比较过程中，日本有更多的失误。人气关注逐渐离开日本，人们对日本的价值投资结果不能达到心理期望，逐渐不满意，全球投资人转而继续关注更具价值的美国。从世界对日本价值投资的衰落中可以看出满意度量作用在全球价值投资中的重要性。国家创造价值能力的高低，直接决定投资是否满意，从而影响世界对该国的关注度。

商业社会中，全球化的商业价值背景下，投资价值增值空间大、时间损失少是投资人的心理期望，是衡量商业社会满意的尺度。虽然满意的基本概念为“合意、快意”，一直未变，但其在不同社会有不同的衡量标准。农业社会，人们期望衣食无忧，按需分配，满意体现为少投入、多产出；工业社会，人们追求溢利购买，满意体现为顾客溢利最大化、成本最小化；商业社会，强调价值投资，满意体现为投资价值增值空间大、时间损失少。

（二）满意演变

研究商业社会的满意，首先需要梳理满意的发展历史，虽然满意的概念一直为“合意、快意”，但满意在不同历史时期有不同的研究主体，使得满意的界定也随之发生变化，具体演变过程如图 2–1 所示。

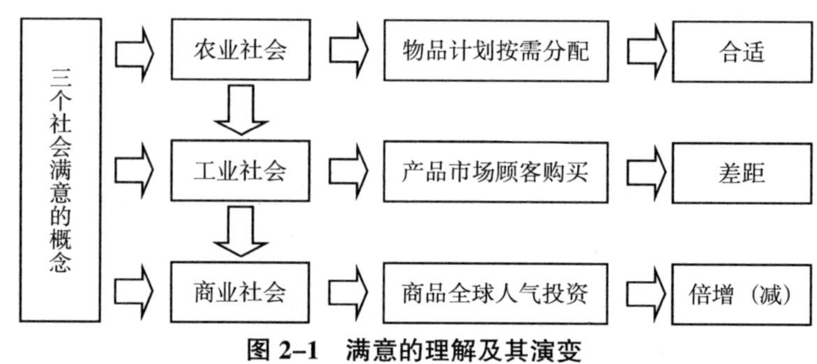

图 2–1　满意的理解及其演变

粮食作为国计民生最基本的物资，在中国农业社会扮演着非常重要的角色。粮食问题处理得好，即国泰民安、军力强盛、四夷宾服；粮食问题处理不好，则会经济衰退、军心不稳、民心思变。农民预判以较小的体力投入，获得一定的粮食收成，保证劳动者安居乐业，达到其基本的生活需要，满意则基本实现。按劳取酬、按需分配是劳动人民最基本的满意，满足这一点，劳动者就会拥护统治者的政权，国家可以长治久安；否则，将会官逼民反，严重时导致王朝换代。由此可见，粮食分配对中国封建王朝的稳固意义重大。

瓦特发明蒸汽机，标志着人类开始进入工业社会。随之而来的是机器代替手工劳作，使得生产力迅速提升，产品数量急剧膨胀，由“卖方主导型”市场快速演变为“买方主导型”市场。随着市场竞争的加剧和居民消费观念的转变，人们开始注重购买，顾客满意度备受人们重视。此时的顾客购买是建立在溢利[①]层面上的购买，溢利通过影响顾客价值而影响顾客满意。人们在进行具体购买时，通常会预先进行感知判断，将感知溢利与预期购买结果进行比较，当感知溢利价值低于期望结果时，顾客就会不满意；当感知溢利差距与期望相匹配时，顾客就会感到满意；当感知价值超过期望时，顾客则会高度满意或欣喜。

2008 年美国金融危机的爆发，意味着美国提前进入商业社会出现了停滞，中国工业社会目标基本完成，GDP 总量成为全球第二，标志着中国开始进入以投资为主旋律的商业社会。基于全球一体化的投资背景，商业社会的核心是创造商业价值，商业价值等于增值除以损失，其中增值包含文化增值、经济增值、社会增值，损失包含时间损失、精力损失、货币损失、体力损失。商业社会的满意，是一种可以预判的比较价值满意，因为理智的投资者在进行具体投资之前，都会经过不断的价值比较，筛选比较价值最大的投资品种，结合自身投资经验，待预判结果达到心理期望后，才会进行具体投资。由此可知，人气营商学中的价值投资满意，主要指投资人基于比较价值预判的心理满意。商业社会的满意以创造倍增（减）比较价值为主，通过投资商品，创造人气比较价值，促进该国和全球商业社会向前发展。

二、满意表现

满意的表现主要从其在三个社会中研究的不同侧重点进行说明，总体来说满意在三个社会中表现各不相同。

（一）农业社会——创造消费者价值满意，体现为丰衣足食

农业社会，人们依靠土地，土地是消费者主要的生活来源，离开了土地，就相当于没有了养家糊口的食粮，将无法继续生存。因此，消费者对自身的体力付出显得尤为重视，但由于土地产出有限，加上科学的不发达，天灾人祸，往往产出与消费者（农民）的体力投入并不成正比增长。因此，消费者一直在探索如何以尽可能小的体力投入，获得尽可能多的粮食产出。与此同时，他们也十分注重粮食分配的公平合理性。统治者若能使国运昌盛，粮食丰收，同时大力减免赋税，保障粮食分配制度公正合理，符合农民合适的满意——吃饱穿暖，结果符合

① 溢利：《基于溢利的价值导向型顾客满意理论与实证研究》中提到溢利是感知利得与感知利失权衡部分，主要强调两者比较的溢出部分，可以是正，也可以是负。

消费者需要，使得农民可以安居乐业，具有稳定的生活，则农民就会感到满意，从而更加拥护统治者的政权。

基于以上分析可知，农业社会的满意是一种基于个人和家庭——消费者价值的合适满意，农业社会的消费者需要，实际上是农民个人和家庭的需要，消费者价值等于产出与投入之比。农业社会是在自然经济条件下，采用人力、畜力等为主的手工劳动方式，依靠世代积累下来的传统经验进行土地耕作。其基本特征：技术状况长期保持不变、农民对生产要素的需要长期不变、传统生产要素的需要和供应处于长期均衡状态。此时，由于生产力水平不高，使得单位土地的产出增长幅度有限。也就是说，产出增长到一定程度，将不再受外界因素影响，基本保持不变。根据消费者价值公式可知，在分子产出保持不变的前提之下，要想提高消费者价值，只能尽可能减少分母投入，即消费者价值的大小主要取决于消费者的投入程度。由于合适满意与消费者价值呈正相关，故满意主要取决于劳动投入。

综上所述，农业社会的合适满意主要是基于消费者减少投入的一种满意，投入越少、产出越多，创造的消费者价值就越大，相应地，合适满意就越高。具体如图 2-2 所示。

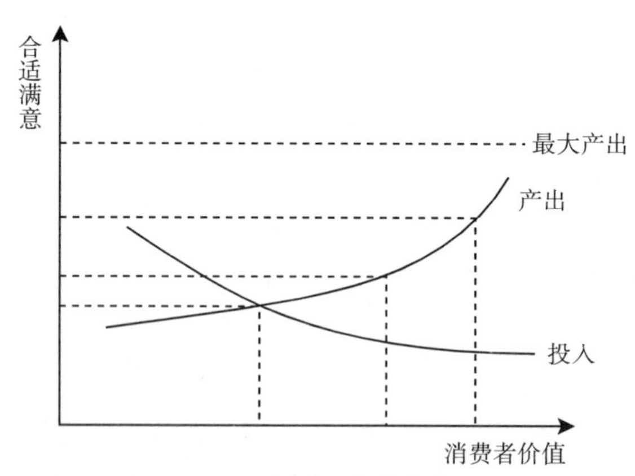

图 2-2 农业社会满意表现

（二）工业社会——创造顾客价值满意，体现为繁荣昌盛

机器制造业的快速发展，提高了生产效率。工厂规模化、社会化大生产涌现出五花八门的产品。市场逐渐从“卖方市场”过渡为“买方市场”，顾客具有选择厂家和产品的主动权。市场竞争日趋激烈，迫使各企业不得不通过为顾客提供

符合其偏好的个性化产品和服务提高顾客忠诚度和满意度，以此抢占客户资源。通过把握顾客偏好，实现顾客溢利最大化，进而获得差距满意，保留顾客忠诚，这无疑是一个明智之举。掌握顾客偏好对企业取得竞争成功非常重要。

工业社会的满意是一种基于顾客价值的差距满意。其中，顾客价值等于溢利与成本之比。由于人们的物质生活已经相当富裕，且顾客溢利的增长幅度大于顾客成本，在购买产品时，顾客不再过分关注其成本，而将重点放在购买所带来的顾客溢利之上。溢利越大，成本越小，顾客价值越大。换句话讲，顾客价值的大小主要取决于分子溢利和分母成本关系。由于差距满意正相关于顾客价值，使得差距满意能否实现主要取决于顾客溢利的大小。因此，在经济条件允许的情况下，顾客在购买产品时，通常会忽略成本，直接比较两种产品所能带来的顾客溢利，促使溢利引导购买局面的形成。

基于以上分析可知，工业社会顾客差距满意与顾客价值呈正相关，顾客感知溢利越大，顾客价值越大，顾客的满意度也就越高，越容易购买该产品。因此，保证顾客溢利最大化是实现顾客差距满意的基础。具体如图 2-3 所示。

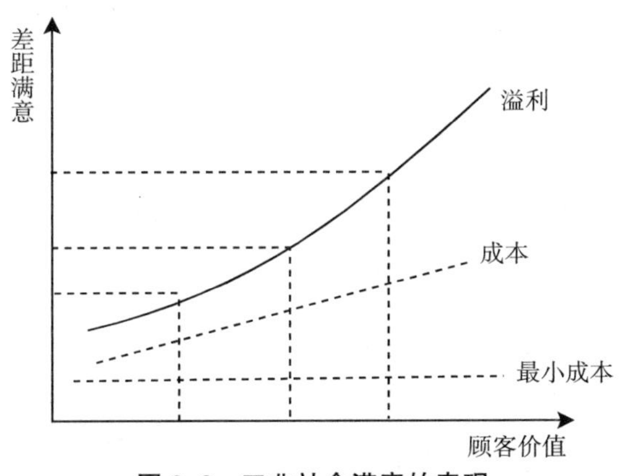

图 2-3　工业社会满意的表现

（三）商业社会——创造比较价值满意，体现为神清气爽

理解商业社会的价值投资满意，必须理解商业社会的比较价值，比较价值大小是价值投资满意形成的基本条件。换句话说，价值投资满意是投资者经过价值比较判断而形成的一种价值倍增（减）满意。价值投资满意的研究是基于商业社会，并在全球一体化的投资背景下展开，比较价值与人气关注之间相辅相成，二者相互转换。两者皆是人们进行价值投资的风向标，达到投资者的心理

期望就会产生价值投资满意。投资者进行全球价值投资时，首先是选择国家和地区这一关注对象，通过对不同国家进行价值比较，选取比较价值最高的国家，进而依据不同的人气线，对该国比较价值较高的商品进行投资，最终实现价值投资满意。

所谓比较价值就是人将主体与主体、客体与客体，甚至主体与客体进行比较所生成的状况，对主体造成的作用和影响。根据其含义，可知比较价值不能独立存在，而是通过比较产生。投资者在价值投资之前，通常需要进行不断的价值比较，主要从两个方面进行，即价值投资时间与价值投资空间。价值投资所需时间越短、空间越大的商品，其比较价值越大，投资者对其关注度越高，越容易实现价值倍增（减）满意。比较价值与价值倍增（减）满意具有正相关关系。相反，价值投资所需时间长、空间小的商品，由于其比较价值小，因而不会引发大量人气关注，难以实现价值倍增（减）满意。投资人在实际价值投资过程之中，需要不断地进行价值比较，以此来调整价值投资对策。

综上所述，商业社会价值倍增（减）满意与比较价值呈正相关，比较价值越凸显，越容易实现价值投资满意。因此，保证比较价值最大化是实现价值倍增（减）满意的基础条件，具体如图 2–4 所示。

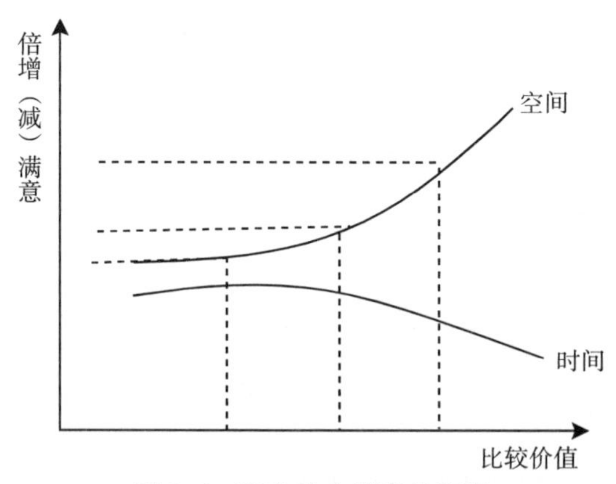

图 2–4　商业社会满意的表现

不同的社会形态下，满意的体现有所区别。农业社会的消费者价值主要由消费者体力付出的多少决定，表现为丰衣足食；工业社会顾客价值主要由顾客偏好所带来的溢利决定，表现为繁荣昌盛；商业社会的比较价值受人气汇集影响较大，表现为神清气爽。具体如图 2–5 所示。

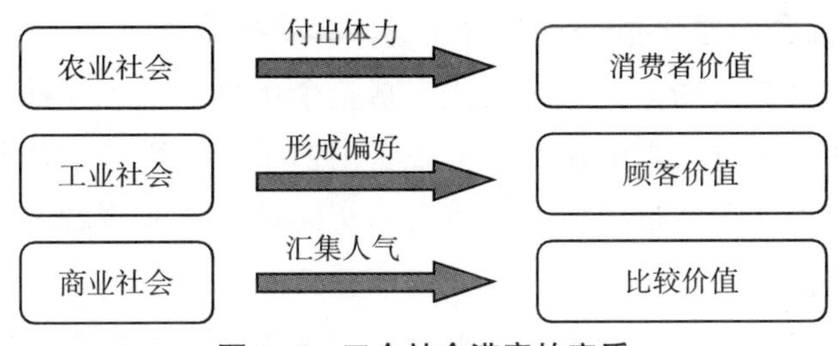

图 2–5　三个社会满意的实质

三、满意作用

满意是人们的心理感受和心理状态，正像达尔文发现有机界的发展规律一样，马克思发现了人类历史的发展规律。即历来被繁芜丛杂的意识形态所掩盖着的一个简单事实：人们必须首先解决吃、喝、住、穿，然后才能从事政治、科学、艺术、宗教等活动。以此为基础，将人类社会分为农业、工业和商业三个社会。不同社会人们追求的差异，使得满意的心理感受也在不断发生变化。

（一）农业社会满意作用——奖励劳动，过上温饱生活

农业社会注重权力，政权稳定是统治者关注的核心，而政权不稳，人们最基本的生活资料就无法得到保障。《酒诰》中有“人无于水监，当于民监”① 的叙述，阐明君王不应当“以水为镜”，而要“以民为镜”。尽可能公平分配各种物质资源，维持农民生活的粮食供给稳定。由此可见，保持农民满意，维护政权平稳，关键是解决温饱问题。

农业社会追求温饱，温饱问题是农业社会最为关键的问题，关乎统治者的政权稳定，因而很受重视。农业社会满意的作用，具体如图 2–6 所示。

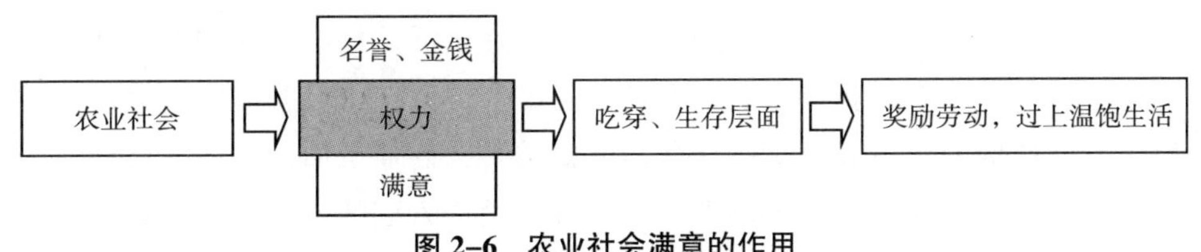

图 2–6　农业社会满意的作用

① “人无于水监，当于民监”出于周公的《尚书·酒诰》，周公是西周开国元勋，其意无疑是告诉人主不要把水当镜子，而应该把臣民当作镜子。

（二）工业社会满意作用——奖励知识，享受物质生活

工业社会开放的市场下，产品迅速丰富整个市场，由工业社会初期的产品供不应求逐渐发展到供过于求的状态，消费者由追求产品数量上的差异逐渐转变为追求质量上的差距，顾客价值最大化成为购买的动机；实现顾客满意，促进顾客购买成为企业的目标。

工业社会追求物质享受，这就要求科学技术水平不断提高，以生产更多优质产品，满足顾客需求。进入工业社会后，人们的物质生活逐渐富裕，已经彻底摆脱维持温饱的状态，人们的需求趋于多样化，为了满足顾客的需求，企业必须不断革新技术。总而言之，工业社会人们对于购买的满意，就是对拥有知识和技术人才的奖励，只有如此才能保障人们享受物质生活。工业社会满意的作用，具体如图 2-7 所示。

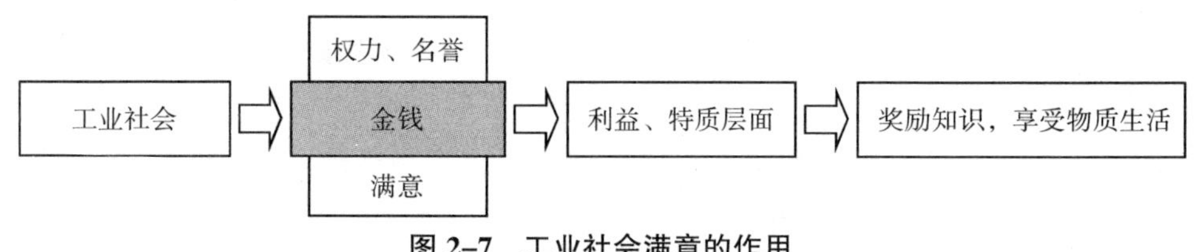

图 2-7　工业社会满意的作用

（三）商业社会满意作用——奖励思想，实现美好生活

商业社会是投资型社会，没有价值投资就无法促进商业社会向前发展。商业社会充满着投资机会，包含各种不同类型的价值投资，主要可分为三种类型，即文化价值投资、经济价值投资和社会价值投资。利用自身创新思维来发掘价值洼地，通过比较价值创造实现价值倍增（减）满意，有利于挖掘投资人的创新思想。

商业社会追求美好生活，尊严生活作为美好生活的核心，受到商业社会中人们的广泛认同。尊严的获得需要个人名誉的提升，而获得名誉的重要途径就是创新思想、创造价值。不同于工业社会的创新技术，商业价值的创造需要创新思维模式，美好生活的获得是对于热爱投资和善于投资人们的奖赏。创新思维是一种价值投资思想，利用投资人的创新思想，寻求具有优势比较价值的商品进行投资，有利于成功实现价值投资。人们对于价值倍增（减）的满意，是商业社会对于创新思想的奖励，只有投资成功才能过上美好生活。商业社会满意的作用，具体如图 2-8 所示。

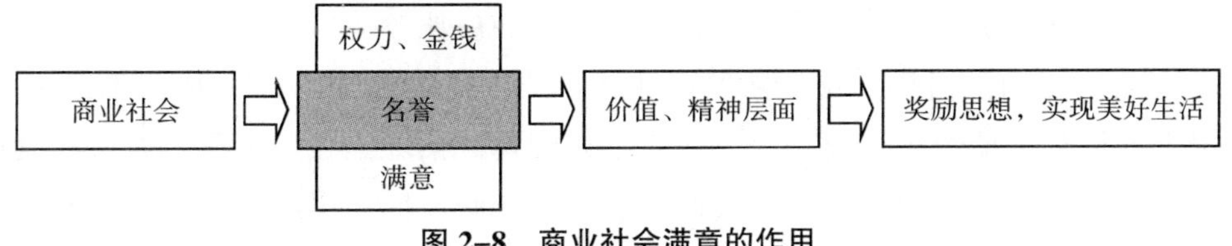

图 2–8　商业社会满意的作用

综上，三种社会满意的作用，具体如图 2–9 所示。

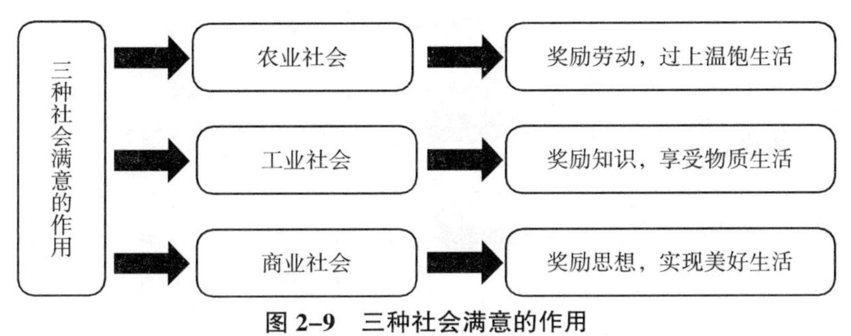

图 2–9　三种社会满意的作用

四、满意赋予

满意在三个社会的表现和作用各不相同，人们在不同的社会形态中，心理感受是不同的，以不同的方式追求满意，不同的研究主体和社会追求赋予满意不同的内涵。在农业社会，满意的获得需要满足两个条件：权力保障和消费者体力付出。首先，统治者必须保证国家安定，为农民提供一个无战乱的环境，使其免受战乱之苦，不用过流离失所的日子。在此基础上，保障粮食分配制度的公平合理，使得农民安居乐业，实现温饱生活。其次，土地作为发展农业社会生产的基础，其重要性显而易见，消费者要想以一定的体力投入，获得稳定的粮食产出，就必须拥有部分土地所有权。农业社会追求的是消费者个人和家庭的基本消费满意，只有把握消费者分配合适的满意度，才能保证封建王朝的权力延续；消费者不满意，就会出现起义、造反等现象。工业社会时期，由于蒸汽机、内燃机的发明以及电力的广泛应用，实现满意的方式由占有土地、减少投入转变为追求顾客溢利的产品及服务购买满意，只有符合顾客购买差距的满意，促进大量顾客购买，企业才可以赚取更多金钱，满意是为了使企业获取更多利润，即站在企业的角度研究顾客满意。到了商业社会，虚拟经济的出现使得一系列金融衍生产品相继出现在市场上，以供投资者对其进行价值投资。只有通过比较价值的判断，人们才可以分辨出哪些是值得进行价值投资的商品。比较价值创造是人们知识的积累与思维的创新的碰撞，由于人气关注所形成的比较价值，研究投资倍增（减）满意，实际上是研究人气满意，只有人气投资达到倍增（减）满意，大量的投资人才会进行投资，投资的标的才会拥有名誉，受到追捧。由此可见，满意的实现是不断变化的，是由人类社会的不同历史阶段特征所赋予的。

农业社会满意的赋予者是消费者，目标是实现农民丰衣足食。具体如图 2–10 所示。

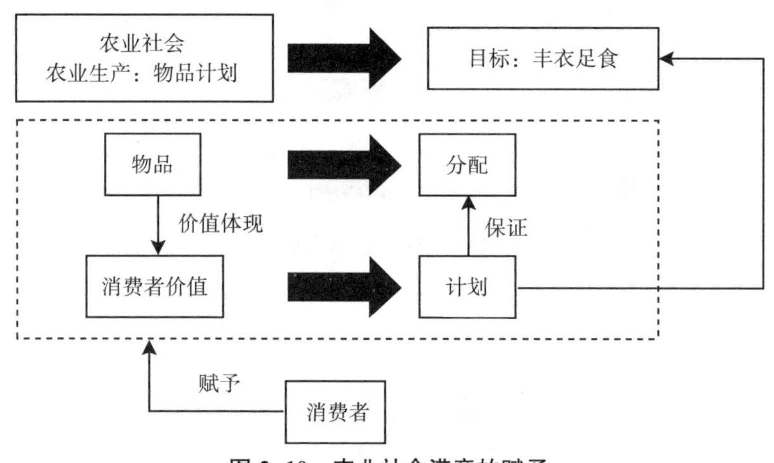

图 2–10　农业社会满意的赋予

工业社会中，满意的赋予由顾客决定，具体如图 2–11 所示。工业社会的满意是为了实现顾客溢利最大化，进一步带动经济发展，通过顾客满意实现工业社会的繁荣昌盛，可以更好地促进购买。在工业社会的满意赋予中，基于产品利益的顾客起到了决定性作用。

商业社会中，全球投资融为一体，追求商业价值增值是人们形成的共识，具体如图 2–12 所示。商业社会满意主要来源于商品的价值投资。追求商业社会满意，通过人气赋予，进一步发展商业社会，引导人们正确投资，目标是让全社会的投资人神清气爽。

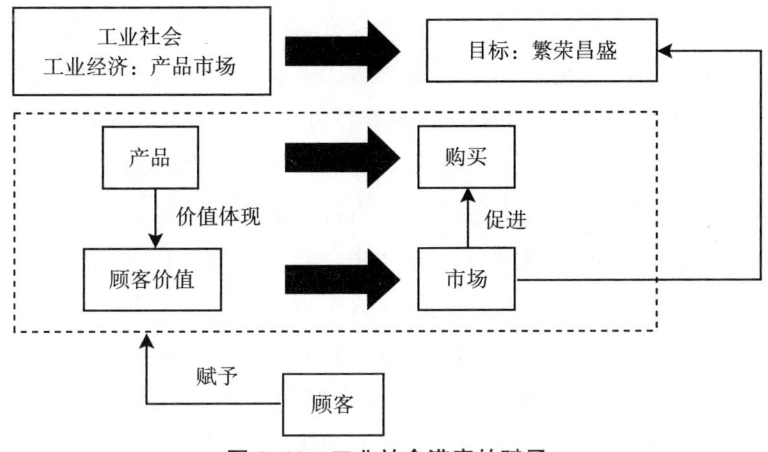

图 2–11　工业社会满意的赋予

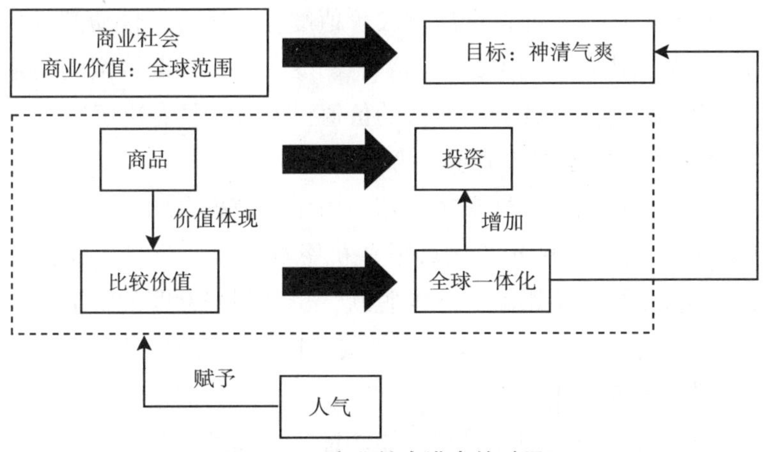

图 2–12　商业社会满意的赋予

第二节　商业社会的满意

一、商业社会满意角色变化

（一）满意与价值的全球化密切相关

正如第一节所描述的，价值投资满意是商业社会投资人的一种心理期望。也就是说，比较价值创造的价值投资才符合投资者的心理期望，才能实现价值投资满意。换句话讲，满意与价值的全球化密切相关，投资人在全球范围寻求比较价值投资，是商业社会满意实现的一个显著特征。与工业社会的顾客满意完全不同，商业社会的顾客满意是基于市场需求的购买满意，国际社会价值投资的人气转移方向代表着大多数人的投资意愿，影响着整个商业社会的发展前景。

从全球视野研究价值投资满意，对全社会商业价值的挖掘与研究具有显著的意义。一个国家要想在商业社会中实现价值投资满意，必须具有创造比较价值的度量标准，即全球认同的价值尺度。通过自身的努力来成功吸引国际社会的关注。人气关注代表着人气价值的流向。在全球范围内，人气聚集，寻找价值洼地，进行比较价值满意投资。所以，国家要想吸引投资，就必须创新思维、吸引人气，结合币值、金钱、权力等对策不断创造比较价值，即需要人气、币值、金钱、权力四者的有机配合，通过全球比较价值度量的满意，推动商业社会向前发展。满意与价值全球化密切相关，一国满意的变化必将带动或削弱其余国家的满意实现，价值全球化对商业社会投资者的价值投资对策具有决定性作用。

（二）价值满意与各国联动关系更为密切

价值满意与各国联动关系越来越密切，由于价值投资的全球化，各国的价值联动和共振影响巨大，2008 年美国金融危机影响世界，正是世界各国密切联动的结果，在世界范围内产生影响。英国脱欧，也会削弱欧盟的价值度量。这说明在商业社会中，一个国家的价值满意对于其他国家能否实现价值满意影响重大，各国价值投资满意相互作用。

除此之外，各类组织之间的关系都能印证价值满意与各国关系日渐密切。当然，一个国家要想实现比较价值满意，主要依靠自身的努力，特别是商业大国。虽然也有来自国际社会的影响，但主要来自自身实力和价值度量。国家要想实现价值满意，必须加快自身发展，引发国际社会关注，吸引大量国际资本投资该国，为自身的长远发展赚取筹码。价值满意实现的逻辑机理如图 2-13 所示。投资者首先通过价值比较，将具有较大比较价值的商品确定为投资对象，从而进行价值投资，以求实现预期的价值投资满意。相应地，价值投资满意使得投资者再次进行价值比较，根据价值增值这一硬性条件，对投资对象进行相应的调整，以期待再次实现价值投资满意。

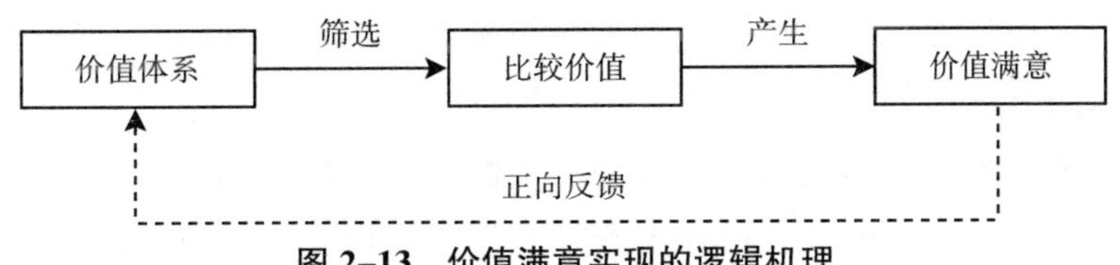

图 2-13　价值满意实现的逻辑机理

二、商业社会满意新要求

商业社会对于满意有两个新要求，其提出的前提背景是商业社会的全球一体化，只有达到这样的要求才能吸引更多的价值投资人关注，实现价值投资满意，创造更大的商业价值，加快商业社会的发展步伐。这两个要求分别是：

（一）价值满意的广泛影响力

商业社会价值投资满意不只表现为一个国家或者区域市场实现满意，它是一种全社会价值认同的满意，必须建立在全球一体化价值投资背景之下，具有广泛的影响力。具体表现为一个国家实现了价值投资满意，势必会影响其他国家价值投资满意的实现，即促进与该国有密切价值联动国家的价值满意实现，遏制与其比较国家的价值满意实现。它是一个国家综合实力的体现，一个国家只有获得对世界各国均有广泛影响力的价值创造，才会吸引各国进行价值投资，共同创造商业价值，从而再次提升该国的影响力，使该国实现更大的比较价值创造。

广泛的价值满意影响力意味着有更多的全球投资人认同该国的比较价值创造能力，通过投资该国可以实现预期的心理价值投资期望，价值在国家之间的联动性逐渐增强。一个国家获得价值投资满意，势必会减少价值投资不满意国家的投资。价值满意对全球投资的影响逐渐增强，不断地进行人气价值投资，实现全球投资人的比较价值满意。因此，世界各国必须想方设法提升全球价值倍增（减）满意的影响力。同时，全球投资人由于倍增（减）满意，纷纷前来投资该国、宣传该国，使该国形成财富效应，进而促使该国人民尽快跳出中等收入陷阱。

（二）价值满意变动的主动性和独立性

价值满意变动的主动性与独立性相互联系，其基本含义是价值满意变动更多的是国家自身进行主动调整，受国际上其他国家资产价值变动的影响较少。在商业社会价值投资过程中，如果一国可以根据自身实力独立创造价值，吸引人气进行关注投资，在其他国家发生价值增值时依旧可以继续保持长期的价值创造状态，则说明该国不仅可以保证本国资本不外流，而且还有使大量国际资本流入本国的能力，从而获得国际社会的长期关注与投资，最终在国际上脱颖而出成为各国效仿跟随的目标对象。

如果一国的价值满意变动不能保证主动性与独立性，则会对该国的经济发展产生极大的负面影响，轻则造成该国资本外流、发展缓慢，重则使该国长期陷入中等收入陷阱，很难实现新的突破，所以保证价值满意变动的主动性与独立性至关重要。主动调整需要理智和智慧，是为了防止出现由被动调整所带来的不良现象；还有一些因别国调整而被拖垮、不能实现独立性、只能附属于他国的国家，往往是由于资源较少、实力较差，缺乏持续价值创造的独立性。

总而言之，商业社会的价值投资着眼于全球范围，只有保证价值满意变动的主动性与独立性，才会赢得在国际上崭露头角的机会，吸引大量国际资本流入，获得国际人气的长期关注，实现自身快速发展。

三、满意与资产价格的关系

人气对策是四个对策中最为重要的一个，对商业社会投资意义重大。本书将对人气对策的理论和意义进行详细阐述。人气关注是商业社会满意研究的前提，人气关注是人们认知心理作用的结果，没有人气以及其他三个对策的相互配合，投资满意将无从谈起，说明这个国家的资产价格相对于其他国家而言，就没有了比较优势，而没有比较价值也就不会被人气关注，更不可能成为人气“明星”类国家，该国资产价格难以升值，投资满意更是无从实现，研究对资产价格投资的满意就失去意义。

满意作为人气营商学的“心、肝、肺、肾”，是在四个对策的研究基础之上，对人气价值投资进行度量，其重要性不言而喻。人气关注如果没有价值度量，不可能产生投资满意，人气关注也不能创造价值。在同一时间段内，人气关注该国，形成比较价值。同时，比较价值也是通过价值度量表现出来的，没有价值度量，无法表现比较价值，有了价值度量，经过价值比较，人气开始关注该国，也就产生了人气“明星”类国家，将会吸引国际资金大量流入，引发该国资产价格上涨，带来巨大的社会财富增值，人气投资实现价值增值。关于人气“明星”类国家，本书将在第三章进行重点阐述。价值体系、比较价值与资产价格的关系，如图 2-14所示。总体讲，三者组成一个正向反馈循环系统，价值体系变动引发资产价格变动，与此同时，资产价格的变化又导致价值体系变动，价值体系和资产价格变动与比较价值之间又相互作用。

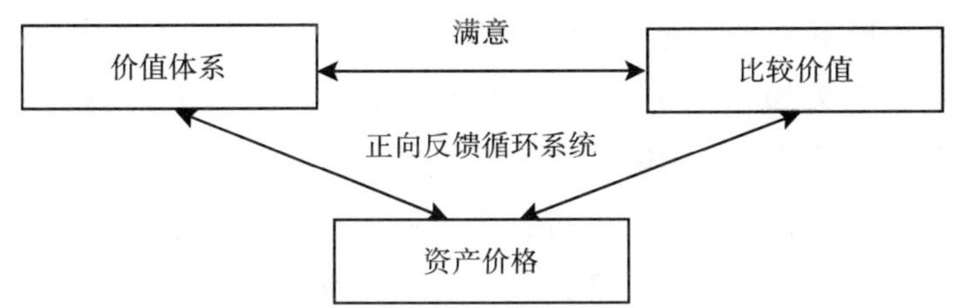

图 2-14 价值体系、比较价值与资产价格的关系

四、商业社会的满意确定

商业社会满意的赋予是人气，确定满意的方式主要有三种，分别是对策确定、愿景确定和增幅确定，三者并不相互独立，而是相互影响，共同促进满意的实现。

（一）对策确定

倍增（减）满意确定前提是对策确定，只有人气、币值、金钱和权力四个投资对策运用得当，价值度量形成的价值满意才能发挥作用。换句话讲，任何一个对策使用不当，都会使一个国家丧失比较价值创造的机会，成为商业社会的落后者。以下将对四个对策分别进行分析：

人气对策的确定主要指的是人气关注。通过人气线、人气矩阵、人气模式，利用多元价值思维和思维漏洞，创造比较价值，吸引人气关注，人气关注会产生两种截然不同的结果，即价值投资满意与价值投资不满意。商业社会实现价值投资满意，需要价值投资的时间与空间同时满足要求，结合第三章的人气矩阵可知，人气不仅关注增值速度和增值空间“双高”的商品群（“明星”类商品），同时也关注增值空间大、增值速度慢的商品群（“问号”类商品）及增值空间小、增值速度快的商品群（“金牛”类商品）。由此可见，关注“明星”类的人气投资会实现投资满意，而关注其余两类商品很难实现投资满意。在币值、金钱、权力等相互配合的情况下，主流人气关注的“明星”类商品才会获得价值投资满意的实现，延长人气关注的心理周期。

币值对策主要指的是保持币值平台上升。关于币值平台理论会在第四章做详细的阐述。币值平台是众多人气平台研究中最为重要的一个，币值平台的升降直接影响投资人是否对一个国家进行价值投资。币值平台的变动有很多种情况，每一个国家和地区的币值平台在不同时期的总趋势和变动方向各不相同，在全球背景下相互影响。通过对第四章的梳理不难发现，商业社会要想依靠币值平台吸引人气，实现价值投资满意，就必须保证国家币值整体处于上升趋势，即“明星”平台。当然允许趋势短期内出现稳定或者下降，但总体上升的心理关口不能突破，通过币值平台上升使得国际对该国具有投资信心，从而吸引投资，促使国际资本大量流入，其正向反馈结果更有利于维持币值平台趋势上升的情形。

金钱对策主要指的是金钱杠杆的大小与方向使用得当，关于金钱杠杆的具体原理，本书第五章会进行详细的阐述。金钱杠杆原理的提出，是在商业社会全球一体化投资背景之下。随着商业社会国家对价值投资的逐渐重视，越来越多的国家通过加大金钱杠杆，创造优越的价值投资条件，以吸引国际社会关注并进行价值投资，使得国际资本大量流入，使本国资产价值发生大幅度增值，进一步实现价值投资满意。对于国家而言，如何把握金钱杠杆的力度是一个难题。有人形容，高杠杆如瘤，去则痛，不去则危。因此，需要在经济稳增长、缓慢释放资产泡沫和去杠杆三个目标之间取得某种平衡，治本的关键还在于加大金融改革和国企改革的力度。杠杆率过高往往会导致负债方的付息偿债压力过大而无法维持，如果不及时遏制任由市场自发调节，结果就是金融危机爆发。相对于危机后的被动去杠杆，主动去杠杆更稳妥，选择空间也更大，但平衡的度并不容易掌握。

权力对策主要指的是契约权力的影响力。权力尤其是政策、法规的运用在商业社会中对国家的发展影响巨大，商业社会的权力主要指的是契约权力，本书在第六章会做详细的论述。契约权力运用得好，可以有力地促进国际资本的流入，维持国家的快速发展，吸引人气关注，实现投资满意。契约权力运用欠佳，将会导致人气大幅下降，最终使得国家发展受挫。例如，美国不论是2008年的金融危机还是近几年一系列的恐怖袭击事件的爆发，都说明了同一个问题，即契约权力的运用欠佳。契约权力是实现价值满意的基础前提，价值满意和契约权力之间相互作用、相互影响。契约权力主要通过两个方面影响价值满意的实现，即国家拥有契约权力的时间和影响力。通常来讲，要把握好契约权力的时间节点和心理空间，同时，影响力越广泛，越容易实现价值投资满意。

总之，对策运用得当，价值度量的倍增（减）满意才能发挥效应，对策决定价值度量的比较价值判断。没有人气、币值、金钱、权力对策，价值度量只是空中楼阁，商业社会满意的实现也只能是镜中花、水中月。

（二）愿景确定

商业社会的人们关注投资，渴望创造价值，达成长远目标，实现美好愿景。关于愿景的概念，目前还没有一个统一的定义，不同学者有着不同的解释。胡佛

(Hoover) 对于“愿景”的理解是“人的一种意愿的表达，这种意愿的表达需要良好的知识准备并且具有前瞻性”。在此基础之上，结合商业社会的投资背景，本节将愿景定义为：个人通过丰富的投资经验和知识储备，实现具有前瞻性的长远追求。

美好愿景的实现需要借助价值投资，随着投资人投资经验的增长，对未来预期逐步精准化，其投资愿景也发生了相应的变化。通常来讲，愿景随着投资人投资经验和知识的积累，呈现递增趋势，具体如图 2-15 所示。随着人们知识储备的增长，愿景也随之增长，投资者的愿景只会越来越高，不会呈现下降趋势。正如《孙子兵法》所云：“法乎其上，则得其中，法乎其中，则得其下。”由此可见设立美好愿景的重要性。

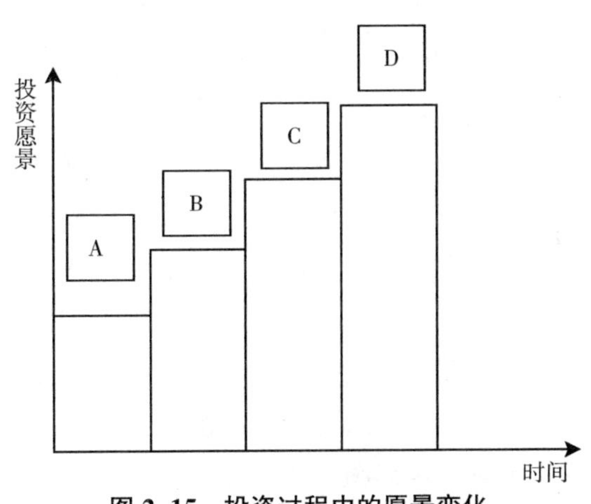

图 2-15　投资过程中的愿景变化

投资人愿景越高，越敢于创新，敢于试错，越会在全社会寻求更多投资机会，寻找更大价值洼地。这一过程的实现需要投资人不断地充实自己，发掘自身的优势，为了实现愿景而付出巨大努力，并逐渐成为社会的共识和学习的典范。

愿景对于一个国家和民族无比重要，是正能量，对于个人亦是如此，它以大量的知识积累为前提，其本身是一种信心，一种美好追求和向往，有助于增长人们的悟性，提高人们的投资技术与创新思维能力，帮助价值投资取得成功，正确把握未来的价值投资。在商业价值投资过程之中，随着时间推移，愿景通常呈现上升趋势，这是投资人技术、阅历和知识积累的必然结果，也是一个国家走向投资时代的重要支撑。

（三）增幅确定

商业社会影响价值满意的第三个因素是增幅。人们往往根据实际需要来研究事物的增幅。商业社会，每个国家都应该想方设法让资产增幅最大化，实现价值创造、资产升值，使国家尽快富强起来，但这不以该国的意志为转移。过快的价值提升，往往适得其反。如何稳妥而持久地实现财富增值，是每一个智慧国家的共同追求，因此在实现价值倍增的同时，就有可能实现价值倍减。应结合人气、币值、金钱、权力四个对策共同吸引他国进行投资。倍增（减）幅度就是帮助各个国家，利用价值满意带来的度量尺度，动态把握投资人的心理期望，从而引导其正确把握投资机会，尽可能实现价值投资的持久满意，真正实现全社会的财富积累，避免价值投资失误带来巨大损失。

增幅影响投资人的心理期望，进而间接影响比较价值的大小与方向，其核心是倍增（减）。在本节中，倍增（减）是投资人实现价值投资满意的基本前提条件，若是不能进入倍增（减）的度量范围，将不会达到投资人的心理期望，难以实现价值投资满意。把握好商业社会满意的倍增（减）度量，如同把握好工业社会满意的溢利差距一样重要，都是人们的心理感觉，没有这种感觉，投资人不会满意，工业社会无法形成顾客购买，商业社会无法形成比较价值投资。一个国家若不能进入价值倍增（减）度量的尺度范围，就会失去人们的关注，脱离商业比较价值的创造，慢慢落后于其他商业国家。

价值度量是一种标准，如人们通常所说的股票指数就是一种价值度量。比较价值的倍增（减）满意价值度量如图 2-16 所示。

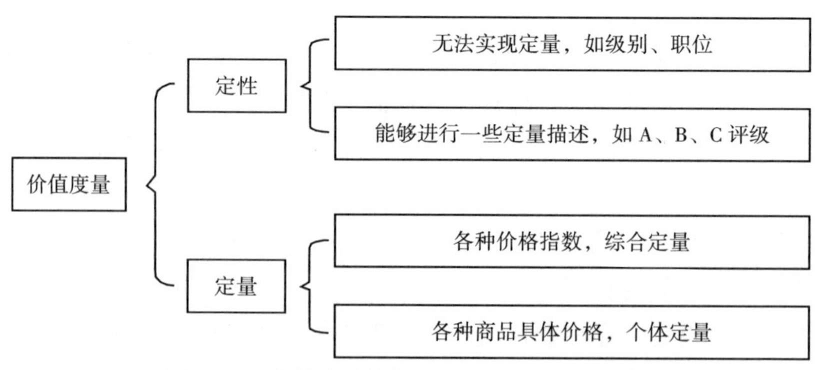

图 2-16　比较价值的倍增（减）满意价值度量

第三节 商业社会的倍增（减）满意原理

一、倍增（减）满意原理的理论来源

在商业社会中，满意的角色和要求都发生了根本性改变。商业社会的价值原理主要表现为人们的心理期望及价值倍增（减）变动。倍增（减）价值满意原理并非无源之水，其具备大量的理论基础，主要可以从营销学与投资学两个领域进行阐述。其中，投资学主要为价值满意原理提供了方法支撑，而营销学则为价值满意原理提供了主要思维源泉。

（一）投资学来源

价值研究领域相对广泛，主要包括心理学、经济学、会计学、管理学、营销学等，在全球经济一体化进程加快的今天，价值成为各界学者和企业家关注的热点问题。投资学中通常将价值与投资相互联系起来，即价值投资。从本质上讲，价值投资是一种投资行为，需要完成对影响证券投资的财务状况、经济因素和公司经营情况的分析，并完成对股票潜在价值和市场的比对。在资本市场中，投资者对价值投资几乎耳熟能详。

价值投资作为一种系统化的投资思想肇始于20世纪30年代。本杰明·格雷厄姆和戴维·多德（David Dodd）出版了经典著作《证券分析》（1934），阐述了价值投资的理念和财务分析方法。因此，本杰明·格雷厄姆被投资界和学术界共同尊为“价值投资之父”。随后，本杰明·格雷厄姆出版了价值投资的另一本经典著作《聪明的投资者》（1949），进一步补充和充实了价值投资的核心思想。这两本经典投资著作奠定了价值投资的分析视角和思想体系。相比之下，在格雷厄姆的著作出现之前，证券界充满着神秘主义色彩，主要通过打听消息、看图表等方式猜测股价涨跌，格雷厄姆把股票投资提升为一种具有科学性的商业行为。本杰明·格雷厄姆奠定了价值投资思想大厦的主体思想架构，而沃伦·巴菲特等在实践中发展了价值投资，这使得沃伦·巴菲特成为价值投资思想和实践的集大成者。

投资者在进行价值投资时，追求价值增值，避免价值损失发生。这就要求投资者在实际投资过程中，树立强烈的风险意识，把风险防范放在投资的首要位置。要在投资中取得良好的投资回报，需借助于复利的作用。爱因斯坦深刻地认识到了复利的威力，把复利称为世界奇迹。沃伦·巴菲特曾说过，投资的秘诀在于控制风险，保住本金。正因为优秀的风险防范能力，沃伦·巴菲特在60余年的投资生涯中，以20%左右的长期复利回报而成为伟大的投资大师。要发挥复利的威力，必须要高度重视投资的风险防范，尽可能避免投资亏损。当然，这里所谓的投资亏损不是指短期的账面浮亏，而是指资本的永久性损失。巴菲特从多年自身的经验中，总结了一整套行之有效的规律和策略，即著名的“十二定律”，被后续投资者视为经典。作为投资者，要知道投资收益的根源在于企业的盈利，所以投资一家公司的股票，需要清楚地了解企业的业绩增长率。

目前，针对价值投资的研究很多，尤其是市场监管由粗放式走向规范化，投资者队伍由分散化走向机构化，股市进入新一轮扩容高潮，政府对市场的行政式干预逐渐减少。在这种新的形势之下，国内外许多学者都针对价值投资展开全面的分析与研究。吴俊良（2018）从个别股票的投资入手，进而推导整体市场的投资时机，认为投资时机呈现一定的周期特征，买入的最佳时机是公司利润即将发生爆发的前夜，即利润拐点处。投资者在进行具体投资时，应该基于准确的信息对公司盈利作出大致方向的判断，且要避免反方向不利因素的影响；樊华（2017）认为价值投资成功的关键是要建立合理的投资系统，保持长期学习和独立思考，拥有积极豁达的人生态度；王靓靓（2015）认为价值投资策略在实际应用过程中，具有一定的适用条件，即稳定的市场环境和有效的市场信息传播途径。

投资学与金融学之间联系紧密，两者对投资的研究异曲同工。因而研究价值满意的原理就不得不提到金融学。在金融学所涉及的股市投资中，股票的价格是由股票的内在价值决定的，当股票受到资金追捧时，股票的价格一般高于其内在价值，当股票不受资金追捧时，股票的价格一般会低于股票内在价值。通常运用基本面分析，根据经济学、金融学、会计学及投资学等基本原理，对影响股票内在价值的各种要素进行分析，从而评估股票的投资价值，判断股票的合理价位，并由此提出投资建议。

金融学的价值估计是一项非常复杂的工作，考虑的因素很多，目前还没有全球统一的标准。通常，证券分析师会考虑每股收益、行业市盈率、净利润增长率、流通股本、每股净资产、每股净资产增长率等指标，股票估值方法有三种：绝对估值、相对估值和联合估值。

绝对估值（Absolute Valuation）是通过对上市公司历史及当前的基本面的分

析和对未来反映公司经营状况的财务数据的预测获得上市公司股票的内在价值。它常用两种模型：一是现金流贴现定价模型，二是 B–S 期权定价模型（主要应用于期权定价、权证定价等）。现金流贴现定价模型目前使用最多的是 DDM 和 DCF，而 DCF 估值模型中，最广泛应用的就是 FCFE 股权自由现金流模型，它是最严谨的对企业和股票估值的方法，原则上 DCF 模型适用于任何类型的公司。以自由现金流替代股利更科学，不易受人为因素影响。

相对估值是使用市盈率、市净率、市售率、市现率等价格指标与其他多只股票（对比系）进行对比，如果低于对比系相应的指标值的平均值，股票价格被低估，股价很有希望上涨，使得指标回归对比系的平均值；相对估值包括 PE、PB、PEG、EV/EBITDA 等估值法。通常的做法：一是和该公司历史数据进行对比；二是和国内同行业企业的数据进行对比，确定它的位置；三是和其他市场上同行业重点企业数据进行对比，如中国台湾、中国香港、美国、英国等。

联合估值是结合绝对估值和相对估值，寻找同时股价和相对指标都被低估的股票，这种股票的价格最有希望上涨。

综合以上投资学和金融学所涉及投资的相关研究，可以看出对于价值投资研究的相对普遍性，其逐渐为人们所重视。关于价值投资的研究十分全面，最终目的是让投资者增值最大化、损失最小化，引导投资市场实现快速发展。如何将价值投资运用到其他投资领域，更加有效地创造比较价值，实现价值投资满意，是价值投资原理在后续内容中不断涉及的部分。

（二）营销学来源

营销学与投资学又有所不同。营销学注重投资人创新投资思维的培养，投资学更多关注技术和方法。价值满意的营商学基础是顾客营销学。比较价值满意的营商学研究方向是基于顾客价值和顾客满意的考量。

营销学中，顾客价值是顾客购买和消费的实质，Richins（1994）认为，顾客价值考察是以寻求交换为目的从企业提供的产品或服务视角对顾客感知价值的具体分析，Levitt（1969）认为价值是核心产品的附加内容，可以凝结在性能质量、服务指引、互动表现、优惠政策以及维修储运等表现形式中。Porter（1985）强调了竞争优势与价值关系。Jackson（1985）首次从利益和成本的对比视角对顾客价值进行研究分析。营销学对价值的关注已有几十年的历史，Kotler 认为营销是个人和群体通过创造产品和价值并同他人交换，以获得所需所欲的一种社会和管理过程。随着学者们对营销模式研究的推进及顾客在市场交易中重要性程度的增加，顾客导向的营销模式将营销研究推向一个新高度，逐渐取代了单一的以产品为核心注重质量的传统市场营销学理论，企业价值创造的目标成为使顾客满意、赢得忠诚顾客。

董大海（2003）在孙伟平五种价值观的基础上将价值内涵概括为：客体论、主体论、主客体关系论，如图 2-17 所示。市场营销理论的发展演进中经历了产品、顾客及社会/关系导向，这恰好与客体、主体和主客体关系论形成一一对应关系。社会导向并非脱离产品或顾客而单独研究关系方互利共赢这一核心问题，而是在产品或顾客的基础上研究关系价值，三种营销导向分别对应三种价值。

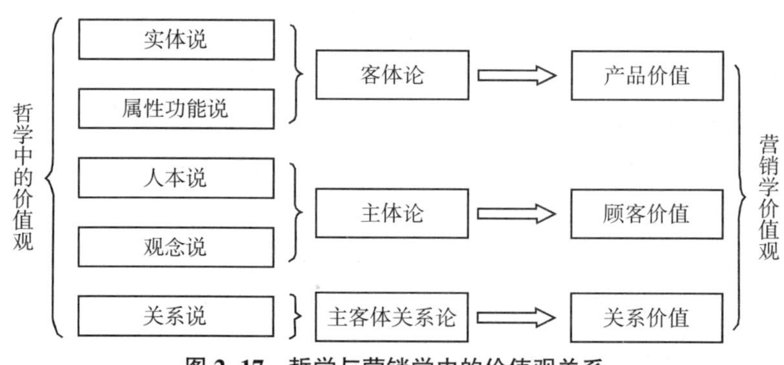

图 2-17　哲学与营销学中的价值观关系

由于市场的发展逐渐以顾客为导向，因此，顾客价值备受学者关注，1985 年 Porter 在《竞争优势》一书中提出了“买方价值链”的概念，并指出企业为买方创造的价值如果要得到溢价的回报，就必须为买方所觉察，虽然 Porter 并没有给出顾客感知价值的概念，但已可初见端倪。许多学者（Zeithaml，1988；Woodruff，1997；Sheth，Newman & Gross，1991）对消费者感知价值有不同的研究成果，这些研究成果对消费者感知价值的定义有所不同。其中，最有影响力的感知价值的定义是认为产品效用的整体评估建立在感知利得和感知利失的基础上。感知价值就是感知利得和感知利失之间的权衡和比较（Zeithaml，1988）。而顾客价值通常与顾客满意联系在一起，企业追求顾客价值最大化，是为了实现顾客满意，保留顾客忠诚，最终获得长期利润。

顾客满意这一概念，最早是在 1965 年被 Cardozo 首次提出的，对顾客满意的定义进行了阐述，并将其引入市场营销领域。他认为顾客是企业存在的理由，企业的一切经营活动都要围绕顾客进行，通过向顾客提供高质量的产品和高效服务来更好地满足顾客需求、创造顾客满意进而促进购买是企业实践的主要目标。顾客满意作为连接市场与顾客主体之间的桥梁，能够促进价值交流与传播，在顾客营销的研究领域中占据重要地位。经过国内外众多学者的持续研究，目前已形成较为系统的顾客满意理论，同时运用经济学、心理学等交叉学科的理论进行的多角度研究也更加丰富了顾客满意的研究成果。

综观国内外学者对顾客满意理论的研究分析，已基本形成满意的市场刺激效应、影响因素两大研究模块。顾客满意作为4C理论的核心与度量在市场营销中作用巨大。与产品导向的STP理论相比，顾客满意理论有了很大的进步和发展，它重视顾客导向，以追求顾客价值最大化为目标，以差距溢利度量顾客满意，这实际上是因当今顾客在营销中越来越处于主动地位，市场对企业提出的必然要求。

在商业社会，满意是基于价值尺度倍增（减）来度量是否进行投资的前提，类似于工业社会用差距的感知顾客价值来度量差距满意。顾客价值是基于企业视角，研究企业如何依据顾客偏好来生产与此相对应的产品，满足顾客需求；而价值投资是基于全球视野，研究全球投资人如何利用智慧来选择投资品种，实现投资价值最大化，获得社会认可，实现名利双收的美好尊严生活。

二、商业社会倍增（减）满意原理

（一）基本原理

商业社会倍增（减）满意原理主要指心理期望和倍增（减）的关系。因为在商业社会，满意与倍增（减）联系在一起，满意即倍增（减）的时间和空间形成的比较价值大小，实现价值的倍增（减）与投资人的心理期望紧密联系一起，心理期望是倍增（减）满意原理的核心，其作用机制如图2-18所示，商业社会中心理期望直接影响倍增（减）的大小以及变动方向，倍增（减）的变动情况修正投资者的心理期望，两者相互作用。

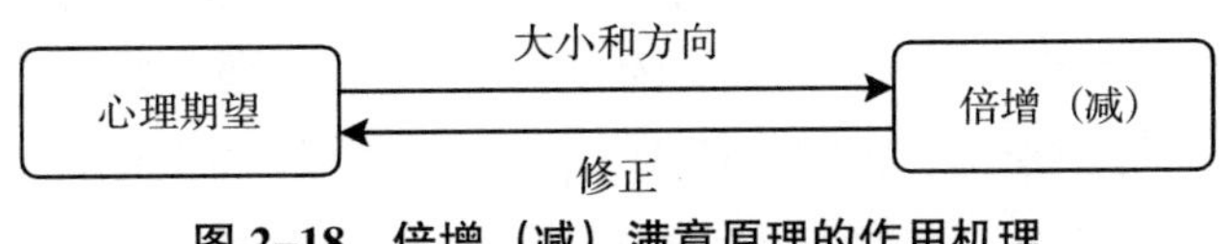

图2-18　倍增（减）满意原理的作用机理

心理期望是指社会普通民众对处于某一社会地位、角色的个人或某一阶层所应当具有的道德水平和人生观、世界观、价值观的全部内涵的一种主观愿望。心理期望之所以可以影响倍增（减）的大小与方向，主要是因为两个方面。

一方面，全球投资人经过价值比较、判断，决定对心理期望较高的地区和国家进行价值投资。通常来讲，比较价值创造能力强的国家，人们对其心理期望也较高。投资人具有智慧的头脑和准确的判断力，使其可以在较短时间内寻找到“明星”类价值国家，从而通过倍增（减）满意对它们进行逐一比较权衡，最终选择倍增（减）满意最大的国家进行投资。也就是说，心理期望的高低代表了一个国家倍增（减）满意的大小。

另一方面，心理期望对倍增（减）满意变动的方向也会产生影响，心理期望影响倍增（减）满意变动的方向可以从价值创造方面入手。在国际投资市场上，国家创造价值的能力在很大程度上由投资者心理期望左右，当投资者对某个国家的心理期望升高时，他们会重点关注该国家；反之亦然。也就是说，如果人们认为某个国家具有持续创造倍增（减）满意的能力，那么他们将采取相应的投资策略，使得该国的倍增（减）呈现正向上涨；反之，当人们认为一个国家不具备创造倍增（减）的能力时，将会把大量资金撤离该国，使该国的倍增（减）呈现负向变动。由此可见，心理期望也会影响倍增（减）满意变动方向。

相对应地，倍增（减）满意大小与方向能够修正人们的心理期望的高低。影响心理期望的因素很多，将在本节第三部分重点阐述。但心理期望作为投资者自身的心理判断，需要通过倍增（减）的变动来修正。通过实际的倍增（减）变动，正确把握其如何影响投资者的心理期望，通过提升心理期望来吸引全球的关注与投资，聚敛社会财富，创造更大的商业价值。这应该受到商业社会每一个国家的重视，运用倍增（减）进行合理判断来实现价值投资满意是本章的核心，背后的原理是投资人的心理期望。

（二）满意作为倍增（减）研究的逻辑

要理解满意是倍增（减）的判断标准，必须要理解满意作为倍增（减）研究的逻辑。事实上，倍增（减）不是商业社会的产物，倍增（减）在农业社会已经有所体现，在几何倍增学中也得到了体现，例如“国王下棋”的故事。只是在以粮食生产为主的农业社会，这种思维方式比较少，粮食生产稳定，不可能几何倍增。

倍增（减）随后在工业社会得到了广泛的发展。倍增时间是有重要临床价值的方法，通过比较两次影像检查时结节体积变化来计算肿瘤生长速度。倍增时间是指结节体积增加一倍所需的时间。过去采用胸部 X 线片和 CT 直接测定肺结节的径线，将数据代入体积计算公式 V = π/6·ab2，倍增时间 VDT = t·log2/log(Vt/V0)，而求得结节肿瘤倍增时间。基于胸部 X 线片结节径线测定而计算的肿瘤体积较 CT（特别是 HRCT）径线测定准确性差。倍增（减）还广泛运用在化学分子的裂变中。但由于工业社会技术、经济发展基本上呈线性增长，也较少使用倍增（减）的思维。

商业社会中，倍增（减）与全球投资价值创造有着密不可分的关系，价值倍增（减）与满意相互依存、相互影响。首先，国家不断创造价值倍增（减）就是为了吸引全球投资人进行投资，使得该国快速发展，投资人实现价值投资满意，可以说价值创造倍增（减）能力的强弱决定价值投资满意实现的程度，哪里有倍增（减）价值创造，哪里就能使投资者实现价值投资满意。其次，只有投资人实现了价值投资满意，对该国心理期望才会升高，进而加大投资力度，引发该国更多的倍增（减）价值创造。由此可知，只要国家有倍增（减）价值创造能力，就会吸引投资人进行价值投资，实现双赢。因此，商业社会的倍增（减）满意有别于其他任何社会形态，有着极其重要的作用。同时，随着互联网时代的出现，共享平台的产生，到处都有倍增（减）现象的发生。

（三）心理期望变化的内在含义

因为心理期望是价值满意倍增（减）原理的核心所在，所以要明确心理期望的变动，实质是倍增（减）的变化。心理期望这个概念源于心理学，主要指个体在付出的基础上，所期望得到的回报。因此，在实际生活中，企业通常根据员工期望的不同而采取不同的激励手段，提高员工工作效率。美国心理学家弗鲁姆（Victor Vroom）1964 年在他的著作《工作与激励》一书中首先提出了比较完备的期望理论。

倍增（减）比较价值的变化过程如图 2-19 所示。在进入商业社会的国家中，选择两个备受人们关注的、创造倍增（减）价值能力接近且可以相互进行价值比较的国家 A 和 B。长方形的高代表国家创造价值的高低，而两者在横坐标分布的位置代表投资者对该国心理期望的大小。随着投资者认知心理的变化，A、B 两国的倍增（减）价值创造能力逐渐发生变化。

由此可以看出，投资者心理期望是随比较价值变动的，这很好地揭示了商业社会国家为何如此重视比较价值创造。每个国家都在相互竞争，稍不努力就会淹没在不被人关注比较的国家行列。由此将导致一系列不利于该国发展的问题，最

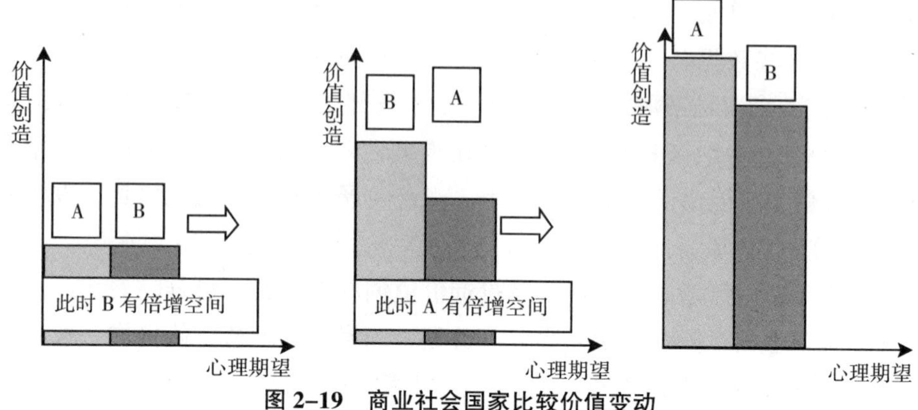

图 2–19 商业社会国家比较价值变动

终使该国远远落后于商业社会的其他国家，失去国际话语权。

（四）倍增（减）的类型及适用对象

要了解倍增（减）满意的原理，研究心理期望，就要研究倍增（减）满意本身。商业社会的每一个国家都希望通过创造更大价值来影响投资人心理期望的变化，实现倍增（减）价值投资满意。因此，按照 2×2 矩阵进行比较，可以将国家的价值创造能力按照人们对价值（价值=增值/损失）的定义进行划分，将增值空间设为纵坐标，时间损失设为横坐标，倍增（减）满意分为四种类型。这四种类型分别是：瘦狗、问号、金牛和明星，如图 2–20 所示。

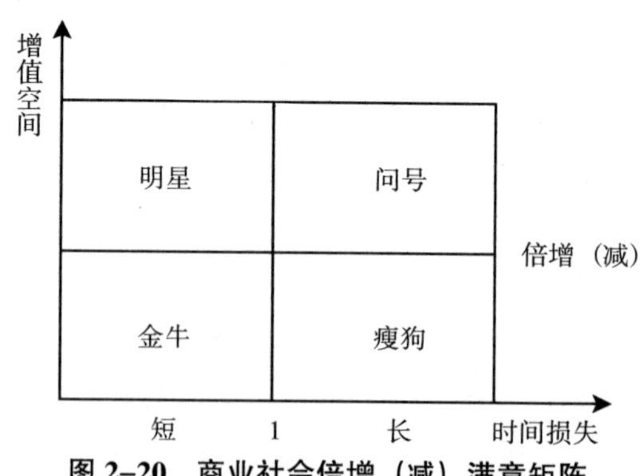

图 2–20 商业社会倍增（减）满意矩阵

商业社会比较价值满意矩阵来源于管理学中的波士顿矩阵，波士顿矩阵根据销售增长率和市场占有率将产品分成了四种类型："明星"类产品、"瘦狗"类产品、"金牛"类产品和"问号"类产品，在倍增（减）满意矩阵中，横坐标代表的是倍增（减）时机，纵坐标代表的是倍增（减）空间。其中，纵坐标以倍增（减）为分界点，分界点以上表示具有倍增（减）空间，以下表示倍增（减）空间受限；横坐标以 1 为分界点，1 表示一国或者一种商品实现价值倍增（减）所需时间与其余国家或者商品实现价值倍增（减）所需的时间比值。以 1 为分界点的左边表示时间较短，右边表示时间较长。

在这四种不同的价值中，有三种倍增（减）满意状态影响投资，分别是“明星”满意、“金牛”满意和“问号”满意。因此本节只研究这三种满意状态的特点和使用对象。投资人需要结合自身价值投资偏好，选择不同的价值范畴的国家、地区和商品进行具体投资，同时各个国家需要根据不同价值的特性制定自身的发展目标。

1. 倍增（减）“明星”

特点：具备“明星”价值满意的国家和地区，对投资者心理期望的正、负向影响均很大，但投资者对该国的心理期望最高，是商业社会的引领者。保持“明星”满意价值的心理期望正向最大化，也就相当于保住了一个国家在商业社会的地位。

适用对象：对于资产增值有较高要求的投资者，短时间内资产快速增值的投资者，可以接受心理期望变动较大且可以承受双向高风险波动的投资者，在该国投资是容易出现奇迹的投资对象。

2. 倍增（减）“金牛”

特点：具备“金牛”价值满意的国家和地区，对投资者心理期望的正、负向影响均一般，但投资者对该国的心理期望较为稳定，是商业社会的跟随者。在商业社会有固定的资金流入，以保持心理期望的稳定。因此，这种价值跟具有“明星”价值的国家的关联性较大。该种价值不可能继续引领商业社会的发展，只会跟随“明星”价值。投资者投资该种价值的投资收益比较稳定，波动幅度有限，因此资产价格上升的空间有限。进行该种价值投资产生富豪级人物的概率降低。

适用对象：避险资产可以进行投资，以保持稳定回报，适合保值需求的投资者，不适合想谋求更大倍增空间的投资者。对于拥有较大规模的资产的财富拥有者，属于“金牛”价值范畴的国家和地区，正是他们用来配置资产、保证资产尽可能安全增值的最佳选择。

3. 倍增（减）“问号”

特点：短期内价值满意对于人们心理期望影响大小及变动方向不能确定，可能出现相对较长时间的等待。"问号"价值的表现和对于投资人的心理期望的影响，需要通过观察来判定。但该价值满意的影响水平较低，有上升的空间。

适用对象：希望实现价值倍增（减）且愿意等待的投资者；有敏锐判断力和前瞻性，可以从中判断出价值满意对于未来的影响力，愿意承担高风险波动的长期价值投资者。

（五）投资人倍增（减）满意实现的步骤

投资人在选择倍增（减）满意、调整心理期望的时候需要遵循三个步骤：

第一步，首先经过倍增（减）价值比较，判断一个"明星"国家价值对于人们心理期望的影响，只有被人气关注的"明星"价值国家才拥有倍增（减）满意。对投资人心理期望具有较大正向和负向影响的国家，创造价值的能力较强，可以实现价值投资倍增（减）。

第二步，根据人气线，结合倍增（减）满意在该国寻求具有比较价值的领域进行投资，如图 2-21 所示。首先，人气线中的商品①具有"明星"价值，给投资者带来的心理期望值最高，因而投资人纷纷投资商品①，当商品①实现了价值倍增后，其再次倍增的空间受限，使得投资人心理期望降低，转而关注比较价值较大的商品②，以此类推，最后是商品③。按照人气线周期转移，以保证各行各业均能实现发展。

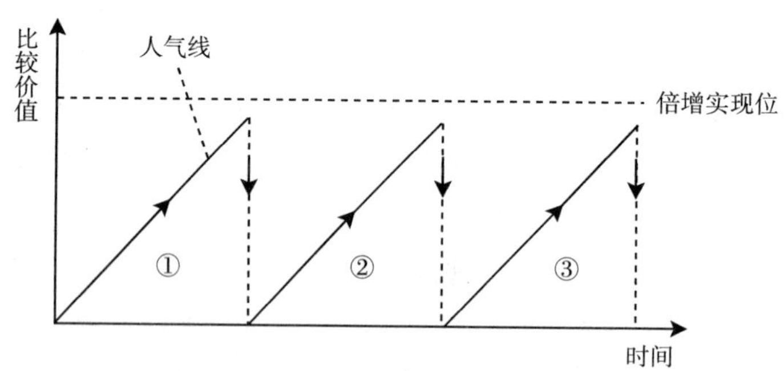

图 2-21 基于比较价值的倍增满意

第三步，在商品价值投资过程中，运用倍增（减）价值满意的尺度度量比较价值。这也是最后一步，即国家和地区要判断价值满意变化的尺度，如图 2-22 所示。这里的尺度指国家倍增（减）价值满意实现的度量尺度，具有一定的普遍意义，但价值投资研究过程中真正的尺度是商品在即将实现价值倍增（减）、成倍增（减）、百倍增（减）。从另一个方面讲，倍增（减）价值满意尺度的运用一定会带来价值创造的深刻变化，带来价值倍增（减），所以价值满意度量运用也形成度量尺度，如图 2-23 所示，在倍增、成倍增、百倍增任意一个度量尺度上，均有可能出现价值倍减的情形，这些价值尺度投资人通过分析是可以判断出来的，这些内容将在后面的分级、确定、定档、调整章节中仔细研究。

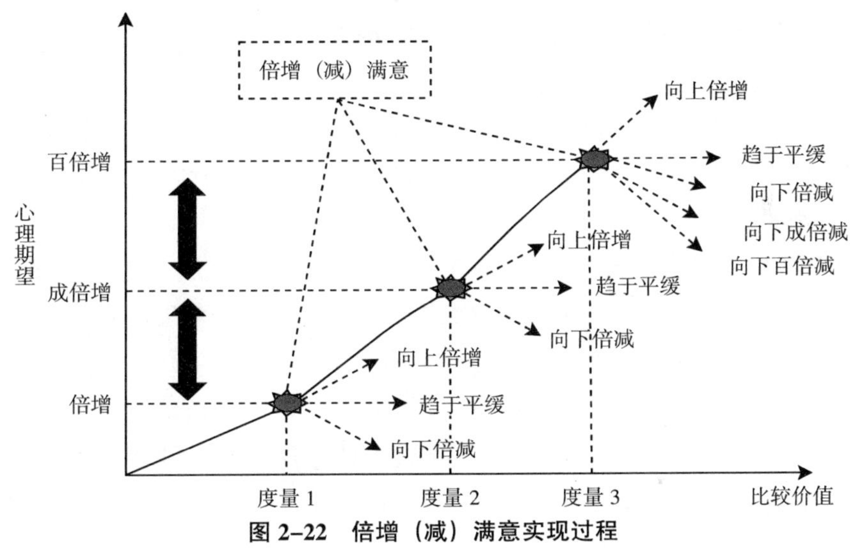

图 2-22 倍增（减）满意实现过程

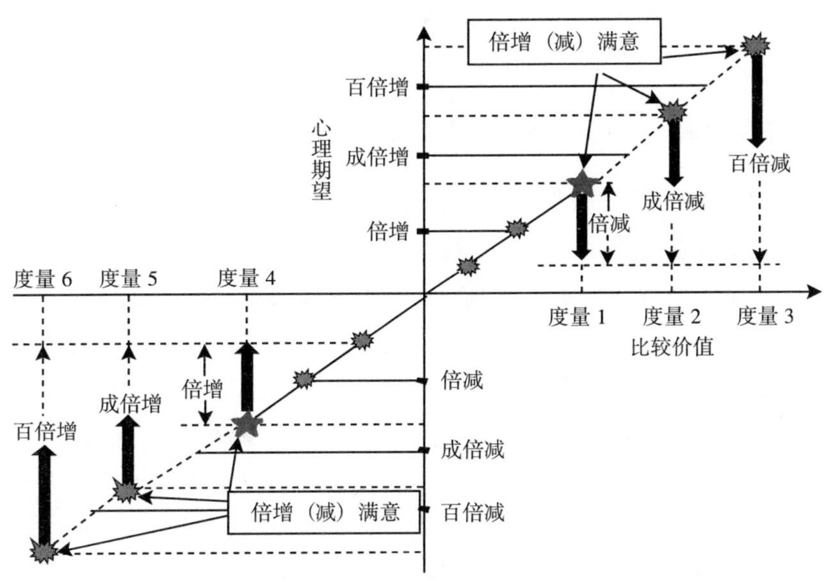

图 2-23 倍增（减）满意实现过程的价值度量形成

(六) 商业社会倍增（减）满意的目标

对于商业社会的国家而言，为了吸引全球投资人投资，都希望进入倍增（减）满意的“明星”国家行列，希望通过创造价值最大化达到创造财富的目的。商业社会国家价值满意目标的实现，需要保证投资人对该国的心理期望始终处于正向高位。这是因为，较高的心理期望使该国一直处于人气矩阵的“明星”，该国的满意价值就是“明星”价值，吸引全世界的投资。具有“明星”价值就意味着支持，该国和地区具备引领商业社会发展的能力，具有创造倍增（减）比较价值的能力。从投资人对国际社会投资历程可知，不能给投资人带来正向较高心理期望的国家，不能被投资人长久关注，终将被淘汰出局。所以，只有心理期望长期处于较好的状态才能保证该国在商业社会的领导地位。

投资人在进行具体投资时需要谨慎，不断进行价值比较，不能盲目跟风，防止出现价值提升过快或者出现暴跌，资产泡沫破灭。在全球投资人关注该国、对该国心理期望较高时，该国要合理运用四个对策（人气、币值、金钱和权力对策），及时调整房价、物价、股价“三价”这一人气线关注的价格短期的波动和内部结构的变化，保持人气在该国的长久性，使投资该国家和地区的投资人实现价值投资满意，获得社会认可，过上具有尊严的美好生活，同时造福于该国人民和全球投资人；而不是降低投资人对于该国的心理期望，阻碍该国商业社会发展，使该国落入中等收入陷阱。倍增（减）满意吸引全球投资人，投资人创造商业价值，创造该国倍增的商业财富。

三、倍增（减）满意价值投资选择

(一) 倍增（减）满意价值投资时机选择——追求高品质生活的时代

由于价值投资在商业社会的普遍性，并且具有全球一体化的特点，那么一个国家和投资人在何种条件下使用价值投资变得尤为关键，即商业比较价值投资的时机应该如何选择显得非常重要。每一个购买者在享受物质利益的时代追求差距溢利购买，期望自己拥有的产品比别人要好。社会发生了变化，只有在追求高品质（美好）生活为主的时代每一个投资人追求倍增（减）的商业比较价值投资，价值投资时机才是最佳的。因为高品质生活代表的不仅是物质上的富有，还代表着精神上的极大满足。具有高品质生活的人，往往是有追求且实现了自身追求、获得了社会认可和尊重的人。只有进行商业投资才会过上高品质生活，这也是发达国家充分验证的结果。

高品质生活的实现需要两个条件：物质上的金钱富裕及精神上的尊严实现。物质上的金钱富裕在工业社会通过经济的快速发展、生产力的迅速提升已经得以实现；精神上的尊严实现需要在商业社会完成。商业社会是以人为主的时代，人的思想备受关注，而思想具有不确定性，不同于工业社会的线性思维模式，商业社会均是跳跃式思维模式，不是倍增就是倍减，而购买很难实现倍增（减）价值创造，只有价值投资才符合人们跳跃的创新思维模式。进行价值投资已经成为商业社会渴望过上品质生活人们的共识，只有进行价值投资创造倍增（减）价值才能成为社会的优秀人才，实现自身美好的愿景，推动商业社会进步。事实上，越来越多的投资者意识到价值投资具有高风险与高回报兼容的特性，国家往往通过创造具有倍增（减）的商业比较价值来吸引投资者，扶持投资者创新、创业，保证投资者心理期望始终处于较好的状态，从而实现价值投资满意。

（二）倍增（减）满意价值投资情形选择

虽然价值体系建立不全是营商学研究的范畴，涉及多学科交叉，但度量标准和体系的建立是否具有价值是营商学研究的问题。价值体系建立起来后，投资人会从中选择具有价值的度量标准和体系进行价值投资。价值体系能否被社会认同，体系多大，如何利用这种价值体系创造倍增（减）的比较价值，进而获得全世界投资人投资，是本章研究的重点之一。

1. 体系的定义

体系一词，对于人们来说并不陌生，存在于很多系统的核心之中，被应用于生活的方方面面。关于体系，广义上说，宇宙是一个体系，各个星系是一个体系；狭义上说，社会是一个体系，人文是一个体系，宗教是一个体系，甚至每一学科及其内含的各分支均是一个体系。大体系里含有无穷无尽的小体系，小体系里含有无穷无尽的、可以无限深入的更小的体系，这就是体系。人类社会的发展实际上就是度量标准和体系的发展，本书研究的度量体系和度量标准是为了帮助人们心理期望满意的实现，创造商业价值。

2. 三个社会的价值体系类型

根据体系的定义，结合不同社会形态，根据人们对满意的不同理解和追求，可以将衡量满意的度量分为三种类型：农业价值体系、工业价值体系和商业价值体系。这是因为人们生产活动的内容和范围在不断扩大，因而度量的体系也在不断增长和发生巨大变化。

农业价值体系，又称较少体系，如图 2-24 所示。由于农业社会人们主要从事农业生产，使得满意体系的范围仅仅局限于农业生产活动，体系的范围较小，标准较少。且范围的变化呈现小幅波动，人们的心理期望基本不变，主要是维持吃饱穿暖。围绕吃饱穿暖，如语言、文字、重量、货币等方面的体系，实现多个国家的统一非常不易。

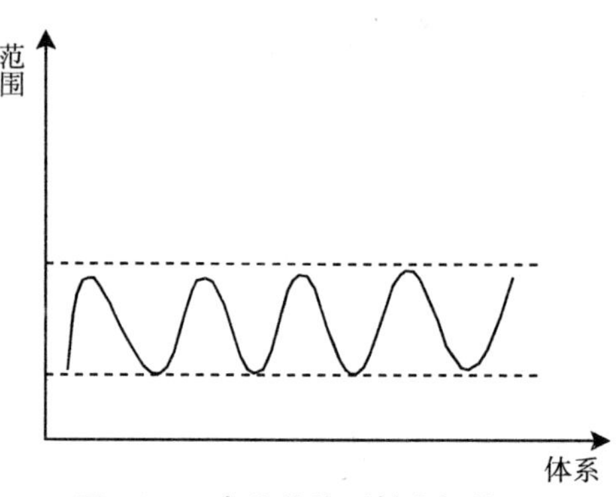

图 2-24 农业价值（较少）体系

工业价值体系，又称中等体系，如图 2-25 所示。进入工业社会之后，人们的生产重心主要倾向于发展经济，使得顾客满意体系的范围在农业度量的基础之上，增加了购买领域的体系。体系的范围增大，度量随之增加，且由于不同国家发展程度的不同，体系范围的变化呈现中等幅度变动，人们的心理期望呈线性变动。为了实现顾客购买满意，核心的体系是技术度量标准和体系的建立，工科发挥重要作用。西方国家技术进步快，制定度量标准和体系往往先于中国，实属正常。

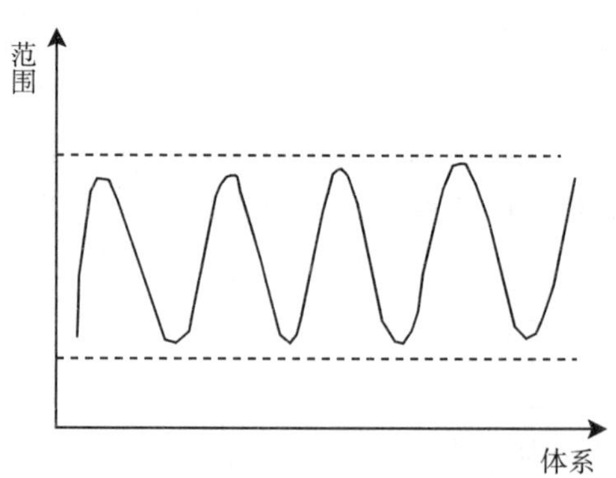

图 2-25 工业价值（中等）体系

商业价值体系，又称较多体系，如图 2-26 所示。进入商业社会之后，人们不再过分注重购买，转而开始关注价值投资，使得满意体系的范围在工业度量的基础之上，增加了价值投资等思维领域的体系。体系的范围无限增大，标准经常变换，且由于不同国家发展程度的差异，使得度量体系呈现两极分化，体系范围呈现大幅度波动，人们的心理期望波动较大。为了实现人气投资满意，每一个国家和地区，包括投资人都争相建立起自己的度量标准和体系，希望吸引全球投资人投资。没有建立度量标准和体系的国家和地区，在世界范围内就没有发言权，只能投资他国，所以商业社会的度量标准和体系纷繁复杂，往往让投资人无所适从。

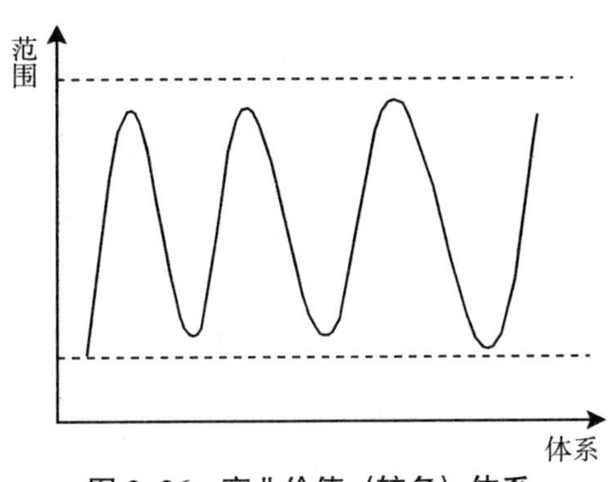

图 2–26　商业价值（较多）体系

3. 商业价值体系的情形

商业社会的国家都希望自己国家建立起来的度量标准和体系在投资人的心理期望中保持在比较高的位置，引起投资人的人气关注，并在全球范围内不断提升，长期发挥作用，成为全球的“明星”满意国家，实际上是对于该国建立起来的价值度量标准和体系的倍增（减）满意。从价值内涵本身理解，价值内涵包括文化价值、经济价值和社会价值。依据价值内涵出现如下三种情形：倍增满意比较价值体系有限；倍增满意比较价值体现适中；倍增满意比较价值体系较多。

情形 1：倍增满意比较价值体系有限，心理期望的正（负）向尺度变化受限，如图 2–27 所示。

情形 1 的心理期望变动的总体趋势：倍增满意比较价值度量波动幅度较小且处于低位，心理期望的正（负）向尺度变化受限。

优点：投资人对该国和地区的心理期望最小，正（负）向尺度受限且相对稳定。

缺点：倍增满意价值的度量标准少，倍增满意比较价值相对较小，实现倍增

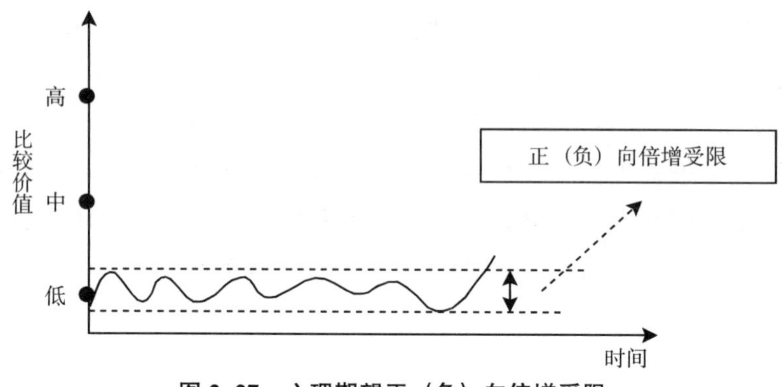

图 2-27 心理期望正（负）向倍增受限

（减）价值创造的空间受限且实现价值增长的时间较长。

适用：小的商业社会国家，跟随商业社会领头羊国家的其他商业社会国家。

要求：选择正确的跟随国家，防止跟随倍增满意比较价值下降的国家。创造自己的商业价值。

心理期望有限的国家也很常见，对于一些在工业社会已经发展较好的国家，由于倍增满意比较价值度量的标准较少，即使进入商业社会，倍增满意度量标准的范围增加程度也有限，所以对于这种国家而言只能跟随商业社会领导国家的发展。如新西兰倍增满意比较价值的度量标准主要集中在农业方面，澳大利亚的倍增满意比较价值度量标准主要集中在矿产资源方面，这些国家的倍增满意比较价值范围较小，其他度量标准无法带给投资人较高的心理期望，无法创造更多的倍增（减）满意比较价值，只能选择正确的跟随国家并且带动自身发展。

情形 2：倍增满意比较价值体系适中，心理期望的正（负）向尺度变化适中，如图 2-28 所示。

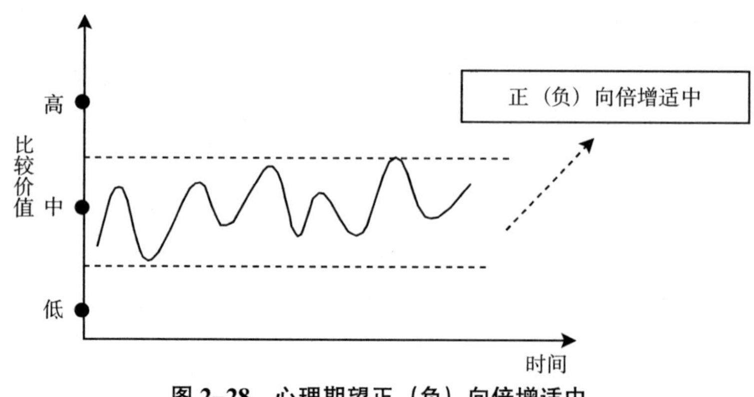

图 2-28 心理期望正（负）向倍增适中

情形 2 的心理期望变动的总体趋势：倍增满意比较价值度量波动处于中等，投资人心理期望正（负）向倍增尺度变化中等。

优点：投资人对该国的心理期望适中，变动程度在可控范围内。

缺点：倍增满意价值的度量体系适中，比较价值大小适中，实现倍增（减）价值创造的空间适中或实现价值增长的时间适中。

适用：中等规模的商业国家和发展到一定阶段的商业社会国家。

要求：防止比较价值度量标准过多，可能引发比较价值快速创造的假象，超出投资人心理期望，该国家引领商业社会的时间不会很长久。

这种情形也比较常见，德国、英国都是在该国创造倍增满意比较价值的过程之中，比较价值度量迅速增加，曾经都是引领世界的国家，只不过是时间比较短暂，心理期望比较少，但往往发展到了一定阶段，就无法增加心理期望的倍增空间，将国际领先地位让给了美国。随着美国近百年倍增满意比较价值的度量体系到达了一定的高位，心理期望空间受到了限制，很难继续实现倍增满意比较价值创造，全世界投资人受到中国"问号"转"明星"国家倍增满意价值的吸引。在商业社会中投资者对倍增满意比较价值创新越发重视，倍增满意对心理期望的比较价值正随着资本逐渐从美国流向以中国为主的"金砖国家"。

情形 3：倍增满意比较价值体系较多，心理期望的正（负）向尺度变化最大，如图 2–29 所示。

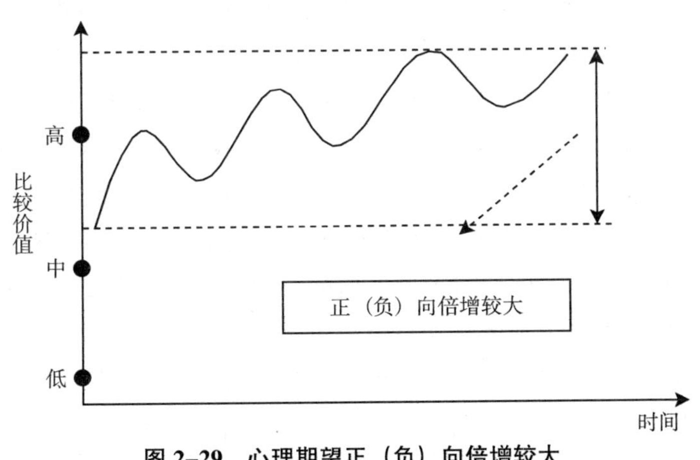

图 2–29 心理期望正（负）向倍增较大

情形 3 的心理期望变动的总体趋势：倍增满意比较价值度量体系较多，投资人心理期望正（负）向尺度变化较大。

优点：投资人对该国的心理期望较高，能够获得较多的倍增（减）价值，创造巨大的商业价值。

缺点：投资人心理期望的变动程度较大，财富增值和贬值的速度加快，社会财富在总体大幅增长的同时，越来越往少数擅长投资人集中，社会越来越向“橄榄型”发展。

适用：正在快速发展的“明星”商业社会国家，商业社会的领头国家。

要求：这时应该谨慎、智慧地使用价值度量体系，防止心理期望的变动程度放大，而操作又反向，引起过大的价值损失。该情形需要该国家有财富积累、丰富的经验，并且加以动态调整。不仅要有大量的财富（储蓄、经济增长、社会发展等方面的优势），同时需要有不断创新的价值思维，提升国际地位，以保证自身可以不断地创造倍增满意比较价值。

（三）保持倍增（减）满意比较价值不断实现的方法

为了保持倍增（减）满意比较价值的心理期望始终处于较高地位，创造最大化价值，可以采用四种方法，这四种方法在倍增（减）满意比较价值投资过程中循序渐进，联系紧密，共同保证投资者心理期望的倍增（减）价值实现，最终实现价值投资满意，增加社会财富。

1. 方法一：明显性倍增（减）满意比较价值因素分级

明显性因素分级是保证倍增（减）满意不断实现的首要阶段与方法。人气关注的投资品种纷繁复杂、多种多样，而不同品种的特点又各不相同，为了有利于投资者准确分析，进而选择比较价值较大的目标投资对象，需要对投资品种进行明显性因素分级。结合文化价值、经济价值、社会价值等价值内涵，将人气价值按照 5 种因素，进行文化、经济、社会三种倍增（减）比较价值分级：

（1）时间因素。时间因素是构成人气倍增（减）满意比较价值分级的基本因素之一，商品出现的时间长短，决定哪些具有文化价值、哪些具有经济价值、哪些具有社会价值。不同时间段对不同价值的重视程度，决定了历史较为注重文化价值、近代较为注重经济价值、未来较为注重社会价值。如图 2-30 所示。

（2）地域因素。一般而言，不同地域，其代表的价值属性也会大不相同。按照地域因素进行分级，可以从国际范围、国内范围以及省内范围进行划分。地域因素是人气比较价值分级的第二个因素。由于地域差异等各个因素影响，使得不同区域具有不同的价值内涵。具体如图 2-31 所示。

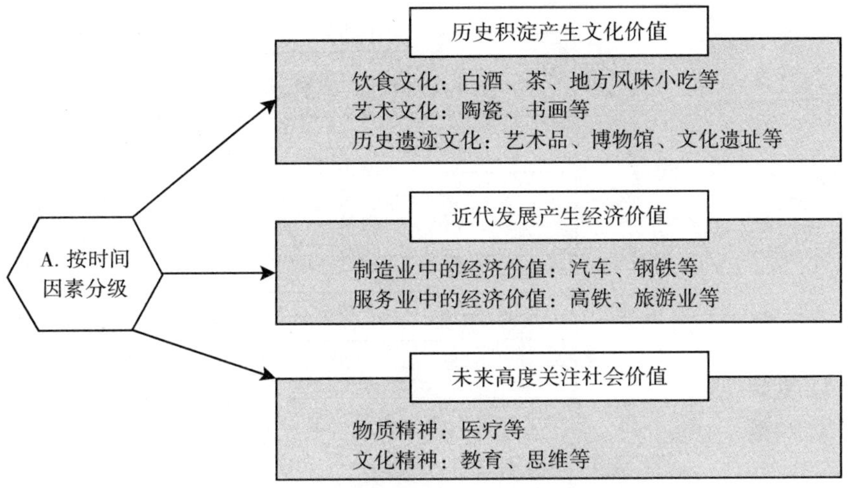

图 2–30　按时间因素进行人气比较价值分级

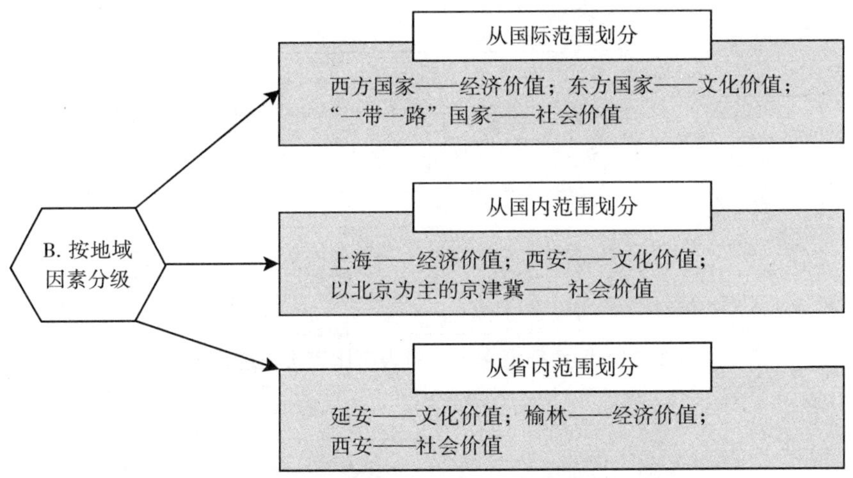

图 2–31　按地域因素对人气比较价值进行分级

（3）构成内容因素。按照构成内容，可以将价值分为三大类，即经济价值、文化价值和社会价值。具体如图 2–32 所示。

（4）象征意义因素。对价值因素进行分级时，可以从象征意义进行划分。分为文化价值代表物、经济价值代表物和社会价值代表物。具体如图 2–33 所示。

（5）事件因素。按照事件因素分级，主要包括三种价值分级：文化价值事件、经济价值事件、社会价值事件。如图 2–34 所示。

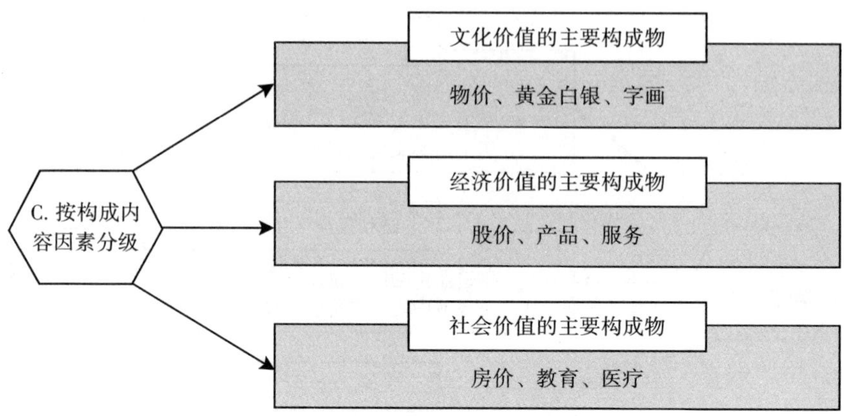

图 2-32　按构成内容因素对人气比较价值进行分级

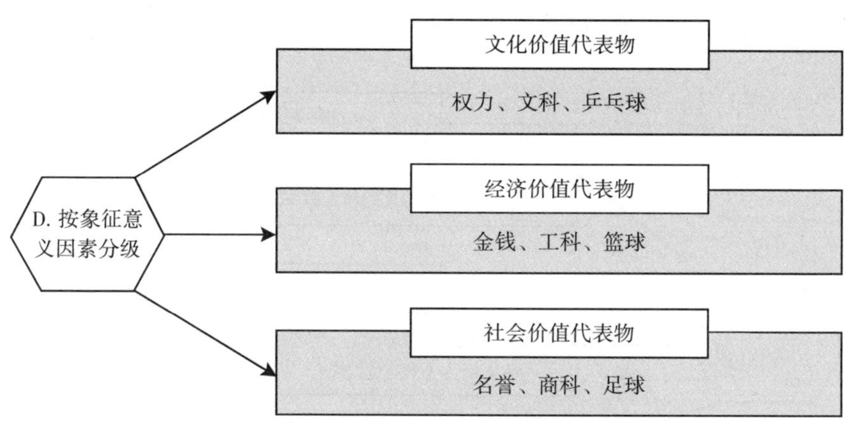

图 2-33　按象征意义因素对人气比较价值进行分级

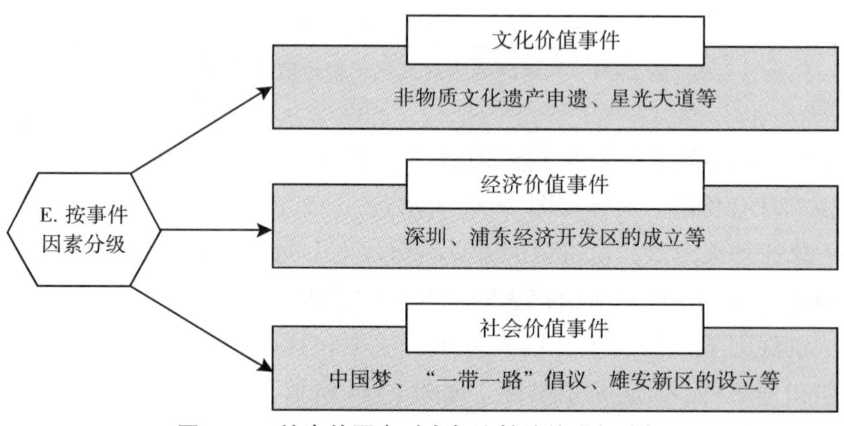

图 2-34　按事件因素对人气比较价值进行分级

2. 方法二：重要性倍增（减）满意比较价值目标确定

通过对目标对象的考量，有助于判断出一个国家最具有倍增（减）比较价值的价值洼地，是对目标对象确定的进一步深化，同时也是倍增（减）满意人气比较价值定档与调整的前提与基础。正确确定目标对象，对人气比较价值的研究至关重要。目标人气的确定需要考虑以下四个因素：

（1）逻辑驱动。逻辑驱动指的是一种创新的思维模式，一种商业价值的判断，可以确定人气倍增（减）满意比较价值的关注点，使价值投资更快捷，更容易产生价值倍增（减）。商业社会房价、物价、股价的选择成为目标人气关注的对象，其确定是利用三种价值内涵人气线的思维逻辑选择关注对象。在商业社会这样一个具有价值投资的时代，价值创造成为一种重要标志。要使快速创造价值成为可能，个人在选择投资时就必须不断进行思维创新，必须进行商业价值的判断，根据自身的商业价值判断来进行人气价值关注点的驱动逻辑选择，从而进行人气价值投资研究，最终使自己实现快速的价值增长，实现人气价值投资的满意。

（2）平台、专业。平台、专业指的是个人的政治、经济及教育背景，可获取资源的专业与平台。平台是一种价值创造的虚拟载体。平台、专业是一个人发展成功的必要条件，可以说，拥有良好的平台、专业不一定会成功，但没有良好的平台、专业将很难实现成功，这也是人们越来越重视平台和专业的重要原因。平台化发展为专业市场转型提供了一种新的发展方向和操作思路。专业、平台已经演化成每个人自身发展的一部分，不论平台、专业的好坏，每个人均具备各种各样的平台、专业，选择好的平台和专业是倍增（减）满意比较价值目标确定的重要考量。

（3）个人积累。个人积累指的是个人的阅历，一种知识和经验的积累。投资者积累的经验越多，积累的知识越多，实现目标投资对象倍增（减）所发生的时间越短。换句话说，就越容易快速创造价值。个人积累是个人投资所需要的重要辅助条件，个人积累不仅是个人阅历的象征，更是一个人智慧的构成部分。个人积累一般和个人的年龄呈正相关，年龄越大，个人积累越丰富，更加博学多才，是商业社会的重要财富。充分利用个人积累是倍增（减）满意比较价值目标确定的重要依据。

（4）个人智慧。个人智慧指的是个人先天与后天的综合优势，一种个人独特的见识和思考。相比于个人积累，个人智慧所涵盖的范围更加广阔。个人积累是一种后天的智慧构成，个人智慧包含后天智慧（个人积累）和先天智慧两大部分，所以说个人智慧是一种重要的个人发展资源，有助于个人的快速发展。先天智慧虽然个人无法改变，但后天智慧可以通过直接和间接的学习而不断地补充完善，个人智慧的发挥能极大地帮助倍增（减）满意比较价值目标确定的实现。

3. 方法三：决定性倍增（减）满意比较价值因素定档

决定性因素定档是倍增（减）满意比较价值实现的另一个重要方法，在决定性价值定档环节，倍增（减）满意比较价值决定性因素主要是由人气、币值、金钱和权力四个对策构成的，各个国家和地区的投资均根据四种投资对策来选取单个或者多个对策（一般不会超过三种因素）组合，从而实现自身的价值创造，以保证倍增（减）满意比较价值投资满意的实现。基于此，可以将倍增（减）满意的决定性因素定档分为三种类型，即一重决定性因素定档、二重决定性因素定档和三重决定性因素定档。

（1）一重决定性因素倍增（减）定档：指的是一个国家四个对策，其中一个的影响力巨大，在比较价值的倍增（减）过程中发挥主导作用。四个对策中的任意一个，在不同国家和时期均可以成为一国比较价值创造的主导因素。一重定档因素并不意味着只有一个对策发挥作用，其余对策均不参与，而是指一个因素起主导作用的同时，其余因素主要起辅助作用。如图 2–35 所示。

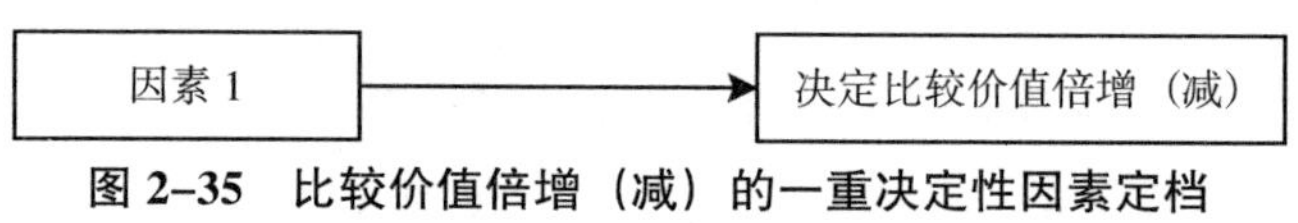

图 2–35　比较价值倍增（减）的一重决定性因素定档

（2）二重决定性因素倍增（减）定档：指的是一个国家四个对策，其中影响程度没有很大的差别，而影响比较重要的两个可以组合起来影响比较价值的倍增（减）。二重定档因素相较于一重定档因素比较常见，在实际过程中，投资者通常需要将两个对策相结合，共同决定倍增（减）比较价值的创造，缺少二者中的任意一个均不会实现价值投资满意，或者说很难实现价值投资满意。如图 2–36 所示。

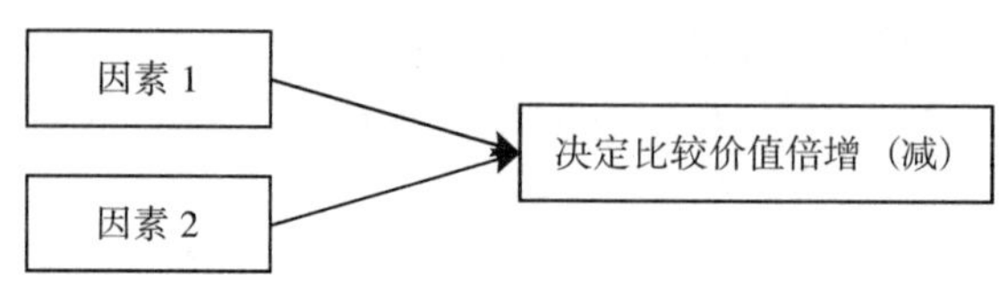

图 2–36　比较价值倍增（减）的二重决定性因素定档

(3) 三重决定性因素倍增（减）定档：指的是价值投资的四个对策中，影响程度没有很大的差别，其中三个影响决定性因素可以结合起来，共同决定比较价值的倍增（减）。如人气关注、金钱杠杆和权力契约三种因素共同作用决定了2009~2010 年中国房价大幅上涨。如图 2-37 所示。

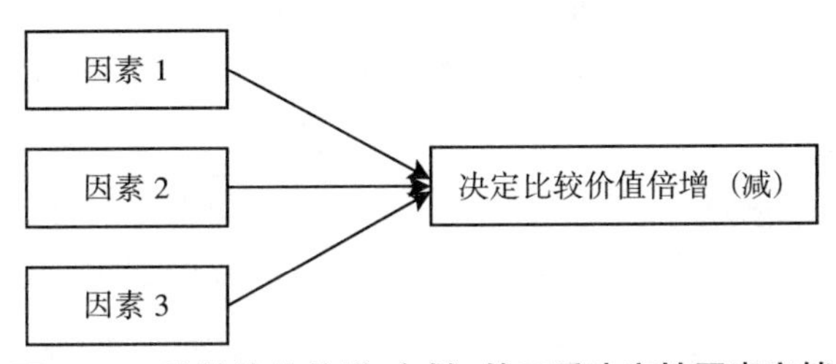

图 2-37 比较价值倍增（减）的三重决定性因素定档

4. 方法四：动态性倍增（减）满意比较价值因素调整

动态性因素调整是保持倍增（减）满意比较价值实现的最后一种方法，动态因素调整存在于比较价值投资满意实现的整个过程之中，动态调整是倍增（减）满意比较价值实现的关键点，必须考虑周全，否则将功亏一篑。主要从倍增（减）比较价值的时间及空间两个角度不断进行动态调整。如图 2-38 所示。

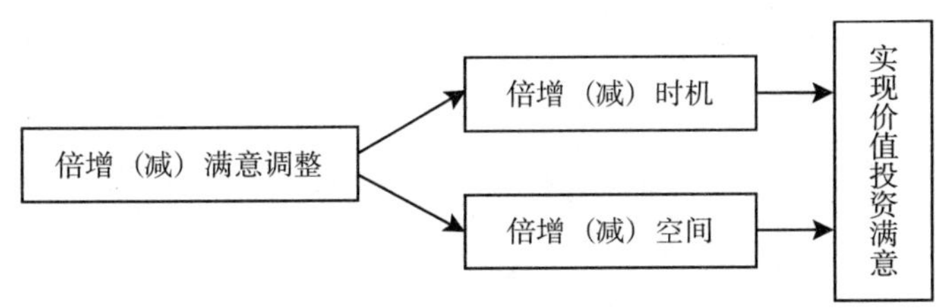

图 2-38 倍增（减）满意比较价值的动态调整过程

在倍增（减）满意比较价值投资的动态调整过程中，调整根据不同的影响因素主要可以分为四种类型：

(1) 国际和国内倍增（减）调整。根据倍增（减）满意比较价值调整的范围，可以将其分为国内调整和国际调整两种类型。国际调整主要指国际资本市场动向、国际政治、经济变化对倍增（减）满意比较价值投资的影响；国内调整则指四个投资对策（人气、币值、金钱和权力）对倍增（减）满意比较价值投资的影响。

国际调整在商业社会较为常见，调整的范围较国内调整大且不易预测，主要目的是保证全球投资人进行价值投资，实现价值投资倍增（减），减少国际社会对其产生的负面影响；国内调整主要指各个国家内部为了实现价值倍增（减）满意比较价值创造所做的调整。由此可知，国内调整与国际调整虽然调整的范围、幅度大小有所不同，但二者均是全球价值投资市场调整的常态，最终使投资人实现价值倍增（减）投资满意，实现商业价值投资社会的快速发展，投资人要善于把握这种国际、国内动态调整给全球投资变化所带来的重大价值创造机遇。

（2）大幅与小幅倍增（减）调整。按照调整的幅度，可以将动态因素调整分为大幅调整与小幅调整。大幅调整主要是指在投资前景非常看好（或者完全看坏）的情形下所进行的动态价值调整类型；小幅调整指的是在投资前景不明朗（或者被短期看坏）情形下的一种调整。通常大幅调整将改变一个整体趋势，时间持续较长；而小幅调整无法改变一个整体趋势，时间不会太长。如图 2–39 与图 2–40 所示。向下大幅调整时必须迅速回避，向上大幅调整时应该抓住机遇。

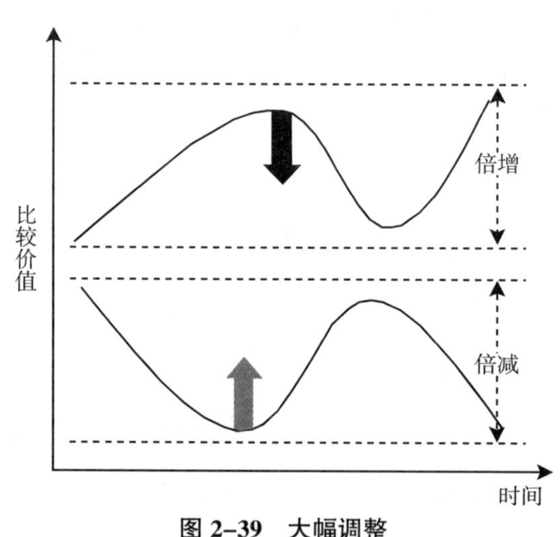

图 2–39 大幅调整

（3）向下与向上倍增（减）调整。根据调整的方向，可以将调整分为向上调整与向下调整两种类型。向上调整往往是因为实现价值倍减的空间受限，需要向上调整打开倍减空间；向下调整往往是因为实现价值倍增空间受限，需要向下调整打开倍增空间。在价值投资过程，尤其是股票投资过程中，向上为了实现倍减而调整与向下为了实现倍增而调整的现象时有发生。如图 2–41 与图 2–42 所示。

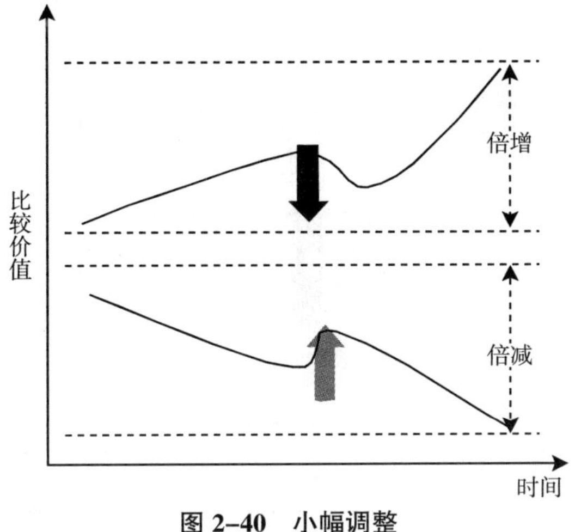

图 2-40 小幅调整

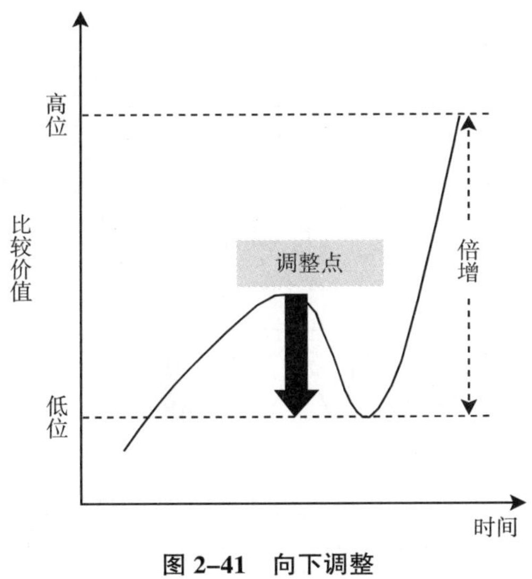

图 2-41 向下调整

（4）长期与短期倍增（减）调整。根据调整的时间，可以将调整分为长期调整与短期调整。长期调整通常在比较价值倍增（减）空间受限的情况下发生，利用时间换取空间；短期调整往往属于实现倍增（减）过程中的调整，时间较短，利用空间换取时间。如图 2-43 与图 2-44 所示。

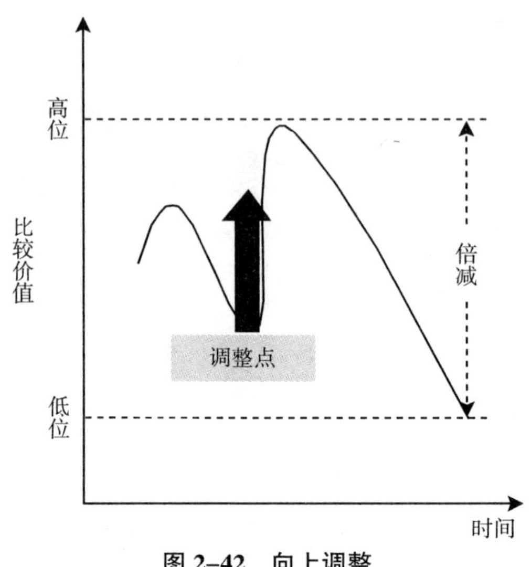

图 2-42　向上调整

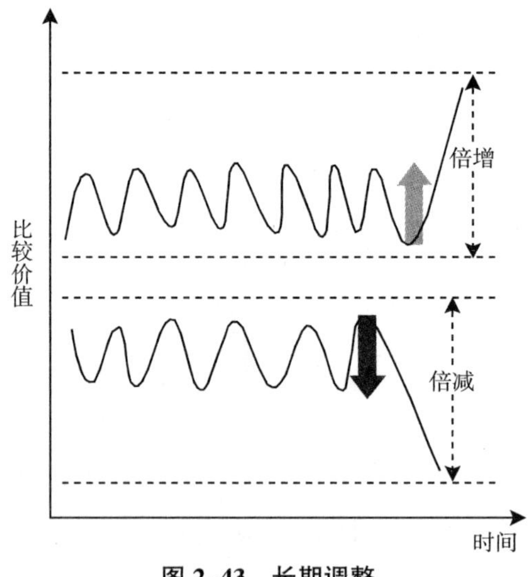

图 2-43　长期调整

四、心理期望的提高和调整

（一）心理期望调整的类型：主动和被动

对于商业社会的国家来说，倍增（减）满意比较价值心理期望的调整分为主动调整和被动调整。主动调整是指一国通过倍增（减）满意价值的创造来自行调整，对资本的短期变动方向产生影响。而被动调整指的是顺应国际资本间的倍增

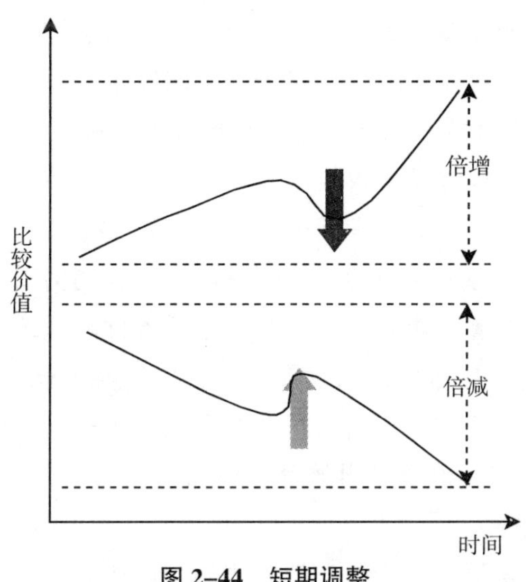

图 2-44　短期调整

（减）满意比较价值流动，是由国际社会资本流动的比较价值规律决定的方向性变动，但往往在本国意料之外，必须谨慎应对。

每个国家都应该通过创造倍增（减）满意比较价值主动进行调整，防止与人们的心理期望产生过大落差，造成不利的后果；倍增（减）满意比较价值的被动调整是由于投资人对于该国商品投资的心理期望发生巨大变化，有可能是意料之中，也有可能是意料之外，一旦心理期望发生变化，就会引起国内商品价值的大幅波动，甚至波及全球。这也就是人们常提到的“蝴蝶效应”。

任何国家度量体系的缺憾都会使投资人对于该国投资的倍增（减）满意比较价值的心理期望发生改变。只不过有些被动调整是短期的，有些被动调整将是长期的，短期调整处理不好就会成为长期调整，使该国家落后几十年，错失发展的良好机遇。

当一国商业倍增（减）满意比较价值创造处于高位时，往往都会出现一些明显的影响人们投资心理期望的事件和口碑，该国若不及时进行心理期望主动调整，就会出现被动调整的可能，那么该国资本外流加速、商品价值波动加大的情况就可能发生。由此可以看出，对于一个已经进入商业社会的国家而言，不论是主动调整还是被动调整，都必须积极应对，若有不慎就会出现比较价值倍减，若应付不及时，就难有实现倍增（减）满意比较价值创造的时机。

（二）提高倍增（减）满意的心理期望

人们心理期望的产生和提高，主要取决于一国是否可以持续创造倍增（减）

满意比较价值，而倍增（减）满意比较价值是通过度量体系的多少和不断完善而体现的。其对一国的度量体系越少（对于一定的度量体系，尺度的变化往往是有限的），说明该国创造倍增（减）满意比较价值的可能性越小，投资人对该国的心理期望就会下降，出现被动的价值调整，若处理不好，就会发生长期调整。

要提高满意倍增（减）的心理期望，主要有两个步骤：第一，建立和搜寻倍增（减）满意比较价值心理期望的价值度量体系，影响倍增（减）满意比较价值心理期望的核心就是了解、建立人们心理期望的各种度量体系，任何一个商业社会国家均可以先借鉴别的国家，如股票指数，世界各国就存在相互借鉴。第二，创新度量体系，为了持续创造倍增（减）满意比较价值，需要不断创立新的度量体系，通过不断创新和完善全世界的度量体系，努力获得全世界投资人的认可，并逐渐推广，获得投资。

影响倍增（减）满意比较价值心理期望的度量体系，是本国价值度量体系与世界其他国家认同的价值度量体系的倍增（减）满意比较价值的大小，主要分为国内度量体系和国外度量体系两种。国内度量体系分为已有度量体系和创新度量体系；国际度量体系分为已有国际度量体系和创新国际度量体系。度量的具体内容如图 2-45 所示。

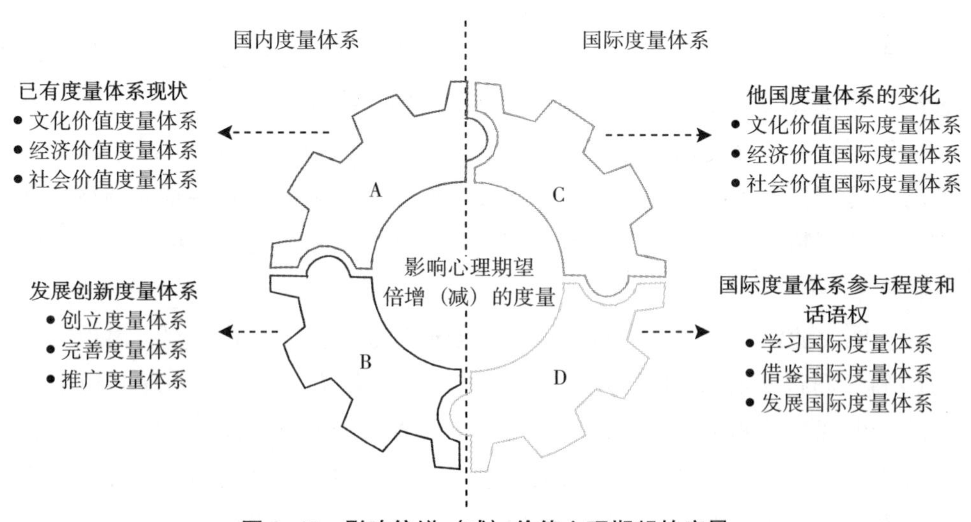

图 2-45　影响倍增（减）价值心理期望的度量

第四节　倍增（减）满意变化的价值创造

一、倍增（减）满意的比较价值投资对象

满意作为人气价值投资研究的“心、肝、肺、肾”，其研究重点自然与人体“四肢”相应的四个“对策”有所不同，即在于倍增（减）满意的价值度量体系，而非应对对策。满意在商业社会的含义就是倍增（减），而倍增（减）满意比较价值的分级、确定、定档、调整是价值度量体系的尺度变化的一个复杂、动态的创造过程，全世界投资者从投资国家和地区、投资教育、投资健康、投资职业到投资具体商品，都是为了实现倍增（减）满意价值度量，创造倍增（减）商业价值，得到人们的更多认同，同时积累更多财富，过上美好生活。倍增（减）对象的选择成为本节研究重点。

商业社会中，倍增（减）满意具有三重度量对象，如图 2-46 所示，倍增（减）满意的一重度量对象是国家，也就是判断一个国家是否是倍增（减）“明星”国家，是否有倍增（减）心理期望的价值度量体系和尺度，否则不能吸引全球投资人投资。倍增（减）满意的二重度量对象是具体商品，在选择了倍增（减）“明星”国家之后，就需要在“明星”国家内，通过人气线选取具有倍增（减）比较价值潜力的商品进行具体投资，每个投资人选择的商品投资对象不同，满意的度量体系也将随之发生变化，它们对于社会的推动作用也不尽相同（人群、人口营商学继续研究）。倍增（减）满意的三重度量对象，也是贯穿一重（国家）和二重（商品）度量对象背后深层次的重点度量对象，就是比较价值实现。

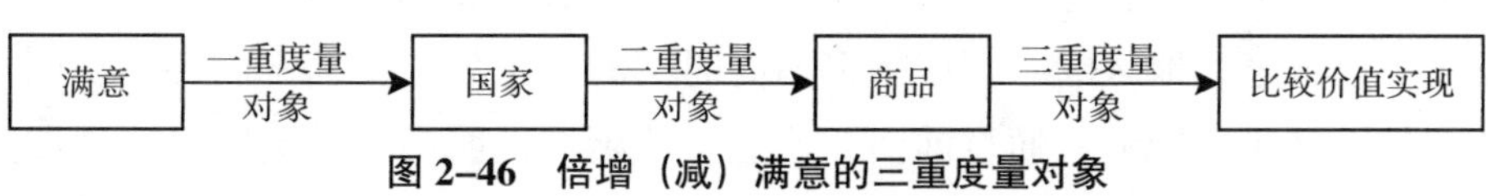

图 2-46　倍增（减）满意的三重度量对象

无论是国家还是具体商品，其价值投资满意的实现都是通过对其比较价值不断进行倍增（减）度量体系尺度变化而实现的，把握好尺度的变化时机和空间，不容许利用倍增（减）比较价值兴风作浪，是具有“明星”比较价值的国家在具

体商品投资时，必须考虑的核心内容。

二、商业社会倍增（减）满意形成比较价值变化的类型

商业社会倍增（减）满意表现为对投资人心理期望所产生的影响，由此对投资者比较价值变化也会产生很大影响，不同的心理期望导致不同的投资反应产生，根据倍增（减）比较价值变动和投资对象两个因素进行划分，如表 2-1 所示。这种划分方式分为 6 种不同的类型：国家倍增（减）比较价值变动正向、比较价值变动稳定、比较价值变动负向，具体商品倍增（减）比较价值变动正向、比较价值变动稳定和比较价值变动负向。

表 2-1　倍增（减）比较价值变动与商品对象划分的重点关注类型

比较价值变动 对象	正向	稳定	负向
国家	★		
具体商品	★	★	★

在这 6 种类型中，并不是所有类型都需要关注，需要重点关注的有四种：国家倍增（减）比较价值变动正向以及该国具体商品倍增（减）比较价值变动正向、比较价值变动稳定和比较价值变动负向四种类型。

国家倍增（减）满意比较价值变动正向值得重点关注的是国家商品价值正向升值，同时该国具体商品比较价值正向上升、稳定和负向下降。因为国家比较价值不断上升，意味着这个国家是人气关注的“明星”国家，具有创造比较价值的倍增空间和时机，投资该国的商品可以创造倍增（减）比较价值。该国具体商品比较价值正向升值、稳定和负向下降必须关注，它们是全球投资人投资的重要对象。

可以更加细致地从总趋势和变动方向划分，如图 2-47 所示。

每一个国家和地区的心理期望在不同时期的总趋势和变动方向各不相同，在全球背景下又相互影响。通过前面的论述，清晰地说明商业社会国家心理期望一定是正向上升为主旋律，才能吸引人气，但心理期望上升的道路并不一帆风顺，也不可能永远上升，在一定时期也会相对一些国家和地区心理期望减弱。倍增（减）满意心理期望的变化是投资人在全球一体化的商业社会进行价值投资选择和比较价值动态变化判断的重要参考，是人气营商学研究的“心、肝、肺、肾”。

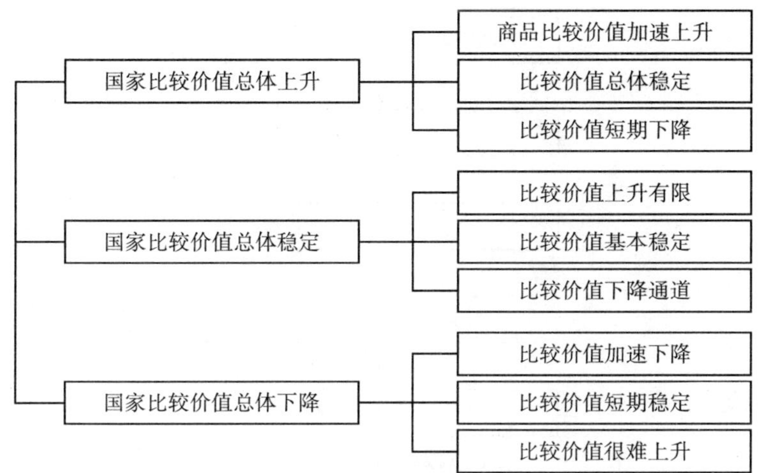

图 2–47　国家比较价值变动总趋势和商品比较价值变动

探讨一国或地区心理期望在长期趋势上升的前提下，根据该国倍增（减）满意的比较价值度量体系，投资者在商业价值投资过程中如何放大价值尺度，实现比较价值创造是本节研究的重点。

三、“三价”的倍增（减）满意比较价值投资

（一）倍增（减）满意投资的实现步骤

从倍增（减）满意的内容来说，本章分别从满意在商业社会的表现形式——比较价值，满意价值原理——心理期望、度量体系，增加倍增（减）满意度量的方法、提高心理期望——建立和创新价值度量体系等，说明倍增（减）满意比较价值度量在商业社会中的运作机理。对于投资人来说，投资度量体系选择步骤一共分为五步，如图 2–48 所示。只有根据这个步骤，商业社会的投资人才能更好地实现自己在商业社会的资产升值，创造最大化的倍增（减）比较价值，从而在商业社会占得先机。

第一步，对于投资人来说要判断该国倍增（减）满意比较价值类型，因为不同国家的倍增（减）满意比较价值所形成的正向价值尺度不同，投资收益也会不同。因此，对于投资人来说，国家和地区确定的倍增（减）满意价值度量目标和投资人投资心理期望的度量尺度是相互匹配的，只有彼此的目标一致，才适宜进行价值投资。

第二步，倍增（减）满意的比较价值度量体系判断。选择好倍增（减）“明

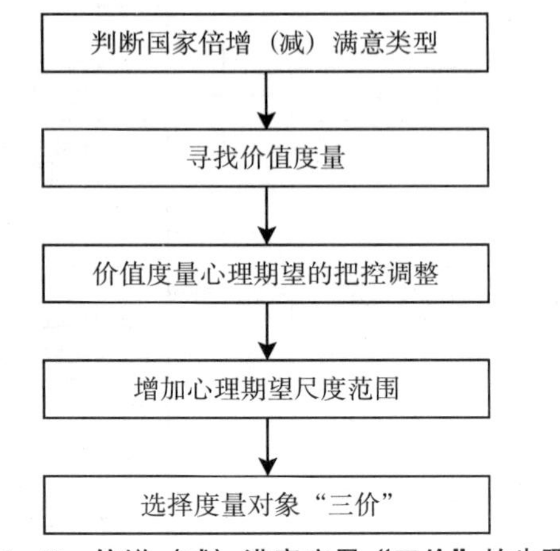

图 2-48　倍增（减）满意度量“三价”的步骤

星”国家和地区后，进而在该国家和地区通过比较价值判断选择倍增（减）满意“明星”商品进行具体投资，如同工业社会的每一个人在不同的岗位工资待遇不同一样，商业社会投资人选择投资的度量体系决定了倍增（减）比较价值的大小。在这一环节，投资人要通过倍增（减）价值度量体系的价值尺度来判断具体投资。倍增（减）满意价值度量体系判断还要通过不断创新度量体系进行价值比较来实现。

第三步，倍增（减）满意比较价值度量体系心理期望的把控调整。选择好一种度量体系，还要了解实现度量体系的倍增（减）满意的比较价值时间、空间节奏，倍增（减）满意比较价值度量体系的心理期望把控调整能力缺乏，那么该国家和地区的前景就备受质疑。对每个投资人来说，一个国家和地区对自身价值度量心理期望的把控能力往往是投资分析的重要判断依据。如果一个国家和地区做不好价值度量的心理期望把控，就不能得到全球投资人的认同，没有价值度量，或者价值度量体系不健全，不能充分发挥满意价值度量的作用。

第四步，增加倍增（减）满意比较价值心理期望度量体系的尺度范围。心理期望变化的度量尺度范围直接影响全球投资人的价值投资选择。能否增加心理期望的度量尺度范围，相当于能否创造比较价值的优势，吸引全球资金进行价值投资（心理期望的度量尺度范围越大，价值投资收益越大）。

第五步，选择倍增（减）满意比较价值度量体系中的投资对象“三价”。房价、物价和股价形成的“三价”是一国和地区人气价值的生动体现，“三价”也是倍增（减）满意比较价值的重要度量对象，人们容易达成共识，形成全社会投资人共同认同的价值度量体系。对全球投资人来说，可以依据倍增（减）满意原理对一个国家和地区进行价值投资，可以选择进行投资的价值度量很多，同时投资人也可以通过对该国的“房价、股价、物价”三大价值度量进行比较来投资。

（二）倍增（减）满意比较价值投资“三价”的选择

对于“三价”的度量主要依据价值尺度来进行，倍增（减）满意比较价值总是随着度量尺度的变动而变动，其变动过程是在商业社会中的商业价值即经济价值、文化价值、社会价值之间转换的过程，“三价”作为三大价值的核心，成为其载体被不断比较度量。倍增（减）满意比较价值的人气周期选择总是选择房价、物价、股价这“三价”中价值尺度最大的、时机最合适的进行投资，如图2–49所示。这便是倍增（减）满意比较价值度量体系“三价”进行具体投资的选择逻辑。

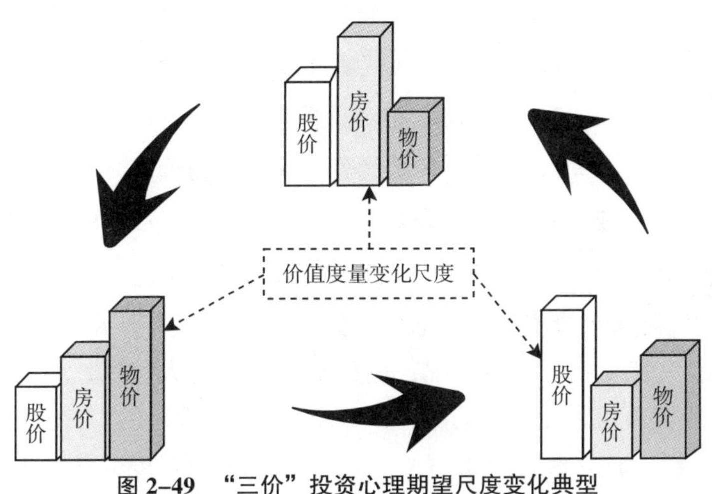

图2–49　“三价”投资心理期望尺度变化典型

以上为商业社会最具代表性的三大价值，即房价、物价和股价，共同组成商业社会备受关注的人气线。人气在“三价”之间依次周期关注是最为常见的现象，通过倍增（减）满意的比较价值度量体系来分析。在典型状态下“三价”会因价值尺度和时机不同而创造不同的价值投资情形。但是在实际的价值投资过程中，往往出现具有比较价值增值空间，但是时机不成熟的投资品种，人气形成的比较价值创造不能实现，这时必须将比较价值（人气营商）与相对价值[①]（人群

① 哲学上，指有一定的参照条件，价值会跟随参照条件变化而变化。关于相对价值的具体内涵会在人群营商中做具体讨论。

营商）以及绝对价值[①]（人口营商）三者（人群营商、人口营商具体内容将在第二、第三本著作中研究）相结合来进行共同研究。投资流程选择如图 2-50 所示。以 A 代表房价，B 代表股价，C 代表物价，三者是一条人气线，共同构成了一组商品束。[②]

为了区分清楚“三价”的比较价值、相对价值以及绝对价值，下面我们将以 A_m^n 代表房价的全集，B_m^n 代表股价的全集，C_m^n 代表物价的全集，其中：①$\{m|m\in N_+, N_+为正整数集\}$，$\{n|n=(1,2,3)\}$，m 和 n 取值不同，含义不同；②m 的不同取值，对应于房、屋、股“三价”，分别代表不同地区、区域的房价，不同属性的物价和不同行业、板块的股价；③n = 1 代表比较价值，n = 2 代表相对价值，n = 3 代表绝对价值。

（1）$A_m^1(m=1, 2, 3, \cdots)$ 代表比较价值房价，$B_m^1(m=1, 2, 3, \cdots)$ 代表比较价值股价，$C_m^1(m=1, 2, 3, \cdots)$ 代表比较价值物价；

（2）$A_m^2(m=1, 2, 3, \cdots)$ 代表相对价值房价，$B_m^2(m=1, 2, 3, \cdots)$ 代表相对价值股价，$C_m^2(m=1, 2, 3, \cdots)$ 代表相对价值物价；

（3）$A_m^3(m=1, 2, 3, \cdots)$ 代表绝对价值房价，$B_m^3(m=1, 2, 3, \cdots)$ 代表绝对价值股价，$C_m^3(m=1, 2, 3, \cdots)$ 代表绝对价值物价。

投资者在实际价值投资之中，通常是按照“三价”典型示例（房价—物价—股价）描述这一商业社会最为基础，也是最为重要的人气线，进行比较价值投资。“三价”投资价值尺度判断的流程，如图 2-50 所示，在“三价”之间进行比较价值度量分析。首先假定房价（A_m^n）心理期望价值尺度变化最大，投资人优先投资房地产市场，即投资人首先确定性投资为房价，在房地产市场的比较价值度量尺度达到最大后，没有倍增（减）的可能时，就需要在物价（C_m^n）与股价（B_m^n）之间进行相互比较，选取二者中比较价值度量尺度变化较大的进行投资，可能是股价也可能是物价。无论是选择股价还是物价，根据判断依据的不同，均会出现三种情形。为了避免内容重复累赘，此处以物价（C_m^n）为例进行具体阐明，选取股价的情形与之相类似。

---

① 哲学上，无论其他条件如何改变都不会对其产生影响，价值不变。具体会在人口营商中作解释。

②《消费行为理论》提出，商品束是指一种商品或者多种商品按照一定的数量、规则捆扎起来，形成一束束的单位。

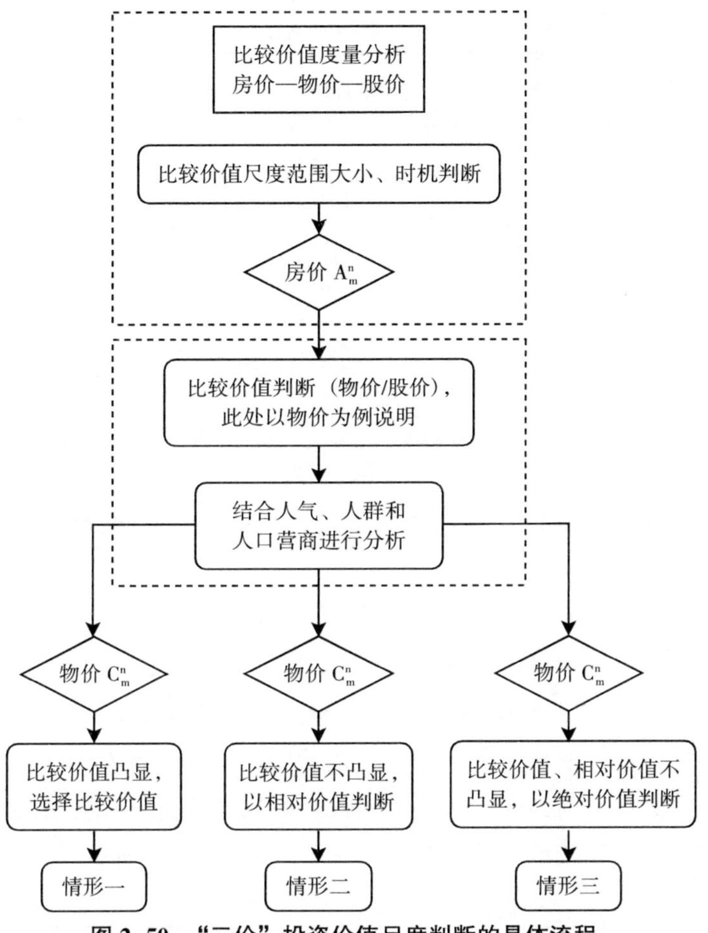

图 2-50 “三价”投资价值尺度判断的具体流程

在确定由房价→物价的价值投资顺序之后，结合人气、人群和人口营商理论进行综合分析，物价投资后下一步投资情形根据投资依据的不同，可以分为三种投资情形。其价值投资依据，由前文可知，主要有比较价值（人气营商）、相对价值（人群营商）和绝对价值（人口营商）三种，关于相对价值与绝对价值会在后面两本书中提及，此处只需要理解：比较价值是相对价值产生的基础，相对价值又是绝对价值产生的基础，因而三者对投资者进行价值投资的重要程度为绝对价值>相对价值>比较价值。站在人气营商学的角度，具体判断逻辑顺序如表 2-2 所示。

表 2–2 "三价"进行价值投资的判断逻辑

选择顺序 \ 价值属性	比较价值	相对价值	绝对价值	"三价"的投资选择结果
降序↓	$B^1_m > A^1_m$	有	有	B^1_m
	$A^1_m > B^1_m$	有	有	A^1_m
	无	$B^2_m > A^2_m$	有	B^2_m
	无	$A^2_m > B^2_m$	有	A^2_m
	无	无	$B^3_m > A^3_m$	B^3_m
	无	无	$A^3_m > B^3_m$	A^3_m

注：本表是从比较价值、相对价值、绝对价值的空间和时机两方面进行判断和分析得出的不同结果选择。

关于"三价"的具体投资选择顺序，为了更加清晰地分析图 2–50，对具体情形分析如下：

1. 投资情形一：只有比较价值参与

投资顺序：房价→物价→股价（B^1_m）。

投资判断依据：以上的价值投资判断顺序，是只有比较价值参与的价值投资情形。是完全依据"三价"典型的人气线示例，依次进行人气周期关注。由于物价之前投资的是房价，因而物价之后的投资标的是股价。从物价到股价之间的投资选择，主要依据比较价值的大小进行判断，如图 2–51 所示。

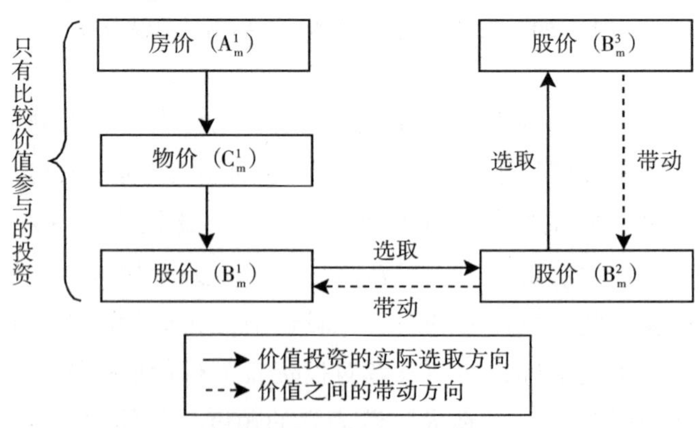

图 2–51 投资情形一的价值投资思维逻辑判断

2. 投资情形二：比较价值可能时机未到，具有相对价值人群

投资顺序：房价→物价→?（按照优先顺序：$B_m^2 > A_m^2 > B_m^1 > A_m^1$）。

投资判断依据：以上的价值投资顺序判断，需要将人气线和比较价值与相对价值三者结合起来考虑。因为此时比较价值与相对价值共同参与而影响价值投资，不能仅仅按照人气线进行周期关注。价值投资具有一定的优先顺序，考虑到相对价值，需要先寻找相对价值进行投资，随后是比较价值；但按照人气线，首先应关注股价，随后是房价。两者结合考虑，才有了以上（$B_m^2 > A_m^2 > B_m^1 > A_m^1$）的优先偏好投资顺序。具体如图 2–52 所示，按照 $B_m^2 > A_m^2 > B_m^1 > A_m^1$ 顺序进行判断。

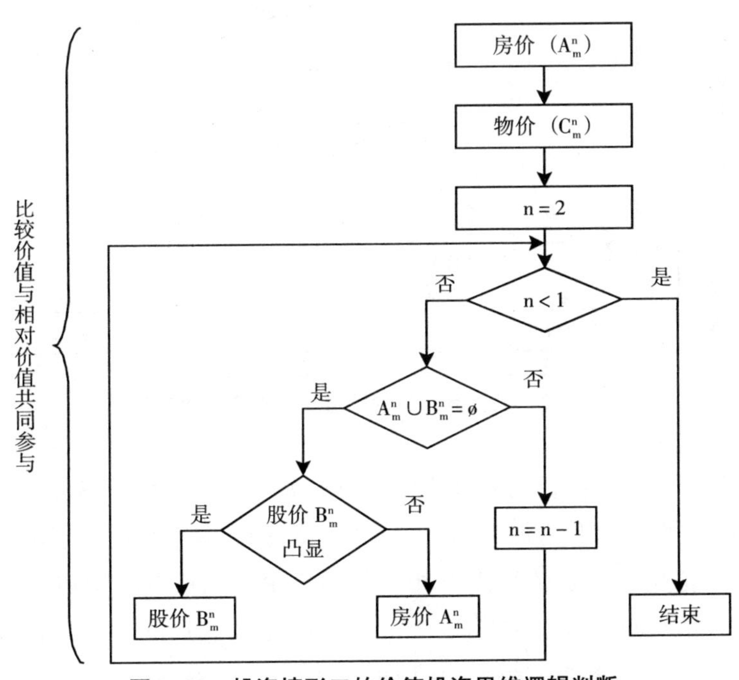

图 2–52 投资情形二的价值投资思维逻辑判断

3. 投资情形三：比较价值无空间、相对价值有空间，时机未到，绝对价值参与判断

投资顺序：房价→物价→?（按照优先顺序：$B_m^3 > A_m^3 > B_m^2 > A_m^2 > B_m^1 > A_m^1$）。

投资判断依据：以上的价值投资顺序判断是按照价值最大化原则，需要将人气线和比较价值、相对价值、绝对价值综合进行投资判断。在物价的比较价值度

量尺度达到最大后，没有倍增（减）的可能时，就需要先判断绝对价值是否存在，然后判断相对价值，最终判断比较价值，因而其选择的优先顺序为 $B^3_m > A^3_m > B^2_m > A^2_m > B^1_m > A^1_m$。其投资的逻辑判断，如图 2-53 所示。

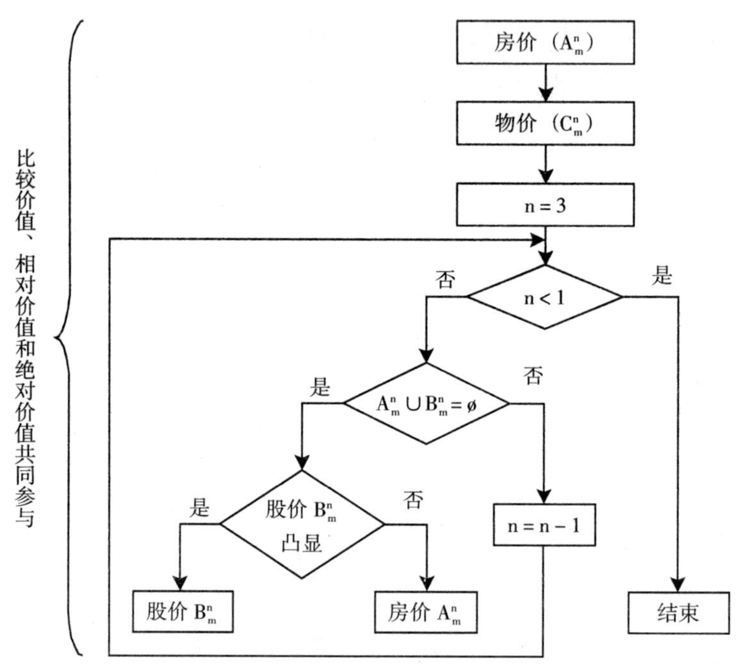

图 2-53　投资情形三的价值投资思维逻辑判断

情形一为“三价”投资的人气价值投资典型情形，按照“三价”人气线依次进行周期关注。情形二和情形三为“三价”投资的非典型情形，超出人气比较价值的可解释的范畴，需要依靠人群相对价值理论和人口绝对价值理论来进行解释，以上三种情形只解释了从房价（A^n_m）到物价（C^n_m）的下一步分析判断，投资人在分析其他情况时可以依据上述原理进行价值投资选择。

第三章　基于营商价值的人气关注原理及对策

第一节　如何理解人气

一、人气含义

人气的含义众多，因情景而定，主要可以归为两类：一是围绕人的相关解释。含义为人的意气、气质、感情、气味、气息、心气和情绪。二是指被关注和偏爱。从这两种定义中可以看出，人气主要是强调人。本书和本章中所讲到的人气，也是围绕“人”这一概念，综合之前的“人气”含义，将其归纳总结理解为人们思维的认同。当商业社会中投资人的思维达成了对某一价值的判断，形成共识后，自然会形成“人气”。因此，“人气”就具有了流动的势能和汇集的量能。

在商业社会中，人气在全球范围内变动。人气在全球范围内的每一次变动，对于流出国和流入国都会产生巨大影响，从而也使投资者必须采取相应的对策。人气的转移是商业社会的重要特征，一个国家受到人气关注，就会引起人气关注国的资产价格不断上升，使国际投资人投资该国。拉美现象的发生、苏联的解体都是人气关注转移的结果。

随着商业社会发展和人气全球化进程不断推进，人气在全球范围内的转移开始愈加频繁，人气转移对国家和地区产生的影响也在不断加大。美国的“9·11”事件和金融危机、欧债危机、英国脱欧等都是近年来人气关注发生转移而造成严重后果的典型代表。这些国家的价值创造到了高位，增值空间变小，不能继续创造新的比较价值，于是人气就发生了转移，转而关注新的国家。因此，如何持续地吸引人气，使得人气关注一个国家和地区的时间更长，是商业社会中的一个重要命题。

人气的演变如下：

“人气”这一概念并不是新造词汇，在源远流长的中国传统文化中，人气这一概念一直存在。人气早在农业社会的先秦诸子散文中就已经出现。如《庄子·人间世》：“且德厚信证，未达人气；名闻不争，未达人心。”农业社会中“人气”一词是指人思维认同的是人的德行、诚信，是人品德的表现。这里的概念是围绕人和气两个字赋予的合成词概念。在之后人气一词的使用中，都解释为人的意气、气质、感情、气味、气息、心气和情绪等相关衍生含义。

进入工业社会后，“人气”的含义发生了转变。人们对人气的普遍理解是某一事物的受欢迎程度，强调被人喜欢和接受。如曹东华在《流行语拾贝》中认为“人气”是源于日语中的“人気”（ninki），表示人的思想和行为的社会趋向（曹东华，2000）。工业社会中人们普遍理解的人气是经济上的人气，用以表现产品、服务的受欢迎程度，通常被用作表现产品、服务积极的方面，表示其受到人们喜欢、偏爱的程度，体现在人的购买数量上，购买的人越多，人气越旺。

但随着社会的发展，商业社会的中人气的含义已经发生变化。在金融中已经出现“人气指数”的使用，随后在很多投资领域都出现了有关“人气指数”的运用。人气指数的指标体系中，人气已不再仅仅是通过购买成交实现，而是反映了市场信息和判断。这说明商业社会中的人气来源于人的思想，表示人们思维对某一事物的关注，是人心所向，是由人的思维主导的、对于事物未来的哲学思维认同，是对所关注事物创造比较价值能力的认同。只有创造比较价值的事物才能得到人气关注。

综上所述，人气在三个社会中的演变路线如图 3-1 所示。

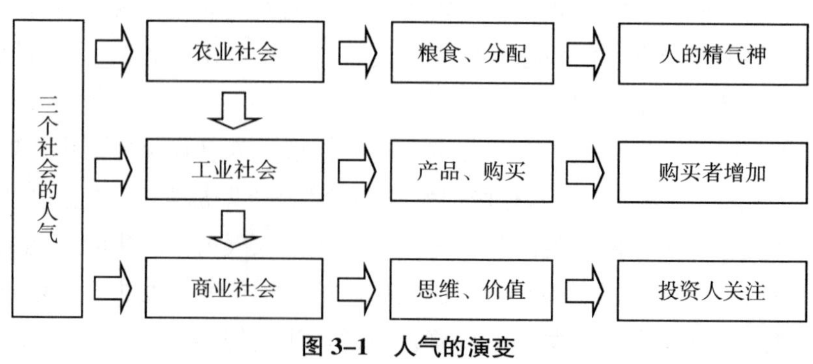

图 3-1 人气的演变

二、人气表现

人气的表现主要是通过人气在三个社会中的流动范围和速度来衡量。总体来说，人气在三个社会中呈现出三种不同的变化特征：在农业社会中，“人气”是人的精气神，表现为生产力的稳定；在工业社会中，“人气”是购买者数量的增加，表现为购买力的旺盛；在商业社会中，“人气”是指投资人的关注，表现为关注力的转移。

（一）农业社会——表现为生产力的稳定

在农业社会，由于人们的温饱问题尚未得到解决，很多问题都以保证粮食等农作物的供应为主旋律。因为粮食的生产离不开土地和规律，人们需要依赖土地、遵循规律才能更好地生产，最后实现基本的温饱需要。依照马斯洛的需求层次理论，人的需求层次由低到高，在满足了低层次的需要后，个体才能感到基本上舒适，顶部的自我实现需要才可能实现。因此，只有当人们的温饱得到保证后，才会有好的品行和精气神。

农业社会的家庭结构，主要以“男耕女织”的模式为主。这种模式的关键在于将农业之“耕”与手工业之“织”结合于小家庭内部，同时解决了农业社会中的吃饭穿衣问题，满足了人们的基本生存需要（汪建红，2015）。在农业社会中，人气的含义使用是通过对两个字——“人”和“气”的使用实现的，就具体情境和展开的词义而言，总体来说主要是指人的精气神。一个国家生产力稳定，那么生活在该国家的人都有很好的精气神。“政通人和”说明了在农业社会中，人气表现在生产力稳定上。

同时，生产力稳定了，又能够使人的精神状态更好，二者相互影响，从而进入一种良性循环状态。农业社会的人气表现如图 3–2 所示，不同人气水平代表着不同的生产力水平，一定生产力情况下农业社会的人气表现为一个人气波动的线段。保证农业社会中农业工作者拥有一个好的劳作状态，让进行农业生产的劳动者精气神保证在一定的状态，社会的生产力水平就有保证，社会就会有稳定的生产水平。

（二）工业社会——表现为购买力的旺盛

工业社会中，温饱问题已经得到了基本解决，随之而来的社会目标是满足人们的各项物质需求。为了实现这一目标，人们开始强调自己的主观能动性，利用和改造升级工具。人们通过发展和完善科学技术，制造出各种机械化设备，以此

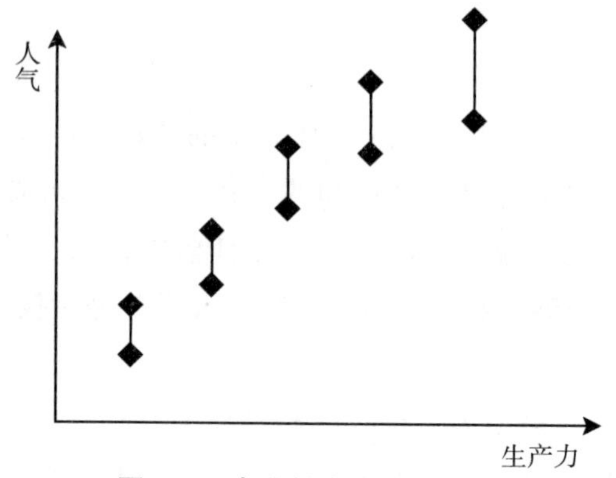

图 3–2　农业社会人气的表现

满足日益增长的物质需求。通过这些设备生产出能够满足顾客各种需求的产品后，就要通过顾客的购买活动实现交换。因此，如何制造出备受消费者偏爱的产品成为企业主要思考和渴望解决的问题。对于企业而言，人气是热销品的主要参考，是对产品的认同。人气产品是通过销售量的持续攀升才被广泛了解的，所以工业社会的人气强调购买数量，通过购买数量增加来获得利润。

工业社会中构成市场的三要素包括有需求的顾客、顾客的购买意愿、顾客的购买力。一个国家的人口基数决定着这个国家的有需求顾客数量的绝对值。随着中国经济发展水平的不断提高，居民的购买力在不断地增大，因而交换实现的频率不断提高。所以在工业社会中，人气表现为购买者的数量很多，购买力旺盛。一个企业产品购买者数量越多，说明该企业的人气越旺。

如图 3–3 所示，人气和购买力呈正相关关系，当人气高时，购买力就旺盛，反之亦然。在众多的产品中，只有实现居高不下的销售量，才可以称之为人气产

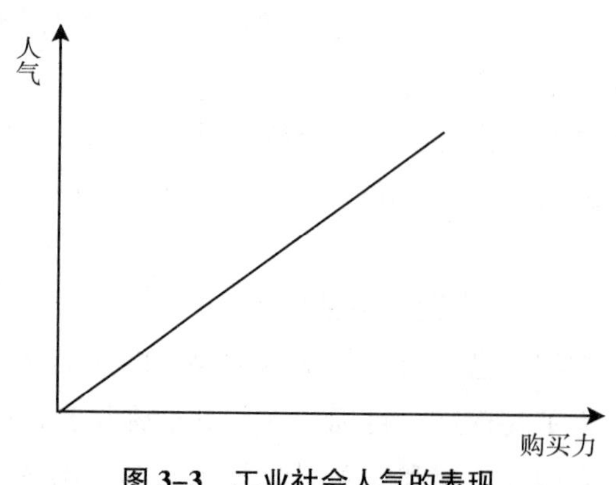

图 3–3　工业社会人气的表现

品。所以，此时人气表现为购买者数量的多少。改革开放后，中国逐渐进入工业社会，开始大力发展经济，至今已经成为世界第二大经济强国，用 30 年时间赶上了欧美国家上百年的发展，这与中国人的数量多密切相关。工业社会中满足需求是通过产品交换实现的，而交换是通过顾客的购买活动实现的。

（三）商业社会——表现为关注力的转移

进入商业社会，人气的表现不再仅仅是人的数量多少，更重要的是投资人的关注时间。商业社会中，人气的概念已经发生了变化，强调投资人的思维所达成的认同。人们可以关注的事物，较以前的工业社会已经发生了指数级的增长。人们的关注对象可供选择的有很多，一个投资对象出现总能很快地让人了解，所以人气在一个关注对象上关注的时间成为关键。

商业社会的人气表现为关注力的转移。商业社会中，人气重点研究的是全球的投资人关注某一个国家和地区时间的长短，也是对于该国可供投资的商业价值的关注时间的长短。第二次世界大战结束后，美国和苏联受到的人气关注最多，是当时的世界超级大国，将当时世界划分为了以美国为首的资本主义阵营和以苏联为首的社会主义阵营。但随着冷战结束、苏联解体，大量原本关注苏联的人气开始转向关注美国，苏联受到的人气关注变少。受益于人气的持续关注，美国始终引领着商业社会的发展，至今仍是全球最强大的国家，其经济、军事、科技等实力都强于世界其他国家，而苏联则不能与美国比肩。这表明，如果人气不能持续地关注一个国家，那么当人气开始转移后会对其造成重大影响，人气持续流出，最终陷入恶性循环。

对于商业社会的人气来说，人气表现如图 3–4 所示。不同的关注力、时间和人气形成了不同的平面，这些平面上都是投资对象。人气关注会在这些平面间转移。人气最强、关注力最强、关注时间最长的平面，是商业社会国家和地区最希望成为的。因为，商业社会中，人气关注某一个国家和地区的时间越长，创造的比较价值越大，该国越有可能实现价值倍增，甚至实现多次倍增。当人气关注的时间较短时，该国商业价值可能无法实现倍增，或者出现巨大的倍增、倍减波动。

三、人气作用

三个社会中，人气作用是不同的。总体来说，农业社会人气是为了更好地保障供应，工业社会人气是为了推动技术进步、满足需求，商业社会的人气作用是更好地创造价值，如图 3–5 所示。

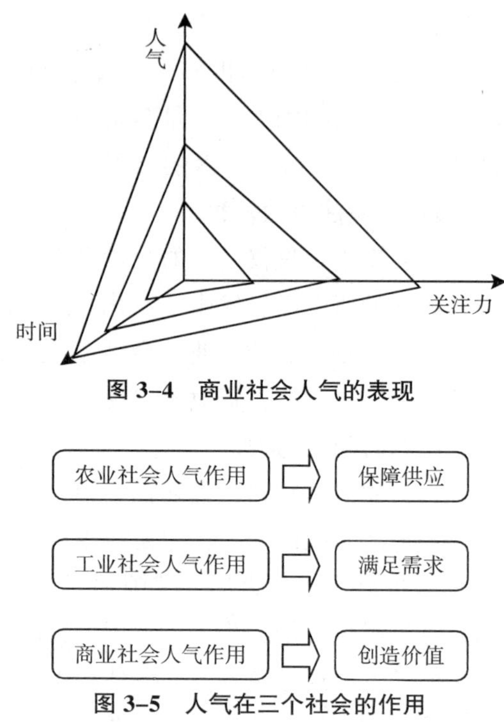

图 3–4　商业社会人气的表现

图 3–5　人气在三个社会的作用

在农业社会中，人气指的是精气神，当社会中人的品行都提高后，权利就得到了维护。所以人气具有维护权利、保障供应的作用。农业社会以土地为主，人需要依附于土地才能生存，人气的表现主要是人精气神的好坏。好的精气神能得到社会的提倡和褒奖，保证农业社会中统治的稳定。农业社会时期人们对于资源的使用能力低下，抗拒自然灾害的能力较弱，社会认同主要停留在能够解决温饱的农产品及其衍生品上面（安吉，2007）。

在农业社会中，“天、地、人”三才中“地”是核心，在农业社会起到了重要作用。“人”和“天”只起到辅助作用，这种辅助作用体现在人的品行上，这种品行作用于农业生产上，是人们进行耕耘、体力劳作的动力。人的品行好坏，直接影响社会的稳定，分配公平是农业社会生存的基础，此时人气关注生产力以保障供应，如图 3–6 所示。

在工业社会中，人气起到的作用也是有限的。人气主要是通过购买人数带来的购买实现交换，满足需求，从而推动工业社会的技术发展和进步。18 世纪 60 年代以后，蒸汽机车的出现使得人类的社会发展开始进入到了工业社会。如图 3–7 所示，工业社会中，“天”起到了重要的作用。从工业社会发展历程看，科

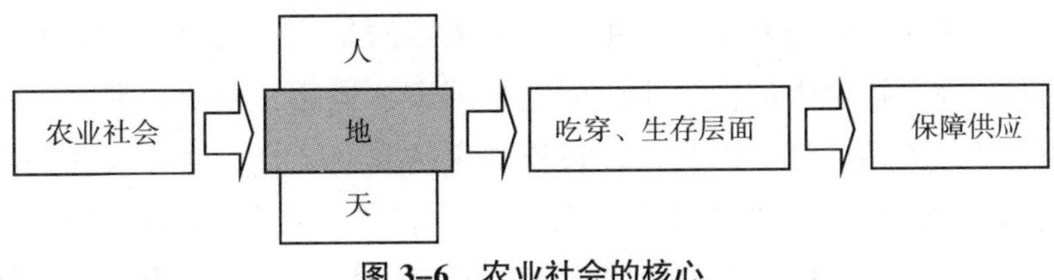

图 3-6　农业社会的核心

学技术是推动经济社会进步的主要动力，而人气发展的主要动力则是工业社会发展过程中经济增长对于人类物质需求的极大刺激。

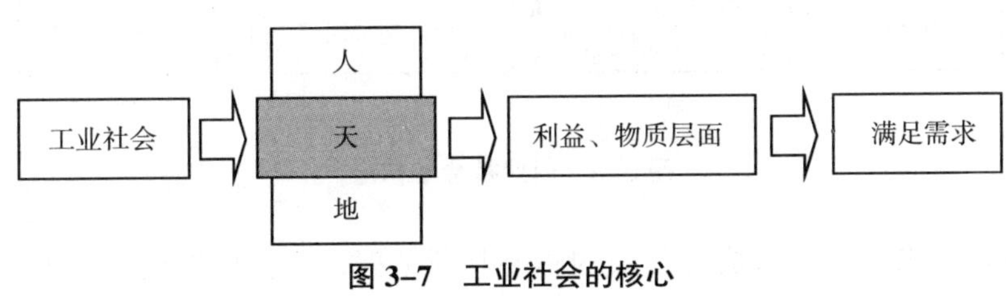

图 3-7　工业社会的核心

在工业社会中，人们从吃穿、生存层面转移到了利益、物质层面，工业社会的核心是发展科学技术。工业革命使得劳动力生产水平提高，人类开始逐渐进入机械化、电气化时代。更高层次的生产力水平，促进了社会生产关系的发展，人类的物质需求得到极大满足。差异化的需求，使得企业主利用手中的机器资源，生产出满足不同消费群体或者特定群体的产品。所以，在工业社会中是以“天”为主，要掌握并利用技术，通过科学实验提高技术，人的思维认同只能形成对于产品的偏爱，导致对于产品的购买，此时人气关注购买以满足需求。

在商业社会，资产已不简单是企业家手中的机器或者政府脚下的土地，顾客日益复杂且多样化的需求已得到充分满足，需求不能体现价值的真实本质，人们急需一种新的依据来判断价值。此时，社会形态开始转向商品投资，即为投资人创造价值，人们更多的是对未来周期内可能获取的报酬进行关注。商业社会到来之际，价值这一概念逐渐被学界和商界发现并给予重视，增加价值和减少损失是创造价值的最基本思想。商业社会中的损失，指的不仅是金钱的损失，更重要的是时间损失，而体现这种思想的最佳标的物就是人气。商业社会关注人气就是关注价值，从而拥有投资机会，资产的增值空间放大及损失的减少才是价值的精髓所在，由此人气在商业社会终于从价值判断的附属升格成为社会的主流。

如图 3–8 所示，商业社会中，推动社会进步的是人。人的认知是推动价值创造的原动力。商业社会中的价值主体可能是国家、地区、企业、家庭，甚至是个人提供的商品，范围广泛。因此，以投资为主的商业社会，通过人气关注创造价值，人气可以关注任何商业主体。人气已经从利益、物质层面的购买转向价值、精神层面的关注，人们向往美好生活，商业社会的核心是创造价值，人的思维关注开始变得重要，此时人气关注创造价值。

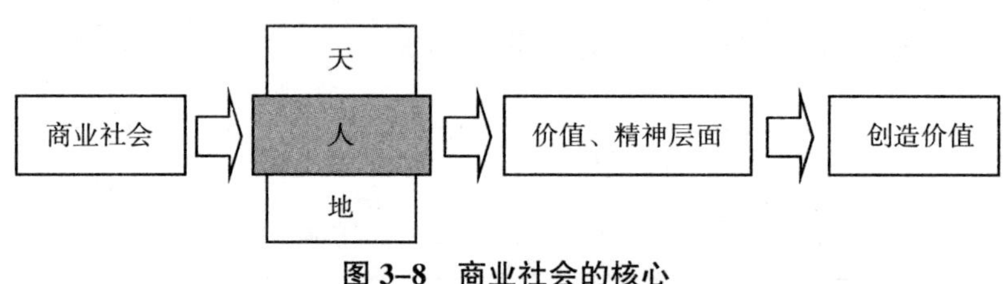

图 3–8　商业社会的核心

商业社会形成的人气成为价值的主要判断依据，人们可以通过对人气关注的转移进行判断，从而作出正确的投资决定，获得预期的投资收益。人气关注以价值为核心，转移到价值洼地。投资者就可以根据人气关注的转移发现价值洼地，寻找具有比较价值的投资标的，从而保证投资成功，打开增值空间、减少时间损失。

四、人气形成

人气在三个社会中的形成机理也有不同。农业社会人气形成主要是通过规律的探寻，工业社会主要是通过技术的进步，商业社会主要是通过思维的创新。

农业社会具有封闭性、保守性和专制性，而且其内部的道德和宗教是封闭和静态的。这种封闭道德和静态宗教的共同目的就是要个人服从国家意志，从而使国家团结得更紧，更好地生存下去（杨和英，2009）。在这种封闭社会中，人气只能形成于各自的国家和地区内部，无法在不同的国家和地区之间进行流动。

农业社会中，生产力低下，人类利用和改造自然的能力弱，人们的生存和温饱是最重要的问题。保障物品的供应，解决人的温饱问题是保障社会稳定的基础，而这个保障必须依靠土地才能实现。统治阶级为了维护政权，积极引导并充分利用了农业的社会功能。因此，一方面，中国传统农业为统治阶级的政权稳固提供了物质基础；另一方面，它在维持社会经济、解决农民就业、保障食物安全、维持社会安定及军事等方面发挥了重要作用（吕耀，2009）。因此，人气的形成与土地密切相关，自然规律的探索是农业社会人的精气神产生的前提。

农业社会中的核心是土地，人依附于土地生存，人气基于土地而产生。如图3-9所示，人气体现在生产力稳定上，随着对规律的探寻，逐渐形成人气，当人认识和了解规律后才顺应规律调整自身。自然规律作用于土地之上，帮助人们进行农业生产，所得的粮食、棉花等物品帮助人们解决温饱问题，而这正是农业社会中人气所在。人气可以提高农业生产。人气形成的原因是对于农业生产规律的探寻。

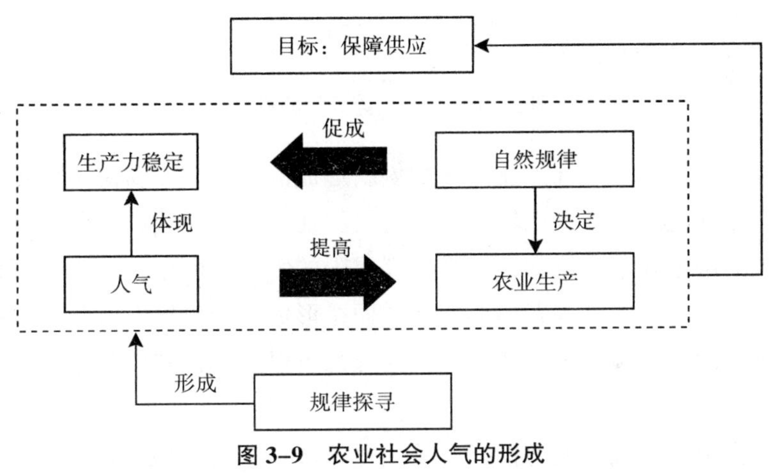

图3-9 农业社会人气的形成

工业社会逐渐开放市场，人气开始在开放的市场间流动。工业社会中，人气主要体现为购买力旺盛。购买的人多说明人气高涨，反之则人气低落。人的大量购买源于科学技术。在工业社会中，每一项技术进步都形成新的人气，正如蒸汽机的发明、飞机的发明、智能手机的发明。要想成为引领消费者需求的弄潮儿，提高消费者的购买，获得更多的利润以发展经济，就需要自己真正地掌握核心技术，引领技术的进步。而一国的科学技术水平，往往决定了工业生产。

如图3-10所示，不同于农业社会的人气，工业社会的人气主要体现为购买力旺盛。技术进步是人气形成的基础和依托，人气依靠科学技术进行生产，生产力越先进，产品越丰富，购买者数量越多，购买力越旺盛。在工业社会中，有了科学技术，才可以有一定的生产能力。科学技术水平决定了工业生产水平。人气可以提高工业生产，因为有了人气就意味着有购买，企业有了利润，也就有了不断生产和提高技术满足需求的愿望，从而达成了工业社会满足需求的目标。

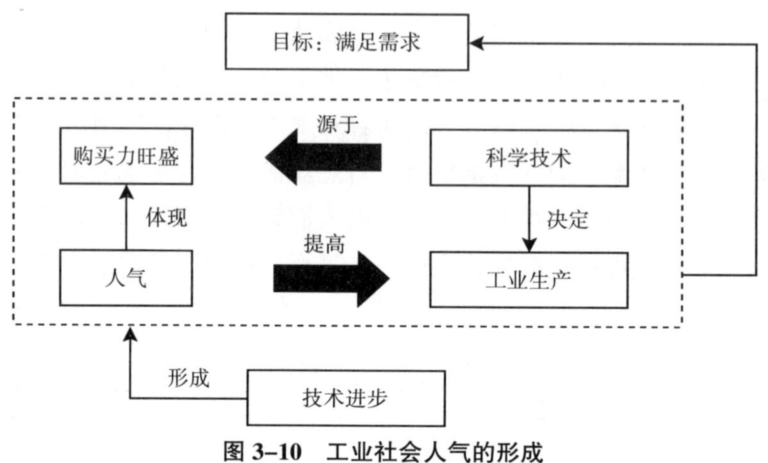

图 3–10　工业社会人气的形成

进入商业社会后，人气关注是认知创新形成的。认知创新是全球化的，价值创造也是在全球范围内进行比较的，人气关注在互联网时代会朝着全球任何一个比较价值大的国家和地区流动，不受地理界限的影响。所以，人气在现代商业社会不是形成于某一个国家或者局部地区，而是形成于全世界。人气可以关注任何一个具有价值的国家和地区，任何一个国家都可以通过认知创新吸引全球人气的关注。

商业社会中，人气表现为投资人关注力的转移。关注是由人们的认知思维形成的，所以关注力转移源于思维认同发生变化。认知创新在商业社会中显得越发重要。只有跳跃思维的认知创新才能让投资者的思维从原有思维惯性里跳脱出来，使投资人的关注力发生转移。如图 3–11 所示，认知创新形成商业社会的人

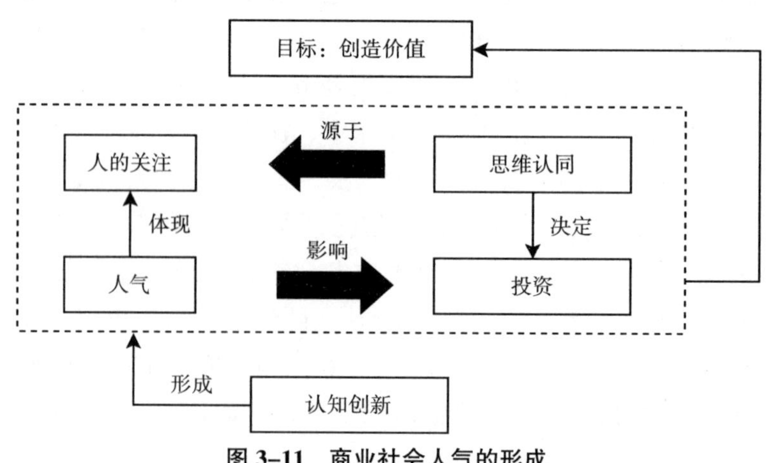

图 3–11　商业社会人气的形成

气，思维认同决定了投资，人气转移变化影响投资，最终，达到了在商业社会中创造价值的目标。

第二节　商业社会的人气

一、商业社会人气角色变化

（一）人气与关注全球化密切相关

首先，讨论商业社会的关注全球化。进入了商业社会，就意味着全球投资人和投资市场成为紧密连接的一体。全球化带来投资人和投资市场的升级。投资人不再是一国的投资人而是全球的投资人，可供投资的对象也跨越了国界，成为全球化的投资对象。人气和关注的关系源于认知心理学，所以人气角色会随着关注全球化而产生转变。

其次，随着商业社会的全球化，人气的流动开始逐渐从开放的市场购买进入了全球化的商业投资。人气在现代商业社会已不只存在于一个国家或者局部地区，而是存在于全球范围内，并对全球的商业发展产生重大影响。人气在全球范围内流动，这种流动对人气的流出国和流入国的投资均会产生巨大的影响。如图3-12所示，商业社会中人气汇集的过程离不开投资人的认同。随着全球化推进，投资人基数增大，而随着关注人数的上升，人气带来的投资，帮助价值倍增实现。同时，人气的全球化也是币值、金钱、权力对策全球化的基础。

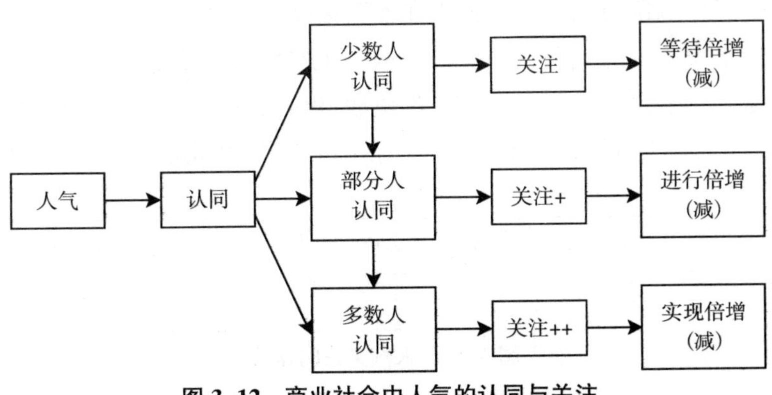

图3-12　商业社会中人气的认同与关注

商业社会虽然强调发生在未来的是不确定的，但也并不完全是不可预测的。人气可以通过人们的认知思维，对人气的关注进行分析从而预判未来可能会出现的结果。通过人气线、人气矩阵、人气模式的引导，可以在相当程度上预判出人气关注对国家产生的影响，判断出人气关注的路线会导致的结果，再通过币值、金钱、权力对策的具体操作，对结果起到一定的控制作用。

（二）人气创造比较价值

商业社会中，人气创造比较价值主要包括两个方面：一是人气的关注创造比较价值；二是比较价值的形成引发关注对象发生改变，从而形成人气关注。

一方面，商业社会研究人气是为了获得比较价值，人气关注一个国家的过程是利用人气关注吸引的投资在该国创造比较价值的过程。人气营商强调投资人对其进行的价值投资所创造的比较价值最大化，这是人气营商学的哲学灵魂。所谓比较价值是人通过将主体与主体、客体与客体，甚至主体与客体进行比较而生成的“感性”存在状况造成对主体的作用和影响（易小明，2015）。由于人气关注聚集起的量能促使投资人的认知发生转变，在认知中慢慢形成了比较价值的差异。比较价值主要反映在投资者的心理认知上，不同指标和考量都通过投资者最终形成心理认知倍增（减）决定。

另一方面，比较价值引发关注对象发生变化从而影响到人气。随着该国比较价值的不断增加，该国的性质也在逐渐发生变化。例如，“9·11”事件发生之前，美国一直是超级大国，是无数投资者心中的投资圣地，大量国际资本源源不断地流向美国，其聚集着来自全球的人气关注。而自从“9·11”事件发生后，部分投资者开始对美国失去信心，人气开始逐渐转向关注中国，在中国创造比较价值。近年来，中国超越德国成为第二大经济体，并且正在缩小与美国的差距。不仅如此，中国的国际地位与国际话语权也在不断提高。

随着近年来人气的关注，中国已经从一个贫穷落后依靠廉价劳动力支撑的人口大国转变为一个政治、军事、经济都位居世界前列的强国。而这些特征又会吸引更多的人气转向关注中国，形成了一个正向的反馈循环系统，如图 3–13 所示。

图 3–13　人气关注的作用

二、商业社会人气的新要求

（一）人气的广泛影响力

商业社会中人气可以创造比较价值，通过比较价值带来投资人关注转移，能够帮助投资人实现倍增，因而人气在商业社会中的影响极其广泛。国家层面，人气可以对一个国家的发展产生重要影响。当人气关注某个国家时，会吸引全球的投资者投资这个国家，造成大量的国际资本流入。而国际资本的流入可以看作这个国家总资本的净增加，它可以直接参与这个国家的国内资本形成，通过扩大投资来促进本国的商业发展。同时，国际资本的流入也可以从效率上促进经济增长，因为通过外商的直接投资，国内企业可以向外资学习或者同其建立商业联系，从而产生"溢出效应"（黎贵才、卢荻，2014）。投资者层面，人气关注会对投资者投资的商品价格产生重要影响。当人气大量关注商业价值时，商业价值的代表——房价、物价、股价就会大幅增值，实现倍增。

人气的广泛影响使任何一个国家都希望受到人气的关注，使不同的国家在商业社会有望获得自己新的发展契机。人气关注有助于该国方方面面的发展，同时投资者也希望投资人气关注的商品，以提高倍增实现的可能性。人气关注的转移和集中，使得商业社会的国家有望实现自身在商业社会的价值创造，从而实现投资人向往的美好生活。

（二）人气的主动性和独立性

商业社会的人气是由认知创新引发的，投资人通过比较价值的判断形成的投资使得各国和地区的商业价值发生倍增或倍减。当大量人气关注某一个国家时，大量的国际资本流入可能使得短期内的国内资产市值增值加速，但是随后会明显下降（Roberto Cardarelli & Selim Elekdag，2009），对一个国家的商业前景和经济长期稳定发展产生了一定的制约力量。因此，应主动调整人气，使得人气关注有利于国家的发展和价值创造。2015 年，中国的股价大幅下跌，就是人气主动调整的结果。上证指数从 2014 年 7 月的 2033 点上涨到 2015 年 6 月的 5178 点只用了短短 11 个月的时间，此时大量的人气关注股市——由于房产严格限购、物价政府严格控制——使得指数上涨速度极快。如果不加以控制，主动调整，很有可能上涨至 6000 点以上，当时的经济是无法支撑这个点位的，政府主动调整人气，使得上证指数发生急速的倍减，使大量的投资人资产缩水。但随后，2015~2017 年，中国吸引人气关注转移的相关政策出台，"去库存、去产能"，使得房价和物价轮番上涨，人气从股价转移到对物价、房价的关注，这就是合理运用人气的表现。这是国家和地区主动调整人气的表现，也说明了人气是具有主动性的。

人们的认知创新种类不同，因此人气对不同创新类型国家的关注是相互独立、互不影响的。如人气关注澳大利亚这类资源国以及新西兰这类农业发达的国家，同时也会关注德国这种具有工匠精神的工业发达的国家。人气对于国家和地区的关注是独立的，不会因为关注其他国家而失去对于以前发达国家的关注，只是对于新型国家和地区的关注层面和创新内容不同而已。新型国家只有创新人们的认知，形成比较价值，才能吸引到人气关注。

三、人气和资产价格的关系

一个国家的资产价格若要发生倍增（减），首先需要来自全球的人气关注这个国家，否则这个国家就无法创造比较价值。一个国家和地区的市场如果只能购买，无法形成投资，那么资产价格只能发生线性变化。进入了商业社会的国家，人气如果持续上升，说明这个国家开始受到来自全球投资人的关注，该国在国际上的地位提高。人气关注某个国家，会带来大量的投资，从而直接推高这个国家的资产价格，使其倍增、成倍增、百倍增，带来巨大的社会财富增值，从而使该国较快成为发达国家。

另外，当人气关注一个国家时，还需要通过币值、金钱、权力三个对策的配合，更好地提升该国家的资产价格，如图 3-14 所示。如同产品营销中，企业拥有了优质的产品，还需要通过制定合理的价格、适合的分销渠道和有效的促销手段，才能促使顾客购买，实现交换。若币值、金钱、权力三个对策无法配合人气对策，可能会使投资者对该国失去信心，从而使人气关注发生转移，使资产价格的上涨受到一定限制甚至出现下降的情况，只有综合运用人气、币值、金钱、权力四个对策，才能实现商业社会的价值创造和弯道超车。

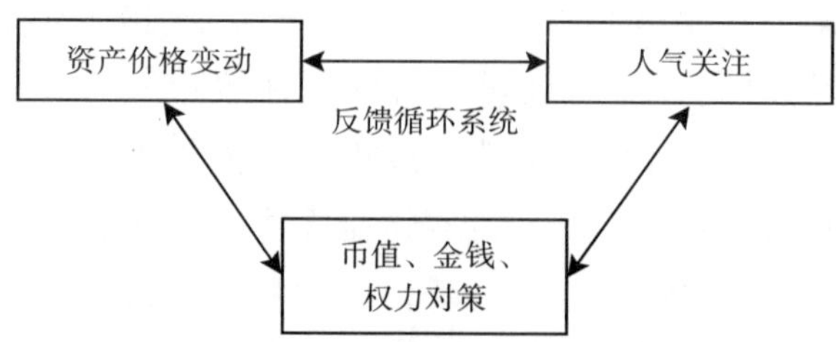

图 3-14　人气关注与其他三个对策和资产价格的关系

同样地，资产价格的变动也会对一个国家的人气产生直接影响。当一个国家的资产价格不断增长时，就会吸引更多的人气关注这个国家。投资者通过判断发现该国的资产价格正在增长并且后期仍然存在增值的空间时，会把注意力充分地转移到该国。以美国为例，过去的 100 年，美国的资产价格，即房价、物价和股价轮番上涨，吸引全球人气关注美国，美国的资产价格中的股价近几年持续上涨，股市处于牛市，投资者对股票信息的关注度显著地高于熊市（Yiming Qian & Xiaoyun Yu，2009），吸引全球资本流动到美国投资股票。反过来，若一个国家的资产价格不断下降，投资者就会转而关注其他资产价格上升的国家。2008 年美国出现金融危机，房价下跌，导致人气转移到了中国，使中国的房价上涨，而中国由于房价上涨吸引了人气关注。

四、商业社会人气确定

（一）比较确定

比较是认识事物的基础，是人类认识、区别和确定事物异同关系最常用的思维方法。比较研究法现已被广泛运用于科学研究的各个领域。人气选择关注对象，总是会对关注对象进行两两比较，选择比较价值更大的对象进行关注。人气一直在不同的国家之间寻找比较价值。根据国家之间的军事实力、经济实力、人口数量等条件比较确定人气时，可能会出现两种情况，即比较对象差距小、比较对象差距大。

1. 比较对象差距小

比较对象差距较小时，人气关注具有非常重要的作用。当比较对象之间实力相当，差距可以忽略不计时，人气的关注可能会使两者之间产生差距，并随着人气的持续关注而拉大差距，如图 3–15 所示。

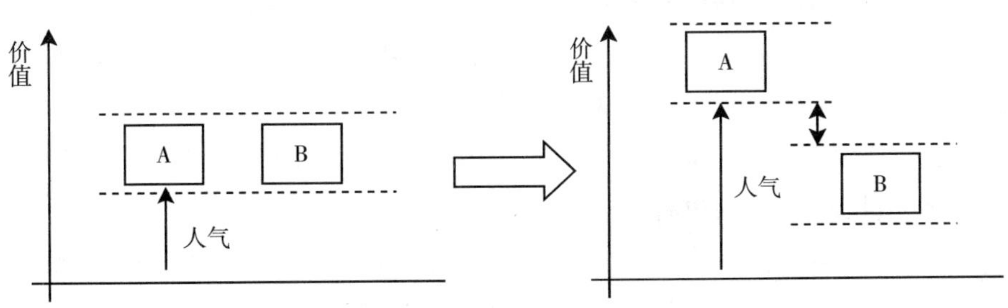

图 3–15 比较对象实力相当

冷战时期，美国和苏联同为世界上的“超级大国”，两者军事实力旗鼓相当，为了争夺世界霸权，两国及其盟国展开了数十年相互遏制的斗争。人气在苏联和美国之间进行比较，选择了比较价值更大的美国，最终苏联解体，华约解散，大量原本关注苏联的人气转向关注美国，美国成为世界上唯一的超级大国，继续引领商业社会的发展。时至今日，美国包括军事实力在内的各项实力都超过俄罗斯，这是人气持续关注的结果。

当比较对象之间虽然存在一定的差距，能够区分二者孰优孰劣，但差距较小时，人气的关注可能会使得劣势一方追赶甚至超越优势一方，如图 3-16 所示。

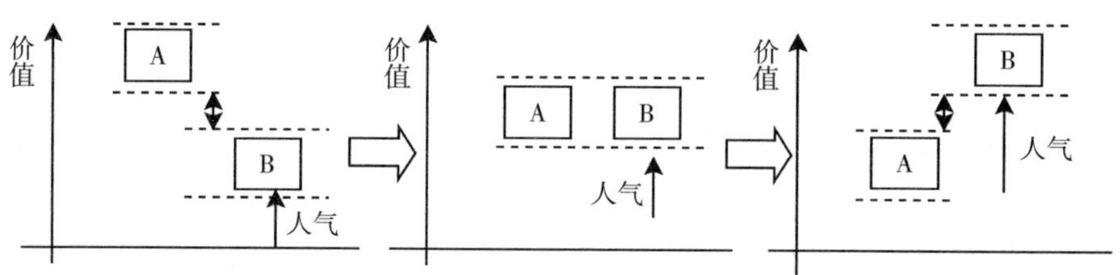

图 3-16 比较对象之间存在较小差距

近年来随着美国受到人气关注价值创造到了一定的高位，增值空间受到了限制，很难继续实现倍增。同时，在商业社会中投资者对思维创新越发重视，人气正逐渐从美国流向中国。2012 年美国 GDP 为 162427 亿美元，中国 GDP 为 83492 亿美元，美国约为中国的 1.95 倍。随着人气的关注，这一差距正在逐年递减。2016 年，美国 GDP 为 175816 亿美元，约为中国的 1.6 倍。若中国继续通过人气对策调整把控好人气，使得人气能够持续地关注中国，这一差距会逐渐消失甚至反超美国。

2. 比较对象差距大

人气总是会关注与其他对象差距显著的、呈现出两极分化状态的对象，这些产生两极分化的内容可以非常丰富，如国家面积大小、人口多少、资源禀赋等。对这种差距大的关注对象，人气关注可能会产生两种结果。

一是人气关注后，产生相向作用，如图 3-17 所示。二者之间差距逐渐缩小，这是人气创造比较价值的过程。

二是人气关注对二者产生相反作用，使被关注对象之间的差距逐渐增大，如图 3-18 所示，这个过程同样是人气创造比较价值的过程。美国受到关注后，发展更快，成为全球瞩目的国家。新西兰是以农业、畜牧业发达而闻名的国家，被

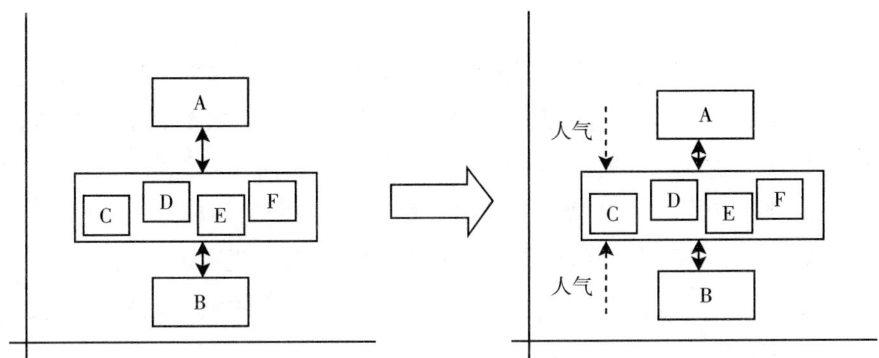

图 3-17　人气关注缩小差距

关注后，随着人气不断关注，新西兰的农畜牧业从已有的世界前列水平，变得与其他国家的差距逐渐加大，成为了全球农业最发达的国家之一。

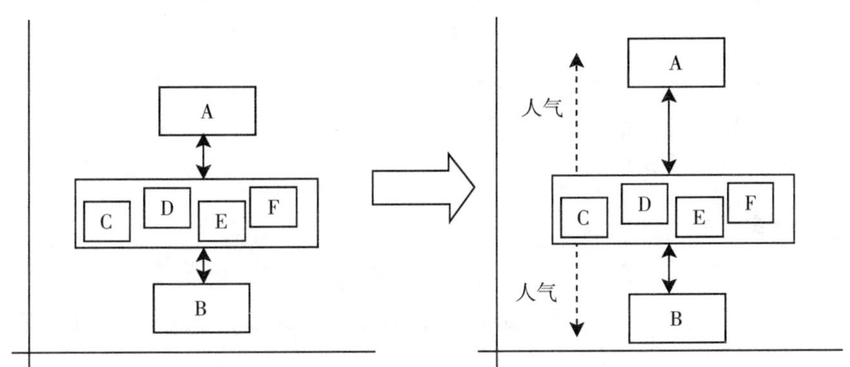

图 3-18　人气关注拉大差距

（二）价值确定

商业社会中，价值=增值/损失，人气在确定关注对象的时候，总会将关注可能获得的价值增长与付出的时间损失进行对比，选择比较价值最大的对象进行关注。而当关注对象的增值空间受限，无法实现倍增，或者投资者需要付出较大的时间损失才能实现倍增时，人气关注就会发生转移。因而利用价值确定人气关注时，可以从增值空间和增值速度两个方面确定。

1. 增值空间大

从增值空间的角度看，人气总会关注增值空间更大的对象。增值空间大，意味着人气关注这个国家时，可能会创造更大的比较价值，实现倍增的可能性更大。若增值空间过小，那么即使人气关注这个国家的时间很长，也无法实现倍增。

以金砖国家为例，这些国家国土面积占世界领土面积的近 30%，人口占世界的 42%。从政治和安全方面考虑，五国中的俄罗斯和中国都是安理会常任理事国，至 2013 年，巴西、印度、南非都是非常任理事国。从经济上看，2010 年，五国国内生产总值约占世界总量的 18%，贸易额占世界的 15%。由此可以看出，金砖国家人口多、面积大，具有更大的增值空间，人气关注这些国家后有可能实现倍增，因而人气现已越来越多地开始从处于价值高位的欧美国家转向关注价值洼地的金砖国家。

2. 增值速度快

利用价值确定人气关注时，除增值空间外，增值速度也是人气关注的重要影响因素。相比于增值速度慢的，人气更愿意关注那些比较价值增长快的国家。人气关注这些国家时只需要付出较短的时间损失就能获得同样的比较价值增长。

20 世纪 60 年代起，亚洲的中国香港、中国台湾、新加坡和韩国推行出口导向型战略，重点发展劳动密集型的加工产业，在短时间内实现了经济的腾飞，一跃成为全亚洲发达富裕的地区，合称“亚洲四小龙”。这四个国家和地区人口数量少、面积小，人气关注在短时间内迅速发展，创造比较价值的速度更快。1971 年，韩国、新加坡、中国香港、中国台湾的 GDP 分别为 700.7 亿美元、112.9 亿美元、237.0 亿美元、356.2 亿美元，至 2000 年时已分别增长至 7127.5 亿美元、1003.8 亿美元、1476.4 亿美元、3057.5 亿美元，短短 30 年的时间 GDP 总量就增长了 10 倍。

（三）创新确定

商业社会中，创新已经逐渐成为了世界主题，是未来社会发展的潮流与趋势。创新是一个国家发展的原动力，是人气关注这个国家进而创造比较价值的根本原因。创新确定主要指跳跃思维的结果。一个创新思维得到投资人的认同程度是人气创新确定的内涵。

从方式讲，创新的方式主要分为规律创新、技术创新和思维创新。正如第一节中提及的，人气的形成有三个途径，即规律探寻、技术创新和认知创新。商业社会的人气产生，主要指规律创新、技术创新和认知创新。

1. 规律创新

规律在商业社会中属于创新的基础和源泉。因为规律探寻对于农业生产的作用巨大，规律的创新会一直吸引人气。在商业社会中，由规律创新带动技术创新、认知创新的情况经常出现。人类对于自然规律的探寻从未停止，规律创新随着人类认识自然的探索进程而推进。在规律创新过程中，推动技术创新和认知创新，三者相辅相成。

在吸引人气的创新过程中，从规律创新到技术创新，再到认知创新的过程，一直有效。随着对农业规律的认识不断加深，以及先进农业生产技术的发展，人们的思维认知也有了新的转变。从农业社会按照规律广种薄收、多病虫害的低产农业，发展到工业社会以科学技术为主的依靠农药、化肥的高产农业，未来面临如何发展生态农业以及转基因技术，一直吸引着人气关注。但随着人们对于规律创新的认识，认识到尊重农业自然规律的重要性，以新西兰为首的有机农业国家再度引起了世界的关注，吸引了人气。技术创新、认知创新离不开规律创新，茅台酒对中国人昔日衣食住行中的饮白酒进行规律创新——弘扬白酒文化，发展创新酿造技术并以其作为支撑，是今天的人们创新认知——品质生活的体现。

2. 技术创新

技术创新是认知创新的支撑，有了科技创新才能更好地促进新的认知出现。全球范围内正在进行不断的科技创新，如信息科技、生物科技、新材料技术、新能源技术等。世界大国都在积极强化创新部署。综观引领过全球发展的国家，都有着极强的技术创新能力。如德国，是一个将工业制造做到极致的国家，在德国工业制造中，总是竭尽全力将误差降到最低。其他通过工匠精神创新吸引人气关注的国家还有日本、法国等。

而目前引领商业社会、吸引人气时间最长的国家是美国，该国依靠的是另外一种创新技术方式——给电脑“洗脑”。众所周知，美国的 IT 业是全球最发达的，其拥有微软、苹果、谷歌等多个 IT 业巨头企业。以微软和谷歌为例，几乎全球所有国家的 PC、手机端操作系统都出自这两家公司，这也为美国引领世界商业社会长达 100 年的时间作出了巨大的科技创新贡献。一个国家不可能占领全球技术的制高点，希望得到长期的全球关注是不可能的。

3. 认知创新

随着商业社会的推进，技术创新已经不能满足价值智造的需要。更为重要的是思维创新。思维创新的起点就是认知创新，人类通过三次技术革命走到今天，每一次技术革命的前期都是技术的竞争，而后期运用的升级，大都是思维的创新。中国的高铁技术应用就是认知创新的最好例证。高端制造的高铁应用成为中国认知创新的突破口，中国政府顶住一切压力，创新人们的心理认知，终于引起全球人们从汽车到飞机再到高铁的转移关注。

认知创新依靠良好的国家和地区的文化土壤及先进的科学技术，更需要投资人的思维认同。自古以来中国人最擅长的是思维的创新和碰撞，从春秋时期各大思想学派的百家争鸣，到现今的“一带一路”，都是思维创新和争取人们认同的最好证明。商业社会中吸引人气的关注，最重要的是寻找人们思维的认同人气线——人们关注停留的路线。

由于商业社会思维是跳跃的、多元的，所以思维创新中很容易出现新的、复杂的人气认知路线，经过反复碰撞和坚持，才能形成人们认同的人气线（见本章第三节）。它既可以吸引投资人的关注，也是造成投资人因盲目跟风形成的资产泡沫破灭而受到打击的思维倾向。人气线来源于思维漏洞，是指并未被大众所认知的、处于关注盲点的事物。思维漏洞一旦形成清晰的人气线，往往是正确的、符合国家和社会发展规律的事物，但被一些先知先觉的投资人发现，且采取行动，得到投资收益，获得巨大的价值增长，同时也弥补了思维漏洞。投资人要及时梳理、尽早发现多元价值思维漏洞，鼓励人们思考，就可以更深层次地挖掘人气线，寻找更多投资机会。思维漏洞形成人气线的四大影响因素分别为：他国过去走过的路、他国的长处、本国的短处、本国未来走的路，如图 3-19 所示。

他国	本国
他国过去走过的路	本国未来走的路
他国的长处	本国的短处

图 3-19 思维漏洞形成人气线的影响因素

第一个因素是他国过去走过的路。他国过去走过的路对其他国家乃至全球的商业社会发展都是宝贵的经验。由于其他国家走过的路本国也可能会走，所以智慧的投资者应及时发现这些思维漏洞所形成的人气线并进行投资，如西方国家的汽车发展路线就是如此，一个紧跟一个，把汽车的关注推向极致。

第二个因素是本国未来走的路。只要是思维创新，就会存在漏洞，故而投资者应不断地对本国当前具体情况和受到人气关注的状态进行分析，把握本国的思维漏洞，选择时机进行投资，以获得更大的价值增长空间和实现价值倍增的可能。别人走过的路线，不一定适合本国，寻求自己的路线，空间更大，别国发展汽车已到极致，很难超越，中国选择合适时机，发展高铁空间更大。

第三个因素是他国的长处。他国的长处很可能就是本国存在的漏洞。本国与他国之间的差距越大，缩小差距的时间越短，意味着投资者获得的价值增长空间越大，付出的时间损失越小。中国发展工业的选择，就是当时与西方国家差距太大，一旦认知统一，发展速度快，空间大。

第四个因素是本国的短处。针对本国的短处造成的漏洞所形成的人气线，首先要通过认知创新发现它，因为本国的短处意味着空间巨大，短期可以通过模仿创新迅速跟上，但想引领世界则需要巨大的认知创新，根据规律创新和技术创新形成新的人气线，以获得人们的关注，创造价值增长，如中国的金融落后于美国，是中国的短处，学习美国的金融弥补自己的不足是可以的，但真正的创新是中国营商思维的出现以及超过美国的金融工具和方法。

综上所述，三种方式的创新都会引起人气在商业社会的关注，也就是说这三种创新可以直接引起人气关注。同时，规律创新和技术创新必须通过思维创新改变人们的思维认知，从而引起人气关注，思维创新是商业社会的主旋律，本书是以认知心理学的思维创新为主的研究。

第三节　商业社会的人气关注原理

一、人气关注原理的理论来源

商业社会中的人气是投资人的关注。人气关注某一事物的过程就是人气对该事物产生影响的过程，也是人气创造比较价值的过程。商业社会中的人气关注原理主要表现为人们的心理认知和周期。这个关注原理的理论来源主要包括经济学和营销学两个方面。

（一）经济学来源

从周期概念上讲，经济学中也有相应的概念。经济周期也称商业周期、景气循环，一般是指经济活动沿着经济发展的总体趋势所经历的有规律的扩张和收缩，是国民总产出、总收入和总就业的波动，是国民收入或总体经济活动扩张与紧缩的交替或周期性波动变化，主要分为繁荣、衰退、萧条和复苏四个阶段。凯恩斯的《就业、信息和货币通论》（1936）和哈伯勒的《繁荣与萧条》（1937）把对经济周期的理论研究划分成为了前后两个阶段（唐可欣、魏玮，2010）。

对已有的商业周期研究进行梳理与总结，主要分为以下几种：

（1）蛛网周期。某些商品的价格与产量变动相互影响，引起规律性的循环变动的理论。1930 年由美国的舒尔茨、荷兰的 J. 丁伯根和意大利的里奇各自独立提出，1934 年英国的卡尔多将这种理论命名为蛛网理论。蛛网周期是一种动态均衡分析。古典经济学理论认为，如果供给量和价格的均衡被打破，经过竞争，均衡状态会自动恢复。蛛网理论却认为均衡一旦被打破，经济系统并不一定自动恢复均衡。

（2）基钦周期。基钦周期又称“短波理论”。1923 年，英国的约瑟夫·基钦从厂商生产过多时，就会形成存货，从而减少生产的现象出发，在《经济因素中的周期与倾向》中把这种 2~4 年的短期调整称为“存货”周期，人们亦称之为“基钦周期”。他认为经济周期有大小两种。资本主义的经济周期只有 3~5 年，大周期一般包括 2 个或 3 个小周期，小周期平均长度约 40 个月。

（3）朱格拉周期。1862 年，法国医生、经济学家克里门特·朱格拉在《论法国、英国和美国的商业危机以及发生周期》一书中首次提出了市场经济存在着 9~10 年的周期波动。这种中等长度的经济周期一般被后人称为“朱格拉周期”。朱格拉在研究人口、结婚、出生、死亡等统计时注意到经济事物存在着有规则的波动现象。他认为，存在着危机或恐慌并不是一种独立的现象，而是社会经济运动三个阶段中的一个，这三个阶段是繁荣、危机与萧条。三个阶段反复出现就形成了周期现象。

（4）库兹涅茨周期。1930 年，美国经济学家西蒙·库兹涅茨在《生产和价格的长期运动》一书中提出了一种为期 15~25 年，平均长度为 20 年左右的经济周期。由于该周期主要是以建筑业的兴旺和衰落这一周期性波动现象为标志加以划分的，所以也被称为“建筑周期”。他认为，现代经济体系是不断变化的，这种变化存在一种持续、不可逆转的变动，即“长期运动”。

（5）康德拉季耶夫周期。康德拉季耶夫周期是考察资本主义经济中历时 50~60 年的周期性波动的理论。从科学技术是生产力发展的动力看，康德拉季耶夫周期是生产力发展的周期。这种生产力发展的周期是由科学技术发展的周期决定的。康德拉季耶夫周期理论把科学技术体系划分为科学原理、技术原理和应用技术三个层次。

对上述商业周期总结如表 3-1 所示。

表 3-1　经济周期总结

类型	常用名称	学术名称	时间	原因
经济周期	农业生产周期	蛛网周期	1~12 个月	生产对价格的反应时滞
	工商存货周期	基钦周期	2~4 年	增长与通胀预期
	设备投资周期	朱格拉周期	6~11 年	经济景气、设备寿命
	住房建设周期	库兹涅茨周期	20~40 年	人口、移民
	创新周期	康德拉季耶夫周期	50~70 年	创新的集聚发生及退潮

通过对经济周期的梳理和总结，可以发现经济学的周期种类多样，时间长短不一。其中，创新周期的时间最长。这说明，由于创新的难能可贵，且对社会的推动作用巨大，所以引发的社会变革需要一定的时间才能实现。由此可以看出，创新周期的提出为人气关注的心理周期研究提供了很好的研究基础。创新所带来的是不同于之前的长周期，人气关注的心理周期的创新研究具有重要意义。人气关注的心理周期、人气线的关注力转移与资产价格的增值空间和速度紧密相连。因此，经济学中的周期理论为人气关注的心理周期的提出提供了理论研究基础。

（二）营销学来源

人气营商学的理论框架来源于顾客营销。1990 年，美国著名的营销专家劳特朋提出了 4C 理论，即顾客、成本、便利、沟通。其中顾客对策是人气关注原理的理论来源。消费者对策强调研究消费者的需求与欲望，不再是简单地出售企业所制造的产品，而是出售顾客想要购买的产品。

顾客是 4C 对策的核心，而人气对策是人气营商学的核心，二者的联系在于顾客营销中通过顾客的购买活动满足顾客溢利，人气营商中通过认知心理学选择性注意、扭曲、保留形成人气关注而创造价值。跳跃思维发现，人们的重点关注形成的比较价值，都是与核心概念产生直接联系的对策。顾客营销中，顾客需求是核心，企业会根据不同的顾客需求情况对成本、便利、沟通对策进行相应的调整，以使得顾客溢利最大化；人气营商中，人气是核心，人们会根据人气的关注对币值、金钱、权力对策进行相应的调整，以使得创造比较价值最大化。

人气的关注来源于认知心理学，人们在关注某一事物时总是采取选择性注意[①]的方式。选择性注意是现代认知心理学、认知神经科学和运动心理学研究最充分的领域之一。从外界环境中优先选择特定的信息进行加工，同时忽略其他无信息的认知过程。通过选择性注意，人气会筛除掉那些没有比较价值的事物，只选择具有比较价值的事物进行关注，这样就形成了人气的关注。这与顾客营销的顾客感知价值产生于顾客的心理认知一致，只有顾客感知溢利才能刺激顾客购买。

人气关注的认知心理与顾客营销的顾客感知理论有理论渊源，人气产生关注是人的认知心理作用的结果。如何使人们的关注心理周期延长？经济学的周期理论帮助人们拓展思维，创新周期——康德拉季耶夫周期可以延续 50~70 年，人们就可以遐想思维创新周期延长到千年以上。中国的孔子思想指导中国农业社会，直至今天依然受到推崇，足以证明思维创新可以推动人类社会发展几千年。

二、商业社会人气关注原理

（一）基本原理

商业社会人气关注原理主要指心理周期与人气关注的关系。人气关注来源于人的思维认同，而这个认同与人们的心理周期相关联。人的心理周期通过影响人们的思维认同，进而使得人气的关注呈现周期性，思维认同是连接心理周期与人气关注的桥梁。所以在商业社会中，如何使人气关注某一个国家的时间更长是一个重要课题，也是人气对策的研究重点。

从人气与比较价值看，人气关注某一个国家的周期越长，在该国创造的比较价值越大，也说明该国对于全世界投资人越具有吸引力，对该国越有利。因此研究如何增加人气关注时间的心理周期是人气关注研究的核心。研究人气关注的心理周期，其作用机制如图 3-20 所示，心理周期直接影响人气关注某一个国家时间的长短，而人气关注的变化情况又会影响心理周期的长度，两者相互作用、相互影响。一个国家能够持续创新，人气关注的心理周期就会延长，投资人投资该国创造的价值就会越来越大，因此吸引着全世界的人气关注；一旦该国的创新能力受到限制，价值投资空间就会受到限制，倍增的时间也会拉长，人气就会转

① 选择性注意是指在外界诸多刺激中仅仅注意到某些刺激或刺激的某些方面，而忽略了其他刺激。就某种意义说，“注意”一词本身具有选择性意义，而“选择性注意”这个词具有强调的作用。

移。创新分为规律创新、技术创新、思维创新，三种创新交相呼应，思维创新是商业社会的核心，只有创新的思维才能长久地吸引人气，才能有效结合规律和技术的创新。

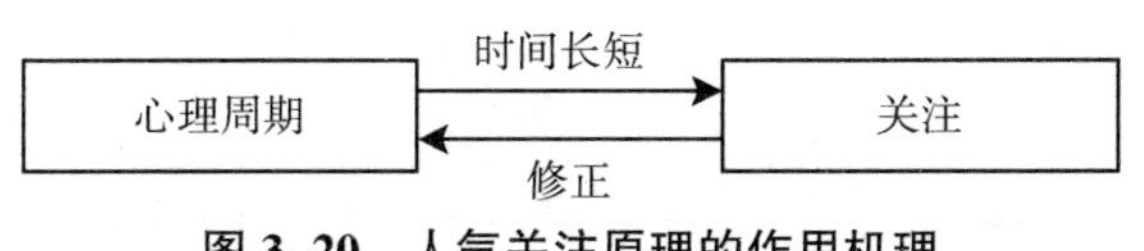

图 3-20　人气关注原理的作用机理

心理周期对于人气投资的影响巨大，反过来，人气关注影响心理周期。商业社会中人气的关注呈现周期性，其核心思想是：在全球范围内，人气将以一个国家为主，而其他国家只能跟随这个汇集人气最多的国家，或者等待人气流向自己国家的时机的到来。人气越高，拥有的势能越大，维持这个势能所需要的能量越大，这个能量就是比较价值。当一个国家创造的价值无法满足其极高的人气，即无法达到倍增价值空间和速度变缓时，人气就开始流出、分散，直到重新找到可以倍增的新的国家。

所以选择合适的时机吸引人气是人气关注的良好开端，人气关注太早，维持不住人气反而对自身不利；没有人气关注，价值创造的空间变小，时间变长，无法实现。一国一旦吸引人气，便应利用自身的智慧，想方设法保持人气的长期关注，延长投资人的心理周期，给该国和全球投资人更多、更好的回报。

（二）人气作为关注研究的逻辑

要理解人气是一种关注，必须要理解人气作为关注的逻辑。商业社会中关注的根本目的是创造比较价值，而创造比较价值的过程是通过投资人关注而产生投资实践。商业社会中人气关注的过程也就是投资者选择投资对象的过程。商业社会以人为主，人气的认知心理学形成的人气线关注，是商业社会的最重要关注，能更加有效地创造价值。投资人投资某个国家，首先要做的就是关注该国。在人们的心理认知中，对于该国必须选择性注意、选择性扭曲、选择性保留，落脚点就是关注，只有关注，才能投资。商业社会的主旋律就是投资，这一点在前面的章节进行了叙述。戴维斯（2010）甚至直接把当时的美国社会称为“投资人社会”。没有关注，是不可能进行投资的，关注是投资的起点，投资是关注的表现。

商业社会中，人们关注该国，就会对该国进行投资。一个国家整体无法衡量是否具有投资价值，只有通过该国的投资载体加以体现，主要表现在人气线上，通常是对“三价”形成的人气线进行投资研究，同时人们对于“三价”的关注度高。当人气关注这个国家时，必然带来全球资金投入该国的房价、物价、股价，“三价”资产的价格上涨，也会吸引全球的投资者投资该国，从而使得价值至少倍增，如图 3–21 所示。

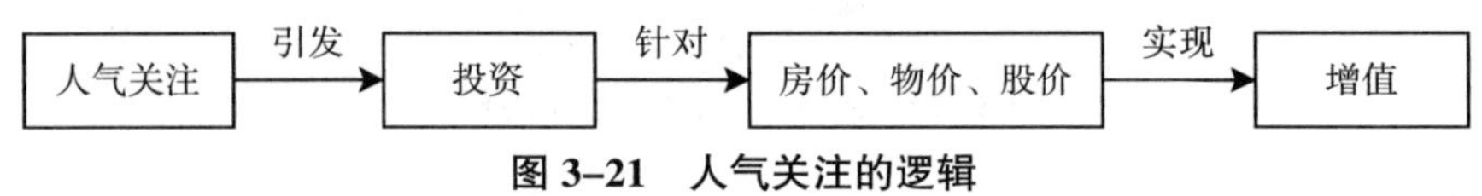

图 3–21　人气关注的逻辑

（三）心理周期变化的内在含义

心理周期是人气关注原理的核心，所以在研究人气关注的周期原理时应明确心理周期变化的内在含义。首先要明确的是，心理周期变化的实质是比较价值发生了变化。随着时间的变化，人气关注对象的心理周期会发生变化，其比较价值随之发生改变，进而对关注对象的价值创造产生影响。商业社会中比较价值的创造是通过人气关注实现的，因此人气关注使该国处于“明星”阶段的时间越长，则创造的比较价值越大。

1955 年开始，日本经济进入了高速增长阶段，GDP 连续十几年高速增长，年均增长超过 10%。1968 年，日本经济 GDP 一举超过当时世界第三经济强国德国，跃居世界第三位，仅次于两个超级大国美国和苏联。这种经济的超高速增长一直持续到 1973 年的石油危机爆发才结束，但也奠定了日本经济强国的地位（周煊明等，2010）。当时日本确立了以银行和间接融资结构为主的社会金融结构，建立了稳定的银行与企业的联系，并且由政府提供担保和支持，吸引了人气关注，世界各地的投资者开始大量涌入日本，进而使日本经济飞速发展（白钦先等，1999）。日本如果持续把握这种势头，有效引导利用人气，延长人气关注它的周期，进而创造更大的比较价值，吸引更多的人气，将形成一个良性循环。

但是进入 20 世纪 80 年代后，日本的金融体制改革滞后，政府对于货币政策的过分干预以及银行缺乏有效的监管，导致了日本经济泡沫的破裂，引起了通货紧缩逐步加深、工业生产与效益下降、内需萎缩、经济持续低迷等一系列问题，从而导致人气开始转移，人气周期进入了衰退期并且逐渐结束，使得日本陷入了“黑色十年”，失去了取代美国成为引领商业社会发展国家的机会。

衡量人气关注的心理周期是判断创造比较价值的能力，人气矩阵中的“明星”商品创造比较价值的能力要强于其他商品。没有倍增的比较价值，心理周期就会影响人气线，人气关注就会转移。

（四）关注类型的特点及适用对象

人气关注的聚集初期并不明显，投资者很难判断人气正在向某一事物聚集。随着人气关注过程中开始创造比较价值并形成正向反馈，人气转移向该对象的速度将变快，但是所剩空间变小和时间较短，投资者很难在投资中实现倍增。所以这就成为人们投资的一大难题。本书在这里引入了人气矩阵，通过比较时间损失和增值空间双重维度来分析以及判断人气关注某一阶段的类型特点及适用对象，以指导人们的投资。

1. 人气矩阵的概念及来源

商业社会的主旋律就是投资，而一项有效的投资，不仅要有增值空间，同时也要减少时间损失。人气不因个人的意志而转移，总会自发地转向具有增值空间的事物，即价值洼地。人气的走向将成为投资的风向标，所以充分把握、利用和分析人气就成为了进入商业社会国家的一个重要课题。

美国著名的管理学家、波士顿咨询公司的创始人布鲁斯·亨德森于 1970 年创立了波士顿矩阵，如图 3–22 所示。波士顿矩阵根据销售增长率和相对市场占有率将产品分成了四种类型：①销售增长率和相对市场占有率“双高”的产品群（“明星”类产品）；②销售增长率和相对市场占有率“双低”的产品群（“瘦狗”类产品）；③销售增长率高、相对市场占有率低的产品群（“问号”类产品）；④销售增长率低、相对市场占有率高的产品群（“金牛”类产品）。

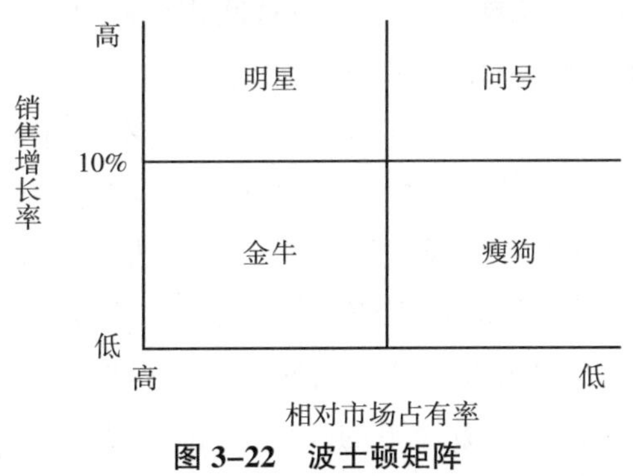

图 3–22　波士顿矩阵

类比波士顿矩阵，人们用于投资的商品也可以分为四种类型，如图 3–23 所示。①增值速度和增值空间“双高”的商品（“明星”类商品）；②增值速度和增值空间“双低”的商品（“瘦狗”类商品）；③增值空间大、增值速度慢的商品

（“问号”类商品）；④增值空间小、增值速度快的商品（“金牛”类商品）。决定商品类型的两个维度：增值速度和增值空间则分别与人气关注和商品自身有着密不可分的联系。增值空间是指用于投资的商品价值的顶部与底部是否有倍增（减）空间，倍增（减）是投资人判断投资空间的重要尺度；增值速度是指商品在增值的过程中价值变化的时间长短。

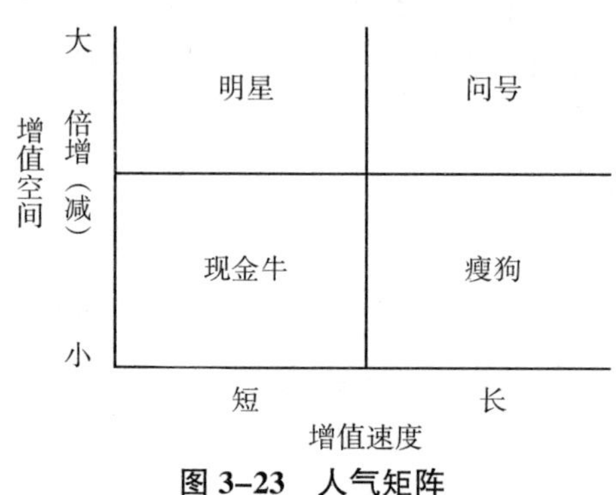

图 3-23　人气矩阵

2. 人气矩阵的特征描述

（1）“问号”类投资品。处于价值洼地之中，未来具有极大的增值空间，但由于增值的时机此时并未来到，因此需要等待，付出一定的时间损失，但同时，获得的价值增值可能也更大，长期投资者宜选择此类商品进行投资。

“问号”类投资品的时间损失比较长，但具有比较大的增值空间，能够达到倍增及以上。这里所说的倍增空间，是与时间损失比较而得出的问号，即所有“问号”类商品都有倍增的空间。而“问号”类商品正是由于具有巨大的增值空间才能吸引投资者的关注，使人气不断汇集，人们才愿意等待。“问号”类商品大多数是价值创造，出现在投资的初期，通常是一类商品发展的起始阶段。但正因为是在投资初期，所以容易呈现一些假象，被误认为进入快速增长期，必须通过研究人气线上其他商品所处的阶段和币值、金钱、权力等对策结合分析。

（2）“明星”类商品。“明星”类产品处于价值洼地，同时也正好满足了增值时机，是对于所有投资者而言最理想的投资商品。“明星”类商品是“问号”类商品经过一段时间的等待、盘整，人气聚集达到了一定的程度，开始进入了快速增值的通道，此时人气聚集速度极快，在短期内价值飞速增长，这也是人气关注的特点，即人气关注的初期总会引起商品快速的倍增（减）。当投资者一旦判断出商品属于“明星”类的时候，应当立即决断，进行投资，可以在短期内获得极大的增值。由于“明星”类商品增值速度很快，很短的时间价值增长就能到一定的高位，此时投资者进行投资，如果发生价值向下减少，将会给投资者带来巨大的损失。因此“明星”类商品风险比“问号”类商品更高。

（3）“金牛”类商品。随着投资者对“明星”类商品的关注度不断增长，投资不断增加，“明星”类商品的增值空间会逐渐变小，直到剩余的价值增长空间无法满足倍增时，商品就由“明星”类转化为“金牛”类。“金牛”类的商品经过一段时间的价值增长，价值创造到了一定的高位，增值空间受限，往往很难继续完成倍增。但“金牛”类商品在短期内仍具有较快的增值速率，投资此类商品的投资者可能在短期内获得一定的增值。同时，“金牛”类商品的投资风险要远小于“明星”类商品和“问号”类商品。由于已经经过了“问号”类和“明星”类商品的阶段，价值不断增值，人气已经处于顶峰，此时往往商品已经处于成熟阶段，发展到了顶部。

（4）“瘦狗”类商品。“金牛”类商品，即持续增长型商品经过短时间的人气聚集，持续创造比较价值，而使价值增长空间到达了顶端，很难继续增长，此时人气开始大量流失去寻找新的具有比较价值的商品。“金牛”类商品变成了“瘦狗”类商品，“瘦狗”类商品增值空间极其有限。同时，获得这有限的价值增值还需要付出较大的时间损失。此类投资品的时间损失比较长且商品增值空间较小，无倍增（减）的空间。大部分商品在发展过程中由于价值不断增长，剩余的增值空间不断减小，增值速度变慢，所以最后都会变成低增速、低增长的“双低”“瘦狗”类商品。

合理的人气投资路径：“问号”→“明星”→“金牛”→“瘦狗”。人们最开始从增值空间大的“问号”类商品开始关注、等待时机，在此阶段尽快熟悉该国的投资环境和适应该国的文化，当时机成熟，增值空间也较大时，该商品就从“问号”类商品转化为“明星”类商品，人们把握好“明星”阶段投资，获得最大收益。随着更多的投资者加入，商品倍增（减）值空间减少，商品投资转化为“金牛”类，“金牛”类商品构筑顶部，增值速度虽然还是较快，但吸引全球资本的能力减弱，最后当增值空间越来越小的时候，增值速度也越来越慢，此时商品转化为“瘦狗”类，本国的主流投资人就会转向投资别的国家，该国社会财富大幅缩水。人们投资商品时，对熟悉的投资品种和价值内涵进行价值比较和创造，在人气线上保持合理的投资结构，“问号”类商品、“明星”类商品、“金牛”类商品都需要保持一定的比例，合理搭配。

（五）投资人人气关注选择的步骤

投资人在选择关注对象的时候要遵循以下三个步骤：第一步，判断投资对象所在国的比较价值大小、是否吸引人气的关注，没有人气关注，或者人气关注的“瘦狗”类国家和地区，是无法进行投资的。前文已经讲到了商业社会的人气确定方式，人气关注最根本前提是这个对象要具有比较确定、价值确定、创新确定。

第二步，判断比较价值国家的投资品种。一个国家有了比较价值会通过该国资产价格的变化来反映价值投资的收益，“三价”投资品种的选择，是人气矩阵在该国投资的有效体现。能够正确和灵活运用人气矩阵进行“三价”投资品种的选择是投资该国资产品种的基本前提，还要配合人群营商、人口营商，才能准确投资，保障投资收益最大化。

第三步，判断具有比较价值的国家和地区或者投资品种的心理周期。一个国家或某个投资品种吸引人气并不困难，但保持人气相当难，需要及时和审慎关注该国创新的内容及其时间周期。投资人必须保持头脑清醒，一旦该国投资和投资品种的心理周期不明确，思维创新出现问题，投资人必须在全球范围内寻找新的投资对象，避免出现金融危机，带来资产泡沫破灭，损失惨重。人气关注的倍增、成倍增、百倍增，都是投资人判断心理周期的标准，不断审视投资的倍增（减）、成倍增（减）、百倍增（减）空间和时间，为在人气线上判断是持续关注还是转移关注寻找重要依据。如图 3–24 所示。

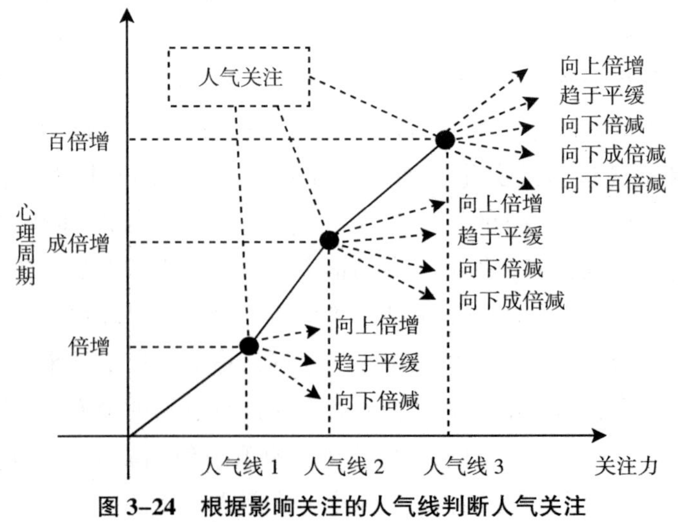

图 3–24　根据影响关注的人气线判断人气关注

在人气关注的上升周期中，也可能会产生下降的倍减、成倍减、百倍减的人气线，通常是人气线的主动或者被动调整，形成人气关注的转移。由此可见，人气关注的国家和地区或者各种商品，必须经常审视人气线的空间和时间，以防人气关注周期的缩短和关注的转移，从而导致资产缩水，如图 3-25 所示。

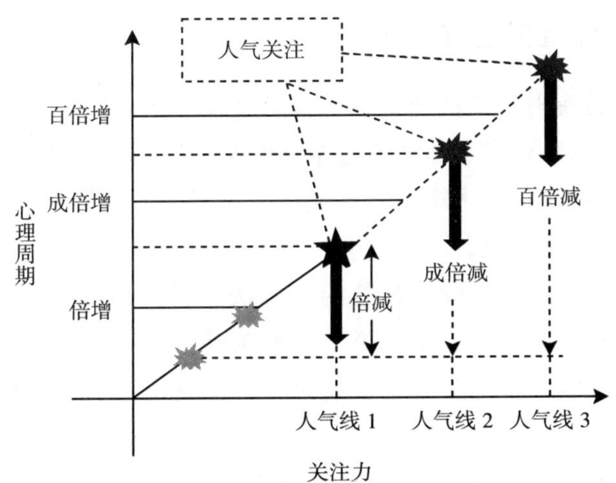

图 3-25 人气关注产生影响关注的人气线

（六）商业社会人气关注的目标

全球的投资人投资一个国家，使得人气关注该国创造比较价值，则实现其在商业社会中最具吸引力的关注目标：人气长期关注、短期波动调整。这种人气目标主要是使得一个国家能够被人气关注的时间更长并且处于“明星”阶段的时间更长，这样才能不断地创造比较价值并且效率更高，社会财富快速而大量在该国积累，使该国人民尽快而且永远过上美好生活。

一个国家开始吸引人气关注的难度较大。人气关注一个国家，除了与这个国家的当前政治经济等条件有关，还与这个国家的天然条件紧密相关。不是任何国家都能够吸引人气关注的，且一旦人气从本国流出，开始转向他国，再次吸引人气关注的难度也很大。因为本国在创造比较价值吸引人气关注的同时，他国也在努力吸引人气关注，本国必须拥有比其他国家更大的比较价值才能吸引人气的重新关注，许多国家都是因为人气转移流出之后无法重新吸引人气关注而被边缘化了。

但在保持人气长期关注某个国家的时候，也需要短期的波动和内部结构的调整，否则可能会使人气关注国家从“明星”阶段很快转向“金牛”或“瘦狗”阶段，降低创造比较价值的效率。而短期波动调整人气时，除了利用人气线、人气矩阵、人气模式等方式调整，还需要合理利用币值、金钱、权力对策配合人气对策进行调整，使得人气不离开本国和地区，让人气转移的时间损失减少，拓展增值空间。

三、人气关注提升选择

（一）人气关注提升时机的选择——人们追求名誉

在工业社会，人们追求金钱，通过金钱购买实现利益的最大化。工业社会发展到一定阶段，物质生活极大丰富；工业社会发展到了顶部，贫富两极分化，腐化堕落现象严重，环境污染，阻碍社会进步。人们开始思考，这种追求金钱、利益最大化的方式是否能够持续，智慧的人们认识到，必须改变推动社会进步的思维方式，从追求金钱转向追求名誉，从购买转向投资，从利益转向价值，使人们的认知心理发生根本性的改变，这时人气的含义才真正从购买数量增加转向投资人的关注。

在人类的历史长河中，人们一直在不断进步，不断地改变自己的思维，农业社会中人们认同权力、工业社会认同金钱、商业社会认同名誉，这就是人们的心理认知在发挥作用。关注对象转移是社会发展、人们心理认知发生变化的结果。在认同名誉的时代，人们会创造价值。本书中前面一些章节进行了详细描述。但如何利用人们的心理认知，分析人们关注转移的对象和方式，是商业社会价值思维的重要创新之一。

（二）人气关注提升情形的选择

通过人们心理认知的分析，文化、经济和社会价值创造是人气关注形成的源泉，人气关注转移反映为人们实现倍增（减）的心理周期，应利用多元价值思维分析和判断人气关注创造价值的变化，帮助人们把握心理周期和选择人气关注转移的方向。

通过人类社会历史发展进程和人们心理认知的分析，为了正确把握多元价值思维，帮助投资人正确投资，把握人气关注力的转移方向和路线，本书提出了人气线及人气组合的概念来对人气关注转移的对象和情形进行分析。

1. 人气线

（1）人气线的定义。商业社会中，与工业社会产品营销中的产品线[①]相似，人气营商中同样存在着人气线，但人气线与产品线含义完全不同，人气线是人思考出来的，产品线是靠技术制造出来的。人气线是人们心理认知所形成的一条逻辑思考路线，是人们创新思维的起点、中间点和终点三点的连接路径。同一条人气线上的内容属于同一逻辑范畴，且分别代表着商业社会中文化、经济、社会三种价值内容。所以，人气线的延伸没有绝对的方向性，但却会完整地贯穿文化价值、经济价值、社会价值所代表的内容。研究商业社会中人气关注的转移和变化时，必须在同一条人气线上进行比较。

（2）人气线的形成。人气线来源于人们的大量生产、生活、工作实践中的思维焦点。"实践出真知"是马克思主义认识论的一个重要观点。"真知"来源于实践，人气线也是"真知"的一部分，所以同样来自实践中、生活中、工作中，且不断创新。

人气线是由智慧的人利用跳跃思维，从大量的人类实践中发现的思维焦点抽象而来的。跳跃思维在本质上体现了人对事物了解的迫切度，是大脑思维碰撞的一种表现方式。人气线上的各元素本身有一定的联系，只是无法通过逻辑推导直接得出，需要根据跳跃思维将它们归在一条人气线上。由多元思维形成的人气线是不断发展的。根据这些抽象出来的结果，经过思维的碰撞并且最终达成了人类共识。图 3–26 为人气线的形成过程。

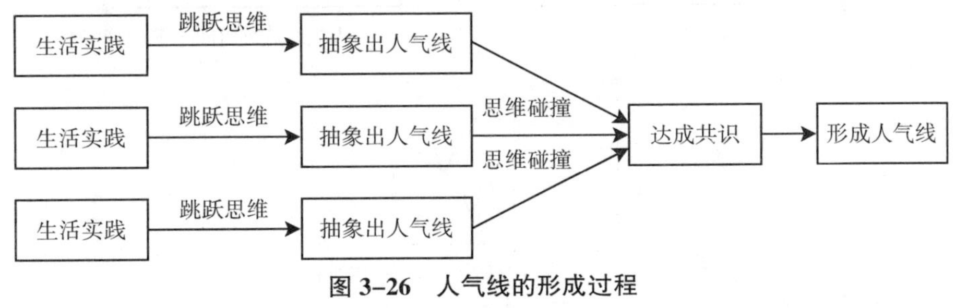

图 3–26 人气线的形成过程

（3）人气线的特征。

1）人气线的形成需要思维的碰撞，即跳跃思维和逻辑思维之间的碰撞，是

① 产品线是指一群相关的产品，一条产品线就是一个产品类别，是由使用功能相同，能满足同类需求，而规格、型号、花色等不同的若干个产品项目组成的。

人们思维的表现形式。人们通过跳跃思维发现事物之间的关系，再通过逻辑思维将它们联系在一起构成人气线。思维碰撞产生的人气线使得其数量应当是无限的。针对同一事物或问题，不同的思维模式将会产生不同类型及数量的人气线，如有人一生关注权力、金钱、名誉，有人关注爱情、婚姻、健康，人们要关注最高级别的人气线，但也不能忽视其他人气线，人生才会丰富多彩。

2）从时间的维度看，不同的人气线涉及的时间跨度也不同，这就是人气的心理周期，有长有短。如图 3–27 所示。有些跨越的时间相对长，如“农业社会—工业社会—商业社会”人气线，持续时间长达数千年，表现了社会形态的变迁，关注三个社会的变化是为了抽象出文化、经济和社会三个价值。有些时间比较短，如关注“早—中—晚”人气线，是为了让人们把握好人生的每一天。而投资人选择“房价—物价—股价”形成的人气线，是商业社会投资人的明智选择，是商业社会其他人气线的核心，是全球财富流动的方向，全球投资人的选择。一个国家离开全球投资人对其“三价”人气线的关注，就难以寻求引起全球共同关注的比较价值人气线，只能创造相对价值和绝对价值，久而久之，该国就会失去全球关注的核心地位，保住昔日的辉煌就不容易了。

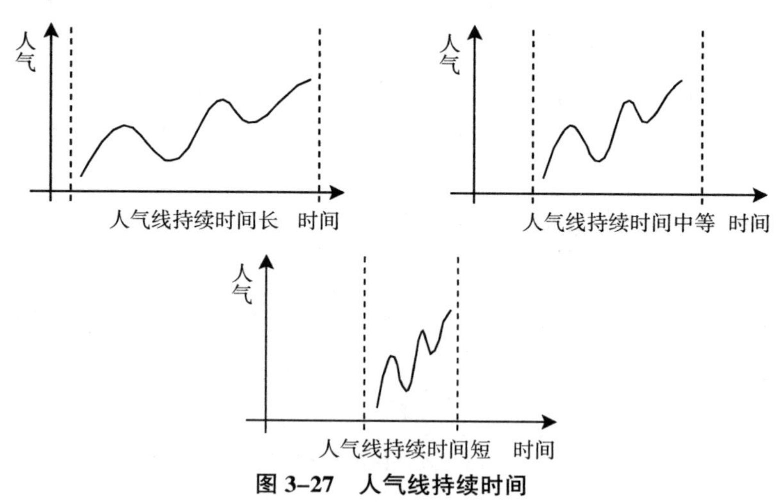

图 3–27　人气线持续时间

3）人气线不属于科学的范畴，而是属于哲学的范畴，是人们的思维。人气线形成需要人们有一定的阅历、专业理论和智慧，否则无法通过跳跃思维发现人气线上这些元素之间的联系，难以形成共识，只有广泛涉猎、视野开阔、善于思考，才能创新和理解人气线。

4）在现实中，人气的关注是一种稀缺资源，需要眼光和耐心，关注的正确与否和创造价值的大小，会对每个商业社会个人和家庭的未来产生重大影响。投资市场中，可投资的商品种类繁多，人们所处行业、地区、职业、教育背景、家庭环境不同，会对不同的人气线产生关注。商业社会中人们关注最多的是三种价格，即房价、物价、股价人气线。

2. 人气组合

（1）人气组合的含义。人气组合来源于产品组合的概念。产品组合，也称“产品的各色品种组合”，是指一个企业在一定时期内生产经营的各种不同产品、产品项目的组合。由于商业社会中的人气线数量无穷无尽，因而若干条人气线组合在一起也会形成一个人气组合，人气组合是商业社会中多元的人气元素的集合。

（2）人气组合的特征。

1）商业社会中人们的思维不尽相同，不存在完全一致的思维，这就造成了人气线数量的无限性。但为了分析问题更加精准、便捷，往往会在分析研究问题时对人气组合施加一定的约束条件，以便更好地分析问题。

2）只有认同的程度达到一定的水平，才能引起广泛的关注，进而创造比较价值，所以必须鼓励人们试错，提倡“创新、创业”。

3）如同技术创新是产品利益需求满足的源泉一样，人气线、人气组合的创新是比较价值创造的源泉，人们必须鼓励思维的创新，以跳跃思维、逻辑推理创新人气线，推动商业社会不断向前发展。

图 3-28 是商业社会中人气组合比较典型的一部分，共由十五条人气线组成，研究人气的变化时应分别在每一条人气线上进行研究，最后综合判定结果。

人气线和人气组合帮助投资人确定投资对象如何转移，正确选择关注的人气线。只有正确分析人气线，才能与全球投资人同步投资，人气关注转移才不会犯方向性错误，否则就会造成较大失误。全球投资人选择投资标的是按照人们思维认同的人气线进行投资的，如果不了解人气线，人气关注转移就有极大的盲目性，所以人气线的分析和判断是投资前提，要结合币值平台、金钱杠杆、权力契约对策，更加准确地把握投资对象的转移。

（三）提升人气关注的方法

要使人气长期关注一个国家和地区，保持投资人的关注力，除了根据人气关注转移的时机——商业社会到来，人们思维的多元化形成的不同人气线——决定选择不同的人气线进行关注外，还要正确运用把握人气关注的方法，真正保持人

农业 ——	工业 ——	商业	社会发展人气线
权力 ——	金钱 ——	名誉	追求目标人气线
军队 ——	企业 ——	教育	社会主体人气线
衣食 ——	出行 ——	住房	基本需要人气线
规律 ——	技术 ——	思维	社会创新人气线
供应 ——	需求 ——	价值	商科主体人气线
文科 ——	工科 ——	商科	学科地位人气线
分配 ——	购买 ——	投资	资源获取人气线
管理 ——	经济 ——	营销	商科发展人气线
封闭 ——	开放 ——	全球	国家发展人气线
勤劳 ——	勇敢 ——	智慧	自身发展人气线
幸福 ——	富裕 ——	尊严	生活层次人气线
爱情 ——	婚姻 ——	健康	家庭生活人气线
物价 ——	股价 ——	房价	投资标的人气线
乒乓球 ——	篮球 ——	足球	球类体育人气线

图 3–28 人们认同的典型人气线、人气组合

气关注。本书结合人们经常提出的商业模式研究，创新地提出人气关注的模式，简称人气模式，较为系统地分析保持投资人长期关注的方法，以解释很多商品为什么不能引起人们的关注，或者关注时间不长。

1. 人气模式的概念

人气模式对保持关注起到关键的作用，人气模式属于人气营商学的创新方法，是针对人气这一虚拟的、基于人们思维认同而存在的概念。人气模式的思想来源是商业模式，两者都强调创新和驱动力。商业模式是创业者创意，商业创意来自机会的丰富和逻辑化，并有可能最终演变为商业模式。人气模式则是指国家、企业或个人通过其所拥有的载体结合自身拥有的创新能力创造比较价值、实现倍增（减）的一般方式。

2. 人气模式的内容

人气模式包括两个部分，即载体和创新，如图 3–29 所示。载体是由平台和专业构成的，是基于投资者自身客观存在的，随着商业社会中人气全球化的程度提高，投资者所拥有的载体应该在全球范围内进行比较；创新是由跳跃思维和逻辑驱动构成的，这是随投资者们所拥有的载体及其所处的环境不断变化的思维。

（1）载体。

1）平台。平台是创造价值和投资的基本前提，如同品牌是购买的前提，没有平台和平台心理预期提升，就不可能吸引人们的关注。平台是人们在商业社会创造价值的一种心理认同的虚拟判断。平台的种类很多，国家平台是最基础的平台，

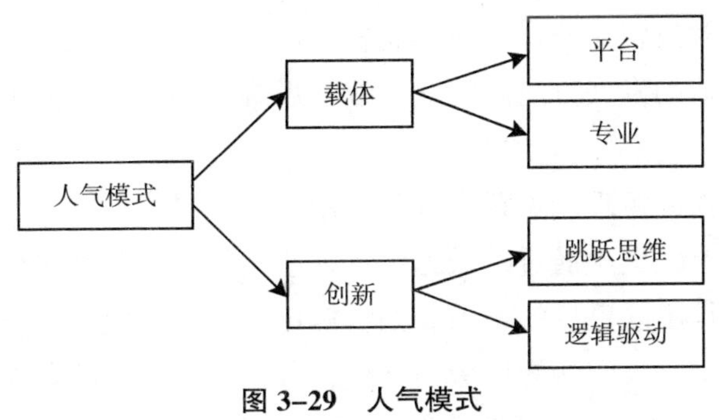

图 3-29　人气模式

因为如果人气没有关注这个国家，那么这个国家的任何一个平台都不会受到关注。

平台是虚拟的，是基于投资人的心理判断形成的，受主观判断的影响程度很大，思维的不同会产生不同的平台判断。平台是创造价值的立足点、出发点，专业需要有平台的依托。平台是创造价值的根本保证，但平台对价值创造是必要但不充分的，还要与专业、逻辑驱动、跳跃思维相结合。平台具有多重性。任何一个投资者，其所拥有的平台都是多重的，这些平台既可以相互影响、相互叠加，又可以相互独立、互不干扰。平台的高低直接影响人们价值的创造，所以平台本身需要不断地创新、提升。

2）专业。专业是人们对于所从事的行业、领域特有的心理认同，是一种特有的心理领悟。所从事的、学习的专业，也是个人的投资眼光，专业知识和智慧是创造价值的核心竞争力，专业是投资人关注的重要因素之一。另外，专业是全球范围内人们的心理认同，需要在全球范围内进行比较。专业作为载体的另一构成，与平台有着千丝万缕的联系，按照与平台的关系，专业大致可以分为两种类型：①配合型专业。顾名思义，配合型专业是与自身所在的平台相匹配的专业，表明自身拥有的专业恰好与所在的平台相互配合、相互呼应。这种匹配的平台与专业结合起来能够产生化学反应，构成理想的载体，使得人气模式对于比较价值创造具有事半功倍的效果。②弥补型专业。专业可以与平台配合，也可以超越平台，弥补平台的不足，这种就是弥补型专业。对于平台低的投资人，这类专业尤为重要。

（2）创新。

1）跳跃思维。跳跃思维是指人的思想和思考不是按照某种特定的顺序及程序进行的，不具有严格的连贯性和有序性。跳跃思维往往对事物的认识切入点很多，多方面思考或者换位思考，具有灵活、新颖、变通等发散性思维的特点。跳跃思维的投资者对投资品选择考虑得比较全面，思维预见性很强，能够较为准确地找出投资品可能的发展方向。因此，线性思维有利于满足需求，跳跃思维有利于创造价值。

跳跃思维的作用机理：跳跃思维起作用，首先要建立在对于要投资的商品有一定认识的基础上。其次通过跳跃思维将这些事物联系起来之后，需要对其进行分析、感悟，以得出联系后的结果。如将房价、物价、股价“三价”跳跃思维联系起来思考就是结合人们认知思考的路线，分析人气关注的心理周期，在人气线分析中选择某一时间段内的“明星”投资品。房价、物价、股价就是社会价值、文化价值、经济价值内涵，通过跳跃思维分析的结果，形成人气线，从而吸引人关注。最后进行比较，选择其中时间损失小、具有倍增空间的投资品进行投资。

跳跃思维的特征：认识思维的主体，商业社会中每一个人的思维都可以形成跳跃，目的是创造价值。人们的跳跃思维形成人气线、人气组合，与平台、专业一起发挥作用，共同创造价值。跳跃思维往往伴随着创新，预示未来。

2）逻辑驱动。逻辑驱动从含义上讲是指在投资方面如何驱动人们思维转变，形成商业价值创造的核心力量。逻辑是指事物的因果规律，投资者可以根据想得到的结果创造出它的诱因，也可以根据已经出现的原因，预测结果。所以，对于逻辑驱动的研究要从两个角度探讨。它们分别是逻辑驱动的机理和逻辑驱动的特征。

逻辑驱动的机理（见图 3-30）：逻辑驱动要对某一事物起到一定的作用，首先需要由国家、政府、企业等机构或有影响力的个人提出一个概念。概念的提出是人们通过对自身的平台、专业的认知以及对所在的宏观、微观环境进行分析并结合得到的结果。概念提出后人气开始关注，这时还需要币值、金钱、权力三个对策帮助引导人气的流向，使得所提出的概念得到不断的深化，以及得到更多人的认同，便于实现倍增。

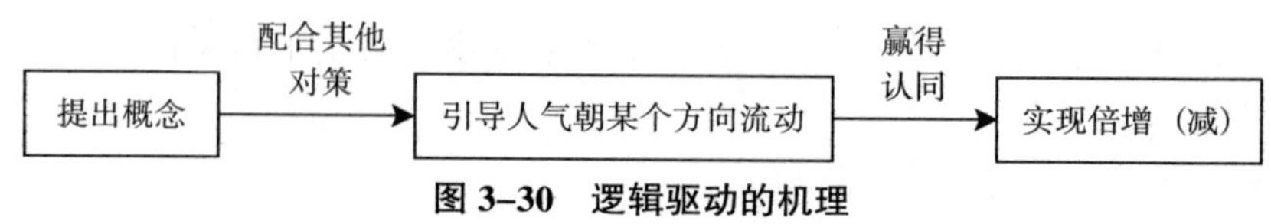

图 3-30　逻辑驱动的机理

逻辑驱动的特征：逻辑驱动在商业社会中普遍存在，人们会根据想要得到的结果，运用逻辑创造相应的诱因；也可以根据已经出现的诱因，分析可能出现的结果。人们通过逻辑创造出的同样的诱因可能因为环境的不同而产生不同的结果。逻辑思维是对跳跃思维的最好帮助。

3. 人气模式的作用机理

通过人气模式延长人气关注的心理周期是人气模式研究的目标，从人气关注的载体和思维创新两个大的维度分析人气模式作用机理时，首先要对载体进行分析。载体是人气模式作用的基础，决定了跳跃思维的范围。即使是跳跃思维，也无法超脱人们的认知范围，只能在载体所确定的范围内包含的元素之间跳跃，通过这些元素之间有序的联系来确定逻辑驱动。所以要通过人气模式创造比较价值，先对投资者自身所拥有的载体进行评估，分析当前载体的特点。由于载体是由平台和专业两部分构成，两者相互独立，因此不同的平台和专业组合可能会产生不同特点的载体。具体类型如图 3–31 所示。

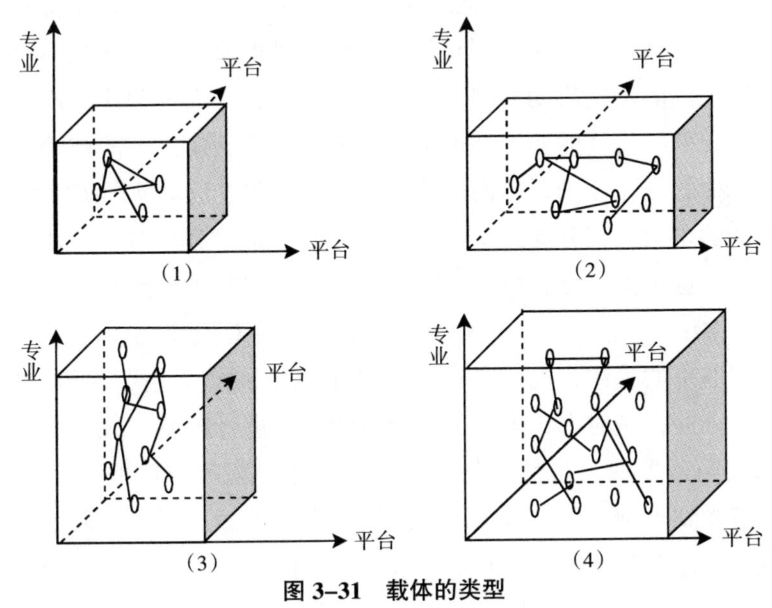

图 3–31 载体的类型

（1）双低型载体。这种载体平台和专业都较为普通。这种载体中所包含的元素较少，投资者通过跳跃思维可以联系到的元素也较少。

（2）平衡Ⅰ型载体。这种载体拥有优质的平台，但是专业普通。这种载体中所包含的元素适中，其中所包含的元素与平台关联性更大，与专业的关联性相对较小。

（3）平衡Ⅱ型载体。这种载体的平台普通，但是拥有较强的专业。这种载体中所包含的元素适中，其中所包含的元素与专业的关联性更大，与平台的关联性相对较小。

（4）双高型载体。这种载体拥有优秀的平台，同时也具有很强的专业。这种平台所包含的元素数量多，并且这些元素与平台和专业的关联性都较大。

合理利用人气模式，正确分析人气关注对象当前所拥有的载体，并且选择合适的创新思维进行匹配，可以较为有效地保持人气的长期关注，并使该关注对象长期处于“明星”阶段，提高人气关注。

四、人气关注的把握调整

（一）人气关注调整的类型：主动和被动

商业社会中，保持对于人气线的关注，是一个国家和地区需要长期努力的方向，但也需要把握、调整。关注某一个国家和地区的人气调整可以分为两个类型：主动调整和被动调整。主动调整是指一国通过币值、金钱和权力对策的综合运用，对人气关注的短期流动方向产生影响，适当分流人气关注，避免人气过分关注带来对国内商品投资的较大冲击，产生大幅震荡。而人气的被动调整是全球范围内比较价值的变化流动，是由全球所有的国家和投资者共同决定的。

人气关注的主动调整分为两个方面：一方面，是对关注时机的调整，转移和削弱人气关注，这里需要结合自身实力进行分析，判断当前是否是受到人气关注的最佳时机。2016 年下半年，证监会主席刘士余针对股市的一些人盲目收购企业，想要吸引股市的关注，批评一些人是“野蛮人”“害人精”，于是主动调整关注时机。另一方面，是对人气关注创造价值的速度进行调整。人气关注某个国家后，创造价值的速度快，虽然比较时间损失较小，但若该国的创新速度无法跟上，价值创造受到限制，会导致关注心理周期大大缩短。因此，人气应当主动调整使创造价值的速度放缓，逐步吸引人气，使该国能更长时间地处于“明星”阶段。2015 年股市上涨速度太快，不到一年时间，股市上涨接近 6000 点，证监会迅速调整人气关注，让股市上涨的时间延长。

而一个国家出现被动调整的主要原因可以分为自身原因和他国原因。首先，受关注国自身的原因。该国的价值创造到了高位，无法实现倍增，也无法继续通过创新创造出新的增值空间，人气可能就会出现转移，转而关注其他具有倍增空间的国家。其次，其他国家的原因。全球范围内的比较价值出现变化，出现另一国家比该国具有更大的比较价值，使得人气直接被吸引关注另一国家。无论出现何种被动调整，都需要控制人气关注转移的速度，使人气关注保持在“金牛”状态，西方一些老牌商业国家，如英国、德国都是全世界人气被动调整的典范。

（二）排除人气关注转移的干扰

干扰人气关注，是全球投资人价值多元引起的。由于该国经验和智慧不足，产生了思维漏洞，成为别国攻击的把柄，造成全球投资人对于该国人气关注的转移。一个国家要排除人气关注转移的干扰，首先自己必须专注，不可分心和转移关注，必须深度挖掘人气线，强化对于人气线的理解；同时从多元价值思维加以衡量，应从外部多元价值和内部多元价值两个方面来进行，如表 3–2 所示。

表 3–2　人气关注周期的多元价值

外部多元价值	内部多元价值
他国竞争实力提升速度	国家的综合实力
国际话语权与参与度	国家政局的稳定与延续性
国际舞台上的故事及响应程度	本国创新能力的强弱与持续性
国际事务的支持及反应力度	重大事件的预警及处理

1. 他国的竞争实力提升速度

从外部把控调整人气关注周期，首先需要持续关注他国的竞争实力和提升速度。从人气确定的方式可知，人气在选择关注对象时总会将两者进行比较，之后会选择比较价值更大的国家进行关注，所以要时刻关注他国的竞争实力及提升速度，并根据他国的变化情况不断调整本国的人气对策。

近来，美国大选的政治丑陋化倾向、英国脱欧带来的欧洲政治的不确定性，表明美国和西方体制内部出现了大的问题，弊病凸显，极大影响其全球领导力，其提供国际公共品的意愿和能力显著下降。美国和欧洲减少公共产品供应之际，正是中国和平崛起增加公共产品供应之时。这一减一增标志着权力结构的变化，显现出领导力的增减。这给中国带来一个展现全球领导力的历史契机，当前正是中国吸引人气关注的最佳时机。

2. 国际话语权与参与度

国际话语权是指国际行为体以话语为载体，通过各种渠道提出并阐释自身观念，使其他国际行为体接受、认同并影响其行为选择的能力（徐赛，2015）。一个国家的国际话语权是影响人气关注的重要因素，拥有更大的国际话语权的国家在吸引人气关注时就获得了更大的比较价值，人气会更多地关注这些具有国际话语权的国家。

美国在冷战结束后一直是引领商业社会发展的国家，在全球范围内有巨大的影响力，但自“9·11”事件后，美国的国际话语权逐步减弱，而金融危机过后，美国自身甚至已经出现了从全球事务中收缩的倾向，这样会使得人气进一步流出美国，转而关注其他国家。而随着中国进入商业社会，人气开始关注中国，中国国际话语权正逐渐增强。

3. 国际舞台上的故事及响应程度

一个国家在国际舞台上的故事以及对国际舞台的响应程度体现出该国的国际地位，进而更长久地吸引人气的关注。当国家加入某一国际舞台后，能够和其他成员国共享某些资源，形成国际组织，共同进退。如北大西洋公约组织（北约）、欧盟、金砖五国、“一带一路”国家等，通过国际合作，使得这些国家的平台得以提升，使得它们在全球范围的影响力和地位大大提高。

国际组织和国际会议中，一个国家或者地区是否有号召力，是该国是否有人气的重要判定。在国际舞台上，国家和地区都在谋求自己国家利益并使其得到保证。所以，能使自己国家利益得到保证的决议通过，就决定了这个国家的人气。俗话说：“众人拾柴火焰高。”只有在国际社会中拥有众多的支持者，才可以更好地提升自己在国际上的平台实力，引领商业社会的价值创造。

4. 国际事务的支持和反应力度

随着全球化的不断深入，国际面临的挑战日益增多，全球安全、生态环境、国际经济、跨国犯罪等问题已经很难依靠单个国家的行动解决。因此，一个国家对国家事务的支持和反应力度就成为了吸引人气关注的重要手段。其实质是大国及主要国家合作向国际社会提供解决全球性问题的方法与手段。

中国作为一个发展中的大国，在世界舞台上发挥越来越重要的作用。中国对国际事务的支持可以吸引人气的关注，并且在一定程度上延长人气关注周期。对于国际事务的关注，也可以从侧面反映出中国的国际视野。当一个国家目光只关注自身事务的情况下，不可能吸引到全球的人气。所以通过这种反应，一国或者地区可以提高自己的曝光度，从而不断吸引新的国际关注和投资人认知创新。

5. 国家的综合实力

国家综合实力的首要表现是一个国家的经济发展水平。一个国家经济发展水平直接影响人气关注。GDP 是一个国家经济实力的最好体现，中国经过了工业社会几十年的发展，经济实力已经大幅增强，GDP 总量现已居世界第二位，如表 3–3 所示，这也预示着人气关注正在从西方转向东方、从欧美转向亚洲。

表 3–3　2016 年各国 GDP 排名

排名	国家	总量（万亿美元）	占比（%）
1	美国	18.03	24.32
2	中国	11	14.84
3	日本	4.38	5.91
4	德国	3.36	4.54
5	英国	2.86	3.85

资料来源：世界银行年终报告。

经济发展速度也是人气选择关注一个国家的影响因素之一。一个国家的经济发展速度代表着这个国家经济价值增长的速度。投资者的目的是通过这个国家获得比较价值。除此之外，影响因素还有军事实力，这是一个国家安全的根本保障，也是一个国家保障自己国际话语权的最有力的武器。只有当一个国家的军事实力强大到足以保证自己国家的安全不受威胁时，人气才会关注这个国家，才能吸引来自全球的投资者。

6. 国家政局稳定与延续性

一个国家政局的稳定性对于把握人气周期有着至关重要的作用。政局稳定的国家的人气变化往往较为温和平滑，能够按照关注的心理周期发展，出现突变的可能性较小，容易吸引人气关注。近年来，南非由于成为了“金砖国家”成员国而受到来自全球投资者的关注，但之后由于其政局陷入动荡之中，人气出现了转移。而之后国际评级机构标准普尔和惠誉先后将南非主权信用评级降为“垃圾级”，又进一步加速了人气的流出。

延续性的强弱代表着一个国家在商业社会中的价值增长空间大小。延续性较强的国家如中国、印度等，在农业社会中是引领社会发展的国家，进入商业社会后具有比其他国家更大的价值增长空间，受到人气关注的心理周期也可能更长。因此，人气总会优先关注延续性更强的国家。

7. 本国创新能力的强弱与持续性

创新确定是商业社会人气确定的重要方式，一个国家的创新能力的强弱决定了这个国家能否获得人气的关注，而创新能力是否具有持续性则决定了这个国家人气关注的周期长短。创新能力缺乏持续性的国家，人气关注的周期不会太长，当创新能力不足的时候，增值空间就会受到限制，人气关注很难继续实现倍增，因此人气会发生转移。

所以，被人气关注的商业社会国家，必须不断创新，创造价值，同时也必须配合人群、人口价值理论，正确引导和利用人气推动社会的发展，真正让人气造福这个国家和人民，造福全世界和全人类。

8. 重大事件的预警和处置

一个国家对重大突发性事件的预警能力是人气长期持续不断地关注一个国家的基本条件。尤其是进入商业社会后，恐怖袭击事件频发，保障国家安全、应对重大突发事件的能力成为影响人气流动的必要条件，它极大地影响投资者的信心。

商业社会中，突发性事件频发，无论国家对突发性事件的预警能力多么强，都是无法避免的。因此，一个国家对突发性重大事件的处置能力，也是人气关注的重要影响要素。若一个国家对于突发性事件的处置能力过弱，就会使全球投资者对该国的未来失去信心，甚至本国的投资者也会对该国失去信心，那么人气就会流出，转而关注其他国家。

总之，人气关注一个国家和地区受到多方面因素的影响，是一个巨大的复杂系统，需要严密的思维体系，应尽量考虑周全，更需要试错改错，及时打补丁，修补漏洞。进入商业社会的国家和地区，必须面对来自多方面的不确定性挑战，顶住压力，迎难而上。

第四节　人气周期关注的价值创造

一、人气对策的研究对象

本章的主要内容是如何应对人气转移的各种情况，为投资者在人气变化的不同情况下提供应对的方法。人气变动是一个复杂的过程，变动的结果是基于投资者对投资对象未来的预判。因此，无论投资者是选择投资的国家还是选择具体的投资商品，都需要掌握如何应对人气变动的方法。

从全球视角研究，并非所有的国家和地区都进入了商业社会，有一些国家仍处在工业社会甚至农业社会中。这些处在农业社会和工业社会的国家还没有受到人气的关注，其社会目标还停留在保障供应和满足需求上，尚未进入创造价值的阶段，因此不能应用人气营商学的理论研究这些国家。

人气对策的研究对象具有双重性，如图 3–32 所示。每一个国家和地区都是不断地走向世界，吸引全球投资人投资，只有进入商业社会的国家才能尽快成为发达国家，这是人类社会发展的必然规律。作为投资者，当一个国家的人气开始转移流出，受到的人气关注开始减少时，该国的商品受到的人气关注也会变弱，这增大了投资者投资该国商品实现倍增的难度。人气对策研究的二重关注对象是关注国的商品。当投资者的一重关注对象即关注国家选择正确之后，就需要对具体的投资商品进行选择。

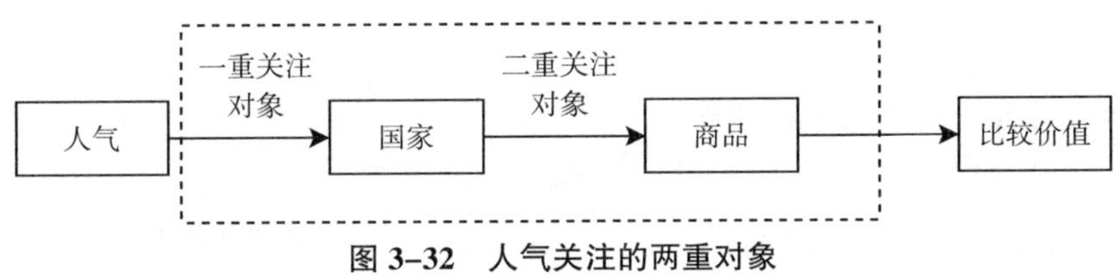

图 3–32　人气关注的两重对象

商业社会中需要谨慎对待人气转移。如果一个国家出现人气转移的现象，而该国没有采取对策进行应对，可能会使该国的商品比较价值创造出现停滞，从而引起更多的人气流出该国，阻碍该国的商业社会发展甚至使该国出现衰退。

二、商业社会人气转移的类型

商业社会中人气转移的类型对于投资者选择不同的国家、不同的投资商品有很大的影响，在人气关注的不同阶段，“三价”变化也不尽相同。所以要利用人气投资“三价”时，首先应进行人气转移的国家类型划分。根据人气关注对象的双重性，人气关注的一重对象——国家共有“问号”“明星”“金牛”“瘦狗”四种类型；二重对象——商品也分为四种类型。只有“明星”国家的商品才会出现完整的“问号”“明星”“金牛”“瘦狗”。投资人只关注“明星”国家的商品品种，增加投资的确定性，因而人气只会关注处于“明星”阶段的国家，该国中的四种类型的投资商品都会受到人气的关注，如表 3–4 所示。

表 3-4　商业社会中人气关注的重点类型

对象＼类型	问号	明星	金牛	瘦狗
国家		★		
商品	★	★	★	★

从人气关注的类型分析中可以看出，人气矩阵中四种类型的关注对象既可以是一个国家，也可以是某一类型商品，具体的商品更能够表现人气矩阵的含义，便于应用，利用人气线分析的“三价”的人气周期变化，使国家的人气周期分析接地气。“三价”的周期把握是国家人气周期关注的具体表现，有效地把握“三价”周期，才能延长国家的关注周期，国家的人气关注周期延长，才能谈及“三价”的周期，二者紧密相关。

三、“三价”的人气投资

（一）人气投资对策选择步骤

对于人气对策来说，人气的关注原理主要是说明人气在商业社会中的运作机理。从国家层面来说，正确把握商业社会中的人气作用机理能够使本国更多地受到人气关注，更加快速地发展，创造更大的比较价值。从投资者层面，了解并掌握人气的作用机理可以使投资者在投资过程中付出更少的时间损失实现倍增，获得更大的增值。但商业社会中人气是全球化的，并不能由一个国家和地区决定人气的变化情况。

对于投资人来说，人气对策的投资选择步骤共五步，如图 3-33 所示。只有根据这个步骤，商业社会的投资人才能更好地实现自己在商业社会的价值增长，从而在商业社会占得先机。

第一步，选择人气关注时机。如果投资时该国人气正在转移流出，即处于“金牛”或者“瘦狗”阶段，投资者投资该国的商品很难实现倍增。若投资时该国尚未受到人气关注，即该国处于“问号”阶段，投资者投资该国将付出较大的时间损失才有可能实现倍增。投资者在投资时应当结合人气对策的理论，分析具体情况进行选择判断。

第二步，比较判断。商业社会中的人气是全球化的，选择投资对象时需要在全球范围内进行比较，选择比较价值更大的对象进行投资。

第三步，心理周期的把控调整。首先是提高国家的心理周期的把控能力。心

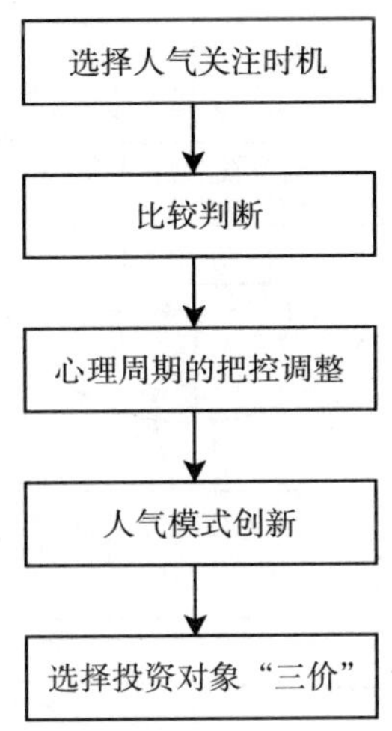

图 3-33　人气对策投资“三价”的步骤

理周期把控能力是一个国家综合能力的表现，是人气线、人气组合，人气矩阵、人气模式理论综合运用的体现。

第四步，人气模式创新。商业社会中创新是吸引人气关注的最根本原因，从人气模式创新的方方面面下功夫，考验整个国家的创新能力。

第五步，选择投资对象“三价”。投资人利用人气线选择房价、物价、股价“三价”投资该国的商品，是大部分投资人最适合的投资方式，投资者将投资对象落实到具体的商品。商业社会中“三价”是文化价值、经济价值、社会价值的代表。投资者需要利用人气对策理论具体分析“三价”变化情况，选择最合适的对象进行投资。

（二）投资“三价”的选择

投资一个国家具体商品种类很多，可以投资的商品有股票、债券、期货、贵金属、房地产等，按照人气线研究，最为投资者所熟知的，人气最为关注的，最能表现价值投资的，而且有较为成熟的研究体系的，应当是房价、物价、股价“三价”，是“社会价值—文化价值—经济价值”创造在商品投资中的典型代表，如图 3-34 所示。

人气从一种价值转向另一种价值时，并不是严格按逻辑顺序，所谓的人气关注周期，并不是指人气一定是按照“房价—物价—股价”这个顺序进行周期关注，是按照价值大小判断决定投资，是价值空间和时间判断选择的投资对象。图 3-34 描述的是商业社会中人气关注周期的一种典型形态，它表现的是房价倍增

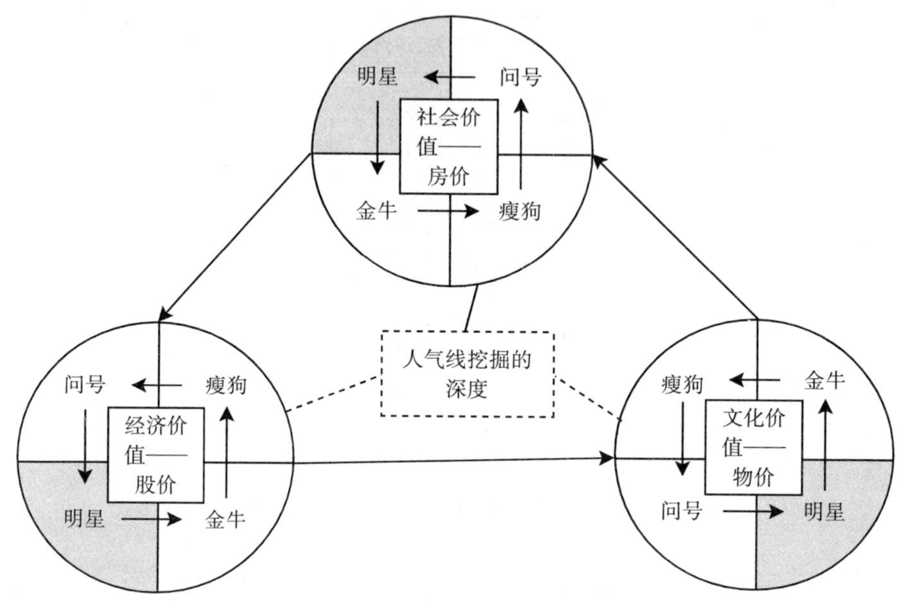

图 3-34 人气周期关注的典型形态

后，进入股价倍增投资，最后进入物价倍增投资，是在只有倍增比较价值的情况下产生的，一旦有相对价值（4倍）、绝对价值（8倍），这种顺序就会出现变化。

具体的投资流程选择如图 3-35 所示。

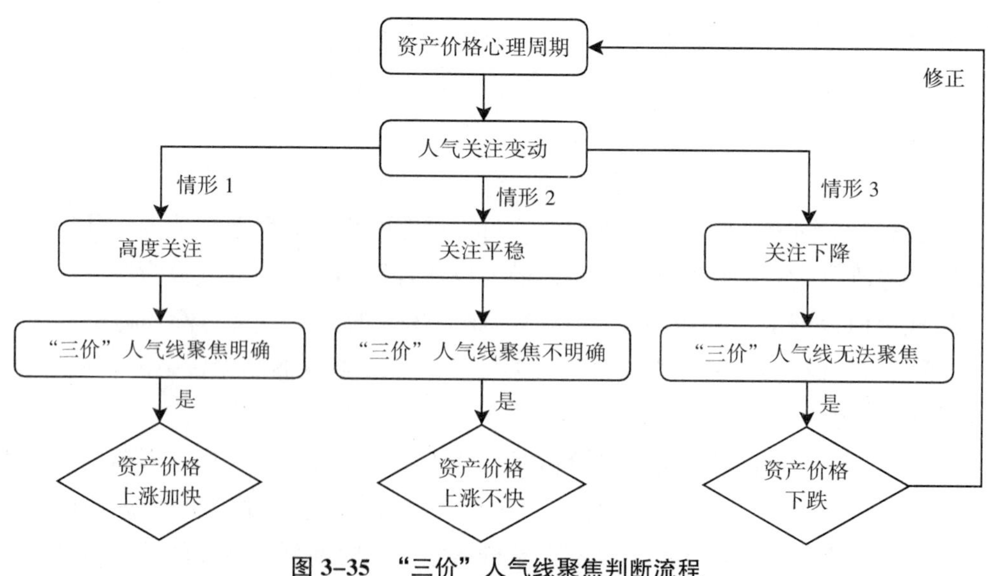

图 3-35 “三价”人气线聚焦判断流程

1. 情形一：人气高度关注—人气线聚焦明确—资产价格上涨加快

显著的人气线是创造比较价值的前提，必须不断地加深人们对于人气线的理解和把握，创造商业价值。当一个国家高度关注人气线，聚焦“三价”时，要善于利用“三价”进行投资，全世界投资人也会明确在该国聚焦人气线，该国资产价格上涨速度加快，空间放大。只有“三价”是全球投资人共同追求和认知的人气线、全球投资人首选标的时，才能通过“三价”的正确投资影响国家的地位和世界的进步，直至影响每个人的生活品质和心情。只有该国投资人在无比纷繁复杂的人气线中认真关注和研究“三价”人气线，正确利用“三价”人气线引领该国其他人气线的广泛关注时，该国才是商业社会的领头国家。

2. 情形二：人气关注平稳—人气线聚焦不明确—资产价格上涨不快

当一国的“三价”人气线关注趋于平稳时，人气线的聚焦就没有明确的对象，因此此时的资产价格上涨不快、空间也不会太大，基本趋于平稳。一般来说，当这种情况出现时，该国在国际社会的商业投资地位不高。这里有两种可能性：一种是该国还没有进入商业社会，还在工业社会阶段，投资没有成为该国的主旋律；另一种是该国商业地位下降，可能是商业发展过程中自身犯了错误，也可能是商业社会发展过程中其他国家更加强大，取代了该国，使其地位下降。只有一个国家高度关注、研究和呵护“三价”人气线，该国才是全球投资人选择投资的对象，是商业社会的赢家。

3. 情形三：人气关注下降—人气线无法聚焦—价值多元出问题—资产价格下跌

“三价”人气线的关注不可能一帆风顺，如果长时间聚焦一种资产价格，不愿意离开，过分地关注，超过心理周期的人气线关注就会引发资产泡沫破灭的危险。关注一旦转移，资产价格将大幅下跌，影响未来对于“三价”人气线的关注。人气关注的心理周期转换是正常的，在人气线关注力的心理周期变化中，顺利地转换人气关注，维持“三价”人气线的长期高度关注是人们的智慧体现。

没有价值空间和时间速度的人气线失去了关注的吸引力，但波动空间过大和速度过快，使很多投资人无法把握，就会产生过分的悲观情绪，人气关注就会出现人气线无法聚焦的情况，某种资产价格大幅下跌，使该国商业社会价值多元出现问题，如在“三价”人气线的表现，从而使推动商业社会的“三价”核心人气线出现断裂，该国也会因此付出沉重的代价。

第四章　基于营商价值的币值平台原理及对策

第一节　币值概念理解

一、币值含义

（一）币值

《辞海》中对于币值的解释是“货币的价值”。货币的出现主要是一种“交换媒介”，这一点在各类研究中都被广泛认可。从货币的起源上看，存货和交易成本理论对于货币起源和效价的解释可以更好地规避动机假说面临的责难，也就是说，由于存货出现，为了节约交易成本出现了货币。

货币价值作为资本品交换中价值的度量单位，在商业社会中和使用该种货币的国家及地区的关系密切。货币价值是使用该货币的国家和地区是否具有商业价值的重要表现。2012 年，苏丹镑兑美元汇率贬值 66%后整个苏丹经济崩盘。苏丹货币危机体现出货币在一个国家和地区政治、经济、社会、文化等各个方面的作用，也直接反映了货币在商业社会中的重要地位。

币值对策中的币值概念仍是“货币的价值”。但在研究中结合目前货币全球化的背景和日益开放的经济环境，主要强调币值间比较价值。币值的概念这一通用观念在不同的社会侧重点不同。在农业社会中币值概念主要强调一个国家内的币值，这时币值体现为货币的稀缺程度；工业社会币值概念强调贸易国间的币值比较，主要是通过汇率表现；在商业社会中币值概念主要强调世界货币的全球地位，主要指该货币背后的平台价值。

（二）币值演化

从中国历史看，货币种类繁多，包括布钱、刀币、圆钱、五铢钱、通宝、制钱、银两、银圆、铜圆等。在全球范围内，早期法国人的兽皮，美国早期移民时期的烟草、威士忌、牙齿，古巴比伦与亚述人的大麦等也都充当过货币。后来经过历史演变，随着以金银为货币的时代到来，贵金属逐渐代替之前的物品。

随着金本位的推及，在第一次世界大战前，很多国家都已开始实行金本位制。同时，随着市场的逐步扩大，币值的比较价值也开始出现。汇率的雏形出现，正是这种比较价值逐渐被关注的体现。在金本位时代，黄金作为价值尺度，其职能通过铸币平价[①]直接体现，因此也有了黄金输送点。[②]平衡贸易差额体现支付手段的职能，黄金购买各种产品体现其购买手段职能，黄金成为整个国家财富的衡量对象。

随后以国家信用为支持的纸币出现。随着纸币的发行和广泛使用，出现了虚金本位制度（又称金汇兑本位制），将纸币和黄金结合在一起。第二次世界大战后，形成了布雷顿森林体系，美元与黄金挂钩，确定了固定汇率制度。由于特里芬难题，[③]布雷顿森林体系崩溃。到牙买加体系时，黄金与各国货币彻底脱钩，不再是汇价的基础，黄金非货币化的同时浮动汇率制合法化，出现了单独浮动制、联合浮动制、钉住浮动制、管理浮动制四种形式。

货币间的汇兑率[④]变动，成为了国际资本流动的晴雨表，是国际资本的比较价值判断的重要参考指标，也是直接作用结果。汇率不同于货币，在物物交换时代并没有汇率，因为跨区域贸易几乎为零。汇率在以国家信用为支撑的纸币时代，由于国际贸易往来日益频繁成了研究的重点问题。工业社会汇率逐渐脱离之前原有的铸币价值衡量方式，成为工业社会世界各国平衡国际利益的重要手段。汇率在工业社会成为一国发展工业经济的手段。

---

① 铸币平价就是两种货币含量或代表金量的对比。

② 黄金输送点是指汇价波动而引起黄金从一国输出或输入的界限。

③ 特里芬难题："由于美元与黄金挂钩，而其他国家的货币与美元挂钩，美元虽然取得了国际核心货币的地位，但是各国为了发展国际贸易，必须用美元作为结算与储备货币，这样就会导致流出美国的货币在海外不断沉淀，对美国来说就会发生长期贸易逆差；而美元作为国际货币核心的前提是必须保持美元币值稳定与坚挺，这又要求美国必须是一个长期贸易顺差国。这两个要求互相矛盾，因此是一个悖论。"参考《黄金与美元危机——自由兑换的未来》。

④ 汇兑率又称汇率，指不同国家的货币相互兑换的比率。马克思恩格斯全集（第46卷）［M］. 北京：人民出版社，2003.

随着商业社会到来，币值成为全球对币值背后所支持平台商业价值的评估。现在汇率的变动方向已经不再像工业社会中那样简单依靠国际贸易收支账户的收支进行评估了，而是综合了商业社会的很多新因素。币值变动仍通过汇率的波动体现，但是汇率已经上升为一种资产价格心理预期的反映。需要强调的是，商业社会的汇率变化所反映的核心内涵，是全球对于币值平台未来发展的认可和未来的信心，更是比较价值的体现。目前，在世界各国中，以地区货币和中央银行取代各国货币的正式安排的有欧洲货币联盟、非洲共同体法郎区、东加勒比货币联盟。这些区域联盟中使用的货币属于不同币值平台，这些平台的价值成为货币的价值的衡量。之所以说商业社会的币值体现为平台价值而不是汇率，主要是因为在商业社会中币值平台多种多样，而不是工业社会中单一的主权货币形式。工业社会的币值概念在商业社会中进行了深化，从而变成了平台价值。

综上所述，在三个社会中，币值概念存在理解的差异，如图 4-1 所示。

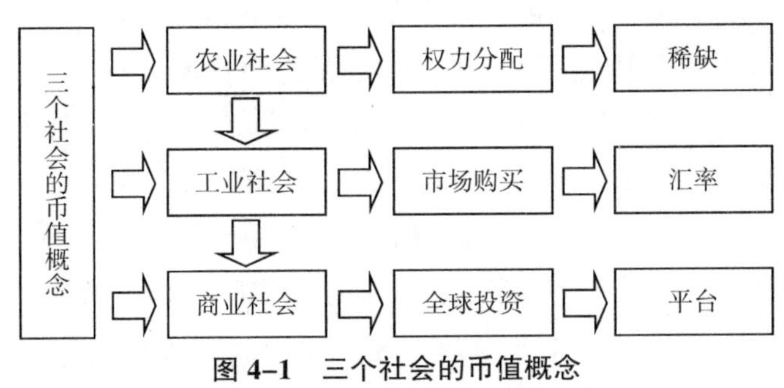

图 4-1　三个社会的币值概念

二、币值表现

币值的表现主要是从币值在三个社会中整体变动的方向衡量。总体来说，币值在三个社会中呈现出三种不同的变化特征。在农业社会中，币值是一种稀缺性的体现，主要表现为稀缺程度，其变动整体看是稳定的；在工业社会中，币值主要理解为汇率，表现为汇率比较，其变动整体看是下降的；在商业社会中，币值主要被理解为一种平台，为谋求平台的国际地位，币值的主要表现是平台趋势，其变动整体看是上升的。

（一）农业社会——表现为范围稳定

农业社会自身有其发展特点。首先，农业社会在人类社会发展中经历了很长的时间，在绝大多数时间，农业社会的生产力水平都保持相对稳定。其次，自给自足的农耕生产，让国内的交换活动更多的是为了满足人们的吃穿。最后，农业社会中市场都是国内市场，市场规模较小，货币形式上往往存在很大的差异，但在货币的选择上，都选择该地较为稀缺的资源作为该地区的货币。

农业社会货币价值主要体现为货币的稀缺性。同时，农业社会生产力绝大多数时间稳定，所以农业社会中，大多数国家长期使用金银作为货币。受到有限生产力与有限物品交换的影响，物价成为与政治、民生和社会息息相关的经济指标。因为农业是农业社会的经济基础，人们的“衣食住行”离不开农业生产，它不仅关系到政府财政收入，也关系到国家长治久安、兴衰存亡。因此，为维护农业社会物价的稳定，币值也要保持在一个稳定的水平。

当然，农业社会币值不是一成不变的，随着社会供给需求的变化，在不同的时期货币能换取的物品价值也不同，物价水平也不同，也会出现波动。以隋唐为例，隋末唐初战乱时期物价上涨，而到了贞观盛世物价却明显下降。隋朝末年，隋炀帝三次大规模出兵征讨高丽，社会生产遭受到巨大的破坏，物品供给不足，粮食昂贵。《资治通鉴》中记载：“帝（隋炀帝）自去岁谋讨高丽，诏山东置淯，令养马以供军役，又发民夫运米，积于泸河、怀远二镇。军中往者皆不返，士卒死亡过半。耕稼失时，田畴多荒，加之饥馑，谷价踊贵。东北边尤甚，米升值数百钱。”贞观年间物价的下落，一直到高宗麟德二年为止，共 38 年（628~665）。这一时期物价低落的原因是社会安定，农业连续丰收，供给增加。由此可见物价和社会安定的辩证关系。总体上当政者还是希望物价保持稳定，而币值保持稳定就成了维持物价稳定的重要支撑。综合上述两个原因，农业社会币值主要表现为稀缺程度稳定，所以币值小幅波动，呈现一定范围的稳定态势。如图 4-2 所示。

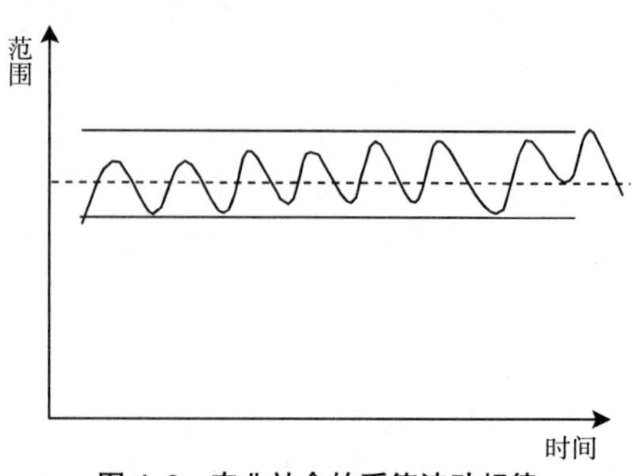

图 4-2　农业社会的币值波动规律

（二）工业社会——表现为比价下降

19 世纪，蒸汽机的发明提高了生产效率。工厂规模化、社会化大生产涌现出五花八门的产品。在多种多样的产品冲击下，企业需要打开销路，不断地扩大自己的产品市场。工业社会中，人们追求利益最大化，所以开发市场的脚步不断加快，人们已经不再满足于本国市场。经济高速增长是工业社会的主要诉求。为了获得先进的技术，在对外贸易中占领市场，在国际货币的汇价中减少损失，币值往往采取汇率比价下降的方式。从国内市场再到区域市场，市场的拓展和对外贸易的深化，也伴随着资本的掠夺。19 世纪，欧美国家的资本化历程结束，把扩张目标锁定在东方。大量的黄金白银和原材料被传送到欧美，加深了欧美国家的工业化，也促成了世界性的国际贸易。

工业社会中重商主义是理解西欧从农业文明向工业文明变迁、从封建社会向资本主义社会转型的关键词。在重商主义的理论中，财富由货币或金银构成，贸易顺差是获得财富的手段。为了实现本国财富的累积，各国在贸易活动中都采取本国货币贬值的手段，从而赚取更多的外汇和金银。因此，如图 4–3 所示，在工业社会中，虽然币值有升有贬有稳定，但总体来说从币值在汇率比较的表现上来看，反映为币值的下降。

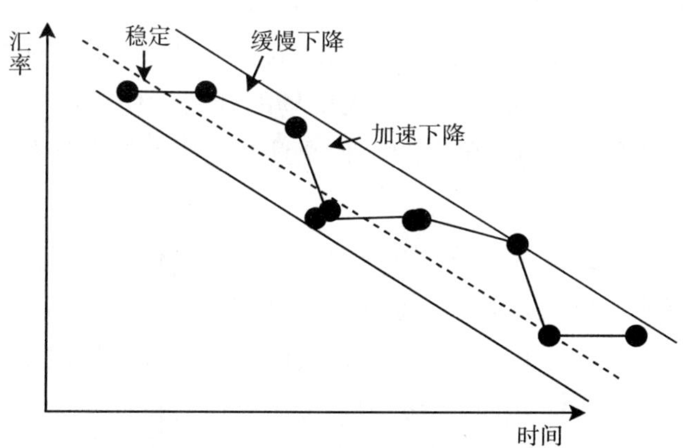

图 4–3　工业社会的币值波动规律

重商主义大致经历了三个快速发展的阶段：第一个快速发展阶段是从 16 世纪到 18 世纪末，这大约 300 年是重商主义发展最鼎盛的时期。在这一历史时期，重商主义在理论和实践上都控制着西欧社会，并使欧洲出现了最早的发达国家，比如西班牙、葡萄牙、普鲁士德国、波兰、俄国、瑞典、法国、荷兰和英国等国家。可以说，正是由于重商主义的产生和发展，才有了近代欧洲的崛起。第二个快速发展阶段是从 19 世纪末期到“二战”前后。这一阶段是新重商主义产生和发展的历史时期。这一时期新重商主义发展最突出的表现是美国和德国凭借新重商主义指导，先后超过了自 18 世纪末期开始鼓吹自由贸易的英国，分别成为当时的第一和第二经济强国。此外，日本也利用“明治维新”时期推行具有浓郁重商主义色彩的经济政策而成为欧洲以外唯一发达国家。第三个快速发展阶段是从 20 世纪 70 年代前后到现在，突出的表现是新兴市场经济体的产生和发展，发展中国家经济发展依赖进出口，尤其对于出口拉动内需的国家来说，调整汇率政策，是刺激出口、引领整个社会大发展的重要举措。从经济实践方面来看，工业社会中强大的国家，都是由于采用了不同程度和不同形式的重商主义政策，这也是工业社会中汇率比价下降成为主旋律的原因。

（三）商业社会——表现为趋势向上

商业社会是创造价值的社会，全球投资人需要运用创新的思维，在全球范围内寻找有比较价值的平台进行投资。21 世纪，随着信息技术的发展，网络技术不仅拉近了人们之间的距离，也使世界融为一体，推动商业全球化。全球化的交流与投资成为历史趋势，相较于之前工业社会的市场，商业社会的市场范围更大，形成了真正意义上的全球一体化。尤其是 20 世纪 80 年代以来，中国工业化进程伴随着全方位的对外开放进程，成为开放速度最快、开放领域最广、开放政策最激进的一个大国。正是这样一个大市场的开放，使得全球化的脚步越来越快。也正是这样具有历史意义的开放，使全球范围内的投资深化，意味着全球逐步进入商业社会。

币值在商业社会表现为趋势的方向。币值在商业社会是平台，其平台趋势方向是币值表现方式。以欧元为例，商业社会的货币不再仅仅是一个国家的货币，而是一个地区的货币。货币不再是工业社会的主权货币，仅仅是由一国的国家信用作为支撑，使用该种货币的平台成为了货币价值支持的关键。商业社会币值趋势方向以上升为主旋律，并不是说所有商业社会的国家币值都会上升，币值有比较上升就会有比较下降。商业社会的币值上升是指该国货币平台的国际地位变强。只有币值上升才能创造投资价值，笼络国际资本，增大资产市场的增值空间，为实业提供发展资金。商业社会币值变动表现如图 4-4 所示，有升有贬有稳定，总体趋势上升。

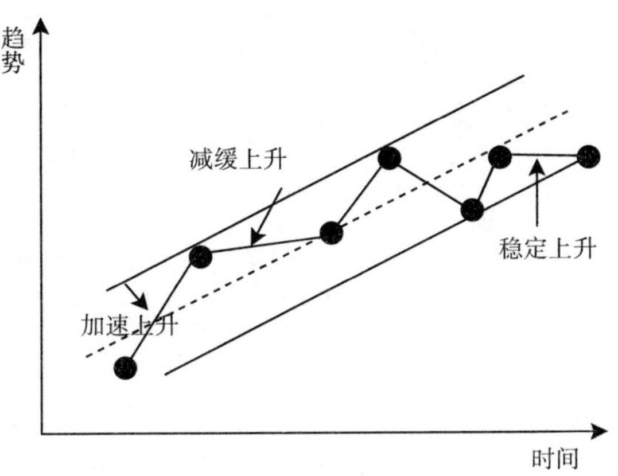

图 4–4　商业社会的币值波动规律

平台趋势上升是全世界看好币值后支撑平台的表现，而币值下降则是对这种货币平台不看好的一种体现。如果一个国家和地区币值在即将进入商业社会时连连下跌，那么该国或该地区掉入中等收入陷阱的概率会大大增加。

平台趋势上升和坚挺是该货币平台在国际社会中地位及人气的最好反映。美国作为提前进入商业社会的国家，维护的美元地位，是其可以在商业社会中引领世界发展近 100 年的关键。

三、币值作用

币值从作用上分析应结合人气线和社会发展来看。从第三章人气线的分析中可以看出，在三个社会中，每个社会人的追求目标不同。根据人类追求目标，人气线如图 4–5 所示。

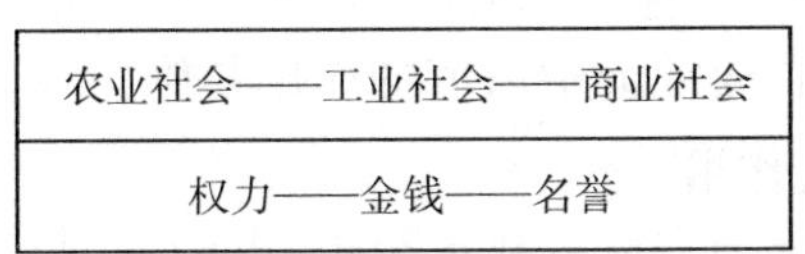

图 4–5　社会发展人气线和追求目标人气线

从中可以推断出币值在三个社会的作用：在农业社会中币值的作用是维护权力；在工业社会中币值的作用是保证经济发展；在商业社会中币值的作用是获得全球投资。在这三个社会中，币值作用大相径庭，主要是因为在不同的社会中，要维护人类社会追求的核心点不同，如图 4–6 所示。

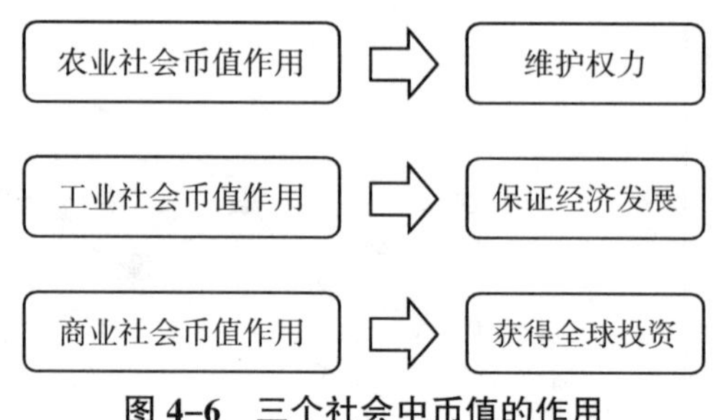

图 4-6 三个社会中币值的作用

（一）农业社会币值作用

在古代，社会生产力主要以农业为主，农业的发展是国家的命脉，关系到整个社会的稳定。币值稳定与农业社会的关系是相辅相成的，一方面，农业社会的生产力水平、物价管理办法、战争与自然灾害和政局变动等都影响物价的稳定；另一方面，物价的稳定最终影响社会的安定、政局的稳定。

在农业社会，物价稳定是统治者关注的核心，没有稳定的物价就没有稳定的社会政局。物价不稳，人们最基本的生活资料就无法正常提供。受到“农本商末”“重义轻利”思想根深蒂固的影响，“平抑物价”成为统治者巩固政权、安定社会的重要举措，主要通过中央统治的方法对全国物价进行管理。

在历史中，战国时期李悝的平粜论的制度化、耿寿昌所创立的常平仓制度，都是平抑物价思想在制度上的运用。刘晏更是把平抑物价推到极致。他在全国各主要城市设立巡院，各巡院的知院官要按旬按月及时向他汇报当地“雨雪丰歉之状”，并建立商情网络机构，合理确定农产品收购数量与价格。王安石推行市易法，打击富商大贾操纵物价牟取暴利的活动，把对市场的“开阋敛散之权”夺到国家手里，从而稳定物价，保护广大中小商人和市民的利益，繁荣市场，并增加国家财政收入。因此，农业社会中币值的作用是维护权力。

（二）工业社会币值作用

工业社会开放的市场下，各国货币得以在国际市场中流通，汇率充当着重要的媒介，工业社会的发展离不开低汇率。只有降低汇率才能为企业的发展带来广阔的市场，为出口创汇提供坚实的支撑，并保证经济发展。

汇率的下降刺激出口，有利于工业的发展，对于出口企业而言，出口产品的价格多以美元计量，生产成本则以人民币计量。如果人民币兑美元币值下降，意味着 1 美元兑换人民币的数量会增多，企业支付的成本由于用人民币结算所以成本具有比较优势，卖出大量产品换得外汇，企业的利润就会增大。相反，出口企业就会面临劳动力成本低的比较优势的丧失。因此，较低的币值可以使企业以较少的代价获得额外的收益，从而也可以使国际市场中的产品更具价格优势，进而保持本国商品在国际市场上的竞争力。

汇率对国民经济发展有很明显的作用，世界上很多国家都利用汇率发展本国的经济，其主要作用表现在促进国际收支平衡、调节货币流通速度等方面。汇率贬值有利于出口，贸易顺差为本国购买国外先进设备获得较多的外汇储备。

总而言之，在工业社会，本币汇率下降，具有促进出口、抑制进口作用。汇率对长期资本流动影响较小，从短期看，汇率贬值，资本流出，为国内企业走出国门创造机会，反之亦然。所以，本币贬值可以使国内生产和资产成本降低，使工业企业在竞争中获得比较优势，从而推动本国经济快速增长。

（三）商业社会币值作用

商业社会是投资型社会，没有投资就无法获得商业社会的发展。国际投资是个大熔炉，需要运用人气营商学理论发现比较价值来进行投资。“房价、物价、股价”是推动商业社会发展的“三驾马车”。如何在这“三价”中寻求价值最大化是商业社会的主要诉求。随着金融知识的普及，家庭在金融市场的投资也会变多，家庭的金融投资也会对目前社会福利有所帮助，减少福利损失。因此，商业社会中投资重要性凸显，同时参与投资的人越来越多。尤其是随着全世界的人口大国进入小康社会目标的实现，人们物质需求不再仅仅停留于购买层面，更多地延伸到了商业价值增长的投资层面。

币值上升，全球地位上升，将会吸引大量的投资者进入该国进行商品投资，而国际资本流入，使该国的商品价格上涨，推动该国的商业社会发展。商业社会的币值作用是更好地实现投资。如果一国经济具备一定规模，同时也是国际贸易的主要参与者和世界资金主要来源国，那么这个国家货币将自然而然地被其他国家持有，逐步实现货币的国际化并成为国际储备货币。除了在国际金融体系中的话语权等无法计量的好处以外，货币国际化并成为储备货币最大的好处是一国能够获得全球铸币税收益。所以，商业社会的国家货币是为了保证该国货币这个平台在全球范围内投资的比较价值。

四、币值赋予

货币在不同的社会形态中，为不同的角色赋予了货币价值。

农业社会中，赋予货币价值的是国家，主要是农业社会的统治阶级。他们规定使用货币的种类，同时规定货币的价值。如图 4-7 所示。

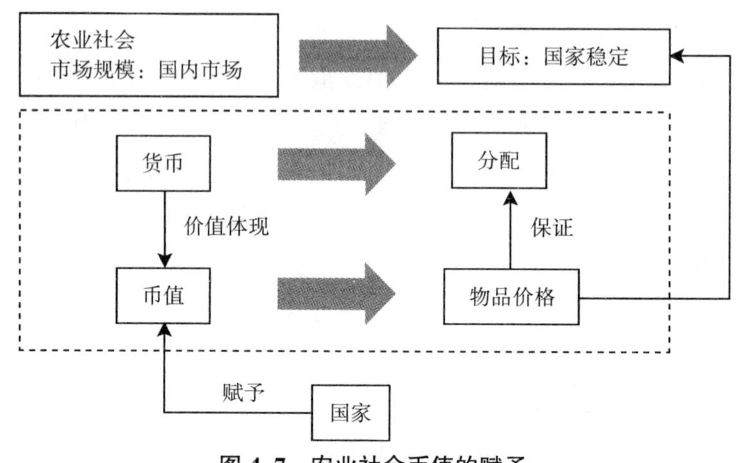

图 4-7 农业社会币值的赋予

要研究农业社会的经济发展方式，就应该以农业社会最为强盛的中国作为研究的实例。在农业社会中，生存是人们的基本需求，人们所有的生产活动都是为了保障吃饭和穿衣，只有切实地保障了基本供给，才能够维持社会的稳定。因此，货币出现主要是为了社会资源的分配。同时，因为币值和物品价格关系紧密，物品价格在一定程度上决定了币值，这点在前文已经得到了详细的论述。

物价是农业社会最为重要的风向标，如果物价不稳定往往会带来国内政治局势的不稳定，因此农业社会要求物品价格稳定。农业社会是集权的社会，“普天之下，莫非王土”就是权力集中的体现。从币值的赋予角度看，国家为了保证这一目标实施，会尽力确保币值稳定，以此稳定政权。从中国农业社会稳定的经验看，“重农抑商”也是一个主要维护权力的重要举措。也正是这种举措，使币值赋予的权力，牢牢把握在国家的手中，排斥商人通过市场和炒作决定币值的能力及机会。

国家对币值的赋予主要体现在铸币权力的把握上。平抑物价的着力点是控制货币和粮食。秦汉时期，《管子·轻重》指出，国家平抑物价需要控制市场。控制市场就必须控制货币和粮食，这是平抑物价的前提条件。国家掌握了这二者，就掌握了平抑物价的最有效的工具。“人君操谷、币准衡而天下可定也。”早在汉文帝时期，贾谊就提出国家垄断货币铸造权以平抑物价的思想。因此，长期以来都是国家掌握铸币权，以控制币值。

工业社会中币值的赋予由市场决定，如图 4-8 所示。工业社会的币值是为了发展经济，通过币值的降低，可以更好地方便购买。在币值的赋予中，市场具有决定性作用。

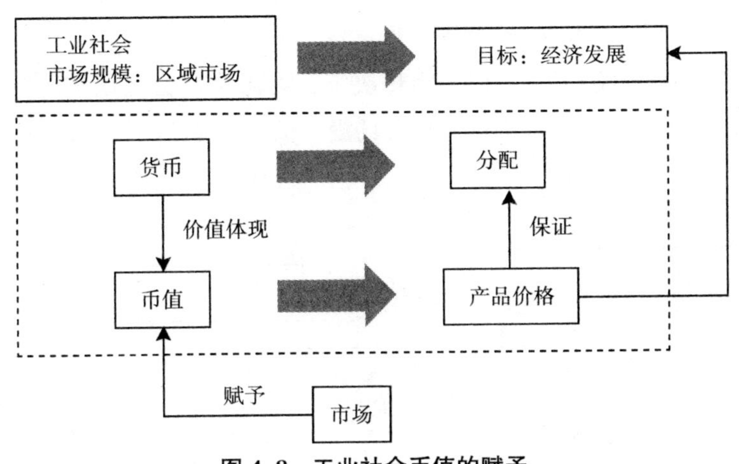

图 4-8 工业社会币值的赋予

王高望、邹恒甫（2013）通过对一个开放经济的小国建模得出，在重商主义的影响下，央行的汇率干预是货币贬值的政策原因。央行用本国的货币购买本国居民的资产，看起来只是资产和货币更换了持有对象，而居民的部分财富形式由国外资产转化成了货币余额，居民的实际收入水平不会提高。其实不然，因为居民的资产被央行购买走，而自己从央行手中拿到更多的货币之后，他们的优化路径被打破。为了实现最优，消费者并不是把货币当成资产来持有，而是用这些货币向外国购买更多的国外资产，而这打破了消费者的最优路径，因为最优必须使得上述不等式变成等式。因此，为了达到最优，消费者必然会用这些增加的货币余额购买国外资产。如果忽略中间过程，就可以看成央行直接购买国外资产。

而根据假设，央行从居民手中购买资产得到的收益又会返还给消费者，如果没有价格和汇率的变化，实际上居民的国外资产和实际利息收入就等于是增加了央行向他们购买的数量。进一步，如果考虑到价格和汇率的变化，这种效应可能会增强。因为，央行购买国外的资产必须要增发货币，增发货币会导致通货膨胀率提高。而汇率会以同样幅度提高，那么本币就会贬值，本币贬值会促使消费者购买更多的国外资产。

如果把这两种效应综合起来，居民的长期国外资产的持有水平会有较大幅度的提高，这也就意味着长期均衡的利息收入水平会有较大的提高，而长期收入的提高必然会促进长期消费水平和货币余额持有水平的提高。从而，央行购买更多的外汇干预市场，对本国有利。当然，这里面可能还有一层机制，就是本国政府持有外汇的增加，可以使得本国的货币政策更有效地抑制本币升值，从而更加有利于本国产品出口，扩大本国贸易顺差。

商业社会中，币值不再仅仅由市场决定，更由全社会的认知决定，如图 4-9 所示。商业社会的币值波动并不是与市场没有关系，而是主要由全社会对于该币值背后包含的平台信心决定。

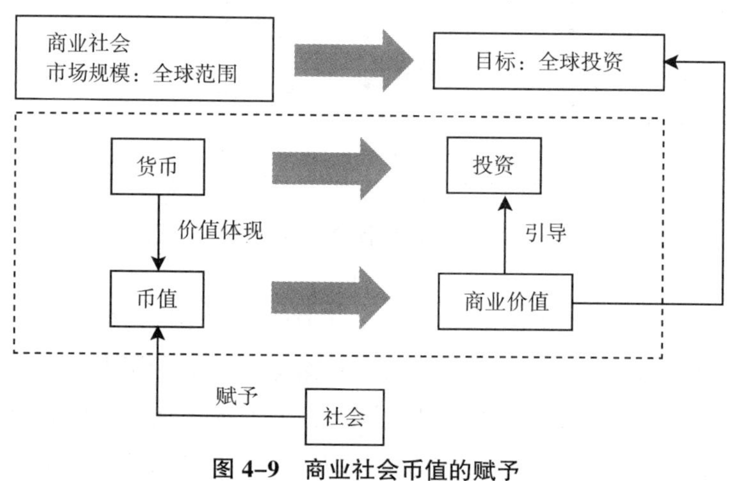

图 4-9 商业社会币值的赋予

商业社会中赋予货币价值的社会这一概念，主要是全球范围内的投资人，而不仅仅指一国的投资人。社会认知才能确定社会价值，而不是一个国家或者开放的市场可以单一确定的。通过币值的平台的上升和下降状况，可以反映出商业社会中币值平台在全球投资人中的信心和地位。

在商业社会中，一国的进出口对于币值影响的因素逐渐减少，有更多指标开始影响汇率的变化和投资者心理预期。Mussa（1979）最早将非预期的并且能够引起人们对汇率的预期值进行修改的新的信息统称为“新闻”，进而分析了“新闻”对汇率运动的影响。随后 Davidson（1985）指出，现实中汇率的变动比传统的“新闻”变动幅度更大、频率更高。这也说明了对于汇率影响的因素已经不仅仅是经济方面的原因，“公告效应”也会对汇率产生影响，这正说明社会对于预期的判断成为赋予币值的关键角色。

第二节　商业社会的币值

一、商业社会币值角色变化

（一）币值与平台国际地位密切相关

币值不再仅仅是一种交换媒介，或是一般等价物。从货币的职能看，商业社会的货币更强调其世界货币职能。[①] 对于具有世界货币职能的货币来说，研究其币值对策更有意义，其原因有三：第一，世界货币的职能，意味着全球对于该种货币的认可；第二，成为世界货币，意味着持有和储蓄该国货币的渠道更为多样；第三，一国的货币成为世界货币，也就意味着该国资本市场可以进行直接投资，对于国际投资者来说交易成本会大大降低。在一种货币成为世界货币后，它与全世界经济联动的关系会更加紧密，因为 SDR 篮子这一平台是全球关注和认可的平台。SDR 篮子里币值变化，意味着该货币背后平台的国际地位变化。

正是这样的原因使人民币国际化进程成为重要的国际事件。国际货币体系在布雷顿森林体系即将瓦解之时提出了 SDR，它是为稳定国际货币体系并补充各国官方储备不足而创设的国际储备资产。随着中国进入商业社会的步伐越来越快，人民币国际化进程也在不断加快。这也意味着人民币在国际货币中的地位得到肯定，会有更多国家投资中国。2015 年 11 月 30 日，国际货币基金组织（IMF）主席拉加德宣布将人民币纳入 IMF 特别提款权（SDR）货币篮子，决议将于 2016 年 10 月 1 日生效。SDR 篮子的最新权重为美元 41.73%，欧元 30.93%，人民币 10.92%，日元 8.33%，英镑 8.09%。人民币加入 SDR 的篮子，其所占比重仅次于美元、欧元。这是对中国商业价值的认可和对人民币币值的肯定。

（二）币值变动与各国联动关系更为密切

币值变动与各国联系近年来越来越密切。以英国脱欧为例，英镑在英国宣布脱欧后大跌。2016 年 6 月 23 日，英国通过公投的方式宣布脱欧。截至北京时间 2016 年 6 月 24 日 13：20，英镑兑美元较前一日开盘暴跌近 10%，美元指数被动

① 世界货币职能是指作为国际支付手段，用以平衡国际收支的差额。

飙升，人民币对美元大跌，突破 6.6 大关，报 6.6172。随后在岸人民币兑美元跌破 6.61 关口，创 2011 年 1 月以来最低；离岸人民币兑美元跌破 6.63 关口，日内跌近 500 点。与此同时，日元直线拉升，6 月 24 日英国脱欧公投结果出炉，导致投资者争相避险，日元兑美元一度升至两年半高点 99.02。英国脱欧对世界货币产生的影响，说明在商业社会中，币值变动对于其他国家的币值影响严重，各国币值联动关系密切。

除了英国脱欧事件引发的“蝴蝶效应”以外，美元的加息也成为了极具影响力的事件。美国通过加息影响了美元的币值，同时直接影响了全球的经济。美联储的议息政策至关重要，因为美联储敢于加息就意味着美国经济开始复苏并走上正轨。作为全球第一大经济体，美国市场的复苏会吸引全球资金回流，尤其对新兴市场经济的影响要远远大于西方发达经济体，而中国作为新兴市场大国受美联储加息影响会更明显。

美联储加息本是利率问题，但是其直接影响的是汇率。从历史上看，美国的前 5 次加息周期无一例外地引发了全球发展中国家的经济危机，如表 4–1 所示。这说明了全球币值关联密切，同时也反映了币值对于一国经济深层次的影响。

表 4–1　美国 5 次加息周期新兴市场无一例外爆发危机

序号	开始时间	结束时间	加息幅度	美国经济背景	新兴市场危机情况
1	1989 年 9 月	1984 年 9 月	225bp	滞胀	1982 年拉美债务危机
2	1988 年 2 月	1989 年 5 月	325bp	通货膨胀	1988 年韩国泡沫破灭 1989 年中国台湾泡沫破灭
3	1994 年 2 月	1995 年 2 月	300bp	经济过热	1994 年墨西哥比索危机 1998 年东南亚金融危机
4	1999 年 1 月	2000 年 5 月	175bp	科网泡沫	1999 年巴西危机 2001 年阿根廷危机
5	2004 年 6 月	2006 年 7 月	425bp	房地产泡沫	2008 年全球危机

资料来源：中国中投证券研究总部。

从历史数据看，美国每次加息都引发了全球范围内的经济危机。从 2015 年开始的美国加息周期，对全球范围内的经济产生了影响。就人民币而言，美联储加息后，人民币汇率将感受到压力，资本外流将加速。在中国降息和经济放缓的背景下，美联储加息将会给那些大胆的投资者通过做空人民币、做多美元获利提供良机。所以，应对美元加息对中国经济带来的不良影响，成为我国的一个重大挑战。

二、商业社会币值新要求

对于商业社会、币值平台而言有两个要求，这两个要求是在商业社会的环境下提出的，只有达到这样的要求才能引起更多的投资人关注，从而引领商业社会的发展。

（一）广泛的货币影响力

有研究指出，美元的国际货币地位是导致美国政府债务高涨的重要因素（段彦飞，2008；杨岳峰，2011；黄梅波、王珊珊，2012）。这指出了美元坚挺背后一个重要有利条件，就是虽然美元不再跟黄金挂钩，但由于美元的坚挺，其作为世界货币职能的发挥使得美国在债务市场获得收益。这也是美国从债权国转变为债务国后一直没有崩溃的重要原因。美国政府的行为通过美债和全球经济联系到了一起。由于美元的地位，各国在外汇储备和债务投资中的选择都会倾向于投资美元，从美国金融危机对全球经济带来的海啸效应就可以看出其背后的运行机理。

广泛的货币影响力意味着有更多的国家愿意持有该国货币，该国货币的币值变动会直接影响到地区或全球范围内的经济体币值变化。同时，更多贸易结算方式愿意用该种货币。如果币值没有广泛的影响力，仅在一个国家内使用，那么货币由于政府单一权力影响出现货币超发的情况会时有发生。当货币影响范围变广时，就意味着变成了更大的平台，这就成为了商业社会的货币。没有广泛的货币影响范围，则意味着该国货币还不是商业社会的货币，还不能适应商业社会币值角色的变化。

（二）币值变动的主动性和独立性

这个要求的含义是币值变动更多的是自己主动调整，受其他国家货币影响较小。在商业社会领导国家的币值调整过程中，如果该国货币可以独立地对其做出反应，甚至在其他货币都应声贬值后呈现出坚挺的币值状态，说明该国货币地位提升、国际地位提高。

同样以美元加息后的反应来看，美联储前 3 次加息分别为 1994~1995 年、1999~2000 年和 2004~2006 年的加息周期。每次加息，市场对于美元币值的反应都很强烈。但是从 2015 年开始的美元加息周期中人民币的表现产生了变化。在美国加息周期开始初期，人民币兑美元贬值，多次试探人民币底线。2016 年 11

月 17 日，离岸人民币纽约尾盘跌幅超过 110 点，冲破 6.9 关口至 6.9017，正无限接近“7”大关。人民币中间价也下跌，11 月 18 日下调 104 点报 6.8796，连续 11 天下跌，距离 6.9 关口仅一步之遥。一个半月时间，人民币兑美元中间价已跌去 3%。大多数投资者都认为中国会在美国加息后应声加息，因汇市的变动倒逼货币政策做出反应，从而也进入加息周期。

然而，中国央行并没有被美联储“绑架”，在 2017 年依然独立实行对内稳健的货币政策，同时也没有应声加息。在美国多次加息后，人民币币值不贬反升，美元兑人民币汇率为 6.7。这说明人民币的币值变动已经具备主动性和独立性。这既是我国在币值把控能力上的提高，也是我国在国际地位上被认可的表现。人民币兑美元的升值说明我国货币的影响范围扩大，全球投资人对我国预期改善。

三、人气、币值和资产价格的关系

人气对策作为四个对策之首，其重要性不言而喻。第三章对人气对策的理论和意义都已经进行了详细的叙述。人气关注是商业社会币值研究的前提，没有人气，这个国家的资产价格就没有比较价值，没有比较价值该国币值平台就不可能是人气“明星”，也就不能形成该国资产价格的升值，研究币值对资产价格投资意义的前提就不存在。

当一国开始具有人气关注，那么该国的币值对策就成为研究的关键。有了人气关注，就意味着这个国家开始被全世界关注，币值必须也必然配合人气关注做出反应。如同产品必须制定价格，产品是制定价格的前提，价格是产品形成交换的保证，否则无法交换，币值也会配合人气上升，以保证人们价值投资的确定性。所以一个商业社会的国家被人气关注后，其币值的国际化趋势不可逆转，会有越来越多的投资人和国家开始选择持有并储备该国货币。因为，不持有该国货币就无法参与到使用该货币的国家和地区平台的价值投资中，从而也就无法获得这种平台在价值创造过程中资产的升值。

在商业社会的国家，人气、币值和资产价值的关系如图 4-10 所示。人气是币值研究的前提，如果没有人气的关注，币值研究就没有意义。人气跟币值的关系是“水”和“船”的关系。币值会随人气的变动做出连锁反应。在有人气的情况下，币值对策不配合，那么资产价格也就无法实现倍增。商业价值包含文化、经济和社会三种不同的价值。这三种价值在资产价格方面的表现载体分别是物价、股价跟房价，内容详见第二章。

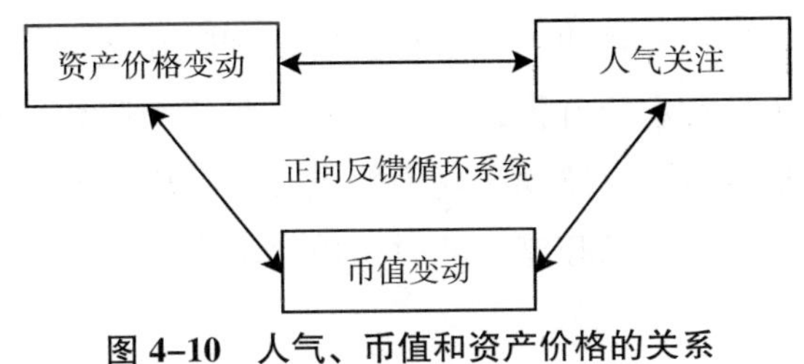

图 4-10 人气、币值和资产价格的关系

要了解三种币值状态对商业价值的影响，首先要明确币值的上涨对商业价值具有提升作用，这两者的关系是同方向的，这也就是俗话说的“水涨船高”。因为一个国家和地区货币币值上升，那么该国家和地区的资产放在国际投资领域中，其他国际货币投资该国家和地区资产价格势必会增值。从国际投资的比较价值看，如果国际资本看到该国资本的增值潜力，发现了价值洼地，那么随着国际投资的增加，该国有限的商品价格就会升值。所以一个国家和地区的币值平台上升，往往带来该国家和地区所有资产的升值。同时，由于该国资产价格的上涨，该国的商业价值不断凸显，资产价格与商业价值构成正反馈系统，随着国际投资活动的进行，不断强化。

在阐明币值和人气的关系后，著名的利率平价理论为研究币值和资产价格的关系提供了基础。Dornbusch 和 Fischer（1980）建立的汇率与资产价格关系的流量导向模型引入了预期的概念，在宏观层面回答了汇率决定的问题，同时从微观层面提出汇率对资产价格具有负面作用。总体来说，资产价格如同船上货物，以该国货币计价的全部资产，随币值变化同方向变化。

四、商业社会的币值确定

商业社会币值的赋予者是社会，但确定币值主要有三种方式，分别是人气确定、竞争确定和心理确定。

（一）人气确定

要理解币值的人气确定，就要理解货币是一种特殊商品。因此，货币价值的确定也受供求关系影响，如图 4-11 所示。图中 D 和 D_1 两条曲线是货币需求曲线，S 曲线是货币供给曲线。人气关注使国际投资者为寻求价值倍增而购买该国的资产，从而使用该国的货币。因此，货币的需求跳跃式增加，该国货币需求曲线从 D 向右移动到 D_1。但与此同时，货币供给短期内没有调整，从而使该国币值上升。尤其是对于一个刚刚进入 SDR 篮子的国家，意味着一国的货币职能出现了转变。Frankel（2012）指出，一方面，货币国际化之后，平均来说对该货币的需求将增加，由此导致本币升值；另一方面，货币国际化会导致对本币需求的大幅波动，从而加剧本币汇率波动。这说明世界货币职能的增加使得该国货币平台的人气持续汇集，货币需求旺盛，此时币值会上升，这是币值与该国人气的表现相辅相成的原因。

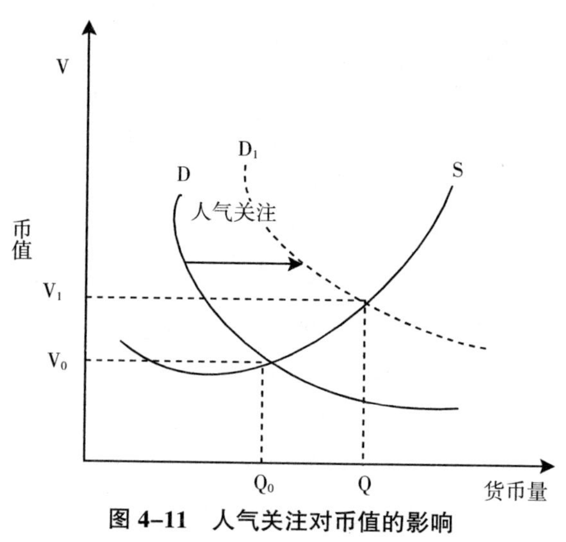

图 4–11　人气关注对币值的影响

当然，人气确定也不仅仅是供需关系的变化，人气关注引发的币值变动从心理学出发是源于认知价值的变动。如果人们的认知不发生转变，那么币值的需求不会出现跳跃式的增加。也正是因为人们对该国投资价值认知变化才会为该国的货币升值埋单，表现了对该国未来的投资信心和对其国际地位的认可。

由图 4–11 可以推导出人气—币值线，如图 4–12所示。由于货币需求在人气的推动下跳跃增长，而货币供给依旧呈线性增长。货币供给线性增长跟不上货币需求的跳跃增长，会造成均衡点的移动。均衡点移动就意味着所对应的币值上移，将这些均衡点进行连接就形成了人气—币值线。人气—币值线从另一方面也证明了人气与币值呈正相关关系。

在人气确定的部分，还可以对货币的需求曲线做进一步分析。人气除了使货币需求曲线发生移动外，还使货币需求曲线的弹性发生了变化，如图 4–13 所示。

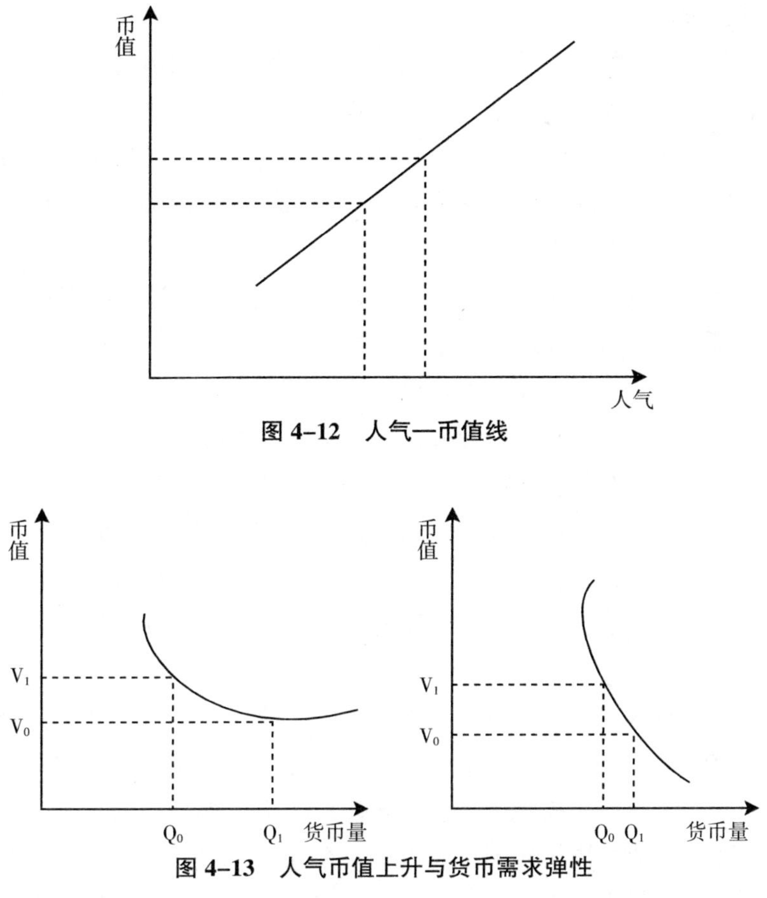

图 4-12　人气—币值线

图 4-13　人气币值上升与货币需求弹性

由于币值人气关注导致的货币地位变动，货币需求弹性变小，其主要原因有二：一是世界范围内认可度提高；二是该种货币的可替代性减少。国际认可度根据国际贸易结算地位的提高和全球其他国家的储备来反映币值国际范围内的认可度。从仅仅在一国市场内的使用，到区域范围内的结算使用。从签订贸易结算协定的贸易国间市场，到全球范围内的认可和共识，币值的全球地位逐步提高。这一历程漫长但意义深远。当成为具有世界货币职能的货币后，就意味着该种货币的可替代性减少，直接导致了货币需求弹性的变化。

货币需求弹性变小，就意味着币值上涨引发的货币量变化减小，各国仍会在币值上涨时持有该国的货币，不会像货币需求弹性变化前那样，出现币值上升，引发该规模的货币抛售现象。这也是像美元这样的货币，不会因为 QE 使其币值产生巨大变化的原因。

（二）竞争确定

竞争确定也是一种重要的币值确定方式。一种货币的币值与重要国家和地区的币值比率成为币值确定的依据，是竞争确定币值的重要核心内容。

强调竞争确定的原因，主要是由于从汇率概念引入后，货币间的币值比率备受关注。但是，随着全球市场的逐步开放，越来越多的货币间有联动关系，但并不是所有币值变化关系都被关注。

人气营商学在这里强调的竞争确定与研究所有国家汇率币值的其他研究不同，重点强调了重要国家和地区的币值。这是因为，并不是所有货币种类间的币值变动关系都应该被注意，而是关注重要国家。这就是商业社会币值平台思想和工业社会中汇率思想的不同。商业社会中有不同的币值平台，SDR 就是一个币值平台，而且是一个全球范围内认可的币值平台。所以，当一种货币跻身 SDR 篮子时，那么研究竞争对手的关系，就要选定 SDR 篮子里的其他货币。在这一范围内的币值较量，正是币值商品平台的人气关注的较量。比较价值大的平台就会成为国际资本的流入地，其币值才可能升值，所以平台上升的趋势可以通过该国货币价值反映。

人气营商学强调的是比较价值，币值跟比较价值关系紧密，比较价值是引起投资一种货币的关键，也是币值平台备受人气关注的内在原因。在本部分，对于一种币值平台来说，人气模式中的载体和创新有了更为具体的含义。有时货币在商业社会中其背后的支撑已经不再仅仅是一个国家，而是一个经济联合体。欧元就是最好的例子，因为欧元背后不是一个国家的信用支持，而是欧盟所有成员国的信用支持。因此，对于欧元来说，欧盟成员国所有政治、经济事件都会对欧元币值平台的比较价值产生影响。2012 年，在欧债危机最为严重之时，希腊放出风声称要退出欧元区，市场因此曾担心欧元区可能会解体，欧元可能消失。受此影响，许多发展中国家的官方外汇储备纷纷减持欧元资产。欧元现在仅占发展中国家外汇储备的 24%，为 2002 年以来的最低水平，而 2009 年这一比例曾达到 31%的最高水平。由此可见，因为欧债危机，欧元币值平台的比较价值直接降低。币值平台的载体作用，从欧元地位的变化就可以明显看出，国家和地区的平台作用可以通过币值平台得到较为充分的反映。

从人气营商学创新角度理解是关注货币能否进行新的价值创造。以人民币为例，2015 年 12 月 25 日，由中国倡议成立、57 国共同筹建的亚洲基础设施投资银行正式成立，全球有了首个由中国倡议设立的多边金融机构。中国首倡创立亚投行后，得到许多国家的积极响应。2014 年 10 月，首批域内 22 个意向创始成员国在北京签署《筹建亚投行备忘录》。随后，亚投行筹建转入多边阶段，已变成了包括英、法、德在内 57 个成员国的另一个“世界银行”（WBG）。2015 年 3 月 12 日，英国成为首个申请加入亚投行的欧洲国家，此后欧洲各国纷纷响应。当前，七国集团（G7）中仅美国和日本尚未加入。这就意味着一个新的平台的建成，尤其是在亚投行成立初期虽然使用美元，但之后逐步转为同时使用人民币和美元，到最后使用人民币，这会直接提升人民币的比较价值。

亚投行的成立无疑会引发全球范围的人气关注，该事件入选了《金融时报》评选的“2014 年中国金融十大新闻”。中国政府将鼓励把人民币纳入一篮子货币，作为亚投行批出贷款时所用的定价及还款货币。人民币对美元的比较价值随之会逐步体现。只有在竞争中取胜，货币的比较价值才能体现，从而逐步吸引全球投资者的价值投资。

（三）心理确定

人的心理认知对于币值的影响在人气确定中已有涉及。平台变化导致资产价值的心理预期是商业社会中币值确定的一个关键依据。心理认知变化会引起跳跃性思维转变，会对投资人原有心理产生转折性影响，认知往往成为这个形象的模糊概念。心理预期则直接关乎到资产价格的倍增（减）变动，因此至关重要，其详细内容会在本章第三节详细叙述。

在这部分主要阐述币值的心理关口如何确定币值平台。因为币值心理认知重要关口的突破往往对全球投资者对该国资产价格倍增（减）心理预期判断有重要影响。它是一个信号，对心理预期有负向作用。从含义上讲，币值心理关口指的是：币值平台变动被投资人关注，并决定币值短期内方向向下变动甚至长期走势的重要币值。币值的心理关口不是一成不变的关口，往往在币值变动中形成，在不同的时机心理关口不同；对于不同的国家而言，心理关口也不同。商业社会的币值平台通过工业社会的汇率表现，所以币值在每天都会有不同程度的波动。但并不是每天的币值波动都备受关注，只有在重要的心理关口，币值的意义才越发凸显。

如图 4-14 所示，币值心理关口由于币值平台的方向性变动，分为向上关口和向下关口两种情况。向上关口一般是币值曾出现过的历史高位和曾经的密集成交位。其含义是指一国或地区币值出现过的币值最高值和该国币值以前结汇的密集成交位。这也变相说明了历史数据、最近长期出现的币值为什么会影响币值心

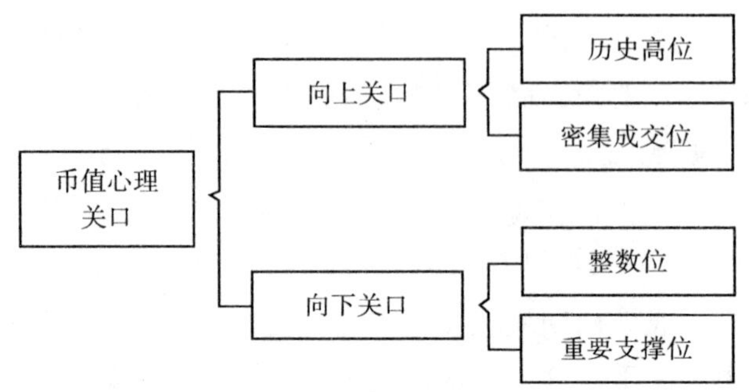

图 4-14　币值平台方向性变动时的心理关口

理关口的形成。

一般币值平台向上变动过程中，每遇到这种心理关口，投资人都要进行一次价值判断。这在后文中有详细介绍。如果币值平台向上变动，突破心理关口被打破，那么就会不断向上变动，甚至调整原有的币值平台。

当币值主动或者被动出现平台短期向下的趋势时，最重要的是保住币值平台的总趋势向上。守住向下心理关口，确保向下重要心理关口不被突破。对于币值平台而言，如果出现失控的局面往往会给一国或地区带来毁灭性的打击。所以要守住整数位和重要支撑位，这样才能使币值平台在全球投资人心中的趋势向上不出现大的转折，从而资产价格就不会有大的波动，这体现了国家和地区对于币值平台的把控能力。

向下的心理关口要想守住就必须寻找价值支撑。价值支撑的指标会在本章第三节中详细记述，但对于币值平台的下行阶段，整数位和重要支撑位的作用不可以忽略，因为这是币值平台长期趋势出现转折导致资产价格大幅波动的关键位置。在投资人关注向下的心理关口突破时，与向上突破的理解是一样的，突破向下的重要心理关口，资产价格的预期就会倍增。所以，一个国家也不能轻易向下突破平台心理关口，必须仔细权衡、斟酌，很多国家币值平台变化失败的教训值得永远铭记。

第三节　商业社会币值平台原理

一、币值平台原理的理论来源

币值在商业社会中，无论是其角色还是其要求，都发生了根本性的改变。商业社会中，币值已经成为一种平台。当然，币值平台原理理论来源可以从经济学和营销学两个方面进行论述。其中，经济学为币值平台原理提供了方法支撑，而营销学为币值平台原理提供了思想源泉。

（一）经济学来源

币值对国家层面的影响研究在经济学领域有所涉足，而且由于当时中国身处工业社会，因此经济学研究都集中在汇率方面。以人民币为例，众多经济学研究对汇率变动影响产业结构进行了分析。2005 年 7 月 21 日，中国开启了汇率市场化改革的进程，将人民币兑美元汇率一次性升值 2%，此后维持渐进升值的趋势，以更好地发挥汇率在引导资源配置中的作用（胡晓炼，2010）。与此同时，中国资产市场逐步向世界开放。在这样的环境下，经济学研究也提出币值不能一味贬值，而要在商业社会中升值的新思路，自 1994 年我国实行钉住美元的固定汇率制以后，人民币汇率曾长期处于低估状态，鼓励了低端出口部门发展，产业结构升级因此受到抑制（黄卫平、丁凯，2006）。从数据中可以看出，人民币汇率在 2005~2009 年持续走强的阶段，对国际贸易影响以及对产业结构转型的倒逼（张会清，2015）。从这些研究中可以看出国内经济与币值变动的关系，同时见证了对工业社会币值从汇率方面研究向平台角度转变的新思考。

当然在工业社会，也有很多经济学研究关注汇率与资产价格之间的关系，这方面研究为人气影响学中币值变动引发资产价格升值的原因提供了研究方法的支持，运用经济学方法证明了其内在联系。

在房价方面，实际汇率作为决定房价的变量之一，经常出现在有关房价的国外研究文献中。有研究分析了人民币升值对房价上涨的影响（谭小芬，2013），其影响关系如图 4–15 所示。

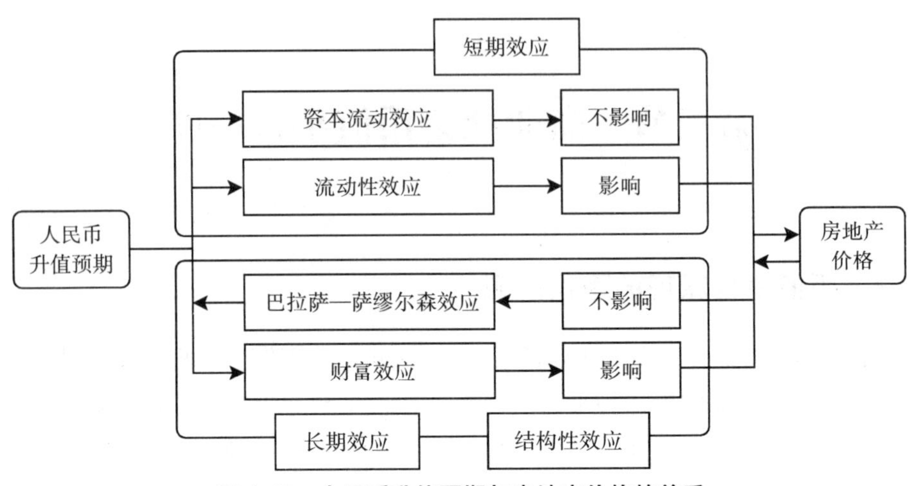

图 4-15　人民币升值预期与房地产价格的关系

从图 4-15 中可以看出，人民币升值预期引起了热钱流入，但热钱流入的"资本流动效应"并不明显，即热钱流入房地产部门并不能在短期内显著影响房价；随着热钱流入引发的"流动性效应"，在短期内能够影响房地产价格波动。同时，人民币升值预期会通过"结构性效应"中的财富效应[①]渠道对房地产价格产生长期性影响，但"结构性效应"中的"巴拉萨—萨缪尔森效应"[②]并不明显。从经济学对于房价研究的过程中可以看出，主要是从热钱流入等角度解释房价上升，但没有从比较价值的角度解释长期的投资。

在币值变动对物价的影响方面，首先要明确，经济学中对于物价方面的研究更多地集中于 CPI。从国外研究方面看，多数研究证明汇率与国内物价水平关系不大。研究证明，美元汇率波动对美国除食品和能源之外的进口产品价格都有显著的影响，但对这些产品的国内消费者价格的影响并不显著（Wing & Peter, 1984）。Takatoshi（2005）运用向量自回归模型（VAR 模型）对东亚国家的汇率与消费者物价指数（CPI）进行研究，得出汇率对消费价格的影响较为微弱。Ghosh 和 Rajan（2008）运用二步协整法研究泰国与韩国的汇率与它们国内物价水平之间的关系，得到泰国的汇率变动对国内物价的影响效果要大于韩国。还有人基于

① 财富效应是现代社会发展过程中提出的新理念，指某种财富的累积存量达到一定规模后，必然产生对相关领域的传导效应或者是控制效应。

② 巴拉萨—萨缪尔森效应是指在经济增长率越高的国家，工资实际增长率也越高，实际汇率的上升也越快的现象。

一般价格均衡模型，对加拿大汇率与其进口价格进行研究，得出汇率的变动对于进口价格有较大的影响，但对通货膨胀的影响较小（Bouakez & Rebei，2008）。在国内研究中，关于人民币汇率对国内物价水平的影响，卜永祥（2001）证明汇率变动对物价水平的长期影响较为显著，而短期动态影响则很微弱；毕玉江、朱钟棣（2006）认为，汇率对国内消费者价格的传递是不完全的。从这些研究中可以看出，币值变化与通货膨胀的关系不大。人气营商学研究的投资问题，是研究币值变动影响投资的方面（主要是金银等贵金属市场、大宗商品市场等具有投资属性的物价），而不仅是研究消费品市场的购买。

经济学中对于币值变动对股价的影响研究中，Taylor 和 Tonks（1989）综合英国、美国、德国和日本的数据，得出各国外汇管制的废除与股票市场的增长没有明显的联系，证明了外汇管制的废除能够带来股票市场增长的假设不成立。在此基础上，有些学者运用 1977~1989 年和 1988~1992 年数据得出股票市场走势与美元坚挺正相关（Chow et al.，1997；Rol1，1992）。同时，汇率波动幅度越大，本国股市的波动越剧烈，说明本国股票市场和外汇市场回报是正相关的（Kyung-Chun Mun，2007）。

从股市和汇市的价格波动上看，多数研究认为存在汇率到股票市场的单向因果关系。Ajayi 和 Mougoue（1996）通过对 8 个发达国家一年的汇率与股票市场的跨时分析，得出的结论是：从短期看，本币的升值对股票市场有促进作用，而从长期角度考察则有一定的负面作用。Apte（2001）利用 EGARCH 模型研究印度的名义汇率与股市波动性时，发现存在由外汇市场到股票市场的正向溢出，反之则不然。Abul F. M.（2003）在考虑汇率与股票价格之间相关性的条件下，对澳大利亚股市与美国和日本股市之间的一体化进行了研究，该研究发现汇率变化对股票回报有影响，但反之则不成立。Ming-Shiun Pan（2007）对亚洲 7 个国家和地区 1988 年 1 月至 1998 年 12 月外汇市场与股票市场的因果关系进行研究，认为在东南亚金融危机之前，中国香港、日本、马来西亚和泰国的汇率变化对股票市场具有引导作用，在金融危机期间，这 7 个国家和地区的股票市场对外汇市场都没有引导作用，但除了马来西亚之外，其余国家和地区汇率变化对股票市场具有引导作用。从以上研究中得出，汇率变化在商业社会单向影响股价变动，两者在幅度和方向上正相关。

（二）营销学来源

营销学和经济学的区别在于，经济学主要是研究人类行为及如何将有限或者稀缺资源进行合理配置的社会科学。营销学最关键的是实现交换，实现个人和组织的需求。经济学重在配置，而营销学重在交换。人气营商学的营销学基础就是顾客营销学。

从美国营销专家劳特朋教授在1990年提出与传统营销4P理论相对应的4C理论后，以顾客为视角的研究在营销学中越来越多。其中的成本对策为币值对策奠定了很好的研究基础。成本对策中的成本，不单是企业的生产成本，还包括顾客的购买成本。顾客购买成本不仅包括其货币支出，还包括其为此耗费的时间、体力和精力，以及购买风险。这些总花费成为了顾客价值研究中分子溢利的分母。

顾客在购买某一商品时，除耗费一定的资金外，还要耗费一定的时间、精力和体力，这些构成了顾客总成本。所以，顾客总成本包括货币成本、时间成本、精神成本和体力成本等。由于顾客在购买产品时，总希望把有关成本包括货币、时间、精神和体力等降到最低程度，以使自己得到最大限度的满足，因此，零售企业必须考虑顾客为满足需求而愿意支付的顾客总成本。顾客营销中，4C对策中的成本对策就是为了努力降低顾客购买的总成本。如降低商品进价成本和市场营销费用从而降低商品价格，以减少顾客的货币成本；努力提高工作效率，尽可能减少顾客的时间支出，节约顾客的购买时间；通过多种渠道向顾客提供详尽的信息，为顾客提供良好的售后服务，减少顾客精神和体力的耗费。

币值与成本含义最重要的联系是以货币为职能所带来的。货币的价值尺度职能直接将币值与资产的价格联系起来。在目前这种全球投资和资产配置的环境下，所持货币的币值直接决定了投资成本和交易成本。所以币值对策在营销学思维框架中就是降低资产投资的交易成本和投资成本，以更好地实现投资。

顾客营销成本对策提供的思维是顾客在购买过程中，基于顾客的VOC（选择标准）、买点、卖点的购买就是低成本（绳鹏，2008），也就是说顾客为了获得更多溢利，并不是价格越低越好，顾客的偏好决定了顾客购买，爱喝酒的人不嫌酒价高，不喝酒的人对于酒价没有概念，无从谈及成本，一定要将合适的产品卖给合适的顾客。在这一思维的影响下，币值平台的趋势上升，对于资产价格的影响并非全面影响，对于房价、物价、股价的影响程度绝对不会相同；币值平台趋势发生逆转，对于资产价格的影响也会不相同。这些都是本章应该研究的内容。

商业社会中，一个企业或组织就是一个平台，平台的高低和趋势的变化，影响人们对于该平台的投资，平台概念逐渐取代品牌概念，但国家平台是最大的平台，影响各个小平台的趋势和发展，而国家平台的核心体现就是币值平台，这些都是传统营销理论对于币值平台对策的启示。菲利普·科特勒在《国家营销》中说过，“国家可以像一家企业那样来经营”。营销为币值平台的思维提供了借鉴，从国家层面来讲，国家形象的认知不应拘泥于国家企业层面，而应放在国家的价值投资上。同时，由于币值已经跨越国家的局限，从而成为一个平台，因此投资人选择投资的是平台形象。平台形象是投资者对币值平台的比较价值的总体感知，是基于他们对于该国或者该地区的市场基本面和资产价格增值预期的一个认知判断。

二、商业社会币值平台原理

（一）基本原理

商业社会币值平台原理主要指资产价值的心理预期和平台趋势的关系。因为在商业社会中，币值已经跟其身后的平台结合在了一起，币值即平台，平台即币值。心理预期是币值平台原理的核心，其作用机制如图 4–16 所示，商业社会中资产价格的心理预期直接影响币值平台的大小以及变动方向，平台的变动情况修正投资者的心理预期，两者相互作用。

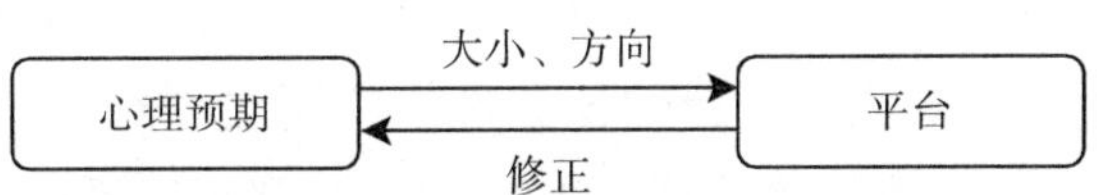

图 4–16 币值平台原理的作用机理

资产价格的心理预期可以影响平台的大小和方向，因为对于一种货币而言，该国资产价格倍增，为了投资该国资产，愿意使用该种货币的全球投资人越多，那么这个币值平台越大。最好的例子就是欧元，投资人看好欧元区资产价格，欧元区的货币统一，平台做大，直接改变了以前各国平台的状况。德国马克、法国法郎这些货币原有的平台只能依托于自己的国家，而当欧元区统一货币后，欧元背后的平台就是所有欧盟成员国。随着欧元在国家收支中的地位提高，愿意加入欧元区的国家越来越多，整个欧元区的平台越来越大。同理，如果整个国际社会对欧元区资产价格的心理预期不看好，欧元背后的平台就会出现问题，就会出现“英国脱欧”这样的情况。这个原理正是目前欧盟成员国间的关系备受挑战的原因，这恰恰证明了资产价格心理预期对于平台大小和趋势的影响。

同样，平台的大小和趋势变动的方向也会影响资产价格的心理预期，对于资产价格的心理预期影响可以从汇率方面的研究入手。在国际金融市场上，外汇价格很大程度上是由多、空方的势力左右，而多方、空方的势力又受投资者对汇率走势判断的影响，当交易者预期某种货币的汇率将会上涨时，他们会大量买进；反之亦然。也就是说，如果人们期待外汇有某一个长期的均衡价格，那么他们就会采取相应的投资策略，而这种大进大出的投资策略的变动，往往影响外汇的现货价格向这个方向移动，这些都是金融学研究的重点，人气营商学研究币值平台突破心理关口对于资产价格的心理预期产生重大影响，币值变动意味着平台的变动。所以投资人对于资产价格——房价、股价、物价“三价”的心理预期发生倍增（减）的跳跃影响，是营商学研究的重点。

（二）币值作为平台研究的逻辑

要理解币值是一种平台，必须要理解币值作为平台的逻辑。

首先，币值平台是人气关注平台的一种，人气研究平台的范围很广泛，通过前面的分析，不难看出只有币值平台是投资人投资一个国家或地区最为关注的平台，币值平台是一个国家或地区价值创造的综合实力的体现。通过房价、物价和股价的研究，也能证明币值作为商业社会国家和地区平台研究的正确性，如图 4-17 所示。如果不是研究“三价”这一核心人气线，可以用其他平台进行研究。如教育就可以通过“双一流”的平台进行研究，但教育是商业社会的社会价值内容，没有币值平台，“双一流”平台的社会价值就无法创造，“双一流”的教育平台也无法实现，同时教育的“双一流”平台建设，有利于币值平台的研究，没有教育的“双一流”平台建设，研究币值平台可能缺少动力。对于不同的研究内容，所选用的平台不同。因为本书研究人们最为熟悉的房价、物价和股价“三价”，所以选择用币值作为平台研究。

其次，币值平台是最被投资人熟知和关注的平台。对于全球投资人来说，投资过程中都会涉及货币的转化，尤其是要选择更为深入的投资时，如投资该国的股价、物价和房价时，币值最能反映全球投资人信心的综合判断。

最后，币值经过工业社会的汇率研究，最能被投资人熟知和理解。通过汇率的研究，使币值可以被数量衡量，而其他很多平台无法用数量描述。所以，为了研究商业社会的“三价”，选择币值为平台并研究其作为投资对策至关重要。

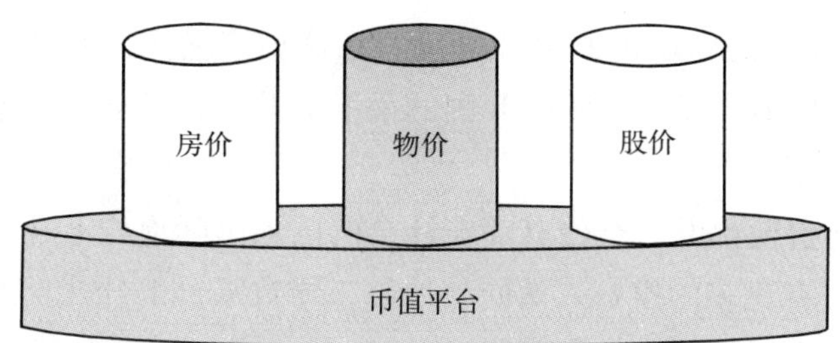

图 4-17 币值平台与房价、物价和股价的关系

（三）心理预期变化的内在含义

因为资产价格的心理预期是币值平台原理的核心所在，所以要明确心理预期的变动实质是商业社会比较价值的变化。如果没有比较价值的变化，则人们把币值当成汇率的认知习惯很难改变。随着时间的变化，一个平台的商业价值会随着平台之间的相互比较而发生改变。当商业价值发生改变后，则意味着各个平台间的比较价值发生了变化。

比较价值的变动过程如图 4-18 所示。在商业社会国家中，选择两个进入人们视野、可相互比较的国家 A 和 B。纵坐标表示商业价值量，横坐标是年份。随着时间的变化，A、B 两国的商业价值量是不同的。在初期（1980 年），A 国的商业价值量跟 B 国相比有比较价值。因此人气关注 A 国，A 国的币值比 B 国高。

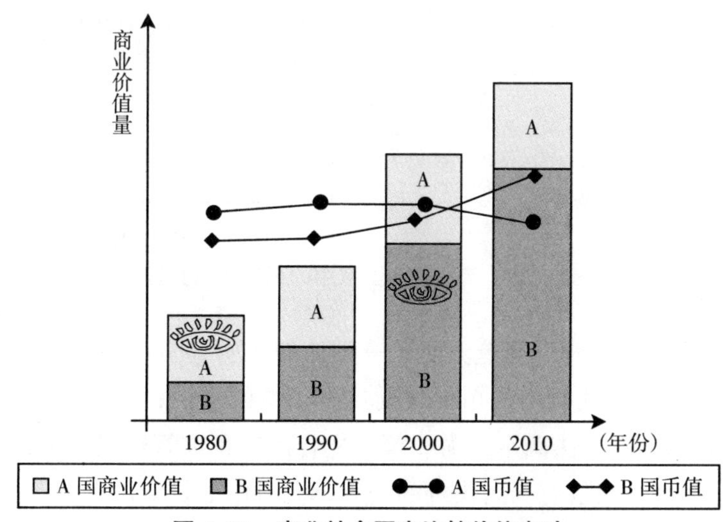

图 4-18 商业社会国家比较价值变动

到了 2000 年，B 国的商业价值超过 A 国。在这种情况下，人气关注也会发生改变，B 国的比较价值凸显，从而使 B 国的币值上升，超过 A 国原有的地位，B 国的币值平台提高了。

B 国的商业价值提升，会使其商业社会的国家国际地位上升，该国货币的币值平台会提高，有更多的投资人认同其地位，导致平台上升。反之，一国的商业价值增速变缓也会导致平台短期下降。

（四）平台类型特点及适用对象

币值的平台原理，在研究过资产价格倍增（减）的心理预期后，就要研究币值平台类型、平台趋势对于资产价格的影响到底有多大。若平台趋势变化不能带来资产价格的倍增空间和速度加快，则人气关注度大大下降。币值平台主要分为四种类型。这四种类型从人气关注度划分，分别是“瘦狗”平台、“问号”平台、“金牛”平台和“明星”平台，如图 4–19 所示。

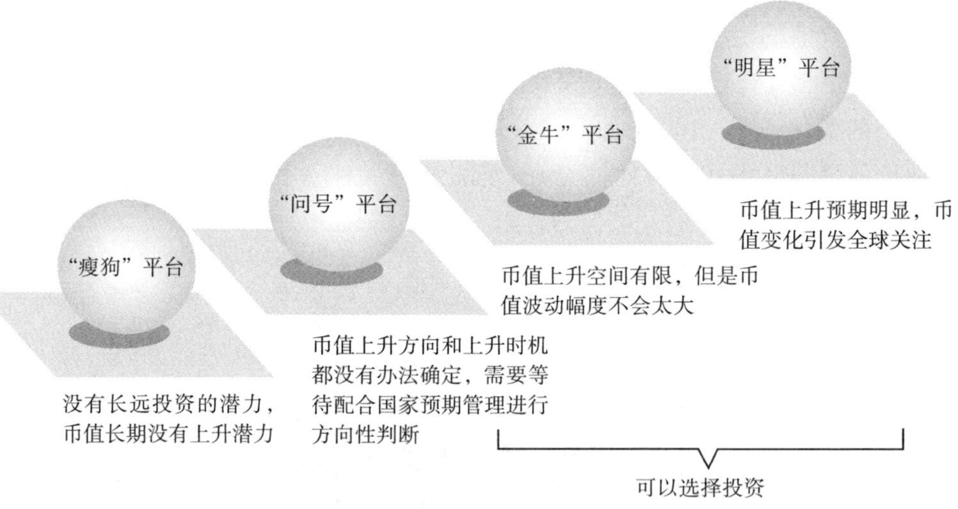

图 4–19　商业社会国家中的币值平台类型

“明星”平台即币值上升趋势明显，币值变化引起全球关注的平台；“金牛”平台是指币值上升空间有限但币值波动速度较快的平台；“问号”平台是币值上升方向和时机都没有办法确定，需要等待配合国家预期管理进行方向性判断的平台；“瘦狗”平台是指没有长远投资的潜力，同时币值长期没有上升潜力的平台。

在这四种不同的平台中，有三个币值平台值得投资，分别是“明星”平台、“金牛”平台和“问号”平台。因此应研究这三个币值平台的特点和适用对象。

每个投资人都要结合自己的投资偏好选择不同的平台进行投资。同时，平台自身可以根据不同的平台特性选定平台目标。

1.“明星”币值平台

特点：“明星”币值平台首先是长期币值变化趋势上升，而且上升迅速，是商业社会的引领者。由于“水涨船高”的原因，该国的所有资产价格都会上涨，所以对投资者来说可以投资该国的“三价”，从而实现自身价值倍增。由于币值的上升，该国必须进行新的价值创造，否则将出现币值下降的情况，影响该国在商业社会中的地位。随着币值的上升，在这个货币平台的国家和地区，世界级富豪产生的比例也会增大，社会阶层变化较为剧烈。

适用对象：对于资产升值有要求的投资者；希望在短时间内资产快速升值的投资者；有较好的心理承受能力，可以承受资产价格双向波动风险的冒险投资者；创新和创业者。

2.“金牛”币值平台

特点：币值长期相对稳定的币值平台，持有商业社会领导平台货币，以保持自己币值平台的稳定。因此，这种币值平台与所持外汇较多的平台的经济关联性较大。该货币平台不可能持续引领世界的发展，它属于商业社会中的跟随平台，会有自己跟随的币值平台（往往是“明星”币值平台）。这种币值平台的投资收益非常稳定，波动幅度有限，因此资产价格上升的空间有限。富豪级人物产生的数量逐渐减少，“金牛”币值平台出现新增富豪的比例相对较低，社会阶层变化较为稳定。

适用对象：避险资本可以进行投资，以保持稳定回报，适合保值需求的投资者。不适合想谋求更大资产升值空间的投资者。对于拥有较大规模的资产的财富拥有者，这些国家正是他们用来配置需要避险的安全资产的首选地。

3.“问号”币值平台

特点：短期内币值变动的方向不能确定，可能出现短期下降或者相对较长时间的币值稳定。“问号”币值平台的表现和未来的心理预期，需要通过观察来判定。但该平台的币值处于低位，有上升的空间。可以用较低的成本持有该国的资产，有效避免“明星”平台的双向波动风险。

适用对象：希望获得价值升值且愿意等待的投资者。需要有敏锐的判断力和前瞻性，可以从中判断出币值未来的资产升值预期，不愿承担高资产价格双向波动风险的稳健投资者。

（五）投资人平台选择的步骤

投资人在选择币值平台的时候要遵循以下三个步骤：第一步，判断币值的上升下降趋势，有资产升值预期的货币才可以实现资产价格投资的倍增，否则发生倍减。第二步，判断空间，因为空间往往意味着投资者可以获利的最大的限度，币值上升空间小的平台只能是“金牛”或者“瘦狗”平台，对于这些平台，投资者应该根据自己的投资需求进行判断。第三步，判断时间。这里的时间强调的是整体人气线的心理周期，币值平台可以维持在“明星”平台的时间长短与人气线心理周期有关，人气关注的时间长，币值就会有较长时间的变动；相反，“明星”平台的时间长短也影响人气关注的心理周期。除了以上步骤，币值平台选择正确的关键在于对币值平台心理关口的观察。

币值平台短期趋势的形成主要来源于投资人对平台价值的判断，即判断币值平台上“三价”的倍增和倍减，从而最终决定在心理关口发生的方向性选择。倍增倍减的判断是币值平台方向、空间和时间变动的决定性因素。每个心理关口的方向性选择如图 4–20 所示。可以看出，投资人对于所投资的币值平台上资产价格的心理预期有倍增、成倍增和百倍增三个不同的空间判断。每一个重要的心理预期都会有一个心理关口的判断。因为投资人的心理要通过这些位置的币值变化来判断币值平台的未来走势。

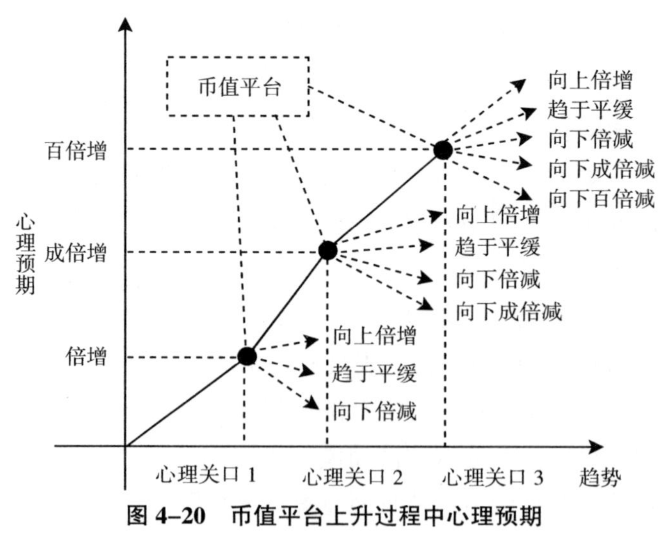

图 4–20 币值平台上升过程中心理预期

从图 4-20 中可以看出，币值平台为了达到长期向上趋势的目的会不断面对挑战。每一个心理关口都会面对一次选择。而且越到币值平台的高位时，面临的选择越多，越有百倍减的可能。所以对于上升到高位的币值平台来说，百倍减的可能性就会存在，因而更应该预防出现这种情况的可能性。同时，如图 4-21 所示，对于币值平台的变化来说，并不是每一次都会直接到达倍增或者成倍增的位置。在币值平台上升过程中，其承载的资产价格也会出现倍减、成倍减或者百倍减的情况。这是前文心理确定中提到的心理关口的表现形式，并不是与倍增、成倍增或者百倍增重合的原因。但是，倍增、倍减却是币值平台进行方向性变化的重要关口和判断依据。之所以会出现平台的方向性判断，是因为其对倍增（减）、成倍增（减）和百倍增（减）需要进行判断。

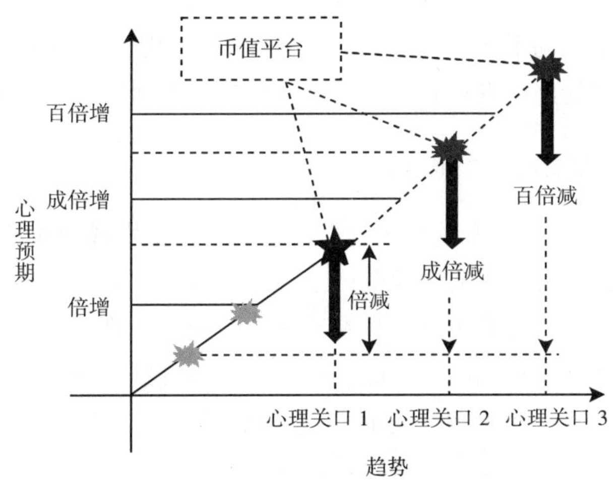

图 4-21　币值平台趋势突破的心理预期

（六）商业社会币值平台的目标

对于商业社会的币值而言，为了引发全球投资人的投资，都希望实现其在商业社会中最具吸引力的平台目标：长期趋势上升，短期波动调整。这种平台目标主要是使货币平台成为“明星”平台。币值实现长期趋势上升的原因主要是可以使该国一直处于人气矩阵中的“明星”地位，吸引全世界的投资。币值趋势上升意味着支持该平台的国家和地区在商业社会实现了价值创造。从日本和拉美的过往历史可以看出，短期上升很可能使一个国家掉入中等收入陷阱。[①] 所以，只有长期币值趋势上升才能保证该国在商业社会的领导地位。

但币值平台趋势上升的过程中，必然也有下降的时候。这就会出现币值平台趋势下降的现象，这时币值平台就要及时配合人气、金钱、权力对策来合理地应对，让人气不要离开本国或本地区的币值平台，让币值下降时间缩短，幅度减小。同时，运用金钱杠杆或者权力契约引导投资者发现比较价值，并不断创造新的比较价值。2015 年，中国币值平台下降，国家利用金钱杠杆对策使股市上涨至 5178 点。总而言之，增加投资人对币值平台重要心理关口突破的难度，从而赢得币值趋势向好的时间，降低币值平台趋势下降空间放大对一国或地区投资的不利影响。币值出现短期波动调整原因有两个：第一，防止国际单边套利，引发本国的金融危机，所以币值平台从单边上升变为双边波动。第二，适应商业价值创造的心理预期和各种对策的综合运用，防止该国在人气关注中的币值平台高估与本国国际经济地位的不匹配。高估币值平台不但为国际"游资"做空打压埋下隐患，也会对一国的经济发展和商业社会进程带来不利影响和风险。

三、币值平台趋势上升选择

（一）币值平台趋势上升的时机选择——工业经济发展到顶部

为了避免币值平台高估或出现资产泡沫、币值平台支撑崩溃的危险，币值平台趋势上升时机的选择尤为关键。只有该国从工业社会进入商业社会，币值平台趋势上升时机选择才是正确的。因此，在工业经济发展到顶部时，才是币值平台趋势上升的最佳时机。要判断工业社会是否发展到了顶部，有两个重要的标准：一是经济发展速度变缓；二是经济总量达到世界前列。

关于经济发展的速度，对于不同的国家而言，由于各国的现实情况不同，是一个比较的概念。经济发展速度放缓，是将一国国家经济发展数据放在时间的纵列上分析，从而比较出这种差别。如表 4-2 所示，通过比较可以看出一些国家进入增速较缓时期的时间截点。1820~1870 年是英、美两国在 19 世纪经济增长最快的时期，英国的 GDP 增长率仅为 2%左右，美国的 GDP 增长率略高于 4.2%。而 1978~1992 年，中国年均 GDP 增长率为 9.5%。这说明由于各国经济发展的路

① "中等收入陷阱"（Middle-Income Trap）最初出现在世界银行发布的研究报告中，指发展中国家在经济发展过程中面临重重阻力，特别是从落后国家进入中等收入国家以后有可能失去发展动力，陷入长期经济停滞（Gill & Kharas，2007）。

径不同，因此没有一个统一的指标表明一个国家经济增速放缓，需要寻求新的增长路径。

表 4–2　德国、日本和韩国的经济增长率

	阶段	对应年份	GDP 年均增速（%）	工业增加值/GDP（%）	城市化率年均增速（%）
德国	高速	1950~1969	7.9	35~53	1.02
	中速	1970~1979	3.1	53~30	0.16
日本	高速	1946~1973	9.4	20~46	0.98
	中速	1974~1983	3.7	46~30	0.32
韩国	高速	1953~1995	8.0	15~43	1.30
	中速	1996~2008	4.6	43~37	0.25

另一个标准是经济总量到达世界前列。对于不同体量的经济体而言，不一定都是可以达到世界前三的经济总量水平，但总体上说，一个国家经济水平只有到达世界前列，才可以说工业社会发展到了顶端。这里之所以不用人均来衡量是因为对于一个人口较少的国家而言，有可能因为经济发展水平高，使其 GDP 总量位居前列，而总量可以代表国家总体经济实力，这也是中国经济发展快的原因，人口多，总量增加快。如 1973 年，美国、西欧和日本这些发达经济体人口占世界总人口的 18.4%，但 GDP 却占世界 GDP 比例的 58.7%，这就说明它们到达了世界前列。2017 年世界银行报告发布的全球各个国家的 GDP 数据显示，全球 GDP（国内生产总值）总量达 74 万亿美元。其中，总量排名第一的美国占比 24.32%；第二为中国，总量占比 14.84%；第三、第四分别是日本、德国，各占比 5.91%、4.54%。经济总量不足的国家可以进入商业社会，但难以引领世界，很难进行商业大国之间的角逐。

（二）币值平台趋势上升的情形选择

商业社会的国家都会希望自己的币值平台可以长期上升，这在上文中已经做了详细的说明。因为不论是发展新的平台还是加入平台，国家和地区的原有币值平台都需要支撑。支撑对于平台来说至关重要，没有支撑，平台就是空中楼阁。支撑意为抵抗住压力使平台不倒塌。价值支撑是币值平台可以上升的关键，没有价值的支撑，币值平台就不会上升。如图 4–22 所示，重要支撑、普通支撑和弱支撑三种不同的价值支撑，支撑着平台的发展。

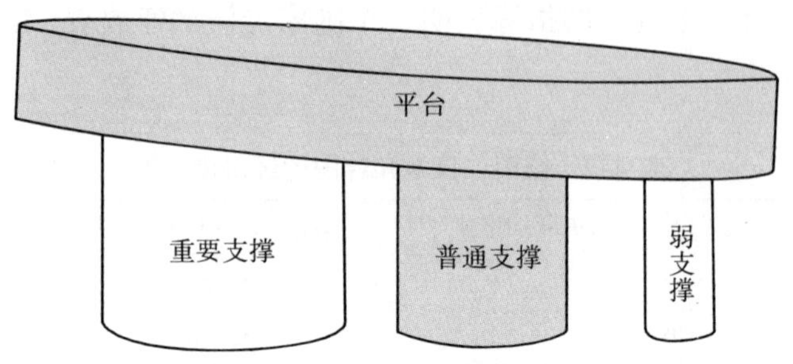

图 4-22　币值平台与价值支撑的关系

重要支撑可以支撑币值平台长期上升，普通支撑可以在一定时期内支撑币值平台上升，弱支撑指使币值平台上升空间受限的支撑。价值支撑的内容根据不同的比较价值分级因素可以进行不同的划分，如可以分为文化价值支撑、经济价值支撑和社会价值支撑。也可以用代表投资标的的"三价"填充其内容。下文从三个方面对币值平台的价值支撑和币值平台趋势方向的表现进行分类介绍。

1. 情形 1：币值平台长期上升——重要支撑（见图 4-23）

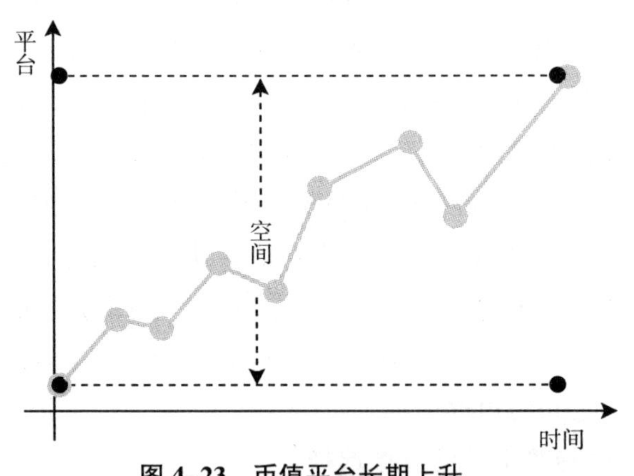

图 4-23　币值平台长期上升

情形 1 的币值平台长期上升趋势：时间长，空间大。

优点：有较长的上升周期，可以实现多次价值创造。

缺点：波动较大，币值变化频繁，不易把握。

适用：商业社会领头羊国家。

要求：该国需要载体和创新配合。在有平台和专业的同时，还需要有规律创新、技术创新和思维创新的能力，思维创新是更大的价值支撑，这样就可以扩大币值上升的空间。重点是延长时间，扩大空间。

并不是所有的国家都可以实现长期的币值平台上升，纵观近代历史，只有美元实现了相当长时间的上升。美元的币值平台上升主要是因为国际资本对于美国的比较价值投资。这是在各种商业社会的国家（如欧洲各国、日本等）中比较得出的币值平台上升，是美国经济及综合实力的表现，这种上升是一国为了赢得商业社会国际地位和名誉，不断地创造价值，所产生的币值上升。

2. 情形二：币值平台在一定时期内上升——普通支撑（见图 4–24）

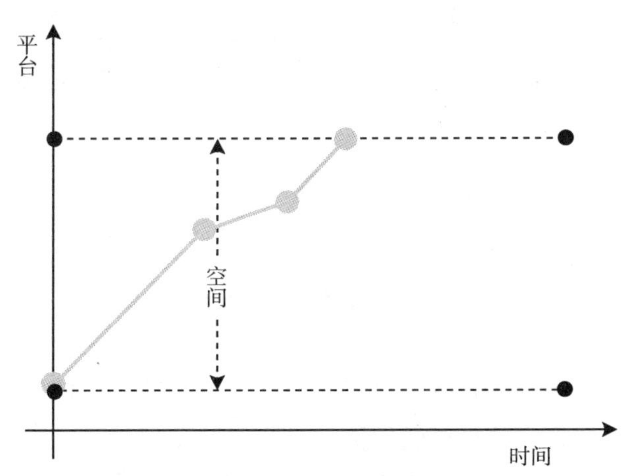

图 4–24　币值平台在一定时期内上升

情形 2 的币值平台上升总体趋势：时间短，空间大。

优点：时间损失少，可以较快地实现资产增值。

缺点：波动速度快，容易被国际游资套利，不持续。

适用：小的商业社会国家，可以较快完成币值平台趋势的上升。

要求：防止币值平台上升过快，国内出现通货紧缩现象。防止币值平台上升过快后的短期平台下降，引起该国家退出商业社会国家，落入中等收入陷阱。

这种情形比较常见，例如阿根廷的"拉美奇迹"正是由于大量外资的流入、宏观经济形势的好转和经济改革释放的能量，使阿根廷经济在进入 20 世纪 90 年代后取得了较快的发展。1991~1998 年的 8 年内，只有 1995 年为负增长，因此这一阶段的平均增长率仍然达 5.8%，高于拉美的平均水平（3.5%）。这些引人注目的成就一度使阿根廷成了国际社会褒扬的对象。但是从 1999 年起，阿根廷经济却陷入了困境，阿根廷货币被高估，货币体系崩溃，政府允许发行的货币

“代用券”都不足以解决这一问题。阿根廷失去了在那个时期成为商业社会国家的机会。

3. 情形 3：币值平台上升空间受限——弱支撑（见图 4–25）

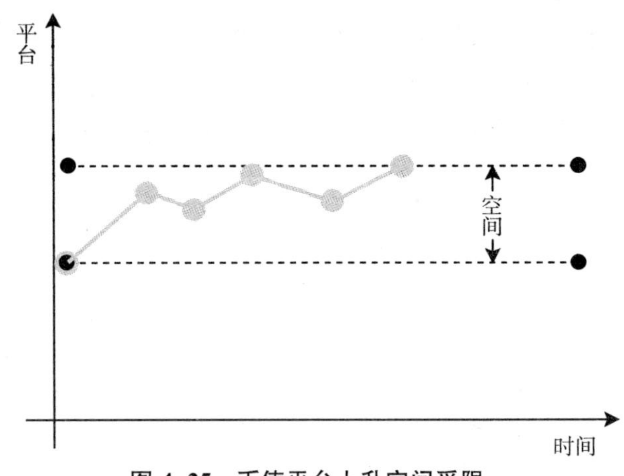

图 4–25　币值平台上升空间受限

情形 3 的币值平台上升总体趋势：时间长，空间小，波动相对稳定。

优点：相对稳定，易于投资保值。

缺点：波动不大，上升空间不大。

适用：跟随商业社会领头羊国家的其他商业社会国家。

要求：选择正确的跟随国家，防止跟随比较价值下降的国家的币值平台。

币值平台上升空间有限的国家也很常见，对于一些在工业社会已经发展较好的国家（例如英国、法国、德国等），币值已经在相对高位，即使加入欧元区后币值平台上升的幅度也有限，所以对于这些国家而言，只能跟随商业社会领导国家。新西兰元也是同样的情况，由于新西兰的平台和专业的限制，新西兰币值平台只能保持在相对稳定的态势，不会有较大的上升空间。

（三）保持币值平台长期上升的方法

如图 4–26 所示，为了保持币值平台的长期上升，主要有四种方法，每种方法使用的时期不同，不同的国家和地区可以根据不同的时期分别使用这四种方法保持币值平台的长期上升。

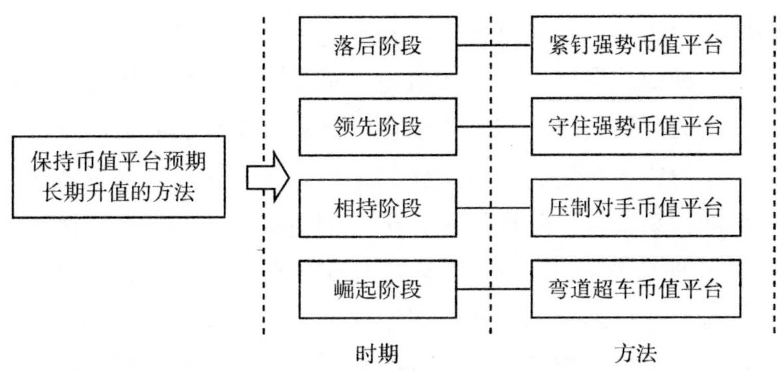

图 4-26　保持币值平台长期上升的方法

方法一：紧钉强势币值平台——落后阶段。并不是所有的国家都可当商业社会的领头羊国家，对于一些国家而言，要想长期保持币值上升，就要紧钉强势国家的币值。这种紧钉强势货币的方法是在自己的货币价值跟强势货币价值之间保持一种相对稳定的比值关系。像欧元的起源就是欧盟各国为了使各国货币之间有一个相对稳定币值关系而方便贸易和结算。成立初期，欧盟中一些经济相对弱势的国家会紧钉英、法、德等强势国家的货币，以保证币值平台趋势的长期上升。

方法二：守住强势币值平台——领先阶段。守住的含义是当本国货币成为强势货币后，不能让别国货币超越本国货币。在众多进入商业社会的国家中，总有一些国家的币值受到所有投资人，甚至可能是全社会的投资人的高度关注，美元就是一个很好的例子。正如尼克松总统时期财政部长约翰·康纳利（John Connally）那句名言“美元是我们的货币，但是你们的麻烦”。美国通过“美元战争”加息和 QE 等方式，守住自己的地位。

方法三：压制对手币值平台——相持阶段。压制对手的含义是在有别国货币挑战自己货币地位时，要进行压制。如果不压制就会出现被赶超的情况。英镑发现其作为世界货币地位的衰落，与其 1931 年、1949 年、1967 年的主动大幅贬值以及 1992 年被迫退出欧洲货币体系密不可分。而最近 10 多年来，日元国际化停滞不前甚至有所倒退，也与日本经济失落的 20 年和货币金融政策的失误密切相关。所以说在商业社会中保持本国币值的强势地位是各国金融工作中的重要目标。随着布雷顿森林体系解体后多年的金融发展，国际社会中的各个国家都在努力争取美国衰落后的国际地位，但美元成功地压制住了对手。

方法四：弯道超车币值平台——崛起阶段。弯道超车也是另辟蹊径的一种发展模式。在国家和地区的发展过程中，并不仅仅是比较双方的静态模式。在比较过程中也存在一种变速发展方式，弯道超车就是这样一种发展方式。弯道超车主要包含两种不同的发展策略，前期要求在发展过程中对已有成功发展经验国家的发展方式进行模仿或者跟随，采取这样的策略以减少探索发展模式所带来的“弯路”成本。后期，采取另辟蹊径的方式选择创新的发展路径，不能继续模仿，必须特立独行，实现弯道超车。2018 年美元多次加息，中国采取独立的做法，没有跟着美元加息。弯道超车的关键是对币值平台能找到创新点，如果没有可以创新的方式，那么就无法实现币值平台的变速上升。创新的思维逻辑也是实现币值崛起的核心所在。“亚洲四小龙”中的国家和地区、东盟成员国以及中国都采用了这种模式。

四、币值平台趋势的把控调整

（一）币值平台趋势上升调整的类型：主动和被动

对于商业社会的国家来说，币值平台趋势上升中的调整分为主动和被动。主动调整是指一国通过金钱和权力对策的调整，对币值的短期方向变动产生影响。被动调整国际资本间的比较价值流动，是指国际社会决定的方向性变动。

一国之所以会出现被动调整，主要有四个可能原因：第一，为了拓展空间，当该国币值上升空间有限时，就会有一些投资人撤离对该国的投资从而造成币值的调整。第二，投资人为了寻求价值倍增，投资了其他国家。第三，币值的比较关系变化，币值由于上涨处于高位，会有下跌的势能，使其出现调整要求。第四，比较价值流动，这可能是因为一国资产比较价值凸显。有新的国家出现价值洼地，投资人会购买该国的资产，从而引发币值被动调整。

当一国货币处于高位时，用该国的货币购买其他国家的资产就会比较便宜，这时就会出现资本外流的情况，如果该国不进行新的价值创造，该国的人气就会逐渐离开。如果可以实现新的价值创造，那么该国的人气就不会离开，在短暂调整后又会引来新一轮上升。对于一个已经进入商业社会的国家而言，必须积极应对被动调整，因为被动的调整如果不谨慎应对，很有可能变为长期趋势。

相对而言，主动调整要好得多，币值适度主动调整有助于更好地防范金融风险。主动调整要明确调整时机，一般调整时机有三个，分别是长期单边上涨或下跌时、关键的认知关口和币值偏离时。调整也要结合金钱对策和权力对策，但最关键的环节是把控币值平台下降趋势。

（二）把控币值平台下降趋势

币值平台趋势的改变会带来资产价格倍增（减）的心理预期，从而影响该国经济、金融的方方面面。主动性的币值平台趋势调整容易把控，被动调整如何把控，主要取决于其对一国的经济增长、货币供应、通货膨胀、外汇储备、政府政策、国际政治经济形势的预测和估计等。在外汇市场上，短期流动资金的数额非常巨大，投机性很强。这种短期投机资金对各国的政治、经济、军事形势等都十分敏感，稍有一点风吹草动，就会改变资金的流向。所以任何一点市场信息都可能改变市场心态和人们的市场预期，从而影响外汇行情。现实经济中，很难运用传统理论预测国际金融市场汇率的走势，大量的实证检验结果也表明，传统汇率理论的解释能力十分低下，尤其对短期内的汇率变化，预测能力甚至都不如简单的随机游走模型。此处借鉴影响汇率的因素研究的思路，展开把控币值下降预期的研究。

想要把控币值的下降预期，实现保平台的目标，主要有三个步骤。一是找到平台的重要价值支撑，控制币值下降预期的核心是了解影响币值预期的重要价值支撑。二是在实践中动态寻找平台价值支撑的指标体系，因为除了重要价值支撑以外，还会有不同的指标影响平台的下降趋势，应想方设法守住重要心理关口，增加突破心理关口的难度，如人民币近期的“7”就要坚决守住。三是选择对应控制手段，面对不同指标要选择不同的把控手段，从而把控币值平台的下降趋势。

影响币值平台趋势价值支撑的指标体系，主要分为内部指标和外部指标两大类 4 个方面。内部指标分为经济指标和政治指标；外部指标分为国际经济指标和国际政治指标。指标的具体内容如图 4-27 所示。

在知道这些影响指标后，要根据不同的指标选择不同的控制对策。控制这些影响币值平台趋势下降的指标，目标是提升投资者信心。其具体方式如图 4-28 所示。

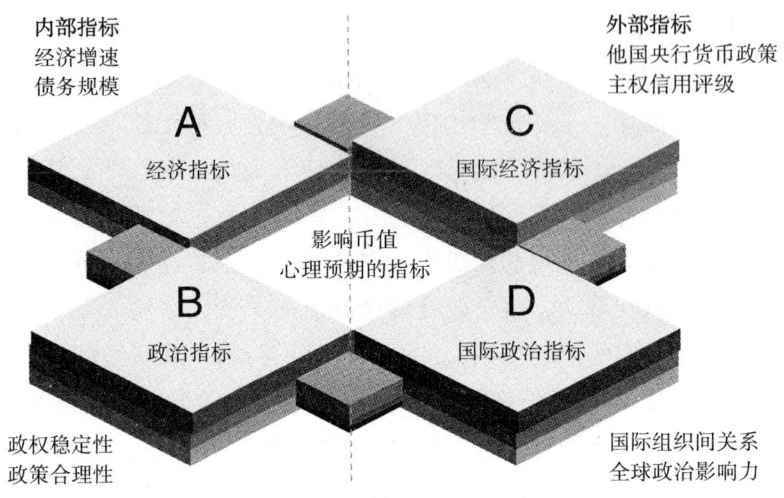

图 4–27　影响币值平台的价值支撑

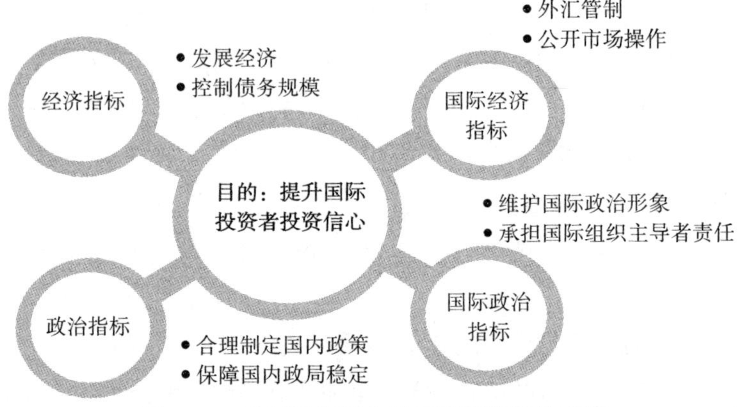

图 4–28　控制币值平台被动调整趋势的对策

第四节　币值平台变化的价值创造

一、币值对策的研究对象

本章之所以称为币值对策，其研究重点在应对上。币值的变动是一系列复杂的过程，其结果是市场信心和投资者多空看法博弈的最终结果。因此，全世界投资者，从国家到个人，如何应对币值变动是本章的研究重点。

在现阶段，由于世界各国转型为商业社会的进程不同，一些国家仍处于工业社会，即该国仍处于满足需求阶段，因此货币还不具备币值平台的职能，该国币值仅仅在市场购买中起到汇率作用，还处在需求购买的研究阶段，无法研究其价值投资，这时人气营商学还不适用于该国。是否为商业社会国家成为四大对策是否适用的首要判断依据。

从国家层面上看，币值对策的意义在于使一个国家和地区保持自己的平台高度，让其币值符合商业社会发展的新要求，从而实现币值在商业社会的长期上升趋势。还要防止资本外流[①]和资产泡沫[②]破灭。

从个人投资者角度出发，币值对策可以帮助投资者在价值投资上更具投资选择能力。紧跟资产增值的脚步，合理选择投资标的，选择合适的投资国家和对象。面对币值平台趋势上升过程中的不同情况，资产价格上涨的速度和变动方向不同，房价、物价和股价在不同的币值变化类型下都会有较优的投资对策。所以，对于投资人也会有比较价值更高的具体建议。

如果一国的币值平台进入长期上升的通道，意味着该国受到了投资人的人气关注，且长期的上升也是投资人气聚集的一个重要原因。在币值趋势上升正反馈机制中，会对投资人价值发现和价值创造提出新的、富有挑战力的要求。因此币值对策在微观层面上对所有投资人都有重要意义。

二、商业社会币值变化的类型

商业社会中币值类型对于投资者投资不同的资产类型有很大的影响，不同的币值状态下“三价”的反应也不相同，所以首先要进行币值变化类型的划分。商业社会中币值变化从持续时间和变动方向上划分。这种划分方式把币值变化分为6种不同的类型。长期和短期是个模糊概念，是由比较产生的，如果持续一个方向波动的时间相较于之前的持续时间短，这种波动就属于短期波动。

在这几种类型中并不是每种币值变动都需要关注，需要重点关注的有三种：长期上升、短期稳定和短期下降，如表4–3所示。

---

① 资本外流是指一种由于经济危机、政治动荡、战争等因素，导致本国资本迅速流到国外，从而规避可能发生的风险的现象。

② 资产泡沫是指某种资产的市场价格水平相对于理论价格的非平稳性向上偏移过程。

表 4–3 持续时间和变动方向划分法的重点关注类型

时间＼方向	上升	稳定	下降
长期	★		
短期		★	★

因为币值长期上升的国家才是人气关注的国家，短期上升具有欺骗性。同时，短期币值稳定或下降的国家有可能会出现继续的上升，或者出现长期趋势的转折，是重要的判断时机。

每一个国家和地区的币值平台在不同时期的总趋势和变动方向各不相同，在全球背景下又相互影响。前文的论述清晰说明商业社会国家币值一定是以上升为主旋律，才能吸引人气，但币值上升的道路并不一帆风顺，不可能单边上升。伴随着币值的上升，在一定时期也会有相对一些国家和地区的币值下降。币值变化是投资人在全球一体化的商业社会中进行价值投资选择和资产配置的重要参考，是人气营商学重要对策之一。本节探讨一国或地区币值在长期趋势上升的前提下，平台加速上升、稳定、主动或者被动下降三种情形，如图 4–29 所示。投资者在商业价值投资过程中如何应对是本节研究的重点。

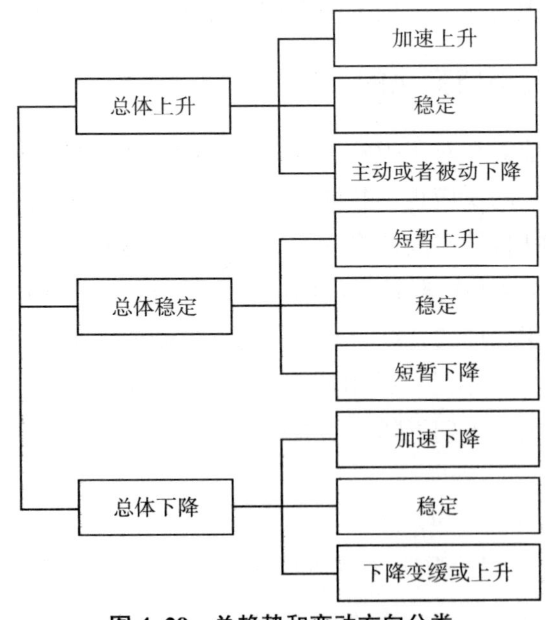

图 4–29 总趋势和变动方向分类

三、“三价”的币值投资

（一）币值投资对策选择步骤

对全球投资人来说，可以依据币值平台原理对一个国家或地区的币值平台进行投资。但在选定平台之后，除了关注币值本身变化之外，投资者主要是选择具体的投资对象进行价值投资。“三价”代表的价值资产，是创造价值的最好载体，投资人应依据币值变动和“三价”变动关系的规律，在这个币值平台上采取相应的对策，选择“三价”具体投资。投资对策选择步骤共 5 步，如图 4-30 所示。只有根据这个步骤，商业社会的投资人才能更好地实现自己在商业社会的价值创造，从而在商业社会占得先机。

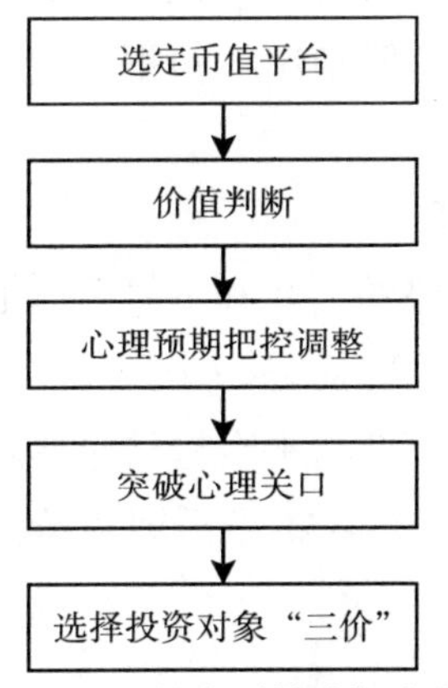

图 4-30　投资对策选择步骤

第一步，选定币值平台。因为不同的币值平台所拥有的资产价值增幅不同，投资收益也不同。因此，对于投资人来说，最好的币值平台应该是人气“明星”币值平台。在“明星”平台上，可以在全球视野投资中占得先机，不断地实现价值倍增。

第二步，价值判断。选择好币值平台的国家和地区后，通过价值判断决定自己的投资对象非常重要。在这一环节，投资人应通过价值判断决定自己的投资。价值判断主要是要明确自己的比较价值目标。人气关注的是比较价值，所以这一步是关键环节，没有比较价值则不适宜进行投资。

第三步，心理预期把控调整。币值平台如果缺乏心理预期把控调整的能力，那么这种币值的投资前景将备受质疑。在商业社会中币值平台存在较高的不确定性，对于这种币值平台投资的首选是心理预期的把控能力，是应该着重培养的能力，这样才能应对商业社会中的不确定性。

第四步，突破心理关口。商业社会中，币值平台的可选择种类很多，不同币值平台所对应的上升路径也不相同。心理关口形成的原因不尽相同，但是心理关口突破的方向往往决定币值平台趋势的变动方向。如果突破向上的心理关口，那么币值平台就会形成向上的趋势。相反，如果币值的心理关口向下突破，往往会使全球投资人对币值平台的趋势判断发生转变，从而出现倍减的情况。

第五步，选择投资对象"三价"。币值的变动方向因不同的方式划分有不同类型，投资者根据币值变化的不同速率和方向，进行投资对象的选择。房价、物价和股价形成的"三价"是一个国家或地区人气价值的生动体现，"三价"是价值投资的最优选择对象，人们容易形成共识，币值因此成为"三价"的平台。币值的变动直接影响"三价"的升降情况。根据币值变动的类型进行投资对象选择是投资的重要步骤之一。

（二）投资"三价"的选择

商业社会中，币值平台趋势的上升和下降受到心理关口的影响，而心理关口又受到价值支撑的影响。无论是投资一个国家，还是投资具体商品或其他领域，都要根据资产价格的心理预期与平台趋势范围的变动而不断调整，最后综合反映在具体国家价值支撑上。图 4-31 是币值对策投资"三价"的典型状态下选择逻辑。

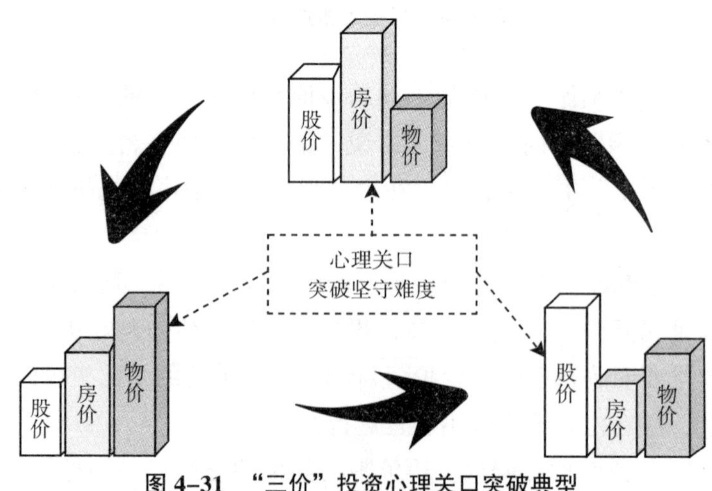

图 4-31 "三价"投资心理关口突破典型

对于商业社会中的投资人来说，实现自己在价值创造的关键一步也是最后一步，就是投资“三价”。然而，对于“三价”的投资，币值平台趋势总会随着心理关口的突破情况变动。币值平台趋势变动过程是在商业社会中的商业价值即经济价值、文化价值、社会价值之间流动的过程，也就是“三价”。因此投资人总是选择房价、物价、股价这“三价”，根据其突破难度进行投资。

“三价”投资要综合心理预期、心理关口突破和价值支撑分析，如图 4–32 所示。

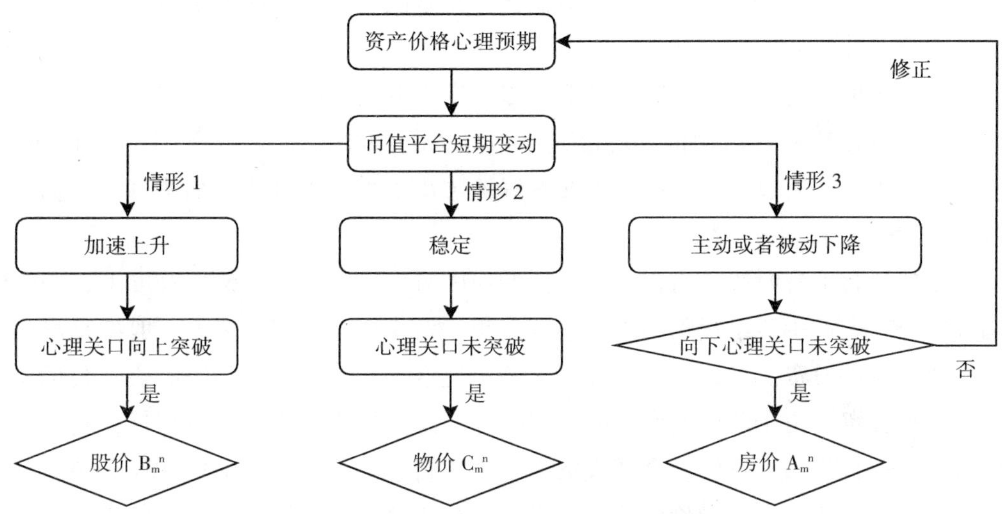

图 4–32 “三价”心理关口突破判断流程

注：A 代表房价，B 代表股价，C 代表物价；m 的不同取值，对应在房、屋、股“三价”上，分别代表不同地区、区域的房价，不同属性的物价和不同行业、板块的股价；n=1 代表比较价值，n=2 代表相对价值，n=3 代表绝对价值。

当币值的心理关口向上突破时，全球投资人认为币值平台上升加快，意味着股价要上涨。因为币值向上突破心理关口会直接加速该国所有的资产价格上涨，其中股价最快。当币值在一定范围内稳定但出现小幅波动的时候，物价容易出现上涨。币值稳定进行方向性选择时期，全球投资人一般采取静观其变的投资态度，因此币值平台的主要持有人大多都是本国或本地区的投资人，在这个层面投资人更容易选择相对了解的物价品类进行投资。币值平台向下出现主动或者被动调整的时候，只要没有突破全球投资人的心理关口，那么就会给该国的房价带来上涨机会。因为，币值平台主动或者被动调整意味着可以更便宜地购置该国的资产，房价投资具有避险的属性。加之，心理关口没有突破，则意味着该币值平台的长期心理预期不变，所以在币值低位投资房价。当然，并不是所有的币值向下变动都是短期的，有的平台也会突破向下的心理关口，从而对币值平台的长期心理预期进行修正。币值平台下降持续时间长短虽然很难预测，但可以根据人气营商学中的币值对策中房价与币值变动的关系进行判断。即房价下跌，房价不可以投资，这时币值平台的长期心理预期就会作出调整，出现价值支撑崩塌的情况。

1. 情形一：币值平台加速上升—心理关口向上突破—投资股价

当一个国家币值平台处于长期上升趋势时，该国资产价格变化速度加快，投资品种变化加快。在该国资产价格的变化中，该国"三价"中最快做出反应的应该是股价。

因为币值平台上升加快时，股票价格一定上升快。因为股价是"三价"投资中最为灵活的价格，而物价、房价变化相对缓慢，若币值平台突破心理关口快，股票上涨更快，所以，全球投资人在看好该国币值平台上升速度加快时，一定投资该国股价。

币值平台上升时股价增长速率最快的原因有三：首先，从购置难度上，一个国家的所有资产中股票投资的难度系数最小。对于国际投资者来说，股票是最容易进入投资的投资品种，是全球投资人的最先选择。其次，作为国际资本会优先选择股价投资，由于股票的变现能力强，作为金融资产有很多自带杠杆，利润空间大，因此最先做出反应。全球投资者中不乏智慧的投资人，他们往往会快速嗅得先机，努力实现自己的价值倍增。最后，对于该国或者该地区本身的投资人来说，如果不能在此轮资产价格升值中选择股价而占得先机，那么就容易出现自己整体生活压力上升的情况。只有选择股价换取现金并购买其他资产，才可以实现自己生活品质的提高。面对投资人高涨的投资热情，股票价格也会快速上涨。

2. 情形二：币值平台趋于稳定—心理关口未突破—投资物价

当一国的币值平台趋于稳定时，波动空间有限，资产价格趋于稳定。一般来说，这种币值平台类型持续的时间不会太长。在人气"明星"币值平台国家的稳定时期，一般优先选择投资物价。股价肯定不会上涨，而在物价和房价中选择，投资人很容易选择物价。币值平台适当下降，向下突破心理关口时，房价是一种很好的避险投资。同时，币值平台下降，金钱杠杆就会适当放松，有利于房价上涨。

币值稳定时股价很难实现资产价值升值，房价在币值下跌中上涨，物价在币值稳定时上涨。配合金钱对策和权力对策分析更加准确。从币值对策上讲，币值稳定应该优先投资物价。币值稳定时，投资物价的波动空间不大，参与的人较少，不会引起物价的大幅波动，同时由于其包含的历史文化属性，投资人对其的认可度较高。所以物价的投资具有投资基础。物价的市场种类繁多，所以应从中选择处于低位的物价种类进行投资，实现价值增值。

3. 情形三：币值平台主动或者被动下降—心理关口向下短期突破—投资房价

心理关口向下短期突破时应投资该国房价。币值平台加速上升和平稳时的投资对策比较容易选择，币值平台在主动或者被动下降时的投资对策则比较复杂。币值平台下降的空间和时间在人们预想的范围内，一般有利于投资房价，通过投资房价保持资产增值。投资人也可以通过较低的币值平台，降低投资成本，增加投资收益。

币值平台向下突破重要心理关口—出现价值支撑崩塌—房价泡沫破灭。币值平台向下突破的心理关口超过一定范围，从而突破重要心理关口，可能使平台趋势发生根本性改变，币值平台长期趋势出现修正，资产价格的心理预期出现倍减。首先下跌的就是房价，因为股价在币值平台下降过程中，本身就在低位，基本没有下跌空间，而房价是在高位，资产泡沫破灭的首选对象就是房价。2008年，美国的金融危机是全球投资人改变了美元的币值平台的长期趋势认同的结果——房价大幅下跌。币值平台趋势的改变是一个国家的价值支撑出现问题，同时也是全球国家之间相互竞争综合实力的体现。在一国币值的下降过程中，一定是伴随着人气的转移的，当全球投资者的人气关注发生倍减的价值判断时，投资就会转向货币正在走向强势的国家，即有倍增空间的国家。这种转移中，一旦出现房价下跌则极为危险。股票投资方面的参与人数有限，但房价一旦出现泡沫的破灭，会导致整个银行信贷领域的全面危机，发生系统性风险，直接影响商业社会国家的商业价值。那么币值走势是否会走向长期上升和长期下降，还应有多回合的较量。任何国家对此不敢有丝毫的懈怠，只有长期不懈努力，才能确保币值平台趋势长期向上，否则会出现局部或者全球性的金融危机。这一经验多次得到验证，无论是从日本、拉美的经验，还是 2008 年美国的金融危机来看，房价的影响范围是整个投资领域最大的。

第五章　基于营商价值的金钱杠杆原理及对策

第一节　金钱的形成和发展

一、金钱含义

（一）金钱

金钱在《汉典》中的释义原指金属制造的钱币。可从《汉书·卷二十四·食货志下》中“然不能半自出，天下大氐无虑皆铸金钱矣”① 寻觅到古时对金钱的理解。而后，将金钱定义为钱财，是用来表现财富的多少以及与他人进行经济往来的重要媒介，金钱的概念可以是万物可换的价值标记。如：“他们两人常有金钱来往。”由此可见，金钱与各时期的社会主体以及社会活动紧密相关，只有存在于社会主体与社会活动中，金钱才有意义。

在以小农经济为主的农业社会，金钱并非主体，只是作为维护权力的一种工具来更好地巩固政权。此时，金钱的具体形态为黄金白银，金钱的“金”当指金属，主要指金、银、铜、铁等金属。工业社会是以工业经济为主导的社会，是继农业生产之后的社会阶段，以经济增长为核心，因此也称为经济社会。这时，金钱地位上升，成为工业社会的主体，人们需要金钱更好地拉动社会经济增长，而

① 《汉书·食货志》载：“自造白金五铢钱後五岁，而赦吏民之坐盗铸金钱死者数十万人。其不发觉相杀者，不可胜计。赦自出者百馀万人。然不能半自出，天下大氐无虑皆铸金钱矣。”描述了汉武帝第四次币值改革状况。

拉动经济增长需要更多的纸币，因此工业社会中纸币是金钱的具体形态。

当今，全世界大多数国家都在进入商业社会，只是各国的进程不同。在注重价值创造的商业社会，投资是实现价值的主要路径，这时的金钱必须用于投资商品，投资商品不只是购买其本身的利益，更是为了实现其价值增长，金钱的货币购买职能已经变成金钱的杠杆投资职能。金钱是用来撬动未来的，具有价值的资产都可以成为投资标的物，金钱杠杆此时可以发挥其倍数作用以放大资产的价值，这就是人们通常所说的"用钱生钱"。

（二）金钱演化

农业社会即以农业生产为主导的社会，在早期原始社会时，生产工具简易且匮乏，主要的耕作方法为刀耕火种，主要的耕作工具为石刀、石犁、石斧等；农作物主要以水稻、粟等为主。由于生产力低下，农作物产量较低，耕种者仅能满足自己的基本生活需要，剩余物品很少，种类单一，仅仅支持物物交换。

封建社会时期，铁制农具的出现以及耕作技术的更新，使得生产力大大提高，而农产品不仅是单一的粮食作物，逐渐呈现多元化现象。由于剩余产品的增多，农产品商业化萌芽产生且逐渐发展，但我国古代农业商品化的发展仍长期受到以自然经济为基础的封建制度的约束。虽然我国在农业要素市场发展方面取得了一定的突破，但农业生产要素依然难以相对自由地流动和合理配置，只是慢慢地随着交换的扩大、交换的难度增加，开始出现一般等价物即充当交换媒介的物品。一般等价物的出现，有利于农业社会物品生产和交换的不断向前发展。

18 世纪后半期，现代机械化生产模式的出现，引起了整个经济领域的变革，进而形成以经济机械与大型企业生产为中心的现代工业经济；同时，工业经济的建立，进一步引起社会各方面的变革，形成一种区别于农业社会的工业社会。工业社会的主体为金钱，主要以货币投入来刺激需求，社会需要大量的货币用以发展经济，从而为社会发展打下坚实的经济基础。工业社会以生产和机器为轴心，目的是制造产品且提供服务，社会生产由最初的以手工生产为主转变到以机器生产为主。而机器生产相较于手工生产就需要更为先进的技术以及大量的金钱，这时产品交换成为社会主流，货币在产品交换中的作用和职能不断扩大。

商业社会，人们开始追求更加美好的高品质生活，以此来体现自己的名誉和社会地位。高品质生活的获得必须通过投资商品、创造跳跃的商业价值实现，金钱购买满足需求的时代已经结束，因此金钱从购买的职能转向了杠杆职能，即借助金钱作为杠杆发挥其倍增作用，撬动未来，以帮助人们有效地投资，实现价值增长。

在商业社会中，金钱与权力围绕着名誉，客观公正的社会评价使人们精神上得到满足，有良好名誉者不仅可以获得社会的更多尊重，还可得到金钱及权力。商业社会的财富主要来自投资，投资所获得的资产增值体现了个人的名誉，而名誉又影响着金钱杠杆的投资和人们放大的权力契约心理空间。有良好名誉者不仅可以获得社会的更多尊重，还可获得财富的增值，所以，商业社会的金钱以杠杆为中介，通过投资商品，形成资产升值，创造社会财富，过上美好生活。如图5–1所示。

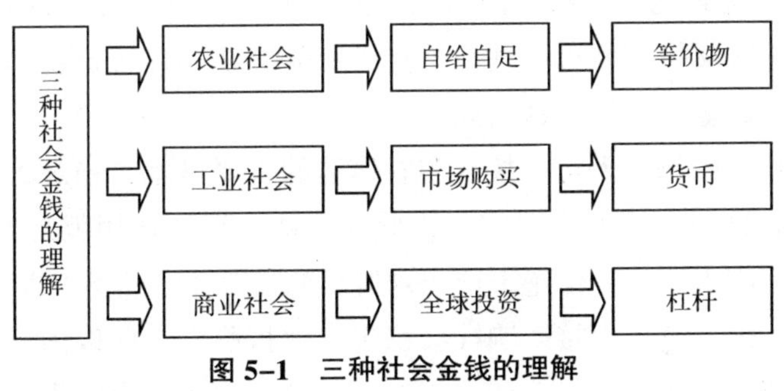

图 5–1 三种社会金钱的理解

二、金钱表现

不同社会形态，金钱的表现有所区别。农业社会是封闭的，金钱特指黄金、白银这一类等价物，等价物的存储量和拥有量决定了金钱的多少；工业社会是开放的，金钱可以是纸币、电子货币，货币发行量决定了工业社会金钱的多少；商业社会中，金钱被赋予了特定的表现——资产市值，资产市值的大小决定社会财富的多少。如图 5–2 所示。

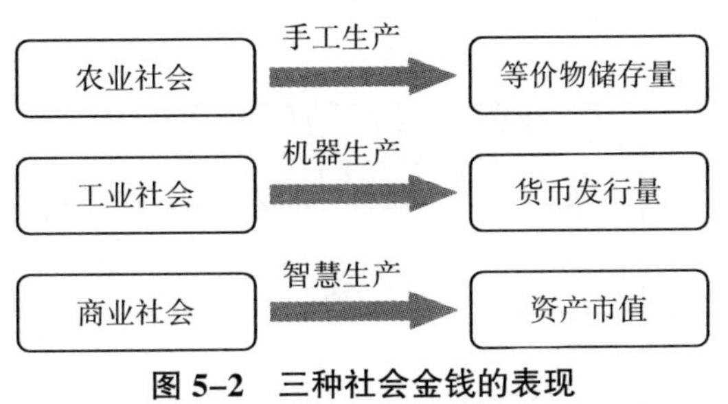

图 5–2 三种社会金钱的表现

（一）农业社会——表现为等价物存储量

农业社会中金钱的表现是一般等价物（黄金、白银等），农业社会的生产方式是在部落、氏族乃至村社的社会形式下的生产，其生产结果为手工生产物品。原始社会末期，由于生产力水平极其低下，没有剩余产品，发生在部落间的交换只能是偶然的多余产品的物物交换，以满足生活所需，彼此都不十分计较交换的比例或者说与价值等同，因而称之为等价物。随着社会生产力的发展和社会分工的出现，物物交换不断扩大，参与交换的物品种类越来越多，一种物品可与多种物品相交换。一般等价物就从其他物品中分离出来，可以和其他一切物品相交换，并且能够表现其他一切物品的价值。有了一般等价物后，方便了物品交换，人们只要经过两次交换，就可顺利换得自己所需的物品，等价物的产生是农业社会的必然要求，农业社会的金钱由此产生。

由于农业社会中每个人对于粮食和农作物的需要是基本稳定的，且农作物的产量也较稳定，即供应量基本稳定，因此等价物金钱的作用就是保证物价稳定，允许在一定的范围内波动，但绝不能出现等价物金钱的中介作用大幅变动，从而影响物价稳定。因为它会直接影响社会稳定、政权稳定，所以国家必须管控等价物的供应范围和开采数量，以保证在相当长的时期内，不会因为等价物储存量的变化，影响等价物金钱的中介效应。人们选择黄金、白银充当等价物，就是因为它们是稀有金属，储存量有限，为了减少黄金和白银储存量以及金钱多少的变化对于物价的影响，人们在保障粮食和农作物供应时除了需要支付黄金、白银等金钱等价物外，还需要保障粮食和棉花稳定的票证供应，以保证物价稳定，一切都需要权力进行分配和计划，确保供应充足，因此金钱在农业社会中的作用不十分明显。如图 5-3 所示。

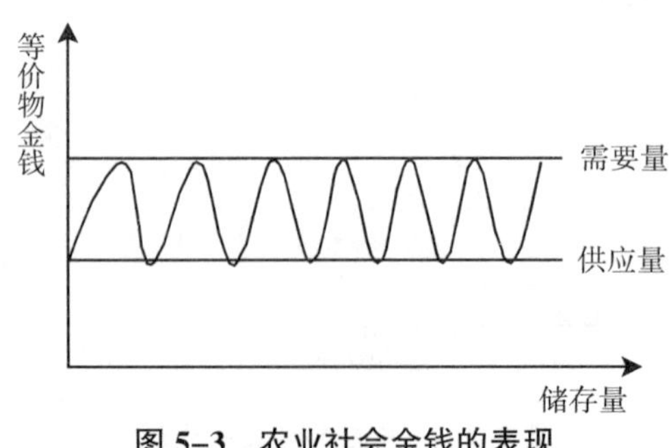

图 5-3　农业社会金钱的表现

（二）工业社会——表现为货币发行量

工业社会，金钱体现为购买者拥有的各国纸币（国家担保的支付信用工具）数量。工业社会的生产方式是机器生产产品。人类进入工业社会后，由于机器大量地替代了人力劳动，社会化大生产背景下常态化的大量交换对货币形态又提出了新的要求。随着经济的进一步发展，金属货币也显示出使用上的不便。在大额交易中，需要使用大量的金属货币，其重量和体积都令人烦恼。金属货币使用中还会出现磨损的问题，据不完全的统计，自人类使用黄金作为货币以来，已有超过两万吨的黄金在铸币厂里或在人们的手中、钱袋中和衣物口袋中磨损掉。于是作为金属货币的象征符号的纸币出现了。

在工业社会时期，货币的发行量与经济发展息息相关。如图 5-4 所示，由供给需求曲线确定的点 E 作为货币的一般发行量，当供给大于需求时，增加货币发行量；当供给小于需求时，减少货币发行量。货币金钱的多少就是货币的发行量，货币发行量寻求供给、需求的平衡，市场调节供给、需求价格，摆脱了权力对于金钱的过多干预。一个国家的财富表现为货币发行量，生活在工业社会的人们，只要拥有货币金钱就可以购买产品或服务，"金钱万能"、崇拜金钱非常明显。工业社会的发展意味着货币金钱数量的不断增长和人们物质生活的不断满足，货币金钱对于工业社会的推动作用是权力和名誉无法替代的。这也就是人们常说的工业社会追求金钱，农业社会追求权力，商业社会追求名誉。

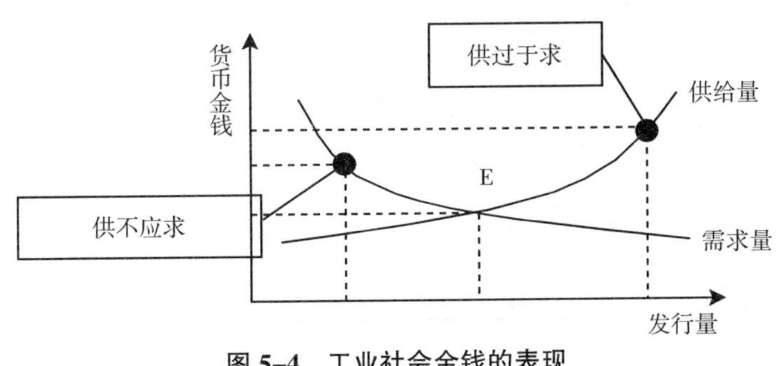

图 5-4　工业社会金钱的表现

（三）商业社会——表现为资产市值

在商业社会，需求已经满足，实现了人们从满足需求到拥有资产的跳跃，人们拥有资产逐渐成为共识，具有价值、能够升值的资产才是人们的追求。金钱的获得再也不是通过创造物质产品和满足利益的需求而进行。资产是指任何公司、机构和个人拥有的任何具有商业或投资价值的东西，统称为商业社会的商品，而资产的核心是创造价值。资产的价值表现称为资产市值，投资者希望自身持有或即将持有的资产市值增加而并非减少，也意味着金钱的增加和减少，同时资产市值增加和减少的速度是跳跃性的。这时，人们更加希望借助工业社会的货币金钱作为杠杆的倍增效果使这些资产市值上涨，增加自己的金钱，虽然有时效果相反，但人们还是通过智慧的碰撞获取名誉以努力避免资产减值的发生。

追求资产升值的地方，就会出现金钱杠杆，投资者可以根据政治经济环境和市场环境来选择投资的商品，并通过投入资金的数量以及杠杆比例的高低衡量资产的市值。

资产市值与杠杆的关系为：随着杠杆发挥作用的程度增强，资产市值迅速增加，而不是工业社会购买产品和服务寻求供给、需求的平衡。金钱杠杆在资本形成的初创时期就开始进入资本市场，通过 VC、PE、A 轮、B 轮、C 轮融资进入商品投资，直至以 IPO、定向募集等多种方式完成金钱杠杆对于资产的撬动作用。只有进入资本市场，成功上市后，金钱杠杆才能在资本市场上撬动资产升值。一旦进入资本市场，资产价格的上升或下降就与金钱杠杆作用密不可分，金钱杠杆的加入对于资产市值的形成具有重要作用，只有资产市值是商业社会金钱的真正表现，如图 5-5 所示。

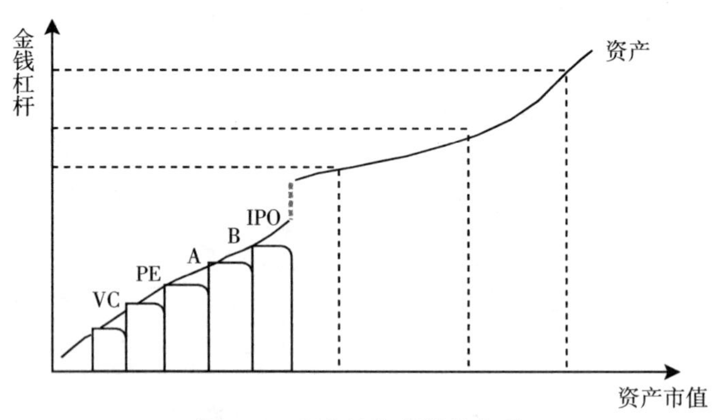

图 5–5　商业社会金钱的表现

三、金钱作用

每个社会主体都会利用金钱的自身属性与功能使其发挥作用。在权力占主要地位的农业社会，传统农业是统治阶级维护政权的重要依靠，而土地又是传统农业的基础，成为最主要的生活财富的载体，因此金钱的作用是遵循土地生产规律、保障生存所需，从而使社会处于一个相对安稳的生活环境中。工业社会时期，科技水平及物质财富的数量是衡量国家强弱的标志，金钱作为最显著的物质财富的中介，通过革新技术为工业社会打下坚实的经济基础。而在商业社会，以投资为主，金钱的作用主要体现在对这些商品的投资从而起到杠杆作用，投资对商业社会经济的发展具有重要推动作用。

（一）农业社会金钱作用——稳定物价，遵循规律

权力在农业社会发挥着巨大的作用，而土地的多少可以衡量一个人在社会中权力的大小，因此土地的获得至关重要。作为社会中一种实体存在，随着生产工具的出现以及生产技术的更新，土地成为人类社会最基本的生产基础和自然资源，一切围绕着土地，人类社会中的政治与经济关系应运而生，由单一的自然属性逐渐转变为自然属性与社会属性并存的状态。土地作为在农业中一种最基础的生产资料，在整个社会资源分配中处于核心地位，因此，土地的重要性不言而喻。当然，土地作为一种稀缺性的自然资源，并非每一位社会成员都拥有土地，为了生存，手工业成为农业的重要补充。

在我国古代农业社会中，农业与手工业作为主导产业，使社会处于一种“超稳定”的状态，这种稳定包括政治稳定、社会稳定以及经济稳定，其中物价稳定是经济稳定的一项重要因素。“平准”是一种调节供求、平抑物价的经济管理思想。金钱在我国古代经济中具有调节物价、稳定经济的作用。农业社会的金钱主要是针对于那些没有土地、无法自给自足的人，他们只能通过自己的劳动换取一些劳动收入。用黄金、白银作为等价物来换取生活的必需品，以此来保证自己的衣食住行。

而金钱对于农业社会的作用要小于权力，金钱帮助权力，权力为王是农业社会的特征。在农业社会的权力背景下，如果需要拥有更多金钱等价物，过上幸福生活，全社会只有遵循农业生产的规律，春播秋收，获得农业丰收，年年如此，周而复始，才能迎来来年的物价稳定、政权稳定、社会稳定，如图 5–6 所示。

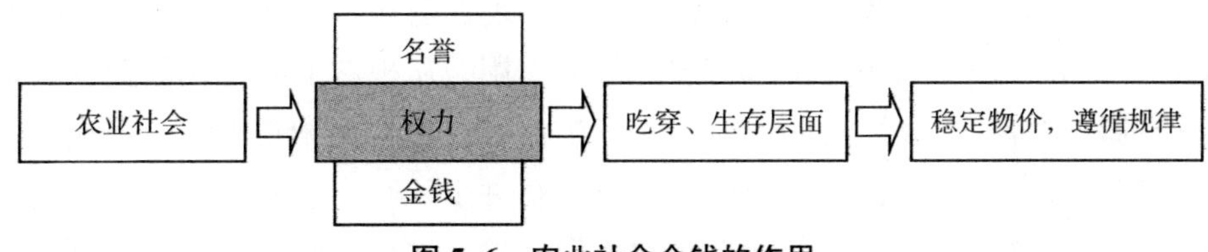

图 5–6 农业社会金钱的作用

（二）工业社会金钱作用——创造效益，革新技术

在工业社会中，金钱的最主要功能就是发展经济，通过购买大量的机器、设备，新建厂房和招聘、培训工人，促进产品和服务的大量生产，实质是用机器代替人的双手，用煤、油、气、电等工业能源代替人的体力、畜力等原始动力。在工业社会，机器代替人的体力，生产力得以极大提高，人类利用科学技术所创造的物质财富远远超过之前人类历史上的任何一个时期。工业社会是人类物质财富加速创造和积累的时期，或者说，工业发展肩负着为人类发展积累物质财富的重大使命。自从西欧工业革命以来，全球经济发展翻开了新的一页，经济增长加速，人们的经济收入提高，物质财富加速积累。

工业社会之所以取得如此辉煌的成就，一方面，是人类社会发展的必然，人们从完成物品供应的农业社会进入产品需求为主的工业社会，是历史的车轮不断前进的必然结果，是社会的进步；另一方面，工业社会中人们对于技术的探索和试验从未停止，革新技术，生产优质的产品，同时也创造了极大的经济效益。中国发现自己落后西方国家，奋起直追，鼓励企业以经济效益为龙头，提倡发展经济是硬道理，充分满足需求，金钱的货币作用体现得淋漓尽致。在工业社会，没有金钱则需求无法满足，一切都用金钱购买，而企业只有革新技术，生产优质产品，满足需求，才能创造效益，权力分配为主的时代一去不复返，如图 5–7 所示。

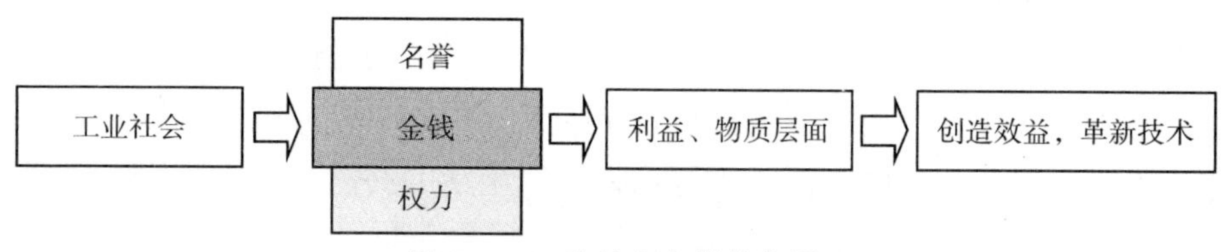

图 5–7　工业社会金钱的作用

（三）商业社会金钱作用——撬动资产，创新思维

商业社会以投资商品为基础，其中投资的商品包括股票、房地产、商品期货、教育及医疗等具有价值的各种资产，商品投资具有跳跃性、不确定性等特点。商业社会以投资为主，金钱的作用主要体现在对投资的促进作用上，投资对社会、经济和人们生活的进步具有重要推动作用。从根本上说，在商业社会，经济社会的转型升级、高品质的物质和文化生活、人类社会创新思维的形成，没有哪一项活动离得开投资，没有投资，人类社会进步就会戛然而止，只有投资，向往未来——不确定性的社会，才会激起人们对于美好生活的梦想，投资真正成为

每一个人推动自己进步的动力，整个社会的动力又一次被彻底激活。

商业社会尊严、高品质生活的获得是对热爱投资和善于投资人们的奖赏，商业社会金钱杠杆取代工业社会金钱货币，投资商品，撬动资产，创造价值，财富大量聚集，能使人们过上美好生活。投资的跳跃性和不确定性，要求每一个投资人创新思维，预测未来，把握投资。创新思维是人们智慧的体现，利用人的思想寻求有价值的资产进行投资。金钱杠杆追逐、投资创新思想，只有创新思维，才能吸引投资人投资有价值的资产。人们可以清楚地看出金钱杠杆和金钱货币本质上的区别，二者作用存在着巨大的不同，如图 5-8 所示。

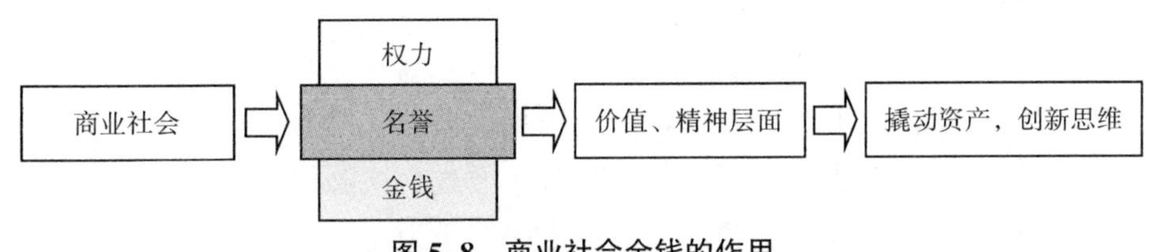

图 5-8　商业社会金钱的作用

综上，三种社会金钱的作用如图 5-9 所示。

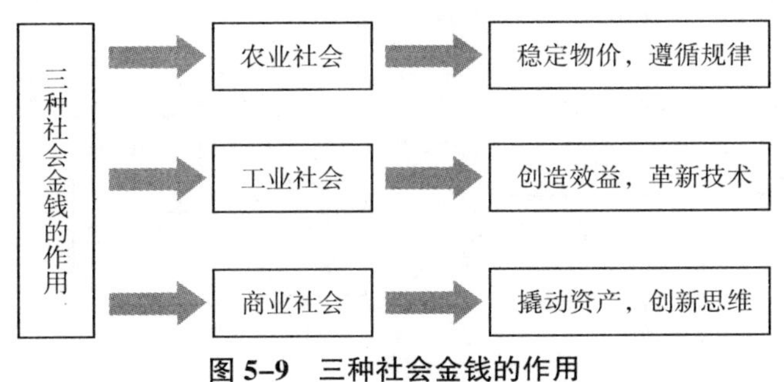

图 5-9　三种社会金钱的作用

四、金钱赋予

三种社会中赋予金钱的方式各不相同，人们在不同的社会形态以不同的方式创造财富。在农业社会，金钱的获得以人们的基本需要保障为前提，满足两个条件：土地和劳动力。因此，农业社会土地所有者通过土地带来的剩余物品在集市上进行交易，获得等价物金钱，土地越多，剩余物品就多，在集市上换取金钱越多。农业社会的金钱由自身基本需要的供应和剩余衍生变化而来。如图 5-10 所示。

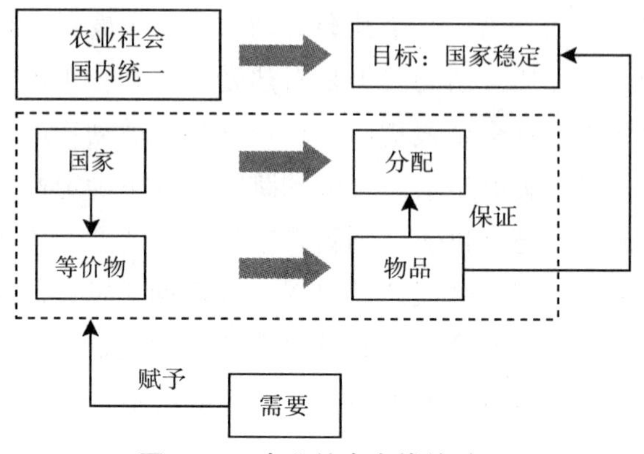

图 5–10 农业社会金钱的赋予

工业社会时期，获得金钱方式转变为满足社会大众的需求而提供的产品及服务，需求必须通过金钱购买，制造产品和服务通过交换赚得大量金钱，实际上是人们的需求赋予了工业社会金钱。金钱货币职能是为了发展工业经济，即发行大量的金钱货币，用以平衡供给和需求，通过金钱货币满足人们日益增长的物质和文化需求。需要上升为需求，不只是吃饭穿衣，人们还要出行，通过技术生产的更多产品来满足需求，如图 5–11 所示。

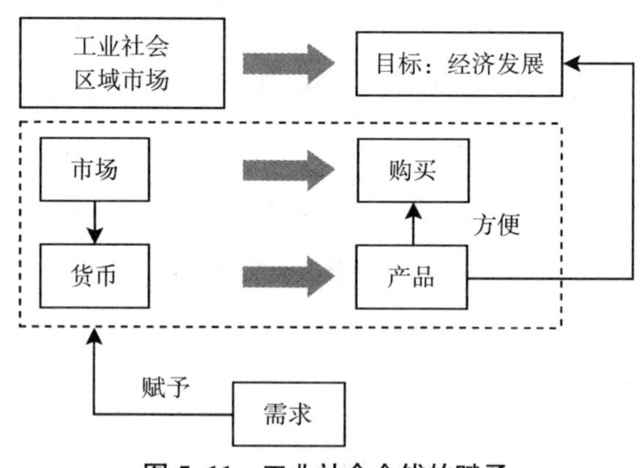

图 5–11 工业社会金钱的赋予

到了商业社会，人们拥有资产、追求资产，然后创造价值，资产是创造价值的源泉。只有资产市值大幅增长，人们才能过上美好生活，商业社会是资产赋予了金钱。

商业社会赋予金钱的是资产，价值投资是商业社会的主要形式，利用杠杆效应创造价值进而获取名誉是商业社会的重要内容。拥有价值思维、创造价值、资产升值是人们对于名誉的奖赏。

商业社会人们的物质利益需求已经得到极大的满足，金钱的职能发生了巨大变化，金钱作为等价物（农业社会）和货币（工业社会）的职能，在商业社会仍有效，但商业社会金钱出现了一种全新的职能，人们开始投资商品，实现价值创造，运用自己的智慧判断未来，实现资产的增值和保值。商业社会人们只有不断投资商品、拥有资产，才能过上高品质的生活，才会有美好的未来。商业社会是通过比较资产的市值来体现财富数量的，而不是像工业社会那样用需求满足的程度来衡量。正因为资产的特点是根据对未来的预判进行投资，金钱的货币职能逐渐被金钱的杠杆职能所取代，所以说资产赋予了金钱的杠杆职能。

价值投资理念是未来市场的主导，只有绝大多数的投资者接受这种理念后，它才会具有持久的生命力。随着商业社会的进步，以金钱作为杠杆投资资产，资产赋予金钱杠杆的投资职能会越来越深入人心，如图 5-12 所示。

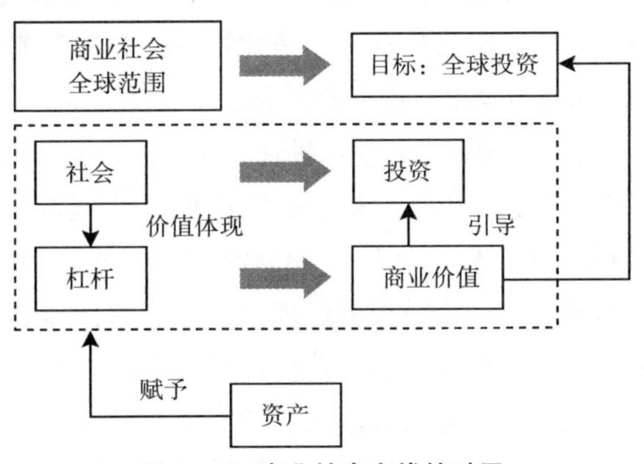

图 5-12 商业社会金钱的赋予

第二节　商业社会的金钱

一、商业社会金钱角色变化

（一）金钱与杠杆的全球化密切相关

在开放的经济环境下，国际金钱流动已经成为引人注目且极为活跃的经济现象，随着大量的产品生产与购买，国际贸易形成越来越开放的多边市场。但无论如何开放，都是有一定限度的，都会对本国的幼稚行业作出适当的保护，如对本国的新兴行业和农业都有适当保护，也就是说经济全球化是在一定条件下的全球化。但随着商业社会的到来，巨大的不确定性决定了必须吸引全球资本投资，以分担投资的风险，分享投资的收益。工业社会的金钱货币购买特性包括区域性、产品功能性，而商业社会的金钱杠杆，使全球投资人在世界范围内比较，创造比较价值，是人气关注的基本要求。投资者在全球寻求投资标的，金钱杠杆与商业全球化密切相关，商业社会的国家需要全球投资，而投资人也需要在全球寻求投资标的，全球一体化真正实现。资本的全球化流动对国际投资起着巨大的促进作用。

随着商业社会的到来，资本在国际频繁流动，寻求具有价值的资产进行投资，这是商业社会的核心，在这种投资过程中，金钱的杠杆效应越来越明显。全球各个国家和地区通过各种途径吸引金钱杠杆投资本国的商品，使本国人民的财富得到迅速上升，发展商业，进而带动工业和农业。这是全球化背景下，金钱杠杆产生的必然性和必要性。金钱杠杆具有特殊性，放大资产和泡沫破灭，对于社会和经济的影响巨大，使用杠杆的国家都是慎之又慎。但只要这个国家进入商业社会，金钱杠杆的研究就会成为永恒的话题，回避和惧怕金钱杠杆是没有出路的，如何利用好杠杆为全世界人民创造美好生活，是人气营商学研究的核心之一。

（二）金钱杠杆变动与各国联动关系更为密切

在国际资金的流动中，杠杆是一个重要的经济变量，而使杠杆产生作用是通过杠杆率实现的，杠杆率的高低，对于国际资金的流入有直接的影响。由于各个国家的杠杆率并非是稳定的数值，致使国际资金流动方向具有阶段性特征，根据1970~2016年的《世界投资报告》统计数据分析，国际资本流动最初在主要发达经济体间流动，后来加速流向发展中国家，最后又回流至发达国家，经历了四个演变阶段。

第一阶段（1970~1980 年）：美欧资本对流阶段。20 世纪 70 年代美苏冷战时期，国际资金几乎不流入社会主义国家，西方发达国家的对外直接投资流出占全球总流出的 99%以上，其中美国占比高达 60%。第二阶段（1981~1991 年）：美日欧“三元对外投资”阶段。日本经济在 80 年代的迅速发展，使得日本成为资本输出大国，呈现出与美欧并驾齐驱的场面。在此期间，欧美日资本流入与流出分别占全球的 70%与 80%。第三阶段（1992~2014 年）：国际资本加速流向发展中国家。随着苏联解体、日本经济陷入低谷以及越来越多的发展中国家加入国际产业链，国际资本从集中于欧美日三巨头，逐步转化为分散投资，并加速流向发展中国家。其中，中国在全球外国投资中的地位和作用不断上升，并成为海外最大债权国。第四阶段（2015 年至今）：国际资本回流发达国家。随着发达国家经济回温，国际资本流入达到 9620 亿美元，较之前几乎翻了一番，占全球份额从 2014 年的 41%上升至 55%。其中美国的增势最为明显，2015 年全年 FDI 流入量是 2014 年的近 4 倍，日、美、英、中四国 2011~2015 年政府杠杆率如图 5-13 所示。

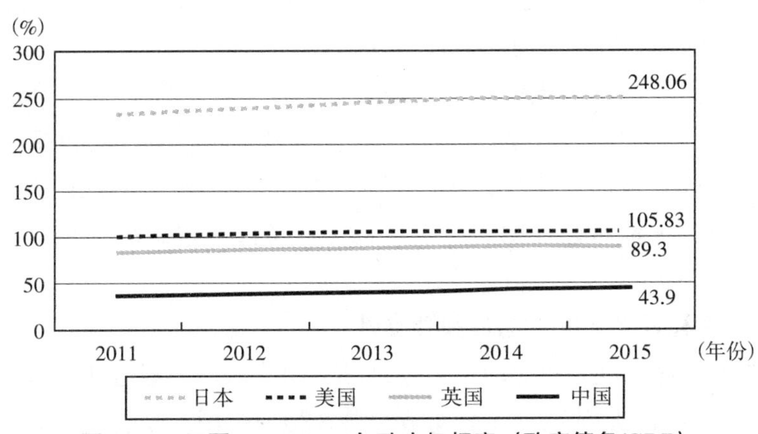

图 5-13　四国 2011~2015 年政府杠杆率（政府债务/GDP）

由此可见，国际资金杠杆形成和变化趋势，是在全球范围内发生变化，各国相互影响，瞬息万变。但是，有一点是共同的，金钱杠杆移动的方向就是价值创造的方向，全球资金寻求价值最大化是商业投资的关键。

二、商业社会金钱新要求

商业社会金钱杠杆有两个要求，这两个要求是在新的商业社会的环境下提出的，只有达到这样的要求才能帮助国家吸引更多的投资人关注，从而引领商业社会的发展。

（一）金钱杠杆的广泛吸引力

商业社会金钱杠杆不只是表现一个国家政党的经济利益的金钱，它还是一种全球化的社会金钱，是建立在政党金钱之上的社会金钱杠杆，是最广泛的金钱范围。具体表现在一个国家社会治理的方方面面，而对于世界其他各国表现出来的吸引作用，是文化、经济、社会综合财富的体现。只有一个国家在世界的舞台上表现出广泛的金钱吸引力，世界其他各国才会转移关注，投资该国，创造商业价值，反过来价值创造又能更好地推动该国吸引更多的金钱杠杆。所以一个国家必须在全世界人民面前建立起广泛的金钱吸引力，从而获得金钱杠杆，以保证全球化的投资，创造商业价值。

从另外一个角度，一个国家具有广泛的金钱吸引力，也是该国长期努力的结果，是该国文化、经济、社会发展积累的结果。没有深厚的积累，金钱杠杆不可能轻易获得，它是人们价值思维比较的结果，同时是一个国家长期积累后爆发的表现，是智慧的人们努力营商的结果。

一旦该国具有一定的金钱杠杆，那么该国在世界上的金融地位就会大幅提升，在世界舞台上政治、经济、文化、教育等多方面的地位就会相应提高，于是全世界人民投资该国、信任该国，该国的资产价格就会大幅上涨。中国近年来的房价、股价上涨足以证明这一点。社会财富快速积累，人们美好生活就会加快实现。

（二）金钱杠杆变动的主动性和独立性

这个要求的含义是金钱变动更多是自己主动营造，去塑造和传播国家的金融地位，这也是国家发展战略的重要组成部分，是一个国家吸引世界关注与投资的重要因素。良好的金融地位是国家“软实力”的核心组成部分，是提升国家国际竞争力的推动力。在全球化的时代，越来越多的国家意识到国际金融地位建构和营商的重要性，都在努力提升自己的国际金融地位。国际金融地位的塑造与营商正成为国家与国家间在国际政治经济竞争中最为重要的博弈策略。

金钱杠杆的主动营造，需要一系列手段来实现，通过一个国家总的杠杆规模、杠杆率、杠杆结构的调整，充分展现一个国家在运用金钱杠杆方面的能力，通过它们向全世界人民展现自己国家的金融地位，以得到全世界专业机构的认同，从而赢得全世界的金钱杠杆，获得全球的投资，创造商业价值。

金钱杠杆通过人们的认知形成，具有跳跃性、不确定性，它的影响因素很多，在全世界金钱杠杆复杂的影响因素中，很有可能会波及相关国家和地区。能够始终在复杂多变的金钱杠杆变化中独善其身，是一个国家和地区正确运用金钱杠杆综合能力的体现。在国际风云变幻的商业社会，提高金钱杠杆的心理承受力，准确把握心理阈值，是每一个商业社会国家必须动态考虑的问题。

三、金钱杠杆和资产价格的关系

金钱和资产价格的关系是通过资产升值展现出来的。比较价值的创造是商业社会金钱杠杆研究的前提，没有比较价值，金钱杠杆就不能吸引全球资本流动到该国，也就不能形成该国资产价格的上涨，价值创造就不可能实现。

当一国具有比较价值，进入人气关注的“明星”国家，那么该国的金钱杠杆就会成为人气营商研究的关键之一。金钱杠杆心理承受的正确梳理、心理阈值的有效把握，是提高该国国际地位、吸引国际投资人的关键。通过有效地利用金钱杠杆，可以吸引全球资本流向该国，该国资产价格就会大幅上涨。因此，金钱杠杆对于一个国家资产价格变动的影响是巨大的，全球每一个国家在商业社会都要谨慎地对待金钱杠杆，防止由此带来资产价格的大幅波动，甚至产生金融危机。商业社会的投资人必须时刻把握金钱杠杆的动态变化，准确地参与到该国或该地区的价值投资中，实现资产的升值。

在研究商业社会的国家中，金钱杠杆和资产价格的关系如图 5-14 所示。金钱杠杆研究是资产升值的基础，金钱杠杆运用是资产升值的前提。金钱杠杆和资产升值就像跷跷板一样，金钱杠杆的变动能够撬动资产升值的变化和走向。而资产价格相当于跷跷板的另一端，杠杆加到一个国家的资产上，加得越多，资产价

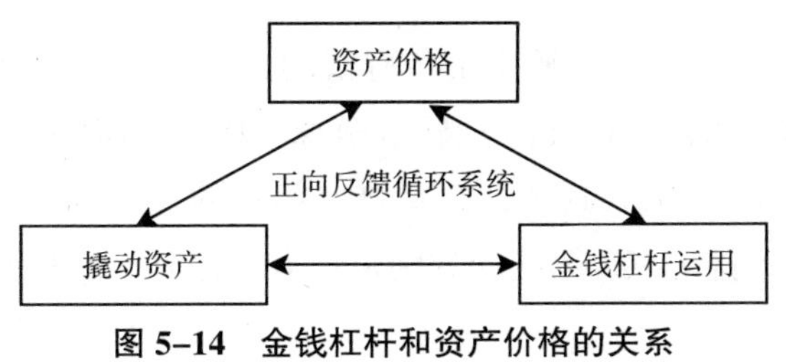

图 5-14　金钱杠杆和资产价格的关系

格上涨得越快。换句话说，金钱杠杆变动能够影响资产的升值，杠杆规模、结构的变化决定了相关资产的价格。

四、商业社会金钱杠杆确定

商业社会金钱的赋予者是资产，资产需要金钱杠杆的撬动，但如何真正形成金钱杠杆，是人们思维认知的变化，是人们对于金钱认识的改变，只有正确把握人们思维变化的方向，才能准确理解金钱杠杆如何确定。商业社会金钱主要由以下三个因素确定，分别是财富确定、阅历确定和动态确定。

（一）财富确定

商业社会经过工业社会的发展，物质利益的需求得到了满足，社会财富有了一定的积累，金钱再也不仅仅被用来购买产品满足需求。人们都希望拥有更多的财富，运用已经拥有的金钱创造财富，由此形成了商业社会的投资，金钱杠杆由此形成。金钱成为杠杆是社会进步的必然，是一个国家富裕的表现，是社会财富积累的必然结果。大量的金钱财富不可能在物质利益满足的时代再去购买大量产品以满足需求，一个国家财富积累到一定程度，投资就会成为主流，金钱杠杆因此而形成，金钱杠杆是由财富确定的。

在商业社会，越富有的人越喜欢投资，虽然投资具有不确定性，但在全社会追求投资的时代，不参与投资或者投资失败，都会被社会淘汰，只有参与投资和正确投资的人，才会成为时代的宠儿——社会名人和专家。

社会的发展形成新的投资模式：拥有财富—投资—金钱成为杠杆—快速增长财富—过上高品质的生活。没有财富积累的国家是不可能吸引投资的，只能购买产品，满足物质利益，更不可能吸引全球投资人的金钱杠杆，只有本国投资人拥有财富，并且敢于投资本国的商品，自己充满信心，才能吸引全球投资人的金钱杠杆。一个国家或该地区富豪级人物的出现都是全球投资人的金钱杠杆投资该国或该地区的必然结果。巴菲特、比尔·盖茨的出现就是全球投资人投资美国的结果。

国内生产总值（GDP）是衡量社会财富的重要指标，世界银行报告发布了2016 年全球各个国家的 GDP 数据，显示全球 GDP（国内生产总值）总量达 74 万亿美元，如图 5-15 所示。其中，总量排名第一的美国占比 24.32%；排名第二的中国占比 14.84%；排第三、第四的分别是日本、德国，各占比 5.91%、4.54%。

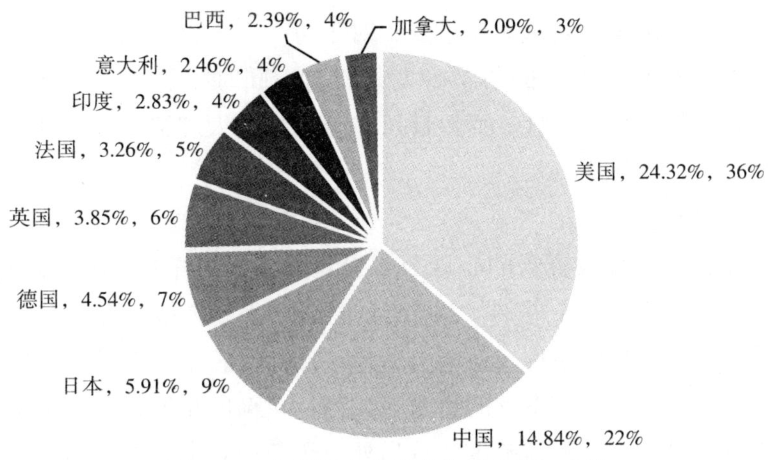

图 5–15　各国国内生产总值（GDP）占比

（二）阅历确定

金钱杠杆的形成需要拥有财富，但拥有财富的人不一定敢于加杠杆，可能对于杠杆到来的时代心存恐惧，害怕财富的大起大落，他们习惯了财富的线性增长，对于财富的跳跃增长和减少极其不习惯，对于投资采取保守的态度，这就是人们的阅历确定。

要丰富投资人的阅历，树立正确的财富观，培养全社会敢于创新、敢于试错的社会氛围，在全社会弘扬创新、创业形成的阳光财富，形成倒逼机制，没有创新无法创造社会财富，也无法过上品质生活。通过杠杆投资形成的股权财富，逐渐成为社会的共识和学习的典范，投资成为一种习惯，成为人生的阅历，是一种创造商业财富必需的经历。投资必然就有失败，投资要面对未来的不确定性，没有失败的积累，就不可能走向成功和辉煌。全社会对于投资失败给予宽容和关怀，重用有投资阅历的人，对于“有故事”和善于“讲故事”的人尊重及推崇，是金钱杠杆形成的前提。

一个国家和地区拥有故事，并且善于讲故事，才能引起全球投资人的关注。故事包括过去、现在和未来的事情，若能体现该国有丰富的阅历、对于美好未来的憧憬，投资人就会看好该国；没有故事、讲不好故事的国家和地区，是吸引不到投资人的，没有人投资该国，金钱杠杆自然不会加到该国的商品上。故事还分大故事和小故事，小故事吸引小杠杆，大故事吸引大杠杆，如同企业投资分天使、VC、PE、A 轮、B 轮、C 轮投资和 IPO，故事越讲越好，投资的杠杆就会越来越大。

阅历对于一个国家和民族无比重要，对于每一个人也是如此，它是大量的鲜活教材，大量的经典案例、阅历本身就是财富，同时阅历可以吸引金钱杠杆投资，阅历可以增长人们的悟性，而悟性可以帮助投资人理解投资的真谛，正确把握和预判投资成功的概率。

（三）动态确定

动态确定是指全球投资人的心理因素引起的金钱杠杆的大小和方向的变化。“黑天鹅”事件、“灰犀牛”事件、“明斯基时刻”都是金钱杠杆引起的资产价格的大幅波动，只是产生的条件、造成的后果不同而已，这些都是金融风险防范的重要话题，是从事金融研究专家的贡献。如何从营商的角度、从心理学角度把握出现这些事件的具体心理阈值范围，从另外一个角度对金钱杠杆的动态性进行分析，才是从人气营商角度研究金钱杠杆理论的核心所在。

影响投资人的心理承受力，进而影响杠杆大小和方向的核心是心理阈值的确定及提前布局。阈的意思是界限，故阈值又叫临界值，指一个效应能够产生的最低值或最高值，是一个范围。在本节中，心理阈值的最低值指全球投资人的风险预期，最高值指个人的收益预期，更加明确地说，是金钱杠杆投资商品，资产的市值变化的最低限和最高限。把握好金钱的心理阈值如同币值的心理关口一样重要，一旦突破重要的心理关口，后果不堪设想，该国将从此落后几十年或者更长时间。

心理阈值分为两种：正向阈值和负向阈值。若资产市值处于正向阈值范围，说明其竞争优势以及发展空间相较之前更大，这时应该增大资产的资金投入规模，对其加杠杆，以使得资产可以更快地增值。若处于负向阈值范围，应该及时撤出此资产的投入资金，对其采取去杠杆的相应措施，及时止损。如图 5-16 所示。

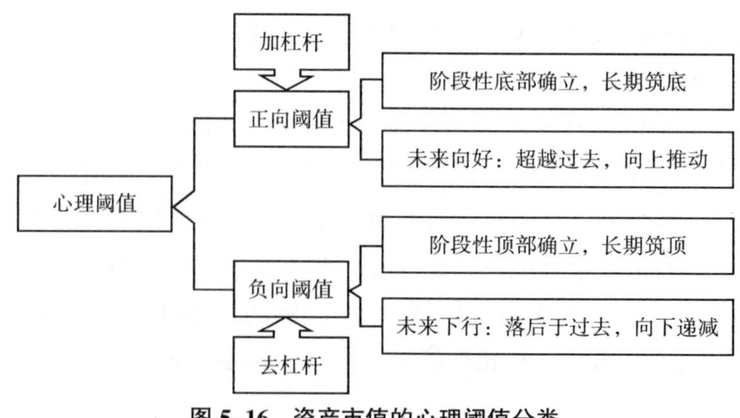

图 5-16　资产市值的心理阈值分类

产生资产市值正向阈值的三种形态：第一种形态，判断资产的市值是否出现筑底现象，如果长期筑底，有可能在未来一段时间改变盘整筑底的态势，构筑一个阶段底部，如图 5-17 所示；第二种形态，在此前的高位基础之上，判断资产市值的未来走势，若判断其趋势未来比现在和过去会更好，至少比过去实现倍增，如图 5-18 所示；第三种形态，相较于形态二市值倍增、倍减更快，此类资产增减幅度极不稳定，偶发因素较大，但经过盘整期后，其市值迅速趋于上升，如图 5-19 所示。

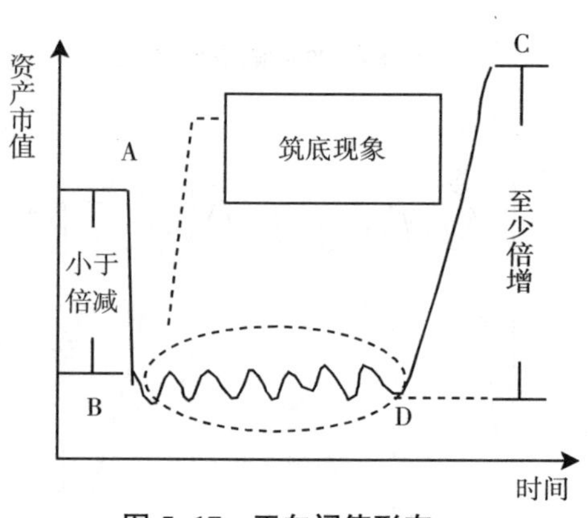

图 5-17　正向阈值形态一

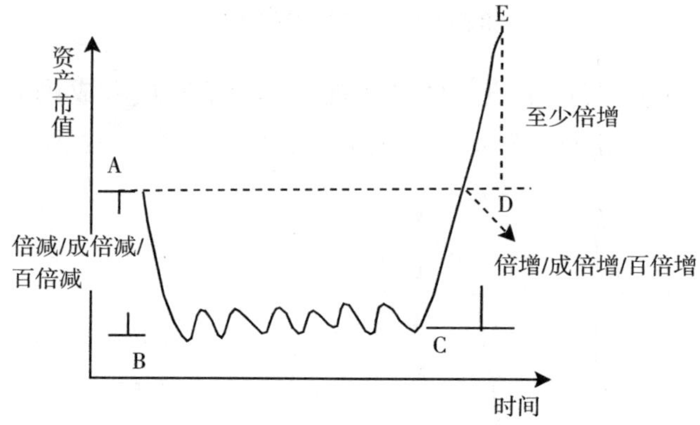

图 5-18　正向阈值形态二

产生资产市值负向阈值的三种形态：第一种形态，判断资产市值是否出现筑顶现象，有可能在未来一段时间改变盘整筑顶的态势，构筑一个阶段顶部，如图 5-20 所示；第二种形态，在高位的基础上，判断资产市值的未来走势，若判断

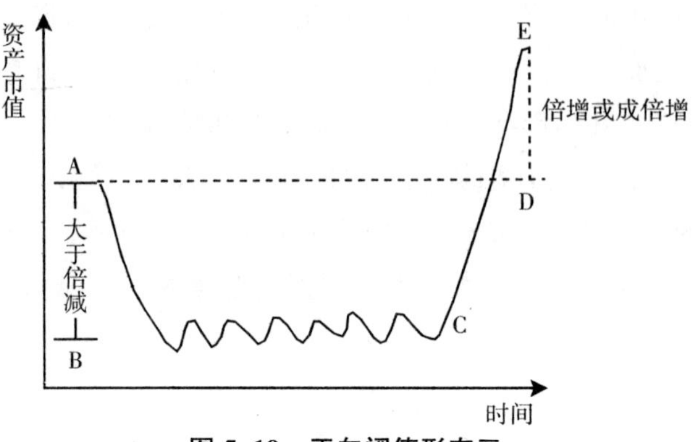

图 5-19 正向阈值形态三

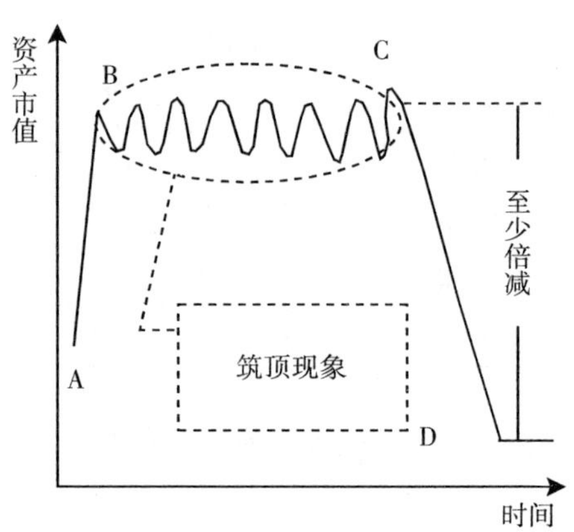

图 5-20 负向阈值形态一

趋势为下降，在现有资产市值所处的位置上进行倍减或者成倍减值，如图 5-21 所示；第三种形态，相较于形态二倍减速度更快，如图 5-22 所示。

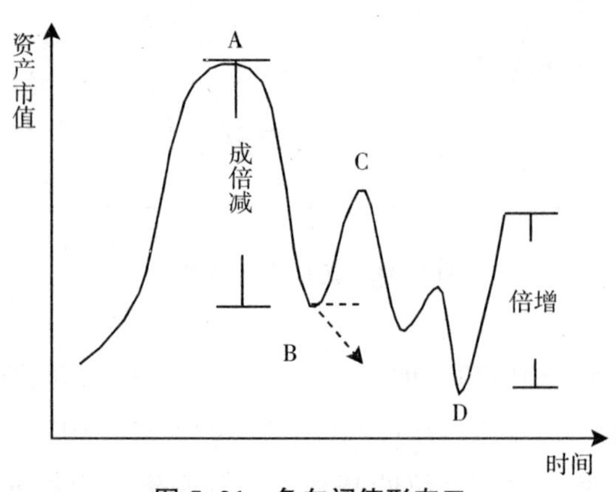

图 5-21 负向阈值形态二

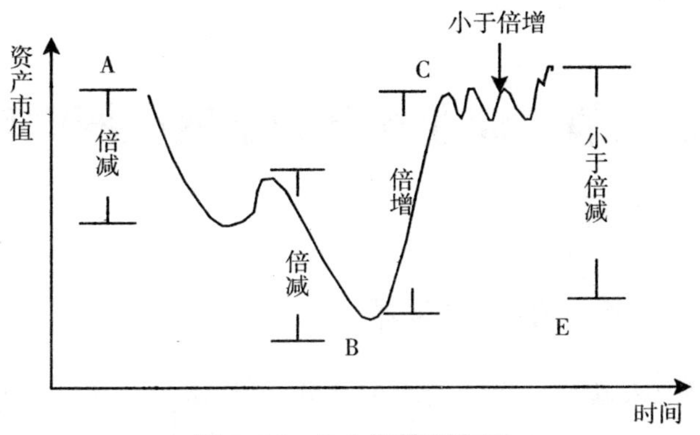

图 5-22　负向阈值形态三

心理阈值范围和方向影响杠杆的大小和方向，二者呈正向相关。投资人通过以上一些形态的分析，正确把握在各种形态下应该加金钱杠杆还是减金钱杠杆，实现投资价值最大化。只有正确判断心理阈值范围和方向，金钱杠杆的效果才能体现。“明星”国家金钱杠杆心理阈值范围变化极大，可以看出由于投资资产升值，对于不参与投资的人而言，同样有财富的损失。参与投资的人，在使用杠杆工具之前，必须小心谨慎地分析自己可能会遇到的风险，在使用杠杆的过程中，也必须头脑清晰。心理阈值范围不是一步实现的，在正向阈值的最低位敢于加杠杆，高位要减杠杆，而不是反向操作；在负向阈值的高位立即减杠杆，低位敢于加杠杆。以一种形态为例加以说明，如图 5-23 所示。

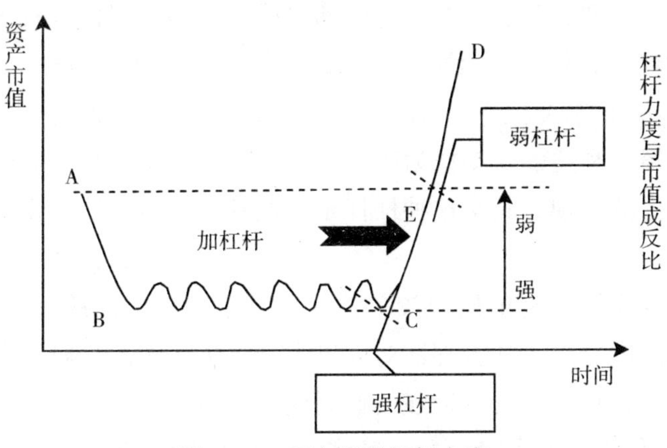

图 5-23　正向阈值杠杆力度

第三节　商业社会的金钱杠杆原理

一、金钱杠杆原理的理论来源

杠杆简单地说来就是一个具有乘号作用的工具，用它可以放大投资的结果。无论最终的结果是收益还是损失，都会以一个固定的比例增加，也就是利用小额的资金进行数倍于原始金额的投资。在商业社会，杠杆是一种能够让人们“透支未来的工具”，它不仅能够在企业内部、行业间作为经营工具使用，而且在国家间甚至全球范围内作为调控经济的重要方式。当然，金钱杠杆原理并不是全新的概念，其理论来源主要可以从经济学和营销学两个方面进行论述。其中经济学主要为金钱杠杆原理提供了方法支撑，而营销学则为金钱杠杆原理提供了思想源泉。

（一）经济学来源

杠杆这个概念一直是经济、金融与会计三大学科都会涉猎的研究内容，尤其在经济发展迅速、全球一体化越来越深入的商业社会，再加上不断爆发的金融危机，使得杠杆越来越成为研究热点。经济杠杆（Economic Lever）是在社会主义条件下，国家或经济组织利用价值规律和物质利益原则影响、调节和控制社会生产、交换、分配、消费等方面的经济活动，以实现国民经济和社会发展计划的经济手段。运用经济杠杆，就是根据国家或经济组织的既定目标，从生产、交换、分配、消费等方面对从事经济活动的经济单位和当事人造成有利条件或不利条件，利用这种经济利益的变动作为阀门，以影响、调节、控制其经济活动，促进或保证既定目标的实现，其实这种杠杆是工业社会促进经济的手段，产生的影响是线性的。

目前，针对金融杠杆的研究较多，这是商业社会的杠杆。尤其是 2008 年金融危机以后，国内外许多学者都针对危机展开了关于金融杠杆的分析与研究。我国证券业与商业银行一样具有较强的顺周期性与风险传染性，因此对证券行业进行宏观审慎监管对行业稳定与宏观经济整体运行具有重要意义（袁闯，2012）。杠杆效应对股票市场的影响也是金融上对于杠杆的研究方向。中国股票市场的杠杆效应具有非对称特征，即股市低收益率伴随着高波动率，但反之却不一定伴随低波动率（吴鑫育、任森春等，2017）。市场、规模和杠杆因素对股票收益的横截面差异具有重要的解释作用（武修文、武文博，2014）。

金钱杠杆原理在经济学的理论来源中有一个重要的概念——金融杠杆率，即信贷总额/名义 GDP 比率。杠杆率的倒数为杠杆倍数，一般来说，投行的杠杆倍数比较高，美林银行的杠杆倍数在 2007 年是 28 倍，摩根士丹利的杠杆倍数在 2007 年为 33 倍。分析中国杠杆率时，首先研究实体经济部门的杠杆率（不包括金融机构的杠杆率），对政府、居民、非金融企业三部分逐一分析，如表 5-1 所示。

表 5-1　各经济部门杠杆水平的度量指标

<table>
<tr><th colspan="2">部门</th><th>杠杆率指标</th><th>计算方法</th></tr>
<tr><td colspan="2">政府</td><td>负债率</td><td>政府部门债务/GDP</td></tr>
<tr><td colspan="2" rowspan="3">家庭（居民）</td><td>杠杆倍数</td><td>资产总额/GDP</td></tr>
<tr><td rowspan="2">负债率</td><td>居民负债总额/GDP</td></tr>
<tr><td>居民负债总额/居民可支配收入</td></tr>
<tr><td colspan="2" rowspan="3">非金融企业</td><td>杠杆率</td><td>净资产/总资产</td></tr>
<tr><td rowspan="2">负债率</td><td>总负债/GDP</td></tr>
<tr><td>总负债/总资产</td></tr>
<tr><td rowspan="6">金融机构</td><td rowspan="4">银行类金融机构</td><td>账面杠杆率</td><td>净资产/总资产</td></tr>
<tr><td>监管杠杆率</td><td>监管资本/总资产</td></tr>
<tr><td rowspan="2">负债率</td><td>总负债/GDP</td></tr>
<tr><td>总负债/总资产</td></tr>
<tr><td rowspan="2">非银行金融机构</td><td>账面杠杆率</td><td>净资产/总资产</td></tr>
<tr><td>负债率</td><td>总负债/总资产</td></tr>
</table>

由以上内容可以知道，经济学上对于金钱杠杆原理的研究主要集中在对杠杆率的测度和评价上，杠杆率的高低直接影响杠杆的效果。经济学的杠杆原理是本书对金钱杠杆原理研究的基础，但二者也有很大的不同。杠杆率的高低、杠杆的结构、杠杆的嵌套对于金融风险防范具有重要意义，对于提高人们的心理承受从数量和方法上寻找到了理论依据，这些都是金融研究专家作出的理论贡献。没有杠杆的概念和测定，就无法理解杠杆对于投资的重要作用。本书研究的杠杆不是针对杠杆率的高低进行测算的研究，相反，本书研究的杠杆认为杠杆率实际上没

有严格的高低之分，是一个相对的概念，通过价值分析认为商业社会的金钱表现都是杠杆，只有金钱杠杆才能创造价值，资产才能在短期内升值，杠杆投资产生的资产市值的变化如何不超出人们的心理承受是研究的重点。心理承受直接影响了对杠杆率高低的判断、结构是否合理，从而影响杠杆的使用效果。也就是说，本书研究的是如何更加有效地利用金钱杠杆、资产市值、心理阈值、心理承受创造价值，而防范风险不是本书研究的重点。

（二）营销学来源

营销学与经济学又有所不同。营销学更注重人的思维，而经济学更多关注技术和方法。人气营商学的营销学基础是顾客营销学。提出金钱对策的营销学研究方向是基于渠道、便利对策考量。

4C 理论由美国营销专家劳特朋教授在 1990 年提出，它以消费者需求为导向，重新设定了市场营销组合的四个基本要素：消费者（Consumer）、成本（Cost）、便利（Convenience）和沟通（Communication）。它强调首先应该把追求的顾客是关键人、关键意见领袖作为重点，其次是努力降低顾客的购买成本是选择标准（VOC）、买点、卖点，再次要充分注意到顾客购买过程中的便利性——集成产品和兑现性是企业销售渠道策略的提升，最后应以顾客为中心实施有效的营销沟通——合适的沟通者。与产品导向的 4P 理论相比，4C 理论有了很大的进步和发展，它重视顾客导向，以追求顾客满意为目标，实际上是当今顾客在营销中越来越居主动地位的市场对企业的必然要求。

4C 理论中的“便利”不仅指消费者获得产品信息及购买产品的便利，而且便利原则贯穿企业市场营销的全过程，包括售前提供准确的信息，售中给予购物方便及售后及时反馈处理用户的意见问题，强调企业既出售产品，也出售服务。更为重要的是，对于各种产品和服务的承诺兑现性，是产品营销中人们购买渠道策略选择的升级版。

金钱杠杆原理与便利含义最重要的联系是由杠杆的内涵和使用方向所带来的。杠杆在各个社会以“渠道”“便利”为基础。在农业社会，人们为了维持生活会通过各种方式获取自己需要的物品，其主要方式是交换，但也存在着借债的方式，这种方式被看作农业社会的杠杆——数量少、范围小、不受重视。人们通过借债来预支自己所需的物品满足当下的生活，然后在一定的时间内还清所借的款项。农业社会的借债不仅是借贷金钱，还可能是粮食、棉花等农作物或生产工具等。农业社会借债是一种满足人们的正常生活、满足人们衣食需要的方式，是为了使生活便利的体现。在工业社会，杠杆主要作为确定性的信贷投资、银行资金融资的工具。工业社会中主要通过三种途径促进经济发展，分别是出口、消费以及投资。当国际经济进入不景气阶段时，出口和消费会受到不同程度的影响，这时国家为了保证经济继续运行，只能通过投资拉动经济，而为了使投资更好地发挥作用，国家会运用各类经济杠杆促进投资。首先，为了发展实体经济，银行将其银行资金以贷款的形式贷给企业或个人，企业或个人使用银行资金进行实体经济的投资与购买，以此促进经济的快速发展；其次，国家通过拨款，运用宽松的货币政策作为杠杆应用到各个不同的市场中。由此可以看出，工业社会的杠杆是为了满足发展经济的便利而被使用的工具，这时的杠杆，国家担保、规模适中、风险不大。

在商业社会，金钱作为杠杆来撬动资产价格，杠杆为资产升值提供便利，商业社会没有杠杆如同工业社会产品没有渠道、顾客没有便利，是不可能产生购买的。商业社会无论是个人投资者还是机构投资者甚至国家都会为了获得价值倍增空间而将杠杆加到适宜的地方——全社会都在加杠杆，金钱用在资产投资上，所有的金钱都成为了杠杆。无论是期货市场的开放、融资融券的普遍化，还是国家降低准备金、定量宽松，都是在加杠杆，而加杠杆是为了获得更高得利，创造更大价值提供便利。通俗地讲，加杠杆的方向就是哪里的道路畅通就加到哪里，哪里更能够提供便利就加到哪里，便利多的加更大杠杆、便利少的相对加小杠杆，这就是营销学理论便利的思想在金钱杠杆对策中的体现。只是商业社会的杠杆不仅是便利的方法运用，更需要智慧的思考，善于利用金钱杠杆创造更多的社会财富，以吸引全球投资。

二、商业社会金钱杠杆原理

（一）基本原理

商业社会金钱杠杆的基本原理主要指心理承受与杠杆之间的关系。因为商业社会中的杠杆与金融上的杠杆不同，它具有广泛性和全球一体化的特点，并与心理承受结合在了一起。心理承受是金钱杠杆原理的核心，其作用机制如图 5-24 所示。商业社会中心理承受直接影响杠杆的大小以及变动方向，杠杆的变动情况修正投资者的心理承受，两者相互作用。

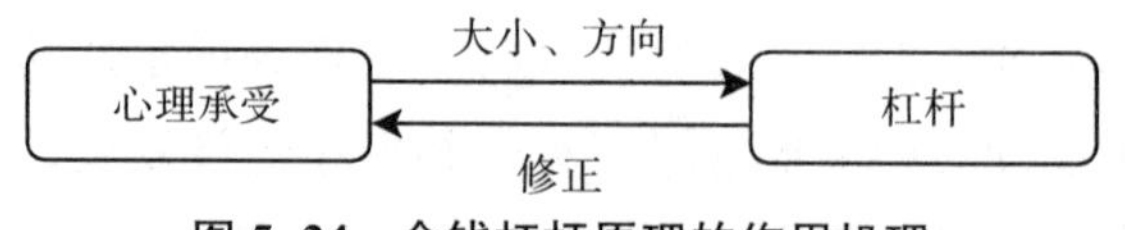

图 5-24 金钱杠杆原理的作用机理

心理承受之所以可以影响杠杆的大小和方向，是因为商业社会投资的本质是杠杆，杠杆加得越大所产生的价值创造越大，但加杠杆的程度又受到心理承受的影响。一方面，全球投资人经过比较、判断，决定杠杆应该加在具有高心理承受的地区和国家，投资人具有敏锐的察觉能力，能够在一定时间内快速辨别出一个国家是否具有“明星”的价值创造，从而更好地把握和利用杠杆，将杠杆运用到值得投资、创造价值大的国家和地区，也就是说心理承受的强弱能够帮助投资者决定杠杆运用的方向。另一方面，心理承受越大，杠杆所能加的程度越大，其杠杆率也会越高，这样便能够更有效地进行价值创造。比如一种资产升值的空间远远大于下跌的空间，基本是封住了下行空间，人们对于它的心理承受是放大的，这时投资人就会加大杠杆，反之，投资人一定会降低杠杆。

相对应地，杠杆的运用及“加”“减”能够修正人们的心理承受的强弱。减少和增加杠杆是投资人对于这个国家投资分析的修正。人们总是通过杠杆使用情况的变化，影响自身对于该国的心理承受，二者紧密相连。影响投资人使用杠杆的因素有很多，这部分内容将在本节第三部分讲到。把握好人们使用杠杆的趋势，是正确放大人们心理承受的前提。心理承受作为一种心理状态，不是一成不变的。比如说，一个国家的储蓄率很高，在商业社会投资为主的时代，杠杆加大的可能性放大，这会放大人们对于该国的心理承受；反之，对于该国的心理承受就会降低。投资主体的心理承受会因为杠杆的变化而发生改变，即所谓的杠杆能够在一定程度上修正心理承受。

（二）金钱作为杠杆研究的逻辑

要理解金钱是一种杠杆，必须要理解金钱作为杠杆的逻辑。事实上，杠杆不是商业社会的产物，金钱杠杆在农业社会已经有所体现，表现为家庭举债的多少，用于解决生活问题，规模很小，之后其在工业社会得到发展，并得到广泛的应用，表现为以企业和政府发债、银行贷款等多种间接融资方式发展经济，一般消费者不参与，由政府控制风险。

在商业社会，金钱作为杠杆的内涵及作用更加丰富和广泛。杠杆具有全球一体化的特点，国际资金流动、各国关于汇率及币值的调控以及货币政策与财政政策的使用都属于金钱杠杆研究的范畴。通过杠杆的使用，吸引全球资金进入各国的投资市场，从而在一定程度上促进本国投资。投资是全社会参与，研究金钱杠杆创造价值，而过上美好生活是包括政府在内的所有投资人的追求。

除了杠杆的丰富化和全球化特点外，商业社会的杠杆还有一个显著的特点是具有极大的不确定性。商业社会全社会都在投资，追求价值创造，以线性投资为主的工业时代已经过去，西方国家的商业实践足以证明这一点。美国金融危机的爆发就是商业投资导致资产泡沫破灭的结果。商业社会中，由于人气所产生的思维上的认同，人们会被具有人气的内容吸引，全球投资人愿意将个人资金投资于这个国家。然而，商业社会的快速变化使得人气关注不断转移，因此投资的国家也随之变化，价值创造的跳跃性、倍增和倍减、杠杆的加快流入和流出、"黑天鹅"事件、"灰犀牛"事件、"明斯基时刻"都是金钱杠杆在全球范围快速流动的结果，必然导致在商业社会的国家无时无刻都要研究杠杆的内涵和运用。

商业社会中，还有一点需要理解，商业杠杆种类很多，投资未来的时间、精力和体力都是杠杆的表现，但核心杠杆是金钱，它与其他杠杆相比有着不可比拟的优势。研究金钱杠杆就是抓住了所有杠杆，它与其他杠杆有着相互依存、相互影响的关系。首先，杠杆的使用就是为了创造价值，可以说所有杠杆的流动方向是一致的，即价值创造的方向，杠杆作用在哪里，哪里就更能够快速有效地创造价值或提高其自身价值；其次，只要具有价值就必然吸引金钱杠杆，不具有投资价值的内容无法吸引人气关注，金钱杠杆也就不会流动于此。由此可以看出，只要有价值、追求价值，为了创造价值，金钱杠杆就会存在并且得到广泛的运用，因此商业社会的金钱杠杆有别于其他任何社会形态，有着极其重要的作用。

（三）心理承受变化的内在含义

心理承受这个概念源于心理学，主要通过心理承受能力或心理承受力来衡量。心理承受能力是个体对逆境引起的心理压力和负面情绪的承受与调节的能力，主要是对逆境的适应力、容忍力、耐力、战胜力的强弱。

根据心理学上对于心理承受力的定义，本节将心理承受界定为：在杠杆发挥作用的时间内，杠杆波及的对象对杠杆率高低在心理上的承受能力，其中杠杆波及的对象包括个人投资者、政府部门、国家以及国际各类经济体等。在利用杠杆交易的时候，其实际的心理承受能力究竟是多少？目前西方用的杠杆比率其实都是远远超过 99%的个人心理实际承受能力的杠杆倍数。一旦杠杆率超过心理承受，就会导致破坏性的情况发生。例如，2009 年底希腊政府披露其公共债务高达 3000 亿欧元，各大评级机构纷纷下调希腊的主权信用等级。2010 年 4 月，标准普尔将希腊主权信用评级降低到垃圾级别，就此希腊主权债务危机爆发，并成为全球经济领域最受关注的事件。这便是杠杆率高于心理承受的实例。

由此可以看出，杠杆的心理承受是动态的，没有一个准确的杠杆率来衡量，人们对于该国或该地区的心理承受放大，杠杆也可以放大，资产市值增大，创造价值最大化；一旦超过人们的心理承受的杠杆，资产市值突破阈值，就会出现资产泡沫破灭，资产市值崩溃，财富大幅缩水。能够正确运用杠杆的心理承受进行价值投资，规避和减少资产市值的崩溃是本章研究的重点。

（四）杠杆的类型及适用对象

为了了解金钱的杠杆原理，在研究过心理承受后，就要研究杠杆本身。商业社会的每个国家都希望通过金钱杠杆的使用影响投资人心理承受的变化。因此，对应着人气矩阵，可以将金钱杠杆按照对人们心理承受影响程度分为四种类型。这四种类型分别是："瘦狗"杠杆、"问号"杠杆、"金牛"杠杆和"明星"杠杆，如图 5–25 所示。

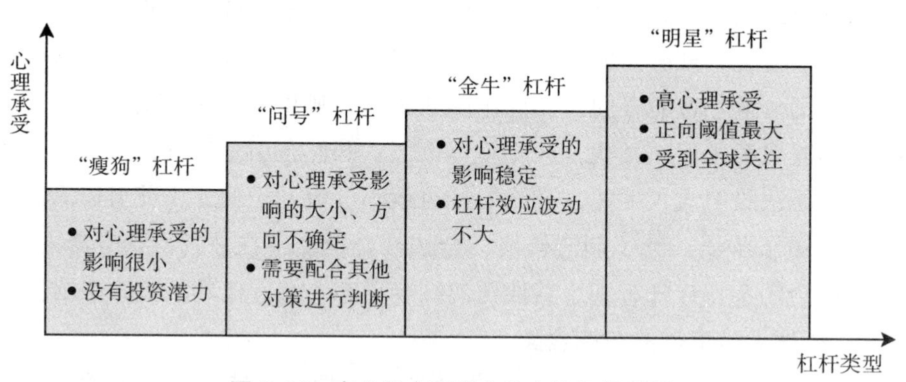

图 5–25　商业社会国家中的金钱杠杆类型

这四种杠杆类型主要是根据全球投资人的心理承受强弱程度而划分的。金钱杠杆的表现是："明星"杠杆指对于人们的心理承受强度较大、引起全球关注的金钱杠杆，导致该国价值创造的倍增（减）；"金牛"杠杆指金钱对于人们心理承受强度有限，杠杆作用开始减弱；"问号"杠杆指对于人们心理承受强弱不确定，杠杆作用下目前无法立即获得资产市值增长，需要耐心等待；"瘦狗"杠杆指对于人们的心理承受强度太弱，基本不影响人们的投资，无法创造价值。

在这四种不同的杠杆中，有三个金钱杠杆影响投资，分别是"明星"杠杆、

“金牛”杠杆和“问号”杠杆。因此要研究这三个金钱杠杆的特点和适用对象。每个投资人都要结合自己的投资偏好选择不同的杠杆类型国家进行投资，同时各个国家自身可以根据不同的杠杆特性选定金钱杠杆的目标。

1.“明星”金钱杠杆

特点：“明星”金钱杠杆自身具有高心理承受强度的特点，并且对于全球投资人心理承受的正向阈值最大，受到全球投资人的关注，是商业社会的引领者。由于人气关注的原因，该国会吸引各方资金流入，该国的资产价格会上涨，所以对投资者来说可以投资该国的“三价”，从而实现自身价值倍增。由于心理承受强度增强，该国必须随时保持高度警惕，不断进行价值创造，否则将出现心理承受负向阈值逐渐变大的情况，这时就可能出现价值倍减，影响该国在商业社会中的领导者地位。保持“明星”金钱杠杆的心理承受正向阈值最大，也就是保证在商业社会是最具投资价值的。

适用对象：对于资产增值有较高要求的投资者；短时间内资产快速增值的投资者；有很好的心理承受力，心理承受正向阈值较大、负向阈值几乎没有，且可以承受双向波动风险的投资者，在该国投资是容易出现奇迹的投资对象。

2.“金牛”金钱杠杆

特点：该国或该地区金钱杠杆对于人们的心理承受的影响进入相对稳定的时期，会有商业社会领导国家的资金流入，以保持心理承受的稳定。因此，这种金钱杠杆与具有“明星”金钱杠杆的国家的关联性较大。该金钱杠杆不可能继续引领世界的发展，他们属于商业社会中的跟随者，会有自己跟随的金钱杠杆，往往是“明星”金钱杠杆。这种金钱杠杆的引导下的投资收益非常稳定，波动幅度有限，因此资产价格上升的空间有限。但是，富豪级人物在创造价值最大的国家中产生，“金牛”金钱杠杆的国家出现新型富豪的比例相对较低。也就是人们所说的社会阶层固化明显。

适用对象：避险资产可以进行投资，以保持稳定回报，适合保值需求的投资者。不适合想谋求更大倍增空间的投资。对于拥有较大规模的资产的财富拥有者，这些国家正是配置他们需要避险的安全资产首选地。

3.“问号”金钱杠杆

特点：短期内金钱杠杆对于人们心理承受影响大小及变动方向不能确定，可能出现相对较长时间的等待。“问号”金钱杠杆的表现和对于投资人的心理承受的影响，需要通过观察来判定。但该金钱杠杆的影响水平处于低位，有上升的空间。资产价格较低，可以用较低的成本持有该国的资产，同时能有效避免“明星”杠杆的双向波动风险。

适用对象：希望获得价值增值且愿意等待的投资者；有敏锐的判断力和前瞻性，可以从中判断出金钱杠杆对于未来的影响力，不愿承担高成本双向波动风险的投资者。

（五）投资人杠杆的选择步骤

投资人在选择金钱杠杆、调整心理承受的时候需要遵循以下三个步骤：

第一步，首先判断一个“明星”国家的金钱杠杆对于人们心理承受的影响，只有被人气关注的“明星”国家才拥有金钱杠杆。

第二步，明确杠杆结构，是指杠杆的具体方向和投资品种。按照“三价”分为房价杠杆、物价杠杆和股价杠杆，每种杠杆都应该保持合理而适度的心理承受，一种品种超过人们的心理承受，杠杆就应该转向另一种投资品种，不断地进行周期转换，配合人气对策，如图 5-26 所示。

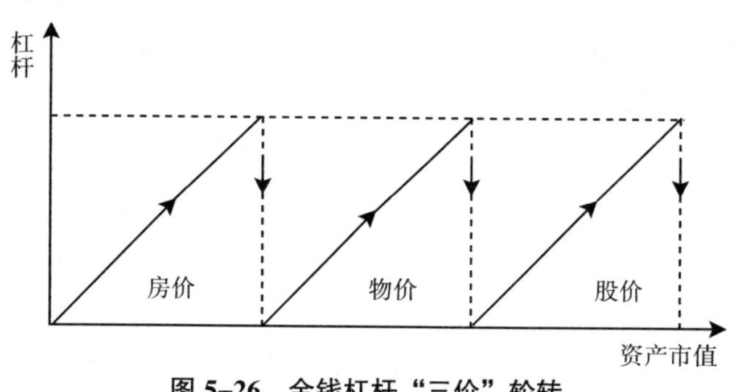

图 5-26 金钱杠杆“三价”轮转

“明星”金钱杠杆的国家是该国总体价值表现，金钱杠杆的结构把控正确，有利于吸引全球金钱投资该国，使该国资产升值，财富迅速积累，留住“明星”金钱杠杆投资该国。如果运用不当，效果相反，会削弱该国的金钱杠杆的国际地位，给比较价值大的国家带来较大的投资机会。2008 年美国金钱杠杆出现的危机从另外一个角度帮助中国赢得世界的金钱杠杆投资中国，中国现在和未来相当长一段时期会发展很快，与全世界投资人金钱杠杆加在中国有着必然关系。中国在利用金钱杠杆时必须慎之又慎。

第三步，正确判断金钱杠杆的阈值范围。明确杠杆结构还不够，只有正确判断金钱杠杆阈值范围，才能适时调整杠杆结构，否则调整杠杆结构没有依据。金钱杠杆的心理承受阈值范围是指金钱杠杆投资产生的市值负向最低值或正向最高值，而判断金钱杠杆心理承受的阈值范围时，需要把握倍增、倍减的资产市值范围，如图 5-27 所示。

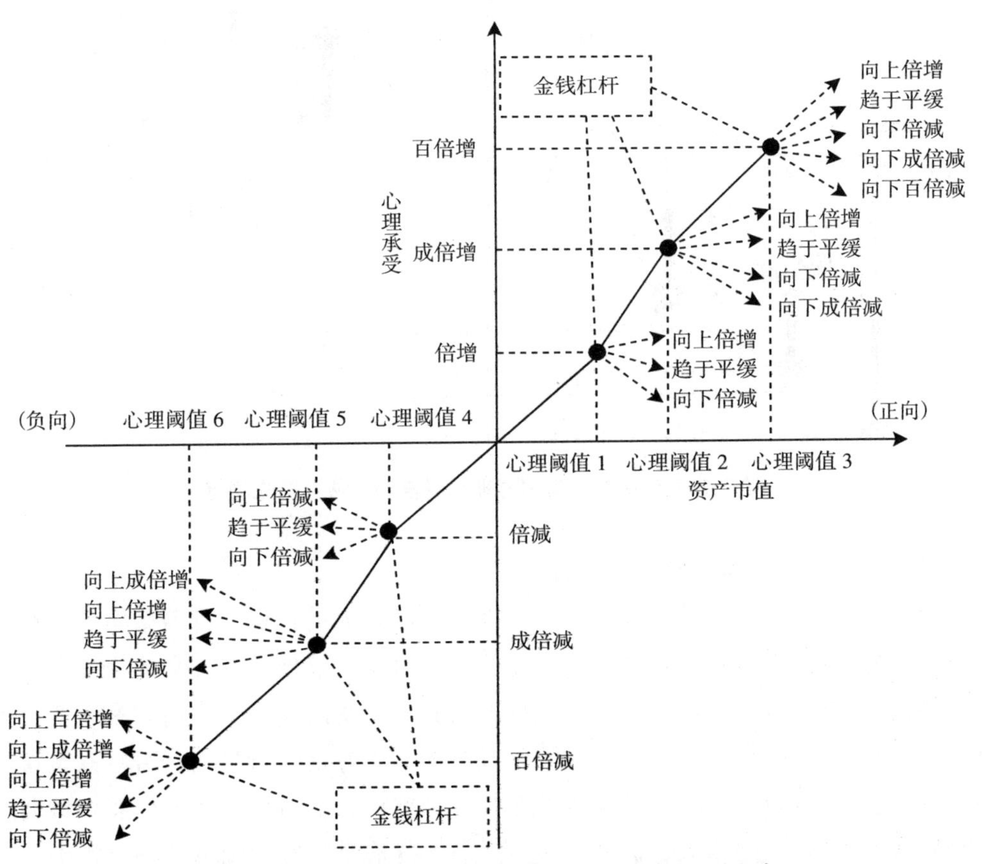

图 5-27　利用阈值、心理承受倍增（减）判断金钱杠杆

阈值分为正向、负向和盘整，只有在向下没有倍减阈值、向上具有最少是倍增阈值时属于正向阈值，加金钱杠杆；相反在向上没有倍增阈值——盘整，或者向下具有最少是倍减阈值——负向阈值时，都应该减杠杆。而每一次判断阈值是向上、向下还是盘整，都是抓住倍增、倍减阈值的投资时机。在至少具有倍增阈值的起点加杠杆投资，在准备盘整或倍减阈值处减少杠杆或者去杠杆投资，如图 5-28 所示。正确判断杠杆心理承受的阈值可以为投资人选择杠杆结构、转换投资品种、评判投资风险提供重要依据。

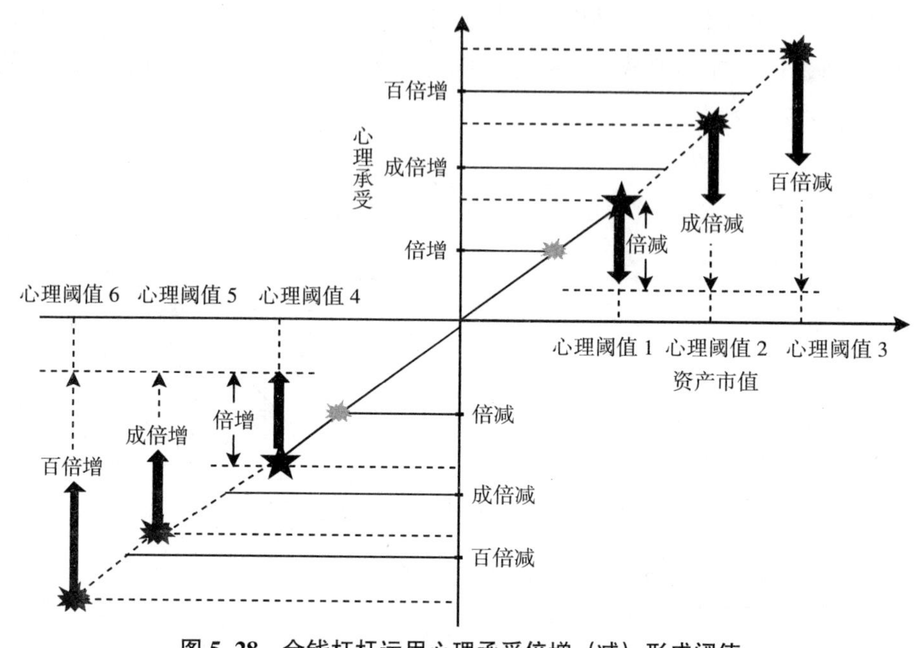

图 5-28 金钱杠杆运用心理承受倍增（减）形成阈值

（六）商业社会金钱杠杆的目标

对于商业社会的金钱而言，为了引发全球投资人的投资，都希望实现其在商业社会中撬动更多的资产、创造最大化价值的目标。这样的目标会促使投资者在使用杠杆时把握其实质原理，即金钱杠杆与心理承受的关系。任何国家或者个人投资者只有在把握好杠杆心理承受的前提下才能更好地进行投资，否则只是盲目跟风，这样的投资方式不能够实现商业社会金钱杠杆的目标，反而可能导致资产市值降低、投资风险增大，甚至造成金融市场的混乱。在价值创造的过程中，金钱杠杆如何利用、创造最大的商业价值，是商业社会投资人的共同追求。

除了上述宏观目标以外，从微观角度讲，商业社会金钱杠杆的目标是杠杆的心理承受的阈值正向拉动带来的积极效应，避免和消除负向阈值对于心理承受的消极影响。之所以金钱杠杆要实现心理承受的正向阈值，是因为心理承受的正向阈值使得该国一直处于人气矩阵的“明星”地位，其杠杆的结构、比率和时机最佳，从而吸引全世界的投资。但在运用正向阈值的同时，必然会出现负向阈值，不可能都是单边阈值，负向阈值也可能为正向阈值的放大打下基础。总之，利用好双边阈值进行投资，是最有效的投资方式，股票市场的融资融券就符合双边阈值投资的要求。

金钱杠杆在一个国家和地区内心理承受阈值变动的过程中，必须善于利用时机创造商业价值，撬动更多的资产并提高资产市值，同时惠及全世界投资人。只要是价值创造，就必须使用金钱杠杆正确引导投资，在全球投资人将金钱杠杆加到该国时，该国就要及时配合其他三个对策，即人气、币值、权力对策，放大房价—物价—股价“三价”这一人气线关注的资产市值心理承受和阈值范围，创造商业价值，让人气不要离开本国或本地区，使持有该国资产的人民早日过上美好生活，造福于该国人民和全球投资人。而不是缩小投资人对于该国的心理承受和阈值范围，阻碍该国商业社会发展，使该国落入中等收入陷阱。

三、金钱杠杆的资产市值选择

（一）金钱杠杆资产市值的时机选择——以投资为主的时代

在工业社会，金钱是货币，货币总额就是央行货币发行量，这些是经济和金融专家研究的购买问题。在商业社会中，金钱的内涵就是杠杆，杠杆是营商学研究的资产升值、心理阈值、心理承受。也就是说，任何金钱都可以被当作杠杆来使用，这是金钱在以投资为主的商业社会独有的也是最重要的含义。由于杠杆在商业社会具有更加广泛而丰富的运用，并且具有全球一体化的特点，那么杠杆在何种条件下使用，即杠杆使用时机应该如何选择变得尤为关键。只有在投资时，杠杆的使用时机才最佳。不进行投资，使用杠杆就没有实际意义，因为杠杆就是透支未来、创造价值的工具，而投资是为了获得更多的比较价值，因此只有在投资时杠杆才被广泛使用。

事实上，越来越多个人投资者或者金融机构认识到使用杠杆的高收益、高回报以及极大的便利性，于是越来越多的杠杆在不同的市场、以不同的方式被使用着，这会造成一个不容忽视的问题——杠杆滥用，资产嵌套。一味地使用杠杆，不顾杠杆心理承受的阈值，会造成金融市场混乱、资产泡沫严重，一旦心理承受崩溃、资产泡沫破灭，便会产生不可逆转的严重后果。

因此，杠杆的使用一定要注重价值的判断，不能一味地使用杠杆而不顾投资人心理承受的阈值范围，只有在投资时，金钱才是杠杆；并且，在投资时也要注意加杠杆的程度，合理控制金钱杠杆，防止资产嵌套，应根据实际情况、结合投资者的心理承受强弱，将杠杆加给合适的商品品种和方向，明确心理承受的临界点，把握杠杆心理承受的阈值范围，合理进行投资品种的转换，杜绝“明斯基时刻”的发生，减少产生系统性风险的可能，以最为适度的杠杆获得更多的价值。

（二）金钱杠杆资产市值的表现情形选择

通过认知心理学的分析，文化、经济和社会价值创造是杠杆使用效益最大化的价值载体，金钱杠杆的市值表现反映了人们的心理承受强弱，而价值引擎的大小对于人们心理承受强弱的影响至关重要，分析金钱杠杆的资产市值表现情形时必须理解价值引擎。

1. 引擎的定义

本书将引擎的概念广义化且实质化，从广义上说，引擎的衍生内涵就是驱动力，比喻推动工作、事业等前进和发展的力量，泛指事物运动和发展的推动力量。在此指使心理承受阈值向正向还是负向移动的驱动力。利用金钱杠杆不同的心理承受创造价值时，就应掌握心理承受阈值的正向、负向不断变化的普遍规律。

2. 引擎的类型

根据引擎在不同领域的几种定义，结合引擎在金钱杠杆市值中的引申含义，可以将价值引擎分为三种类型：小引擎、中引擎、大引擎。

小引擎一般是指支撑、推动一个事物时仅仅只有一个方面且动力小，也就是说，只有一个驱动力影响金钱杠杆的心理承受，从而使得资产市值发生改变。小引擎的国家或商品往往只能小幅波动，其放大的心理承受阈值范围受限，如图5-29所示。

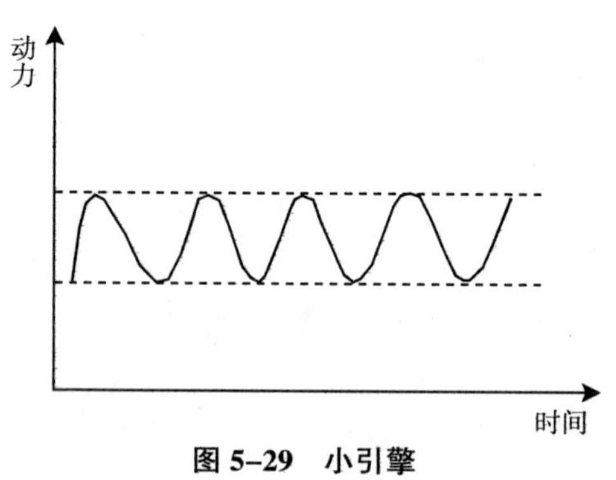

图 5-29　小引擎

中引擎较小引擎来讲动力更大。正如汽车排量与引擎的关系，通常排量大，单位时间发动机所释放的能量（即将燃料的化学能转化为机械能）就大，也就是“动力性”好。较大的驱动力使得心理承受阈值范围更大，其国家或商品的资产市值较小引擎波动较大，如图5-30所示。

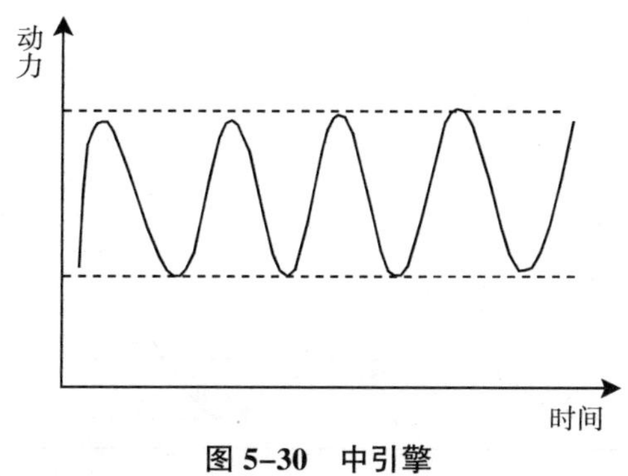

图 5–30　中引擎

大引擎指的是较小引擎、中引擎有多种驱动力，可能由两种、三种、四种等不同动力驱动，且动力越多，在使用引擎判断心理承受以及金钱杠杆市值的时候可以考虑的因素越多。拥有大引擎的国家或商品可以提升心理承受范围，其金钱杠杆市值也会不断提升。相比小引擎、中引擎，大引擎的国家和商品资产市值的心理承受阈值范围不断放大，形成了一个国家的核心资产，如图 5–31 所示。

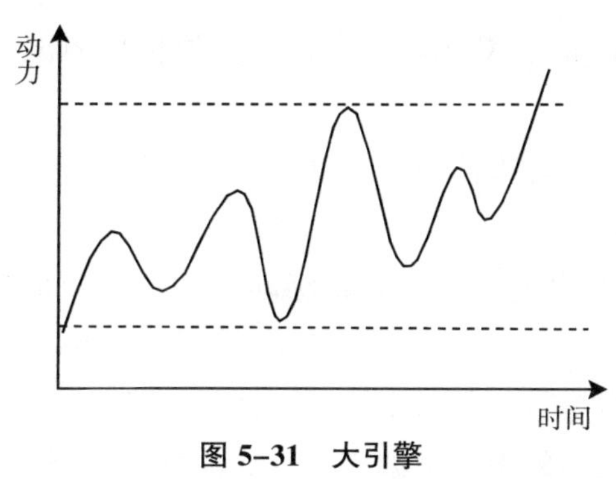

图 5–31　大引擎

3. 价值引擎的情形

商业社会的国家都希望投资人对于自己国家的心理承受保持在比较强的程度，并在全球范围内不断提升，长期发挥作用，成为全球的“明星”国家。但一个国家杠杆的心理承受究竟多大？价值引擎驱动力影响因素很多，在金钱杠杆的使用过程中，由于引擎不同，投资人心理承受的资产市值阈值方向不同、范围不同。本书主要有三种不同的资产市值情形选择：资产市值引擎驱动力有限；资产市值引擎驱动力适中；资产市值引擎驱动力较大。

情形 1：金钱杠杆资产市值引擎驱动力有限，心理承受的正（负）向阈值较小，如图 5–32 所示。

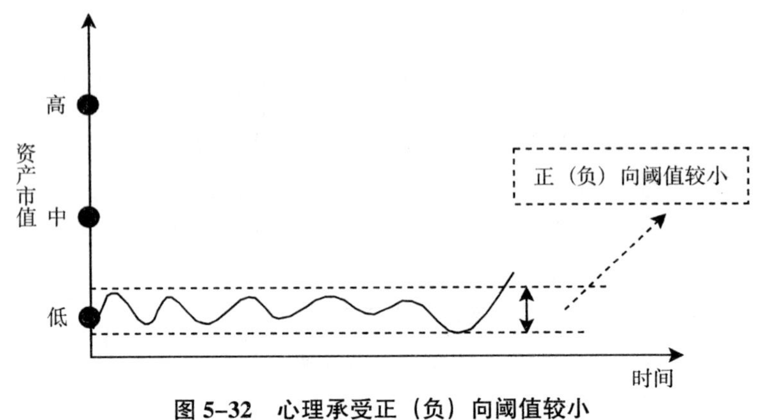

图 5–32　心理承受正（负）向阈值较小

情形 1 的心理承受阈值变动的总体趋势：金钱杠杆市值引擎驱动力较小，心理承受的正（负）向阈值范围最小。

优点：投资人对于该国的心理承受最小，正（负）向阈值变化范围较小，金钱杠杆非常安全。

缺点：金钱杠杆市值引擎驱动力有限，价值倍增（减）的实现需要漫长的时间。

适用：有一定金钱杠杆市值引擎驱动力的、小的商业社会国家，有提升国际地位愿景的商业社会国家。

要求：选择正确的跟随国家，防止跟随金钱杠杆市值引擎驱动力下降的国家。创造自己的价值。

心理承受有限的国家也很常见，对于一些在工业社会已经发展较好的国家，由于金钱杠杆驱动力的引擎单一，即使进入商业社会后资产市值提升的幅度也有限，所以对于这种国家而言只能跟随商业社会领导国家的发展。如亚洲的“四小龙”，价值引擎单一，这些国家就只能保持在一定的引擎驱动力情形下，选择正确的跟随国家，不会有较大的价值驱动力。

情形 2：金钱杠杆资产市值引擎驱动力适中，心理承受正（负）向阈值范围适中，如图 5–33 所示。

情形 2 的心理承受阈值变动的总体趋势：金钱杠杆资产市值引擎驱动力水平处于中等，投资人心理承受正（负）向阈值范围中等。

优点：波动性不大，心理承受在可控范围内，稳定性比较好。

缺点：未知性强，难以准确预判出未来引擎的驱动力强弱，引擎驱动力变小

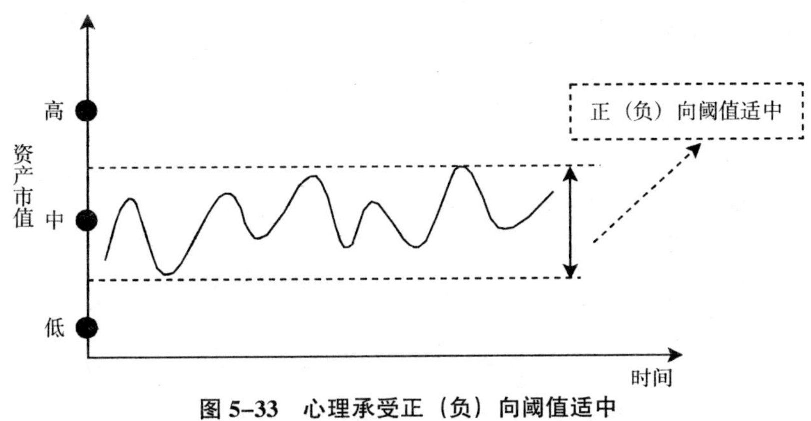

图 5-33　心理承受正（负）向阈值适中

的可能性大。

适用：发展到顶端的商业社会国家。

要求：防止引擎驱动力提升过快，过早出现超出投资人心理承受的泡沫现象，使得该国家退出商业社会领袖国家。

这种情形比较常见，德国、英国都是在该国较为强大的引擎驱动力下放大该国的资产市值，二者曾经都是引领世界的国家，只不过是时间比较短暂，心理承受比低驱动力的引擎大，但发展到了一定阶段后，就无法放大心理承受的阈值范围。近年来，美国金钱杠杆的价值创造也到了一定的高位，心理阈值范围受到了限制，很难继续实现资产市值提升，只能受到其他“问号”转“明星”国家金钱杠杆的吸引。同时，在商业社会中，投资者对价值思维引擎创新越发重视，金钱杠杆对心理承受的资产市值正随着资本逐渐从美国流向以中国为主的“金砖国家”。

情形 3：金钱杠杆资产市值引擎驱动力较大，核心资产市值心理承受正（负）向阈值范围放大，如图 5-34 所示。

情形 3 的心理承受阈值变动的总体趋势：金钱杠杆资产市值引擎驱动力水平高，心理承受的正（负）向阈值范围最大。

优点：金钱杠杆资产市值驱动力水平高，此时能够获得最大的价值倍增（减），创造巨大的商业价值。

缺点：正（负）向阈值都会很大，财富增值和贬值的速度加快，社会财富越来越往少数会投资的人手中集中。

适用：正在快速发展的“明星”商业社会国家，商业社会的领头国家。

要求：这时应该谨慎、智慧地使用杠杆，防止心理承受的阈值放大，而操作

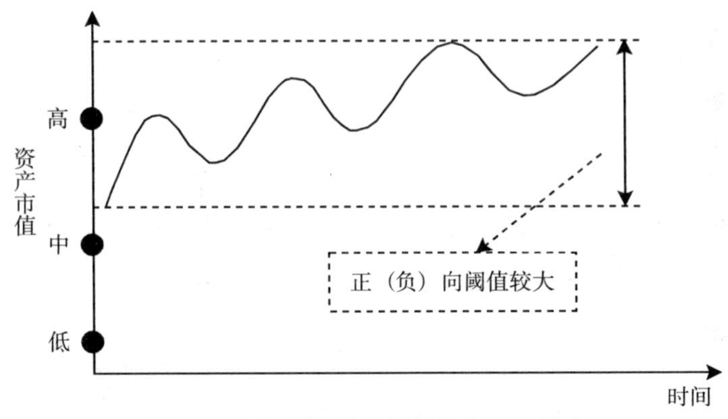

图 5-34　心理承受正（负）向阈值放大

又反向，引起过大的价值损失。该情形需要国家在有财富积累、丰富的阅历故事前提下加以动态调整。不仅要有大量的财富，包括储蓄、经济增长、社会发展等方面的优势，同时还需要不断创新思维，提升国际地位，这样可以放大金钱杠杆的资产市值。

很多国家的资产市值都不可能实现长期的放大，心理承受也不可能不断放大，即该国的价值引擎不够大。纵观历史，还没有哪个国家从最低位的心理承受一路上升到高位后，长期保持全球资产市值最大，近百年来，美国是到目前为止保持全球资产市值最大的国家——最富有的国家。美国引领世界的时间比较长，就是因为美国具有全球技术领先的较大价值引擎，这是全世界的共识，赢得了全球投资人的金钱杠杆。

（三）保持金钱杠杆资产市值不断增大的方法

为了保持金钱杠杆心理承受不断放大，应增加比较价值资产市值的阈值范围。主要有四种不同方法，根据不同的情形可以分别利用这四种方法来不断放大杠杆心理承受的阈值范围，使资产增值，创造价值，增加社会财富。

1. 方法一：崛起法——该国曾经辉煌，重新超越过去

一个国家发生倍减或成倍减后，要封住负向阈值倍减范围，必须发现新的重大价值新引擎，超过和避开正在引领国家的新引擎，寻求打开比较价值正向阈值成倍增和百倍增范围的时机。

当心理承受既有向下的部分又有向上的部分时，比较价值资产市值水平适中，心理承受正（负）向阈值范围也适中。在这种情况出现时，应该特别关注倍增（减）或成倍增（减）的时刻，因为只有在确定倍增（减）或成倍增（减）时才是阈值范围的上确界或下确界。也就是说，只有此时，才能够称之为阈值，其他时间点均不能准确把握。当发现已经达到倍减时，再也不可能比现在更差，应立刻封住下行空间，即封住负向阈值倍减范围，防止出现低于阈值下确界的情况。因为一旦低于阈值，就难以判断出探底的程度。也就是说，对于底位的把握具有更大的不确定性。

除了要封住负向阈值倍减范围，还需要打开上行空间，即打开正向阈值成倍增和百倍增范围，使得心理承受的方向能够快速改变，将负向阈值的作用转化为正向阈值来发挥作用。当心理承受开始向上移动时，把握倍增时机便成为关键内容。因为开始倍增的时刻便是正向阈值的开始，而一旦心理承受开始向上移动，就应指导其向倍增实现点不断靠近，当实现倍增时，对于整体来讲便同时实现了成倍增，如图 5-35 所示。

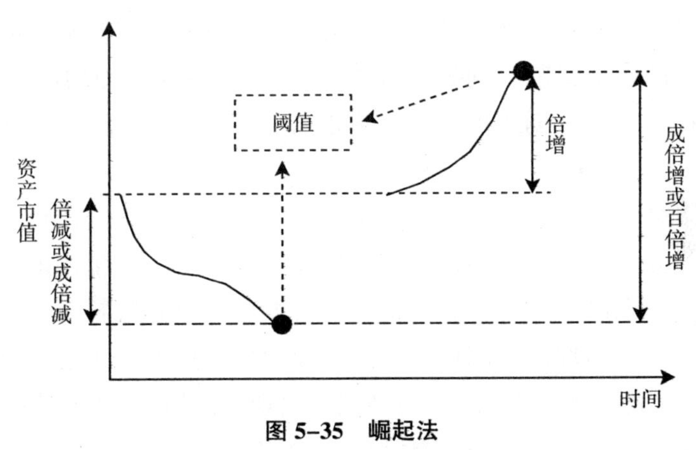

图 5-35　崛起法

2. 方法二：等待法——该国进入历史高位，寻求新的突破

一个国家比较价值资产市值上升到一定水平时，必须封住负向阈值倍减范围，等待价值引擎进一步提升正向阈值倍增或成倍增范围的时机。

当一个国家比较价值资产市值开始处于中等水平，但逐渐上升到较高水平时，心理承受只有向上的部分。这种情况出现时，需要耐心等待并关注倍增的时刻，因为倍增是一个类似转折点的时刻，向上或向下移动均在此时刻开始。当发现已经实现倍增时，需要继续等待上行空间，不能盲目放大心理阈值，应寻找新引擎，因为心理承受还有向上的空间，极有可能继续向上直到实现成倍增，如图 5-36 所示。一旦成倍增实现，那么正向阈值便达到上确界也就是到顶，之后便需要进行进一步的判断。

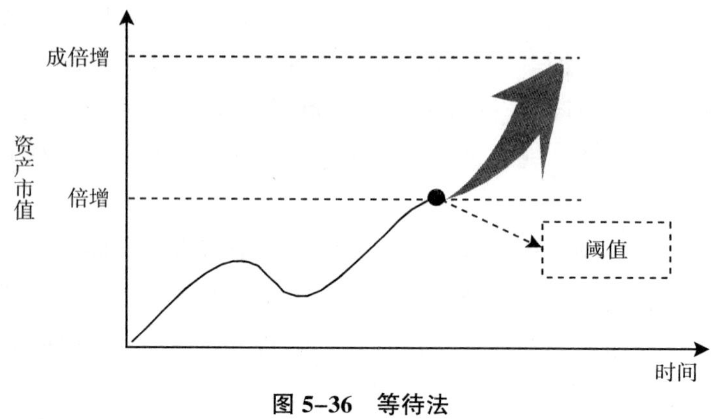

图 5-36 等待法

3. 方法三：引领法——该国正引领世界发展，比较价值保持遥遥领先地位

一个国家资产市值远远超过世界其他国家，达到一定的水平时，应保持和不断挖掘自己的价值引擎，同时密切关注新型国家新的重大引擎出现，并使该国的比较价值资产不断创造价值，寻求正向倍增、成倍增、百倍增阈值范围放大的时机。

当一个国家资产市值正在经历高位时，要想继续保持资产市值的心理承受放大，阈值范围扩大，就必须保持该国的比较价值资产市值不断放大。比较价值资产是一个国家的标志，每次倍增后适当调整，金钱杠杆会开始加入，市值会开始倍增，不会出现负向阈值。通过比较价值资产市值上升，带领和影响整个国家的资产市值。如果出现比较价值资产出现负向倍减，意味着整个国家的金钱杠杆在减少，该国的整个资产市值就会出现负向阈值。一个国家出现比较价值资产和保持比较价值资产升值是该国引领世界的前提。如图 5-37 所示。

4. 方法四：回档法——该国曾经经历高位，继续寻求和保持一定地位

一个国家比较价值资产市值以前经历过高位，没有超越过去的正向倍增阈值范围，寻求负向倍减阈值范围，资产重组后，寻求正向倍增阈值范围，确保资产阈值在一定的范围内波动或者超越过去，不至于落后太快或者被淘汰。

当一个国家比较价值资产市值经历过高位以后，这时没有正向倍增阈值，反而形成了负向倍减阈值，于是心理承受只有向下的部分。当这种情况出现时，则需要关注倍减的时刻，与倍增相同，倍减也是一个类似转折点的时刻。当发现已经达到倍减时，可以不必急于寻求向上空间，而是继续寻求向下空间（见图 5-38），达到成倍减时，心理承受方向由负向正转变的可能性最大，也是最佳时

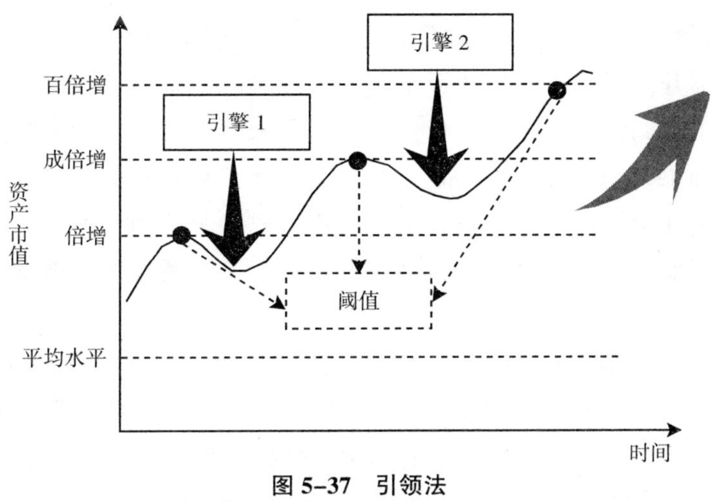

图 5-37　引领法

机。因此，这里寻求向下空间是为了在向下到成倍减、百倍减后，寻找新的价值引擎，形成正向阈值，并且这时向上的价值引擎阈值范围也达到了最大。

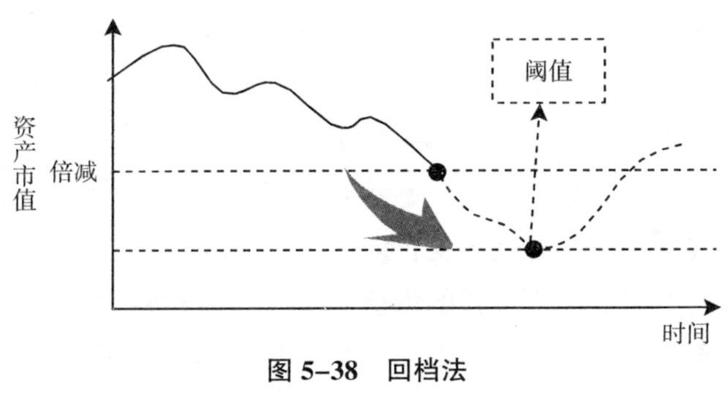

图 5-38　回档法

四、心理承受的扩大和调整

（一）心理承受调整的类型：主动和被动

对于商业社会的国家来说，心理承受的调整分为主动和被动两方面。主动调整是指一国通过金钱杠杆自行调整，对比较价值资产的市值变动方向产生影响。被动调整指的是顺应国际国内、资产市值的阈值波动情况，是由国际、国内资产市值的一般规律决定的方向性变动，但结果往往出乎投资人的意料，必须谨慎应对。

每个国家都应该运用金钱杠杆主动进行调整，以防超越人们的心理承受范围，产生不利的后果。“二战”之前的德国和一些老牌工业国家，由于自己国家资产市值大幅升值后，本国价值引擎驱动力不足，试图通过战争寻求新的价值引擎，寻求主动调整自己国家的价值引擎，寻求金钱杠杆主动调整投资人的心理承受，但结果事与愿违。“二战”结果是推动了美国的科学技术进步，从此美国吸引了全球金钱杠杆的投资，全球投资人放大了美国资产市值的心理承受阈值范围，而那些试图通过战争这个价值引擎放大金钱杠杆心理承受范围的国家经济落后于美国。

金钱杠杆的被动调整是由于心理承受发生巨大变化，在投资人意料之外，引起资产市值的负向阈值大幅波动，这就是人们会经常碰到的所谓“黑天鹅”事件。美国的“9·11”事件对于美国的心理承受打击是致命的，2008 年美国的金融危机的打击也很严重，都出乎美国意料，美国及世界各国都必须谨慎应对。因为美国房价比较价值资产的心理阈值的调整影响到中国，中国是被动调整。被动调整有些是短期的，有些是长期的，短期调整处理不好就会成为长期调整。长期调整形成不了正向心理阈值，资产不能升值，使这个国家落后几十年，错过发展的良好机遇期，出现“拉美”现象、日本现象。被动调整的国家必须积极应对，变被动为主动，寻求价值引擎，努力放大金钱杠杆资产市值的阈值范围，中国政府采取“4 万亿”投资计划就是为了应对被动调整。

当一国资产处于高位时，该国若不及时进行主动调整，人们由于担心出现被动调整，就会出现资产市值心理承受正向阈值范围缩小、负向阈值范围放大，资产市值大幅缩水。如果该国进行新的价值创造，那么短暂调整后又会引来新一轮金钱杠杆加入，资产市值上涨。但主动调整和被动调整在实际操作中不能完全区分，二者相互转换。

（二）扩大金钱杠杆的心理承受

金钱杠杆的正确使用在商业社会中具有重要作用，适度的心理承受不仅能够提高资金的配置效率，而且能够带动商业，促进经济增长，但如果杠杆使用不当，超过心理承受比较价值资产市值阈值范围，则会造成信用违约频发、金融机构不良贷款陡升、资产价格崩溃，最终导致金融危机的全面爆发。如何把控好心理承受，并且扩大杠杆的心理承受范围，使其在一个合适的阈值范围下发挥最大的作用是最为关键和重要的内容——寻求多引擎和大引擎。

扩大金钱杠杆的心理承受主要有三个步骤：一是寻找影响金钱杠杠心理承受的价值引擎，控制杠杆心理承受的核心是了解影响心理承受的各类引擎。本节第三部分着重探讨了价值引擎的定义，并将引擎分为大引擎、中引擎和小引擎三大类，由此可以看出引擎在商业社会的涵盖范围十分广泛，任何作为价值驱动力的因素都可以被划到引擎的范畴里，只不过驱动力的作用大小不同。因此寻找重要的价值引擎就是要选择大引擎，价值引擎的形成和保持是该国人们共同努力的结果，但善于把握和发现价值引擎是营商学研究的内容。二是在实践中动态寻找杠杆价值引擎的指标体系，因为除了大引擎以外，还会有不同的指标影响杠杆的撤离，应正确判断心理阈值放大的程度和范围，坚守心理阈值倍减放大的程度。如2018 年中国股市的 2600 点附近就是心理阈值倍减放大的最大程度，必须坚守。三是围绕这些价值引擎，选择对应控制手段，把控好金钱杠杆的心理承受，合理运用金融工具和社会手段，如资产嵌套的管理。

根据价值引擎的内涵，将影响资产市值心理承受阈值的引擎按照作用的范围分为两大类：国内引擎和国际引擎。国内引擎分别是经济引擎和社会引擎；国际引擎分别是国际经济引擎和国际制度引擎。引擎的具体内容如图 5-39 所示。

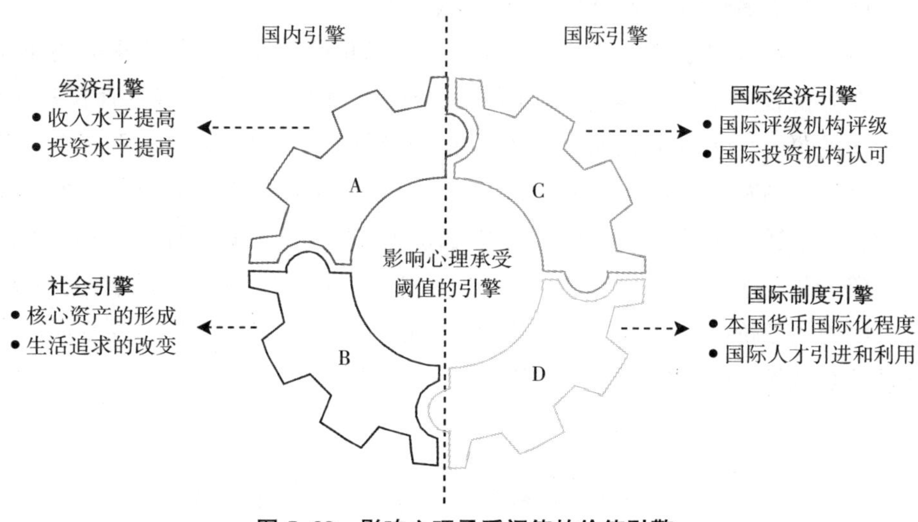

图 5-39　影响心理承受阈值的价值引擎

第四节　金钱杠杆变化的价值创造

一、金钱对策的研究对象

本章所指的金钱对策，其研究重点在应对上。金钱在商业社会中的实质是杠杆，而杠杆的选择、变化以及运用是一个复杂、动态的过程，远远比工业社会复杂得多，从来没有任何一个社会像商业社会这样关心金钱杠杆作用——投资为主的时代，商业社会是一个可以放大金钱的倍数和迅速减少人们财富的时代，金钱杠杆具体表现为对全球投资不同主体心理承受能力高低的把握。因此，全世界投资者从投资国家到投资具体商品，如何利用好金钱杠杆进行投资，创造商业价值，迅速积累更多财富，成为本节研究重点。

金钱对策具有双重研究对象，从全球投资者角度出发，金钱对策是为了研究投资者在价值投资上的具体商品。即紧跟资产增值的脚步，合理选择投资标的，选择合适的投资国家和商品对象。如图 5-40 所示，金钱对策的一重研究对象是国家，也就是判断一个国家是否是“明星”杠杆，倍增（减）心理承受的阈值及范围如何。金钱对策的二重研究对象是具体商品，面对不同杠杆加在不同商品的情况，资产价格上涨的速度和变动方向不一样，对于社会的推动作用也不相同，房价、物价和股价的金钱杠杆投资和资产市值、心理阈值、心理承受变动的研究是商业社会任何一个国家创造比较价值的三大资产品种。

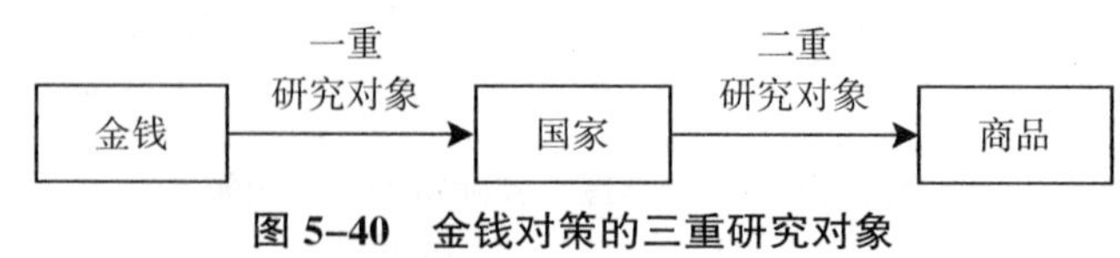

图 5-40　金钱对策的三重研究对象

二、商业社会金钱杠杆形成资产市值变化的类型

商业社会金钱杠杆资产市值表现，对投资人心理承受产生影响，对投资者投资引起的资产升值类型也有很大影响，不同的心理承受对于投资的反应也不相同，从金钱杠杆资产市值变动和投资对象两个因素进行划分，如表 5-2 所示。

表 5-2　资产市值变动与商品对象划分法的重点关注类型

对象 \ 资产市值变动	正向	稳定	负向
国家	★		
具体商品	★	★	★

并不是所有类型都需要关注，本书需要重点关注的有四种：国家资产市值变动正向以及该国商品资产市值变动正向、商品资产市值变动稳定和商品资产市值变动负向。

国家金钱杠杆资产市值变动正向值得重点关注的是国家资产市值正向升值，同时该国的商品资产市值正向上升、稳定和负向下降。国家金钱杠杆资产市值不断上升，意味着这个国家是人气关注的“明星”国家，具有价值的倍增空间，投资该国的商品才可能创造价值。该国的具体商品资产市值正向升值、稳定和负向下降必须关注，它们是普通投资人投资的重要对象。

三、“三价”的金钱投资

（一）金钱投资对策选择步骤

从金钱对策内容来说，本章主要说明了金钱在商业社会中的运作机理。由于金钱杠杆变化在商业社会主要是由全球投资人共同决定的，具有巨大的不确定性，每一个投资人都是商业社会的参与者，所以，在金钱杠杆不同的资产市值变化类型下，投资者必须选择相应的投资对策。

对于投资人来说，投资对策选择步骤一共分为 5 步，如图 5-41 所示。只有根据这个步骤，商业社会的投资人才能更好地实现自己在商业社会的资产升值，创造价值，从而在商业社会占得先机。

第一步，对于投资人来说要选择国家金钱杠杆类型，因为不同国家的金钱杠杆所形成的资产市值正向阈值范围不同，投资收益也不同。商业社会的投资人，都是为了寻求商业价值的倍增，追求比较价值最大化。因此，对于投资人来说，最好的金钱杠杆应该是人气“明星”杠杆。

第二步，寻找金钱杠杆的价值引擎，主要是要明确自己的比较价值目标。人气关注的都是比较价值，所以这一步是关键环节，没有比较价值则不适宜进行投资。价值引擎内容广泛，必须全方位地关注和涉猎。

第三步，价值引擎心理承受的把控调整。在商业社会中，金钱杠杆存在较高的

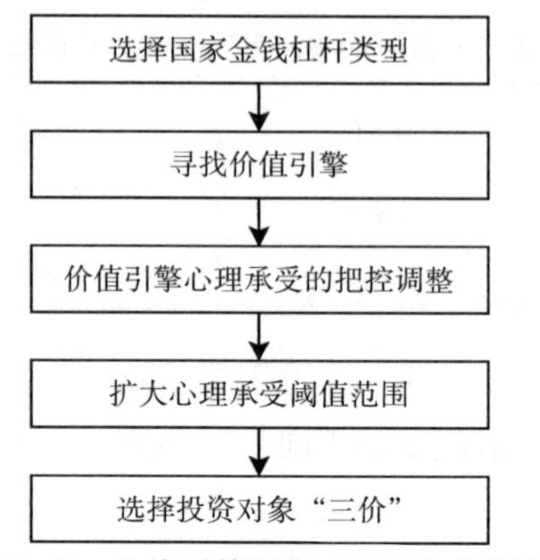

图 5-41 金钱对策投资“三价”的步骤

不确定性，对于金钱杠杆投资的首选是价值引擎心理承受把控能力，是应该着重培养的能力，这样才能应对商业社会中的不确定性。对每个投资人来说，一个国家或者地区对自身价值引擎心理承受的把控能力往往是投资分析的重要判断依据。

第四步，有效扩大心理承受阈值范围。金钱杠杆心理承受变化的阈值范围直接影响全球投资人的价值选择。能否把握住阈值范围，即能否具有创造比较价值的优势。

第五步，选择投资对象“三价”，确定具体商品品种。金钱杠杆变动通过影响资金的流动，来影响“三价”资产市值的变动，从而影响“三价”的价格升降。根据金钱杠杆的心理承受、心理阈值变动进行房价、物价、股价投资对象选择是金钱杠杆投资的重要步骤之一。

对全球投资人来说，可以依据金钱杠杆原理对一个国家和地区进行投资。可以选择投资的商品品种很多，投资人对该国的“房价、股价、物价”人气线商品品种进行金钱杠杆投资。该国的文化、经济、社会价值资产，是创造价值的最好载体，投资人要依据金钱杠杆和“三价”变动关系的规律，采取相应的对策，选择“三价”进行具体投资。

（二）投资“三价”的选择

商业社会中，金钱杠杆资产市值的心理承受的阈值范围受到价值引擎的影响，主要是国内引擎和国际引擎两大方面。无论投资一个国家，还是投资在具体商品或其他领域上，都应根据心理承受与资产市值阈值范围的变动而不断调整，最后综合反映在具体的一个国家“三价”品种上。图 5-42 是金钱对策投资“三价”的典型状态下选择逻辑。

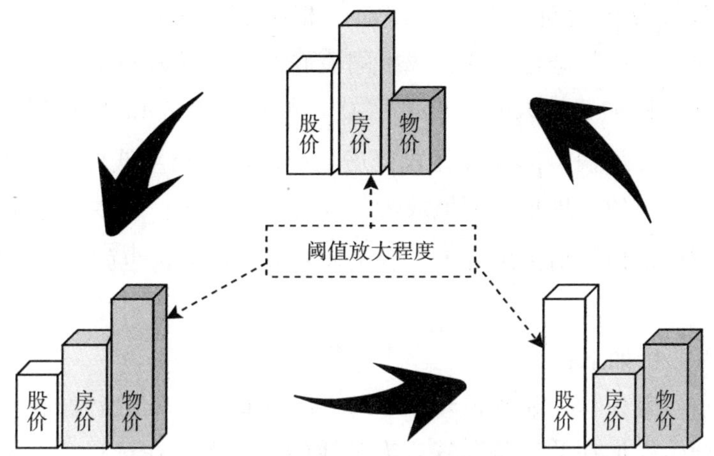

图 5-42　“三价”投资心理承受阈值变化典型

商业社会一个国家具有代表性的“三价”（房价、物价和股价）在一条最为核心的人气线上，以此分析金钱杠杆变化在不同价值引擎的作用下资产市值阈值放大程度的不同情形及对策，“三价”投资要综合心理承受、心理阈值突破和价值引擎进行分析，如图 5-43 所示。

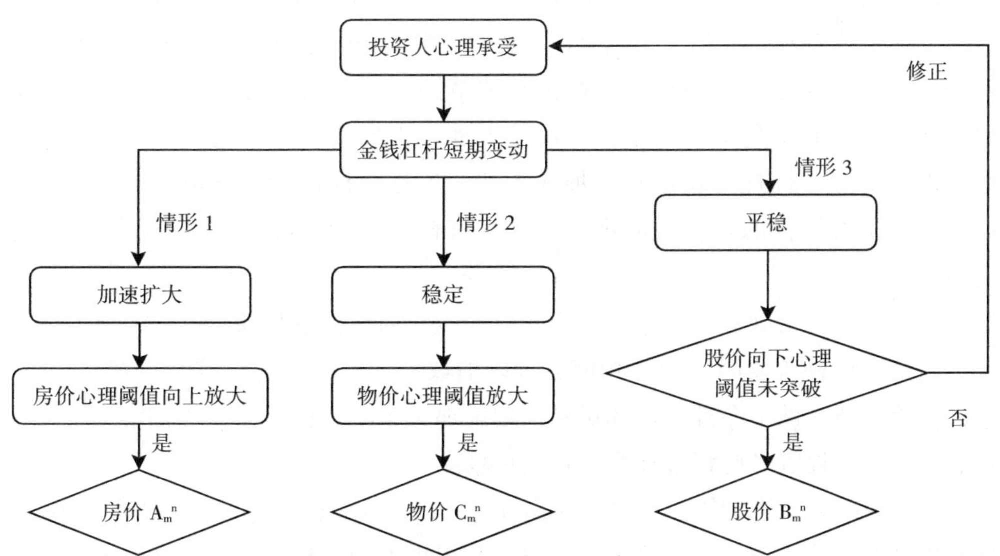

图 5-43　“三价”投资阈值判断流程

注：A 代表房价，B 代表股价，C 代表物价；m 不同取值，对应在房、屋、股“三价”上，分别代表不同地区、区域的房价，不同属性的物价和不同行业、板块的股价；n=1 代表比较价值，n=2 代表相对价值，n=3 代表绝对价值。

利用人气线分析房价、物价、股价，根据资产市值心理承受阈值放大程度，对未来的“三价”进行判断，找出阈值放大程度最大的“明星”。如图 5-43 所示，当金钱杠杆加速扩大时，房价（A_m^n）的资产市值心理承受阈值放大的程度最大，进而上涨最快，因此优先投资房地产市场；当金钱杠杆在收紧的时候，物价（C_m^n）资产市值心理承受阈值放大，容易出现上涨；当金钱杠杆平稳时，股价（B_m^n）的资产市值阈值范围放大，资金注入资本市场，也就是说股票价格上涨加快。

具体情形分析如下：

1. 情形一：金钱杠杆加速扩大—心理阈值向上放大—投资房价

金钱杠杆始终加在“三价”这一人气线的引擎上，在选择“三价”投资时，只要房价的资产市值心理承受阈值范围继续放大，则优先投资房地产市场，即房价为金钱杠杆的确定性投资商品品种。同样地，币值快速升值，人们就会首先选择投资股价。这时大量的金钱杠杆全部作用在房地产市场，房价的资产市值阈值范围便会因为引擎的驱动而不断放大，由此也会使得其资产市值的心理承受不断扩大。这时，投资人投资房价、给房地产加杠杆则是最佳金钱对策。一旦价值引擎驱动房地产市场，则会有大量来源多元的资金注入房地产市场，使得房产价格上涨。这是因为人们不会主动把金钱杠杆加在物价和股价上，房价是金钱杠杆投资的最为安全的选择。但是，若房价阈值范围不断放大，心理承受就会超过极限，此时房价非常危险。为了控制房价上涨，人们会有两种选择：一是收紧货币，即减少金钱杠杆，物价就会加速上涨；二是将杠杆加在股市上，如果不能成功实现金钱杠杆的转移，股市上涨又没有权力契约的推动力，股价就会面临崩溃。

2. 情形二：金钱杠杆收紧—放大物价的心理阈值—投资物价

当金钱杠杆收紧时，房价相应心理阈值放大的空间有限。这时，在“三价”中，物价的波动性不会像股价和房价的幅度那么大，杠杆收紧后人们肯定不会投资股价，所以投资者必将选择投资物品市场。

一般情况下，当价值引擎移动到物价时，物价的市值心理阈值会因此被放大，这时投资者应该迅速转向物价进行投资以获得更大的比较价值。但物价上涨的时间和空间都是有限的，否则物价大幅上涨和时间过长，会影响社会稳定和人民生活。所以商业社会收紧货币的时间一般都是很短暂的，国家会加强干涉物价。

3. 情形三：金钱杠杆平稳—压缩房价金钱杠杆，扩大股价的杠杆—投资股价

（1）放大股价的心理阈值——投资股价。当投向房价的金钱杠杆压缩或下行时，具体表现为上调房贷的利息或收贷。这时，房市的杠杆或者大量的新的资金转向股市，推动股价上涨。此时，投资思维必须进行转换，需要较高的智慧。一种方式是直接给个人投资者加杠杆，让投资人投资股市，若个人投资者不是十分理智，容易出现股市的暴涨暴跌；另一种方式是将杠杆加在机构上，大力培养机构投资者，在相对高位股市由机构投资人持有股票，机构投资者相对稳健，就会避免股市大起大落。

（2）股价心理阈值下行突破——股价大幅下跌。金钱杠杆从房市转向股市，没有金钱杠杆，房市也有不确定性，如果人们对于股价的心理阈值突破下行，股价就会大幅下跌，这时必须配合币值不能突破重要心理关口。当前币值的重要心理关口是人民币与美元的比值是“7”，权力契约还要支持股市，表现为逐渐放开外资投资 A 股，只有这样，才能真正实现金钱杠杆向股市的有效转移。否则，一旦人们对于股价的心理阈值突破下行，资产价格大幅下跌，股市就会大幅下跌，而重新树立投资信心需要相当长的时间。

第六章　基于营商价值的权力契约原理及对策

第一节　权力概念理解

一、权力含义

（一）权力

关于权力的概念，不同文化以及同一文化中的不同人群往往有着不同的理解。权力一词最早起源于 1864 年美国传教士丁韪良所翻译惠顿的《万国公法》一书中："虎哥以国使之权利，皆出于公议。"根据众多学者的研讨，对权力给出的相对较统一的定义是：权力是主体以威胁、惩罚等方式强制影响或干预自己或其他主体价值和资源的能力。

商业社会的权力是全球化的权力契约，它是商业资本赋予的，是全世界人们的心理认同和折服，是人们心中的一种契约、默契。"9·11"事件以后，全世界对美国失去信心，美国对于全球的权力契约逐渐丧失，导致 2008 年美国出现金融危机，房价大幅下跌。同样，欧洲国家接二连三的恐怖袭击活动，影响了该地区在全球的权力契约，资本纷纷流出该地区，导致多个国家出现债务危机。比起农业社会的私权——维护土地私有的皇权以及工业社会的公权——敢于发展技术革新的党派权力，商业社会的权力契约是需要用人们的认知心理去赢得认可和肯定的社会权力。

权力对策中的权力概念仍是"主体干预其他主体的能力"。农业社会中，权力概念主要强调的是私权，权力含义是德治，表现为专制的统治力；工业社会中，权力强调的是公权，主要是通过法制保护的市场竞争力；商业社会中，权力含义主要强调受到各种监督的社会权力，主要表现为投资人心目中的契约实现。

（二）权力演化

研究权力必须对权力的发展历史进行梳理。人类有史以来的治理活动都是与权力联系在一起的，在农业社会，一切治理活动都是对权力的运用和行使，是依靠权力而开展治理的。农业社会的统治型社会治理模式建立在等级权力的基础上，由于它完全依靠权力而进行社会治理，所以把这种社会治理模式中的治理称作独裁。共和只是一种不同于单个君主独裁统治的治理方式，在实质上依然是由这个社会的极少数人所实施的统治。

农业社会既是一个缺乏抽象性的社会，也是一个缺乏公共性的社会。虽然农业社会是一个同质性社会，还没有生成原子化的个人，但社会中的自然个体与社会整体的冲突和对立普遍存在。所以，在农业社会中存在着的诸如家与城邦、家与天下这样的实体性对立不再具有存在的合理性了，取而代之的是私人的与公共的社会有形态的共性，私人领域与公共领域的相互依存。农业社会的权力是武力强制威胁，制约人们分配土地的权力，以至于没有土地的人无法生存，是一种生存权。农业社会以农业生产为核心，分配为主，权力主要是控制人们的吃穿。

在工业社会中，建立起了法制，实现了依法治理，如合同法、经济法等。权力在实际的社会治理过程中通过法制发挥着重要作用。如果说农业社会统治型社会治理模式中的权力是人对人的权力，是把人对人的支配作为目的的话，那么，管理型社会治理模式中的权力则是共同处理事务的权力。尽管在现实中权力依然会表现为人对人的支配，但在理论上，人对人的支配不是目的，而是通过人对人的支配达到“处事”的目的。如果在公权的运行中出现了失去“处事”目标的人对人的支配行为，那就是权力的异化，就会由此而产生出各种各样违背了权力公共性的结果。比如在领导与部属之间，如果出现了事实上的权力依附关系的话，就必然会让部属围绕领导的个人利益转，就会置公共利益于不顾，就会干出违法乱纪的事情（王强军，2014）。

商业社会的权力不会影响人们生存和物质财富的拥有，是通过契约干预人们的心理和思想来影响或者禁止人们投资，通过政策、法规、口碑、事件等契约方式影响人们的投资行为。商业社会以权力契约为主，主要是维护资本市场的稳定、健康发展，创造全球化的商业价值。

商业社会中，权力在社会治理中的作用依然是不可小觑的。可以说，在任何一种社会治理模式中，权力都是最核心的构成要素，在很多情况下，权力结构的变化还能促发治理结构甚至社会结构的变革。社会舆论的认识只是从工业社会向商业社会转型，实际上也是法治向契约治理的转型。如图 6–1 所示。

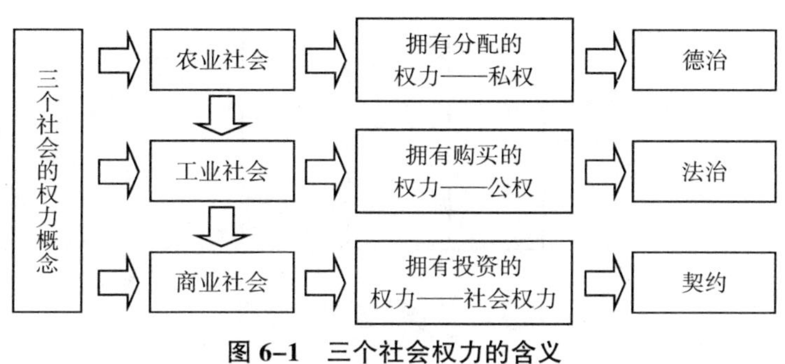

图 6–1　三个社会权力的含义

二、权力表现

正如《权力的转移》一书中所述：权力最赤裸的表现形式是用暴力、财富和最广泛意义上的知识使人按一定的方式行事。随着时代的变迁，占支配地位的权力之源也随之变化，如果说农业社会的权力之源是土地，工业社会的权力之源主要是对企业的组织权——对企业所有权的控制，那么在商业社会，通过知识的运用尽可能多地控制资本，可以说是社会统治权力的主要源泉。下文将重点论述不同社会形态权力的体现。

（一）农业社会——表现为国内生产力

在传统农业社会时期，社会生产力发展相对较慢，人们主要依靠土地为生，此时农业是最主要的物质生产方式，而农业的生产恰恰更加需要土地要素的作用。人们为了解决温饱、生活不受欺压、追求自身收益最大化等，开始了对土地的争夺。历代的农民起义，如汉代王莽改革后绿林赤眉起义、唐末时期黄巢起义，说到底根本原因是由统治阶级压迫农民，阶级集团土地兼并严重，广大农民失去土地所致。而反观历史上的盛世，如“文景之治”“贞观之治”，都是由农民生产休养生息、抑制豪族土地兼并得以大治。总的来说，农业社会权力表现为私权对土地所有权的保护，提高其在私有土地上的劳动生产力。谁拥有的土地所有权越多，谁就将站在权力的顶端，此时权力效用就集中表现为充分释放国内生产力。如图 6–2 所示。

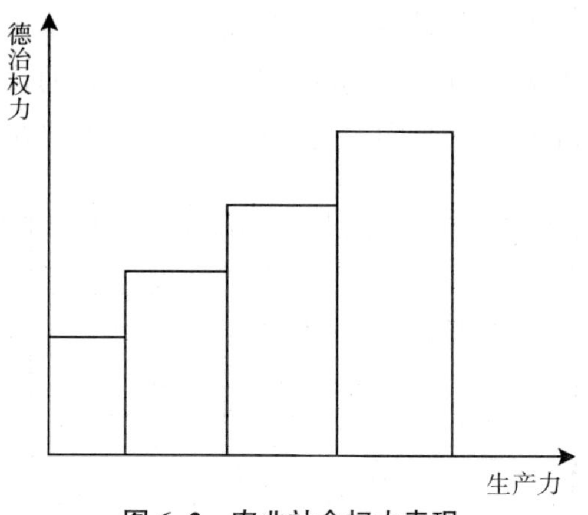

图 6-2 农业社会权力表现

（二）工业社会——表现为市场竞争力

科学技术的进步、组织分工的发展，促使更多的人员转移到工业企业进行生产，同时由于企业规模化的产生，使得企业间的竞争不断出现，所以各个企业间都在优化组织作用。整个社会工业化生产让很多人从简单农业社会生产转移出来。农业社会的解体，本质是生产关系适应生产力的发展，所以整个农业社会的权力核心也发生了转移。相比较组织分工的发展，这种先进生产方式的效率要远远优于农业生产的效率，所以整个组织不断扩大分工。通过工业推动社会的进步，西方国家实现了在工业社会的弯道超车，远远地将农业社会鼎盛的中国抛在后面。此时工业社会对权力的渴求就由农业社会的土地所有权的争夺转移到对企业所有权的控制，实质上就是为了发展工业经济，更好地管理企业和获取利润（纪宝成，1992）。拥有的企业所有权越大，其在社会中的权力就越大。在整个工业社会中，权力主要是通过法律规则表现出来的。

中国的工业社会发展飞速，很大一部分原因是正确使用了工业社会的权力，政府鼓励和支持市场竞争，保护企业的合法权益，为人民办了经济上的大事，管理好了大企业，发展了国有经济为主体、多种经济成分并存的中国特色社会主义经济体制，使中国用了 30 多年时间赶上西方几百年的经济发展，充分展示了中国法治社会的特点，维护了公有制为主体的国有经济、私有经济并存的开放市场竞争力。如图 6-3 所示。

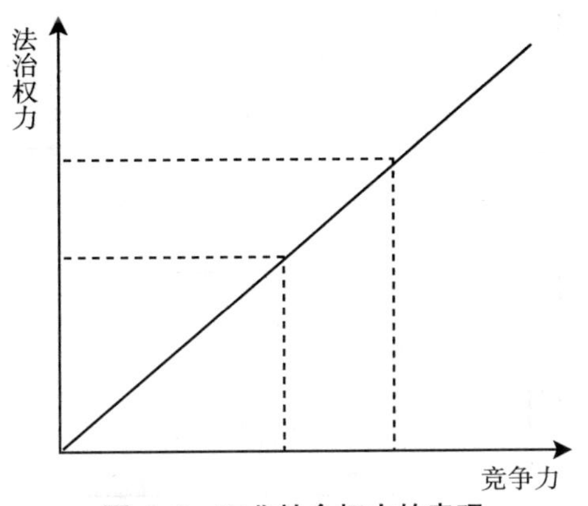

图 6-3　工业社会权力的表现

（三）商业社会——表现为全球影响力

商业社会工厂及企业的发展基本上已经达到了成熟期，对工厂和企业的大力度投资已经不能带来大量资产的增加。经济发展到一定阶段，权力对于经济的作用已经阻碍社会的进步，腐化堕落现象严重。随着商业社会的来临，权力必须转型，权力、金钱必须与名誉结合。由于技术信息革命的发展，技术信息推动企业发展面临一个主要问题是需要进行大量资本的投入。随着现代金融体系的不断完善，人们找到了能促使自身资产大量增值的方式，那就是不断推动资本的发展。资本是商业社会权力的核心，资本所有权的内容很广泛，与名誉有关的权力都属于资本所有权，只有保护、管理好与名誉有关的权力，才能发展好商业社会。在商业社会，权力与资本结合，不再是工业社会在市场的开放竞争，而表现为通过权力去智慧地运用契约，创造影响力从而获得全球地位。1944 年 7 月，在第二次世界大战胜利的前夕，44 个同盟国在英国和美国的组织下，在美国新罕布什尔州（New Hampshire）的布雷顿森林村（Bretton Woods）一家旅馆召开了 730 人参加的"联合国和联盟国家国际货币金融会议"，通过了以美国财长助理怀特提出的怀特计划为基础的《国际货币基金协定》和《国际复兴开发银行协定》，总称布雷顿森林协定，建立了布雷顿森林体系（鲁世巍，2006）。权力契约创造了影响力，从此，美元在国际货币体系中的霸主地位给美国带来了巨大的利益和影响力，美国的国际地位也从此得到认可，美联储靠着美元资本控制整个世界的经济命脉。所以说，商业社会人们关注重点已经从工业社会法治规则的市场竞争力转移到契约认可的全球影响力上，谁拥有更多的权力契约就意味着谁在国际上的地位更高，对世界的影响力也更大。如图 6-4 所示。

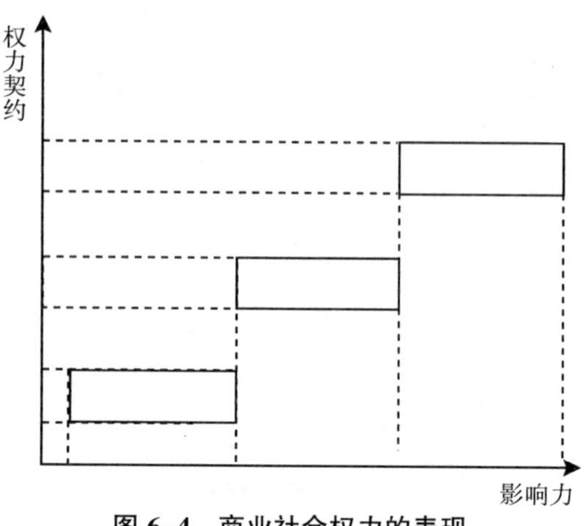

图 6-4 商业社会权力的表现

三、权力作用

人类社会发展是有规律的，整个人类社会的发展是由低级到高级、由简单到复杂、由此及彼的一个渐进的发展过程。英国社会学家斯宾塞认为，社会发展同生物有机体的进化相似，是一个内部“细胞”不断分化和结构复杂化的自我发展过程（赫伯特·斯宾塞，2001）。同时在不同的社会形态下，权力的形成模式也随之相应地变化着。本部分通过三种所有权的主要控制强度（土地所有权、企业所有权和资本所有权），剖析农业社会、工业社会到商业社会三个社会层面中权力形成的模式。

（一）农业社会权力的作用——占有土地，保障基本生活需要

农业社会的土地所有权为私人所有，这就决定了人们的一切生活来源于土地。而且土地所有权能够迅速得到集中。一般说来，地主阶级和贵族阶级能够短时间通过各种方式搜取农民的土地，失去土地的农民不得不接受贵族阶级的奴役，生活、生产失去独立性。同时，又由于土地所有权是整个统治阶级的所有利益来源，统治阶级通过控制土地所有权主宰着一切政治经济权力，而当这种权力失控时统治阶级就会结束。连绵的战争使农民失去土地，人们想要获取土地，必须通过战争来占取土地。农业社会的核心就是占有土地。权力保护人们拥有土地，权力的作用是占有土地。拥有土地的人，就可以通过出租土地，收取租金，或者雇用长工、短工，靠剥削剩余劳动，减少自己的体力投入。如图 6-5 所示。

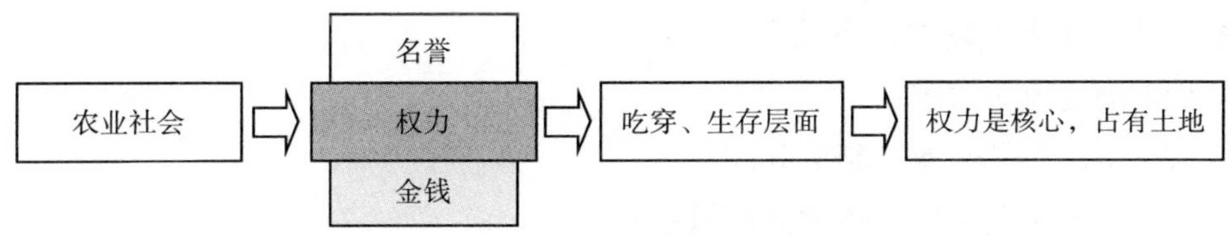

图 6-5　农业社会权力核心作用

农耕时代，国家出现的每一次战乱纷争、农民起义、村民迁移等现象，超过任何其他社会形态，是人类社会发展的低级阶段。社会动荡，主要原因是人们为了争夺土地，吃饱、穿暖、很好地生活下去，以对土地的争夺来标榜和保障自身在社会中的地位及话语权，此时权力的作用主要体现在以下几个方面：

（1）解决最基本的温饱、住行及穿衣问题；

（2）维持最基本的生存权利；

（3）巩固地位，增强话语权；

（4）统一文字、文化，扩充领土，巩固国土稳定，统一疆土。

（二）工业社会权力的作用——掌控企业，满足物质利益的需求

在开放的工业社会，随着工业革命的爆发、高新技术的不断引入、城市经济的高速发展，工业逐步取代农业，推动社会进步，工厂、企业开始在城市迅速崛起，人们由躬耕时代逐步迈向工业时代。工业社会是一个以产品为核心，以技术为支撑的社会。科学技术的突飞猛进，推动着生产力的飞速发展，如何保证依靠科学技术发展生产的产品满足人们日益增长的物质和文化需求，是工业社会权力的核心。工业社会的国家制定相应的法律，能更好地维护工业社会的繁荣，保护企业依靠技术提高产品质量、满足需求，合法地赚取金钱。工业社会金钱是核心，而权力是为了赚取更多的金钱提供服务和保障，企业围绕技术创新，权力维护合法创立企业。如图 6-6 所示。

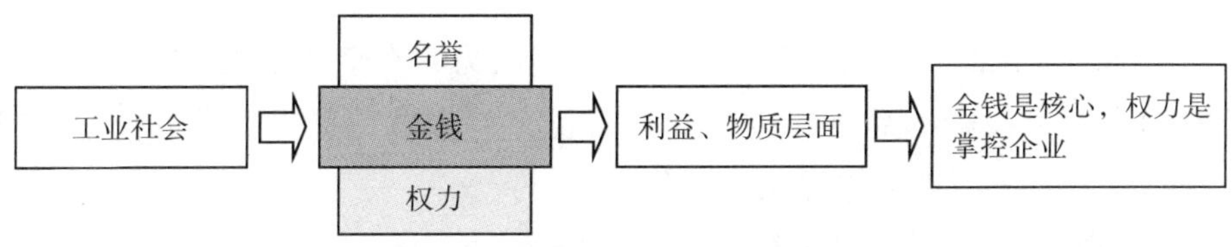

图 6-6　工业社会权力核心作用

技术开放的工业社会，人们从最初的吃饱、穿暖需要转向追求物质、文化的需求，追求高额利润的金钱，利润的赚取最终归结于对企业所有权的掌控，此时的权力作用主要表现在以下几个方面：

（1）满足市场需求；

（2）实现产品交换、赚取利润；

（3）巩固企业地位、扩大品牌效应；

（4）实现经济高速发展。

（三）商业社会权力的作用——积累资本，追求精神层面的梦想

21 世纪，人类进入知识经济和信息革命的时代，物质与精神产品价值的增加，更多的是通过知识而不是物质生产来实现。早在 18 世纪，英国哲学家培根就指出“知识就是力量”。现代高科技文化知识成为一种特别的知识权力。

商业社会是一个人们从注重金钱购买转向注重名誉投资的社会，人们开始追求高品质生活，高品质生活必须通过创造价值才能获得。商业社会的权力能保护人们利用资本创造价值，过上高品质生活，获得名誉。价值的创造来源于人们的创新思维，具有极大的不确定性，不是依靠维护技术的法制就可以满足的。商业社会的权力要接受全社会的监督和关注，是全社会智慧思维碰撞的结果，不完全是刚性的，所以它是一种权力契约。要想获得社会认同、赢取较高名誉，需要具备极高的智慧去利用权力契约的支持、保护，进行资本的有效“运作”，创造商业价值，这是一种最好的选择。有效地利用权力契约，善于利用资本市场，运用人气关注、币值平台与金钱杠杆共同配合，进行价值投资。如图 6–7 所示。

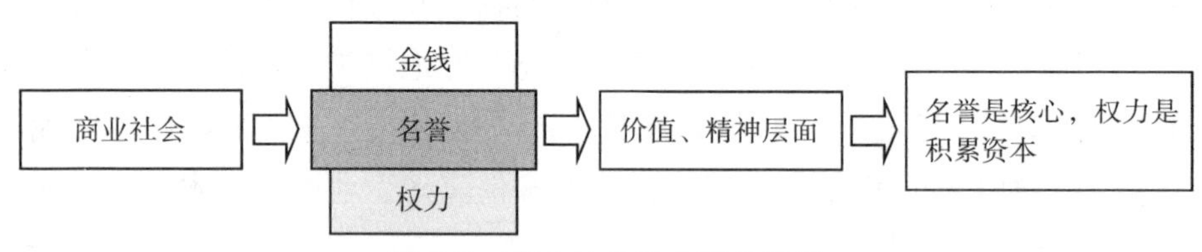

图 6–7　商业社会权力核心作用

在全球信息化的商业时代，人们如何利用权力，在全球范围内有效投资，选择投资的国家和投资的品种，创造商业价值，是全球智慧人们的共同选择和追求。此时权力的作用主要体现在以下几个方面：

（1）追求高品质生活，提高其对权力的控制能力；

（2）巩固社会地位，增加社会名誉；

（3）提高自我实现的社会价值；

（4）更好地发展商业社会。

四、权力赋予

从权力的赋予角度讲，不同的社会形态，从不同的角度赋予了权力。

农业社会中，赋予国家权力的是保障人民生活的基本供应。供应的含义是提供物品或食物，以基本生活需要为主。国家是农业社会的统治阶级私有的。他们拥有土地所有权，占用土地，利用武力的专制私权，保证其他人民的物品分配。所以说农业社会，国家保障供应的能力，供应赋予皇帝以国家权力，如不能保障供应，就会推翻权力。如图 6-8 所示。

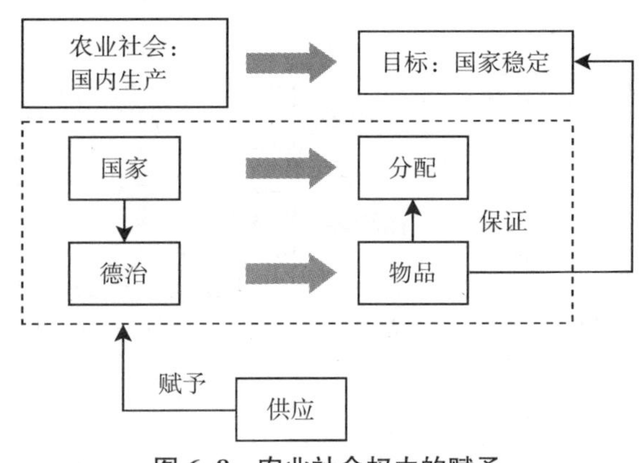

图 6-8　农业社会权力的赋予

之所以农业社会权力是核心，是因为没有基本供应，人民无法生活，供应影响农业社会的方方面面。谁能保障供应，谁就拥有权力。占有土地的人才能保障供应，拥有土地最多的是皇帝，所以权力最大的是皇权。农业社会是一个等级森严的社会，权力贯穿于社会生活的方方面面，与这个社会相适应的统治阶级也是借助于权力而实现着对整个国家的治理。农业社会生活最终来源于土地，土地成为整个农业社会权力的来源与核心。统治型阶级想要巩固权力，必须加强对土地所有权的控制（陈懋功，1985）。

农业社会由于封闭性、社会分工低下、劳动生产率低等原因，权力的产生和运行主要依靠土地这一根本的生产资料。古今中外的农业社会、农耕文明都是以土地为中心运转的。土地的私有制是一切权力来源的核心，君权神授也不过是加在上面的一层五彩外衣。土地权的变动是其他社会一切变动的基础，中国几千年的王朝更替史究其本质也不过是土地的转移史。

根据马克思哲学观，经济基础决定上层建筑，而农业社会的经济基础就是土地所有制（马克思，1995）。谁拥有最多的土地所有权，谁就有主宰这个社会的权力。所以说，农耕文明究其本质权力的来源是土地，围绕这一切权力的斗争就是土地的分配。之所以土地拥有的权力如此重要，是因为土地生产出的粮食保障人们的供应，供应赋予了农业社会权力。

在工业社会中，权力的赋予是由供给决定的，供给的含义是指把生活中必需的物资、财产、资料等给需要的人使用。在工业社会，企业生产产品，市场进行购买，如图 6-9 所示。工业社会的权力是为了发展经济，通过公权的供给，可以更好地方便购买。在权力的赋予中，市场起到了决定性作用。

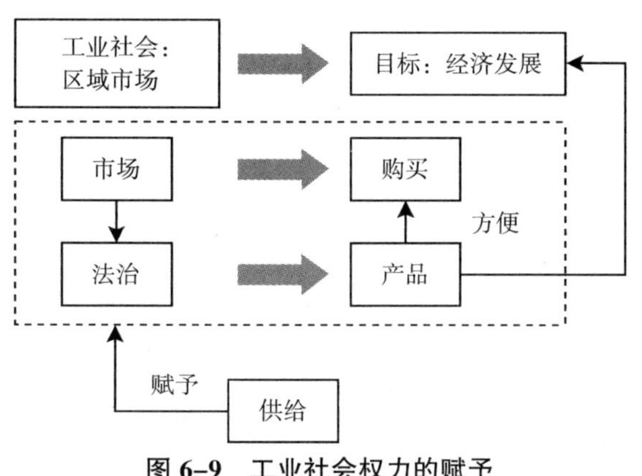

图 6-9　工业社会权力的赋予

工业社会始于 17 世纪末，至 20 世纪中叶。工业社会是一个科技、技术飞速发展的时代，此时人类社会由传统的农业文明向工业文明发展转变，根据罗荣渠的著作《现代化新论》中运用唯物史观对现代化概念的阐释，工业化是导致传统的农业社会向现代工业社会大转变的推动力。随着市场经济的发展，国家与社会一体化的局面逐渐被打破，与国家相对分离的民间社会和社会多元化格局逐渐形成，由此开始了国家权力向市场逐步转移或权力市场化的渐进过程。

工业社会通过对企业所有权即对企业组织的支配来实施着对社会的间接、全面的控制，而这一切的来源核心是生产力的提高、组织化生产分工的作用。亚当·斯密的古典经济学主要阐述分工对于经济发展以及生产方式转变的作用（熊彼特，1991）。总的来说，工业社会权力的核心来源是对企业组织拥有控制权，同样对企业组织控制权的大小决定其在整个工业社会所拥有权力的大小。

综上所述，工业社会权力的赋予者是供给，来源是对企业的所有权控制，控制越多的企业所有权，就意味着在工业社会拥有越多的权力。国家制定相应的法律，形成市场的充分竞争，通过企业生产产品，提供产品和服务的供给，所以供给赋予了工业社会的权力。

商业社会中权力不再由供给赋予，而是由商业社会的资本决定，如图 6–10 所示。商业社会的权力并不是与市场法律没有关系，只不过更主要的是与全社会对于不确定性权力契约的深刻认识相关。

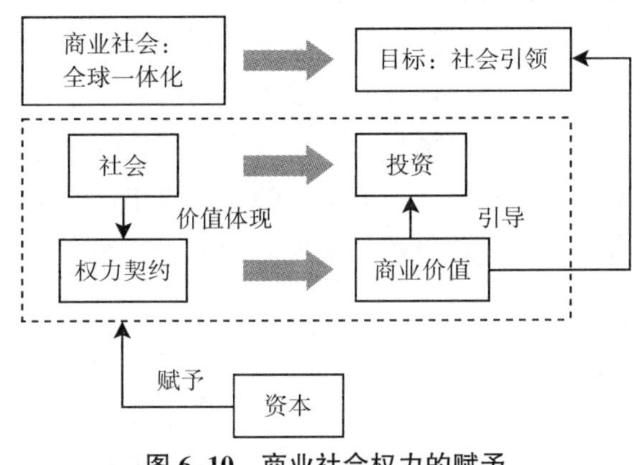

图 6–10　商业社会权力的赋予

商业社会始于 20 世纪中叶，随着商品经济的发展、技术水平的提高，尤其是科技信息的发展推动生产方式的不断变革，各种制度不断完善。整个商业社会在资本的作用下变得更加庞大，关注的焦点不得不从土地和企业转向对房屋、股票及物品等资产的投资上，所以权力的重心由对土地和企业的控制迁移到了资本所有权的监督上。马克思和恩格斯都指出过，在资本主义社会，资本就是支配劳动力乃至整个社会和国家的社会权力。所以商业社会最终权力的根本是资本赋予的，控制资本所用权程度将决定其所处的权力结构位置。

商业社会资本的权力，必须通过投资实现增值和减少损失——创造价值，这将成为社会财富的主要增长方式。权力为主的时代是农业社会，保障基本生活需要；工业社会的权力满足物质利益的需求，是以金钱为主满足需求的时代，金钱可以购买各种产品和服务；商业社会的权力积累资本，是以名誉为主创造价值的时代，名誉带来商品增值空间的放大和损失的减少。

第二节　商业社会的权力

一、商业社会权力角色变化

（一）权力与契约的全球化密切相关

一个国家进入商业社会，意味着这个国家得到全球投资人的人气关注。商业社会的权力角色，最大变化是商业社会的权力契约拥有了全球化的影响力，再也不是封闭的国家权力和开放的市场权力，是愈来愈高级的全球一体化权力，全球化带来投资人和资本市场的升级。权力契约的关系源于社会学，但随着商业社会投资成为主体，权力角色会随着投资的发展而发展，契约的全球化将会发生深刻改变。

世界各国或经济主体之间形成的权力契约实际上是推动商业社会发展的一种存在形式，它是调整商业社会投资的一种必要手段，是社会、个人或商业主体保持良好的社会环境、维护和协调商业秩序必需的交往规范。用契约去规范和制约人们的言行，倡导和弘扬创新思维，是人们追求名誉的必然要求，致力于契约社会的构建，是商业全球化时代国家文化、经济、社会快速发展的必然要求。

构建契约社会是商业全球化时代各国或者各大经济体维护自身形象并创造价值最大化的客观要求。商业全球化，在某种意义上就是全球一体化。在全球一体化中，各主体之间拥有的权力关系本质上是一种权力契约关系，具有极大的不确定性。同时，契约各方必须信守权力契约的全球影响力，善于理解和运用全球化权力契约的参与主体，才会被全世界投资人投资，否则将会被全球投资人无情地淘汰。

（二）权力变动与各国联动关系更为密切

几百年来，西方国家走过了权力契约在各个国家之间相互交替、各自向世界展现自己影响力的历史进程。只不过近百年来，美国在世界的影响力不断提高，充分展现出美国在全世界的霸主地位。其他西方国家都有自己的影响力，但美国的日益强大，不断地削弱了其他国家的国际影响力，这是有目共睹的事实。随着中国经济的快速发展，中国崛起和民族复兴的呼声逐渐形成世界的共识，世界权力结构也因此发生了很大的变革，近年来商业社会权力变动与各国联系越来越密切。以 2016 年杭州 G20 峰会为例，举世瞩目的 G20 峰会于 9 月 4 日至 5 日在中国杭州召开，这是中国在进入繁忙的“多边外交季”中最为亮眼的一场重大外交活动。中国外交工作中一直有“多边是舞台”的表述，而在中国主办重大世界性领导人会议是中国维护和促进世界和平与发展的“主场外交”。G20 机制的产生，体现了国际关系权力结构发生变化的现实。随着发展中国家的群体性崛起，特别是中国和平发展的顺利推进，西方发达国家已很难独自在国际经济体系中发挥决定性作用。在世界各区域中，发展中大国日益成为区域稳定与繁荣的基石。商业社会中，权力变动对于其他国家的权力影响严重，各国权力联动关系密切。

这说明了全球商业权力契约关联密切，同时也反映了权力变动对于一国或地区的深层次影响。商业社会的权力是全球一体化，一个国家或地区的权力契约提高，就意味着另一个国家或地区的权力契约将会下降，发生明显的联动和比较效应。各个国家都会费尽心机提高自己国家或地区的权力契约，帮助和配合人气的关注，以创造更大的比较价值。

二、商业社会权力新要求

对于商业社会权力契约而言有两个要求，这两个要求是在新的商业社会的环境下提出的，只有达到这样的要求才能帮助吸引更多的投资人关注，从而引领商业社会的发展。对这两个要求表述如下：

（一）广泛的权力影响力

商业社会国家权力不只是表现一个国家政党的经济利益的权力，它是一种社会权力，是必须建立在政党的权力之上的社会权力契约，也是最广泛的权力影响力，具体表现一个国家在社会治理的方方面面，对于世界其他各国表现出领导作用，是文化、经济、社会诸多因素综合实力的体现。只有一个国家在世界的舞台上表现出广泛的权力影响力，世界其他各国才会转移关注。所以一个国家必须在全世界人民面前建立起广泛的权力影响力，从而获得权力契约，保证全球化的投资，创造商业价值。

从另外一个角度看，一个国家具有广泛的权力影响力，是该国长期努力的结果，也是该国文化、经济、社会发展积累的结果。没有深厚的积累，权力契约不可能轻易获得，它是人们价值思维比较的结果，是一个国家长期积累后爆发的表现，也是智慧的人们努力营商的结果。

一旦该国具有一定的权力契约，那么该国在世界的话语权将大幅提升，在世界舞台上政治、经济、文化、教育等多方面的地位就会得到提高，全世界人民投资该国、信任该国，该国的资产价格就会大幅上涨。

（二）权力变动的主动性和独立性

这个要求的含义是权力变动更多地是由自己主动营造，去塑造和传播国家形象，这也是国家发展战略的重要组成部分，是一个国家吸引世界关注与投资的重要因素。良好的国家形象是国家“软实力”的核心组成部分，是提升国家国际竞争力的推动力。在当今全球化的时代，越来越多的国家意识到国家形象建构和营商的重要性，都在努力提升自己的国际形象。国家形象的塑造与营商正成为国家与国家之间在国际政治经济竞争中最为重要的博弈策略。

权力契约的主动营造需要一系列手段来实现。本书中提出了四种手段，即政策、法规、口碑、事件营销，以充分展现一个国家运用四种营销手段的能力，通过它们向全世界人民展现自己国家的形象，从而赢得权力契约，获得全世界人们的投资，创造商业价值。

权力契约是人们的认知形成，具有跳跃性、不确定性，影响因素很多。在全世界权力契约复杂的影响因素中，很有可能波及相关国家和地区。能够在复杂多变的权力契约变化中独善其身，是一个国家和地区正确把控权力契约综合能力的体现。在国际风云变幻的商业社会，提高权力契约空间，把握时间节点，是每一个商业社会的国家需要经常思考的问题。

三、权力契约和资产价格的关系

权力契约和资产价格的关系是通过资本流动展现出来的。比较价值创造是商业社会权力契约研究的前提，没有比较价值，权力契约就不能吸引资本流动到该国，也就不能形成该国资产价格的上涨，价值创造就不可能实现。

当一国具有比较价值、成为人气关注的“明星”国家时，该国的权力对策就成为人气营商研究的关键之一，权力契约空间的拓展，时间节点的有效把握，是提高该国国际地位、增加国际影响力的关键。只要有效地利用权力契约，就可以吸引全球资本流向该国，该国资产价格就会大幅上涨，因此权力契约对于一个国家的资产价格变动影响巨大。全球每一个国家在商业社会都要谨慎地对待权力契约，防止由此带来的资产价格大幅波动，甚至产生金融危机。因此，商业社会的投资人必须时刻把握权力契约的动态变化，准确地参与到该国或该地区的价值投资中，实现资本的价值升值。

商业社会的国家中，权力契约和资产价格的关系如图 6-11 所示。权力运用是资本流动研究的前提，权力研究是资本流动的前提。权力和资本流动就像水阀和水池里的水的关系，权力的变动能够控制资本流动的变化和走向。而资产价格就相当于水池里的水位，水量多了，水位自然就涨上去了。换句话说，权力变动能够影响资本的流动，而资本的流动决定了资产的价格。

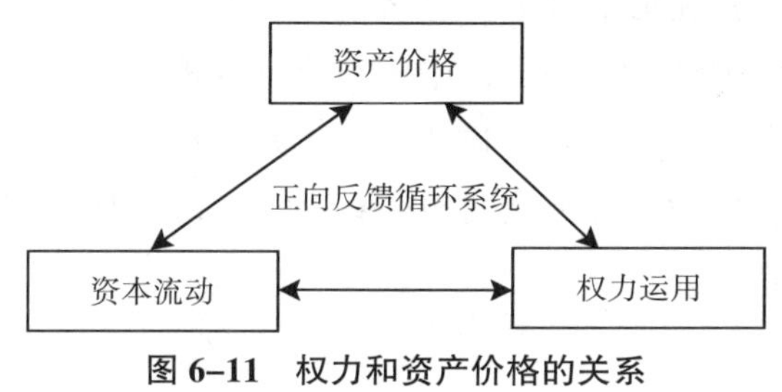

图 6-11　权力和资产价格的关系

四、商业社会的权力契约确定

商业社会权力的赋予者是资本，资本需要权力契约的引导，但如何确定权力契约，是人们思维的认知，主要有三种方式。

（一）实力确定

一个国家的权力契约，是一个国家实力的体现，国家实力可以从政治、军事、经济、文化、社会发展的方方面面加以说明。

1. 政治实力

政治实力主要指一个国家在联合国等国际组织的地位和话语权。国际话语权体现的是一国的政治操作能力和理念贡献能力，同时也是国家软实力要素之一。一国国际话语权的提升与该国的政治和学术资源性实力相关，更与该国的政治和学术精英在国际政治和学术舞台上的活动能量大小有关。

国际话语权能以非暴力、非强制的方式改变他人的思想和行为，并使一国之地方性的理念和主张成为世界性的理念和主张。《孙子兵法》所谓“攻心为上”，说的就是这个意思。

以能力来定义国际话语权，国际话语权可体现在政治操作能力和理念贡献能力两方面。政治操作能力主要体现为议题设定和规则制定能力，以及国际动员能力；理念贡献能力主要体现为提出并推广新思想和新观念的能力。比如，西方国家尤其是美国在国际货币基金组织和世界银行中拥有强大的政治操作能力，那么像“华盛顿共识”这样的经济发展理念就更容易得到推广。一国理念贡献能力强，有助于促进自己的政治操作能力。

2. 经济实力

经济实力指的是硬实力，硬实力是支配性实力，是指一国的经济力量、军事力量和科技力量。通俗地说，硬实力是指看得见、摸得着的物质力量。硬实力是有形的载体，软实力是无形的延伸。经济硬实力的提升，在全球权力契约的营商中，才有经济支撑，说话才有底气，中国在全世界地位的提升与中国经济实力的提升有着紧密的关系。经济实力明显的标志就是经济总量，一个国家的经济总量代表一个国家的经济实力，经济实力也是科技实力的表现，同时经济实力又可以帮助发展军事、科技实力。

3. 社会实力

随着国内公民社会的成长和国际社会制度化的强化，国家不应再被简单地视为无差别的单一行为体，而必须将国家视为相对独立于国际社会与国内社会、具有自身逻辑和利益的自主的行政组织实体，是国际体系、国内社会互动影响的交汇点。这样的实体由于具有自己的目标与利益，双重博弈、双向互动或内外联动日益成为各国外交的常态，增强国家社会实力成为其根本的外交目标（Peter B., 1993）。

社会实力绝不是自封的，而是社会性的。由于外交是内政的延伸，国家社会实力的演进必然影响到外交行为的变迁。国家自主性类型的演进决定了一国社会实力变化的基本趋势，但进步性还需要国家以其外交观念与行为的社会化与制度化水平的提升相配合，合法性与嵌入性的平衡增长也是社会实力增强的基本保障。一个国家整体公民的社会成长决定该国的社会实力，也是该国实力体现的核心和未来，社会实力的发展有利于政治、经济实力的提升。

（二）前景确定

当前，世界经济仍处于深刻调整和变革之中，全球贸易增速持续低于全球经济增速，全球投资大幅下滑，全球汇率波动加剧，全球经济发展面临的不确定性增强；随着逆全球化思潮涌起、民粹主义抬头、特朗普新政出台、英国脱欧进程提速、地缘政治冲突加剧等，全球经济的不确定性进一步加大。那么描述出美好未来、引领世界未来的国家，就可以获得权力契约，这就是前景确定。

中国作为亚洲第一大经济体，发挥了大国的作用，承担了大国的责任，积极推动了亚洲各国的经济合作。目前，中国市场规模居全球第二，外汇储备居全球第一，具备技术优势的产业越来越多，基础设施建设经验丰富，对外投资合作快速发展。中国有能力为亚洲国家创造新的发展机遇，并与各国共同应对风险。中国的“一带一路”、“走出去”、扩大内需倡议将为亚洲各国和“一带一路”沿线的 60 多个国家和地区乃至世界提供广阔的发展空间和互利合作的发展机遇。2016~2020 年的 5 年里，中国将进口 10 万亿美元的商品，对外投资超过 5000 亿美元，出境游客约 5 亿人次，中国周边国家以及丝绸之路沿线国家将率先受益。

前景就是未来，中国的“一带一路”就是在讲未来的故事，为亚洲企业提供新机遇。“一带一路”是贯穿亚欧非大陆的全方位合作平台，亚洲是“一带一路”的主战场，亚投行和丝路基金为“一带一路”建设提供了资金保障。“一带一路”建设有利于构建商流、物流、资金流、信息流、人才流“五通”的亚洲利益共同体，进而促进沿线国家经济发展变化，推进东亚和欧亚经济一体化。“一带一路”建设为亚洲企业合作带来新机遇。只有一个国家的未来前景广阔，该国才能打开人们的心理空间，资本才能流入，才能确定国家的影响力。所以前景确定是权力契约确定方式之一。

（三）遏制确定

一个国家的崛起和气场都能够确定权力的影响力，遏制确定是一种心情、态度和气势，有自己的主张和思想。遏制的目标是对威胁到本国特定利益的国家进行威慑。在权力运用的程度上，遏制不需要得到他国的允许，对他国做出的反应是强迫其按照本国的意愿行事；在广度上，涉及威胁本国特定利益的特定国家。即遏制战略在权力运用的广度上针对特定国家，在程度上依靠的是行使者对他国的强迫。

遏制是心理战，是指一个国家和地区权力契约的影响力能够大幅提升，打开资产价格倍增的心理空间，这将在后面的第三节内容研究。随着商业社会的推进，技术遏制已经不能满足价值智造的需要。更为重要的是心理遏制。由于思维创新难能可贵，对于社会的推动作用是巨大的，所以引发的社会变革也是影响力最持久的。

遏制对手，核心是时间节点的把握，分别由本国自身和他国原因引起。如图 6-12 所示。

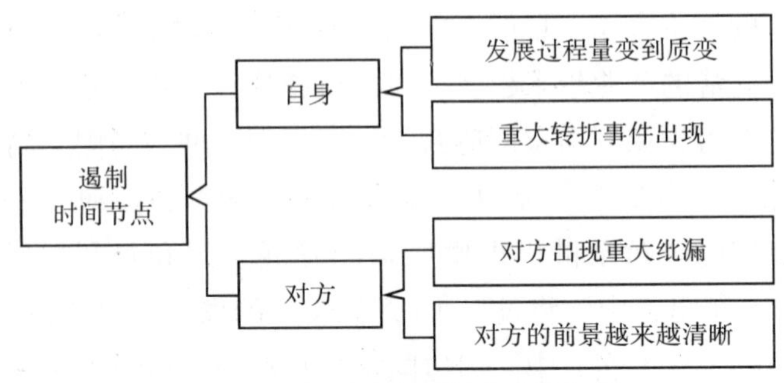

图 6–12　遏制确定时间节点的把握

自身有两个重要时间节点：第一个是发展过程中量变到质变的时间节点。例如，2016 年 1 月 13 日，中国人民大学中国调查与数据中心公开发布了《中国发展指数（2016）》报告，这是该中心第 11 次对外公开发布相关成果。发展过程中的量变到质变的时间节点，就是遏制的最好时机，这时候中国提出民族复兴，中国崛起，提升自己的权力契约。

第二个是重大转折事件出现。例如，自 2005 年 7 月 21 日起，我国开始实行以市场供求为基础、参考一篮子货币进行调节、有管理的浮动汇率制度。人民币汇率政策调整，就属于重大转折事件出现，其并非受到其他国家的压力，而是出于对未来的发展道路的高瞻远瞩，是主动的调整。之所以选择这个时机改革汇率机制，是由于中国经济持续高速增长，对外开放度提高，人民币币值平台趋势上升及外汇储备快速增加、外汇占款不断提高，中央银行不得不大规模发行票据对冲，提高了宏观经济调控成本，使得钉住美元的汇率制度的成本上升，这个时候提出汇率制度改革，有利于提升自己的权力契约。

他国原因引起的遏制时间节点分为两种：第一种是他国出现重大纰漏。例如"9·11"事件后美国将战略重点转向反恐和中东问题的解决，为中国的和平崛起创造了良好的外部环境，在 20 世纪 90 年代一度紧张的中国和西方关系，因此快速转向良性发展，这段时间也是人们经常提及的"战略机遇期"。所以说，"9·11"事件是中国转折的时间节点。把握好竞争对手出现纰漏的时间节点，奋起直追，才能更好地遏制对方。

第二种是对方的前景越来越清晰。这是提升自身价值心理空间的时间节点。对方的前景模糊不清不能提升投资人的心理空间，一旦对方发展方向明确，必须抓住趋势，是自身提升心理空间的时间节点。中共十九大的召开就是在以美国为主的西方国家在国际舞台的影响力逐渐下降这样一个前景非常明确的时间节点上，提出中国未来发展的美好前景，有利于遏制对方，提升自身价值的心理空间。

遏制确定是权力契约形成的有效途径，是心理学在商业价值社会权力契约方面的具体应用，一旦遏制确定的时间节点把握不好，就会错过获得权力契约、提升自身价值心理空间的时机。正确有效地寻求合适的时间节点是智慧思维碰撞的结果。

第三节 商业社会权力契约原理

一、权力契约原理的理论来源

权力在商业社会中，无论是其角色还是其要求，都发生了根本性的改变。商业社会中，权力已经成为一种契约，权力的契约属性已经可以确定。权力契约原理的理论来源主要可以从社会学和营销学两个方面进行论述。其中社会学主要为权力契约原理提供了理论依据，而营销学则为权力契约原理提供了思想源泉。

（一）社会学来源

权力契约是哲学，人类从农业社会、工业社会发展到商业社会，权力已经深刻地驻扎在人脑中。柏拉图的《理想国》中详尽描述格劳孔在与苏格拉底谈论政府的起源及其性质时认为，人的本性就是尽可能地实现自己利益的最大化，为获得更多的利益，就会侵占其他人的利益，人的本性就是喜欢将不正义加诸别人。所以，人们订立契约就是防止如互相侵占等引起的社会的混乱。这种契约也是法律和正义的直接来源。也就是说，人们一致同意遵守契约不伤害他人，是为了避免他人对自己的伤害。柏拉图通过格劳孔之口提出了法律源于社会契约的思想。在苏格拉底看来，除了个人之间，城邦与公民之间也是存在契约的，法律可以保障公民不受他人的伤害（郭斌和，1986）。

伊壁鸠鲁认为，人性是自私自利的，追寻自己的最大利益是人的本能，但人与人之间的最大利益如有冲突，就会互相伤害。这种状况只会导致人们之间相互争斗，为此，人们订立契约，同意相互之间妥协，建立国家和法律。源于此，马克思提出“国家起源于人们相互间的契约，起源于社会契约”，这一观点就是伊壁鸠鲁最先提出来的。

卢梭认为，在新的社会契约国家里，人们会得到与自然状态中一样的自由，但自然状态中的那种自然的自由已经无法再企及，人们已经生活在一个无法回头的社会状态中，所以能够做到的是保证人们的自由像在自然状态中一样完全（何兆武，2009）。卢梭认为，在一个社会中只能有一个契约，这个契约形成的是国家而不是政府。在他看来，政府不是通过契约形成的，它由于主权者而存在。因为主权者的一切行为都是法律，所以它不能同时拥有执行权，由此，国家必须要设立政府。

社会契约理论发展到近代，在霍布斯、洛克及卢梭等社会契约理论家的发展、调整和完善下，上升为西方正统的国家理论，成为资产阶级革命和资本主义国家创建的理论载体。他们以自然状态的理论假设为其理论的逻辑起点，通过订立契约使自然状态过渡到政治社会，在他们看来，国家和政府是社会契约的结果（柴红霞，2018）。

密尔认为，政治生活的解释必须立足于利益的需求和经验习惯，他反对近代社会契约理论家们以理性法则来规范政治现象。在他看来，近代社会契约理论家们所谓的自然状态根本不存在，人类一直生活在社会状态之中。人之所以为人在于人的社会性，人本性上寻求社会。与此同时，他同其他的功利主义思想家一样认为社会契约并不能产生国家和政府，人性中义务和责任的力量并没有情感的力量那么大，人们对公共权利的服从取决于人们的好恶以及利益需求，并不是出于对自己诺言的义务感。正是出于这一基本点的不同，密尔的论证主题由政治合法性问题转向了政治合理性问题（密尔，1959）。

罗尔斯看到了西方现实社会中的种种不正义现象，基于此他修改了以往霍布斯关于人性恶的观点，引入了“原初状态”和“无知之幕”等一系列理论假设，重新构建了自然状态理论，并对解决自然状态问题及签订契约的情形进行了新的探索。他认为处于“无知之幕”之后的“人们谁也不知道自己在社会和自然的偶然方面的利害情形”，在这一状态之下人们追求的是分配的正义而不是自己的私利，不论签订怎样的契约，自然状态下的任何选择都是正义的。关于此时自然状态的解读是一种合理的现实的抽象，它已不是旧哲学的一种形而上的解释，而是一种对于现实关照的必要的理论假设。罗尔斯将理论的基础建立在现实生活的基础之上，使其理论兼具现实性和可操作性（顾肃，2010）。

在谈及社会契约的思想传统时，往往把法律与契约混为一谈。实际上，在西方政治哲学史上，自然法和契约论是两个同样古老又有着丰富内容的政治传统，在源头上甚至是两个互相冲突的传统。自然法和契约论思想从源头上并不是互相融合、互为论证的，是近代思想家特别是格劳秀斯、霍布斯等开创性的理论贡献，才把自然法传统与契约论传统有机地联结在一起。

综合上面的社会学研究，可以看出对于权力变动的影响方面研究很多，无论是托夫勒认为暴力是低质权力、财富是中质权力、知识是高质权力，霍曼斯的强制权力和非强制权力等宏观权力概念，还是权力原则，都有所涉猎。但从所有的研究中可以看出，社会学的研究仅仅从权力的社会概念入手，西方政治哲学史可以追溯到社会契约的源流，从中可以看到权力的社会属性。社会权力契约就是高质、非强制的社会约定，通过权力契约影响投资，也影响着商业社会人们的名誉。如何深刻认识权力契约是商业社会的权力，权力契约的原理在后续内容中涉及。

（二）营销学来源

权力契约的思想来源于营销学，基于顾客营销学的4C对策——促销和沟通对策考量。

从美国营销专家劳特朋在1990年提出与传统营销的4P相对应的4C理论后，以顾客为视角的研究在营销学中越来越多。其中的沟通对策为权力对策奠定了很好的研究基础。

沟通对策的核心不只是沟通的频率和时间、沟通的次数，更重要的是选择合适的沟通者，使沟通更有效果，主张企业与消费者或用户进行对话式的沟通，做到既把企业及其产品信息传递给消费者或用户，又将消费者或用户的有关反应和意见等反馈给企业的双向沟通。中国有句古语“话不投机半句多”，思维和语言是紧密相连的，思维需要沟通来实现其价值。

顾客营销避开大众营销中通过大规模的广告等促销手段与顾客沟通的方式，而是能通过针对性地把握每一个顾客的要求，了解每一个顾客对产品服务的意见、建议，直接掌握顾客的动态，与之形成互动，形成一支稳定的、忠诚的顾客队伍。顾客营销要求企业具备个性化的沟通能力，这种能力是将现代科技（如互联网技术等）、信息和企业资源再整合的能力。

工业社会传统的促销是以企业为主体，通过一定的媒体或工具对消费者进行强迫式的促销，让消费者被动接受，缺乏与消费者的直接沟通。从“促销”转变到“沟通”，也就是“忘掉促销，考虑双向沟通”。在商业社会，更多的是运用口碑事件等权力契约手段。事件营销常借助话题或制造话题，吸引众多消费者参与，引发媒体的争相报道和大众的口耳相传，在短时间内达到提升品牌知名度、建立品牌价值、打造品牌形象之目的。口碑营销是由生产者、销售者以外的个人，通过明示或暗示的方式，不经过第三方处理加工，传递关于某一特定产品、品牌、厂商、销售者以及能够使人联想到上述对象的任何组织或个人信息，从而使被推荐人获得信息、改变态度，甚至影响购买行为的一种双向互动的传播行为（门涛，2006）。目前的口碑事件的研究都基于购买，但在商业社会，口碑和事件营销真正成为契约的手段，是基于投资的。

心理空间理论是认知语言学家 Gilles Fauconnier（1985）在他的第一部专著——《心理空间》中提出来的。这部著作也是心理空间理论产生的标志。心理空间理论是关于语篇生成和阐释的认知语言学理论，是指人们进行交谈和思考时为了达到局部理解与行动的目的而构建的概念集合。权力的研究中，广泛的沟通形成心理空间就是一种语言的集合，契约影响人们的心理空间，心理空间的大小决定契约的大小，契约决定投资、影响投资。契约决定人们的心理空间（正、负向影响）。语言学的心理空间理论为契约的心理空间的提出提供了理论研究基础。

商业社会是一个契约的社会，到处都存在契约，契约精神是商业社会的核心。契约影响人们的投资，契约影响越来越广、越来越大，影响人们对于未来的投资，超过传统的促销和沟通——影响当下的购买，但国家契约是最大的契约，影响各个小的契约发展和形成。国家契约的核心体现就是权力契约，权力契约更有说服力和影响力。这些都是传统营销理论对于权力契约对策的启示。顾客营销学用沟通对策引导了本书的研究，产品营销学促销策略的四种促销组合在商业社会人气营商中对应了四种权力契约组合——政策、法规、口碑和事件，这方面的研究也为权力契约的研究方法提供了借鉴。从国家层面来讲，对于契约组合的认知应该放在国家的“三价”价值投资层面。商业社会权力契约是全球化，吸引全球投资人，因此权力契约运用得是否得当，将影响全球投资人投资该国的心理空间。

二、商业社会权力契约原理

（一）基本原理

商业社会权力契约原理主要指权力契约带来的对于人们心理空间的影响。权力契约运用好坏的判断标准是对于人们心理空间的调整是否及时和正确，资产价格的心理空间需要权力契约来左右，但心理空间调整的正确与否也是检验权力契约运用得是否正确的一把尺子。心理空间是权力契约原理的核心，其作用机制如图 6-13 所示，商业社会中心理空间直接影响权力契约的大小以及变动方向，契约的变动情况修正投资者的心理空间，两者相互作用。

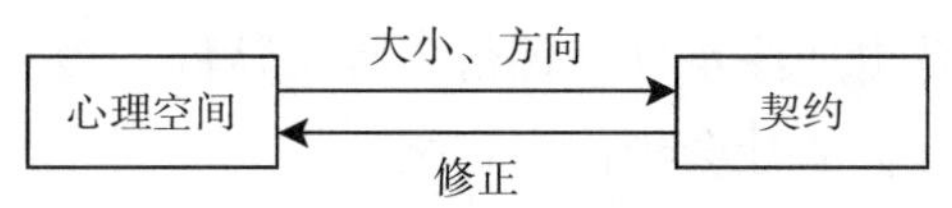

图 6-13 权力契约原理的作用机理

心理空间之所以可以影响权力契约的大小，是因为对于一个国家而言，全球投资人对于该国的心理空间变化，意味着愿意投资该国的全球投资人的变化，该国的权力契约就会发生变化，影响力也发生变化。同理，如果整个国际社会对于一个国家心理空间发生正向变化，那么对于另一个比较的国家就会发生负向变化，该国的权力契约也会变小，那么该国在国际舞台上的影响力就会减弱。这个原理说明各个国家都在不断努力提升自己在国际舞台上的心理空间。心理空间大小影响权力契约的大小，二者之间相互比较，创造比较价值。

同样，心理空间对权力契约变动的方向也会产生影响。可以从投资方面研究基础入手。在国际资本市场上，资产价格很大程度上由投资者对应心理空间的判断所左右，当投资者对某种投资的心理空间上升时，他们会大量买进；反之亦然。也就是说，如果人们期待某种资产有持续的增长心理空间，那么他们就会采取相应的投资对策，而这种投资对策的变动，往往影响资本的移动方向。因为权力在商业社会变动也可以从资本角度出发进行判断，权力变动意味着契约的变动，所以心理空间也会影响到权力契约的变动方向。

另外，权力契约的实际应用修正心理空间。影响心理空间的工具和手段很多，这部分内容将在后文讲到。但心理空间作为投资者自身的心理判断，需要通过权力契约的时间节点、影响力变动来修正。通过实际的权力契约变动，正确把握和影响投资者的心理空间，符合商业社会发展规律，利于投资人作出智慧的判断，创造比较价值。

（二）权力作为契约研究的逻辑

要理解权力是一种契约，首先要知道商业社会就是契约型社会，社会的方方面面都靠契约维护，提倡契约精神，而不是仅仅靠法律维护。法规只是契约的一种手段，契约体现人们思维的进步，是促进不确定性商业社会进步的重要推动力。没有契约的商业社会就不能够充分发挥创新思维的重要作用，只要创新思维，讲好故事，赢得社会认同，就会形成社会契约，而契约创造商业价值。

人气关注的社会，就会产生权力契约。人气关注的范围很广泛，通过人气线的分析，不难看出契约体现在人气关注的多个方面，比如商业社会的主体——教育也是契约精神，教育更加注重社会评价、社会认同，教育可以通过权力契约进行研究，教育是商业社会的社会价值内容之一。

权力契约对策研究投资是商业社会投资人投资一个国家或地区最为关注的核心内容，是商科研究的重点。通过房价、物价和股价的研究，也能证明契约作为商业社会国家和地区的一种权力研究的正确性，如图 6-14 所示。权力契约对于社会的推动作用，会渗透到社会的方方面面，契约作为人气营商学的核心概念之一，对于人们关注的不同内容，研究社会的不同的契约。商业社会研究的核心是人们最为熟悉的房价、物价和股价“三价”，所以选择用权力契约研究投资“三价”，也体现了营商学在商科教育中的核心地位和作用。

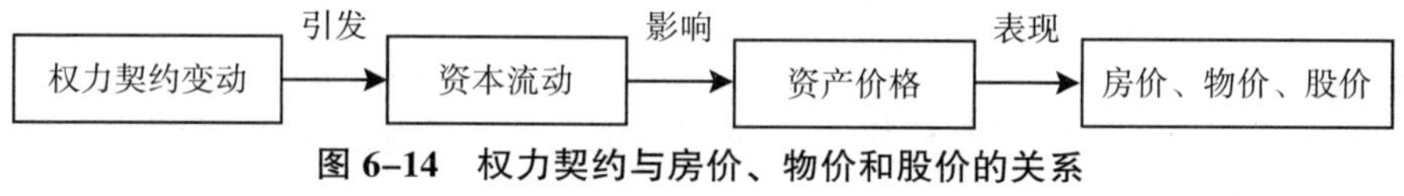

图 6-14　权力契约与房价、物价和股价的关系

（三）心理空间变化的内在含义

因为心理空间是权力契约原理的核心所在，所以要明确心理空间的变动实质是比较价值的变化。如果没有比较价值的变化，人们的认知习惯很难改变。随着时间的变化，一个国家的影响力会随着人们心理空间之间的相互比较而发生改变。当国家的影响力发生改变后，就意味着各个国家间的比较价值发生了变化。

比较价值的变化过程如图 6-15 所示。在商业社会国家中，选择两个进入人们视野、相互比较的国家 A 和 B。长方形表示人们的关注，椭圆的面积表示 A 国和 B 国的影响力，椭圆的周长范围表示心理空间的大小。随着时间的变化，A、B 两国的影响力是不同的。在初期，A 国的影响力与 B 国影响力相差不大。因此无法判断 A 国和 B 国哪国心理空间更大。随着时间的推移，A 国的影响力超过 B 国，在这种情况下，人气关注也会发生改变，A 国的比较价值凸显，从而使 A 国的心理空间打开，超过 A 国原有的地位，A 国的权力契约提高了。

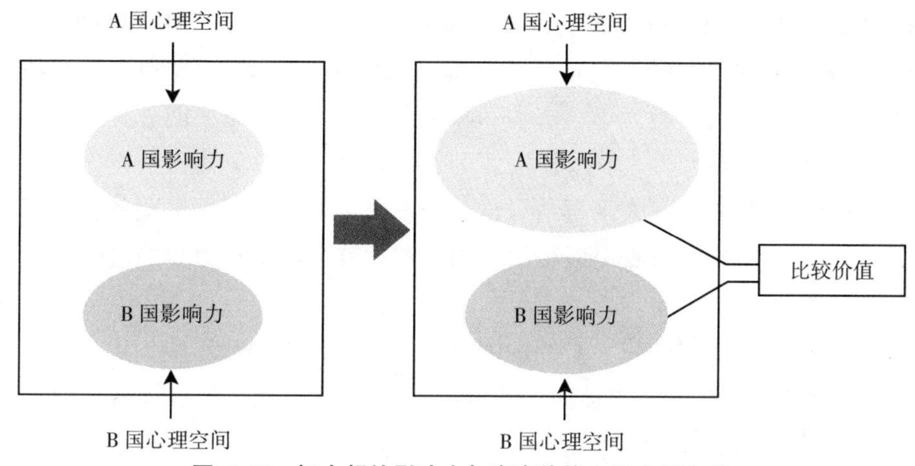

图 6–15　权力契约影响力与资产价格心理空间变动

A 国的商业价值提升，会使商业社会的国家国际地位上升，该国心理空间会增大，会有更多的投资人认同其地位。反之，一国的影响力增速变缓也会导致心理空间减小，从而失去权力契约。

（四）契约类型的特点及适用对象

对应人气矩阵，可以将权力的契约按照对人们心理空间影响程度分为四种类型。这四种类型分别是“瘦狗”契约、“问号”契约、“金牛”契约和“明星”契约，如图 6–16 所示。

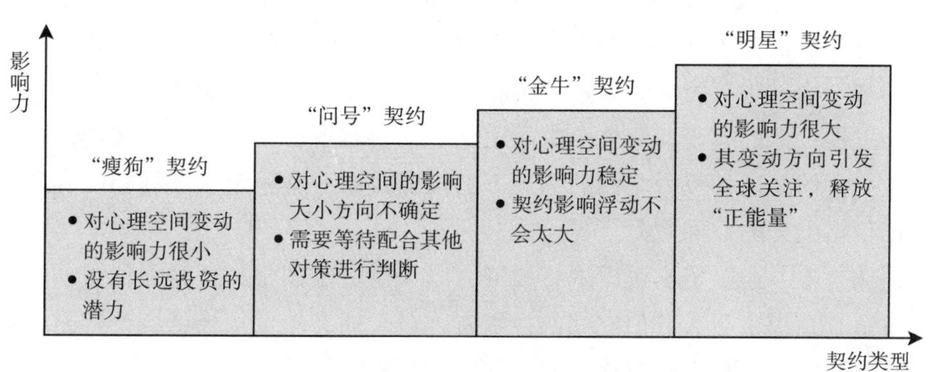

图 6–16　商业社会国家中的权力契约类型

这四种权力契约的划分主要是基于全球投资人的心理空间影响程度来划分的。权力契约的表现：“明星”契约指对于人们的心理空间影响力较大、引起全球关注的权力契约，导致该国价值创造的倍增（减）；“金牛”契约指权力对于人们心理空间影响有限、权力影响力开始减弱的契约；“问号”契约指对于人们心理空间影响需要时间等待、目前无法立即表现影响力的契约；“瘦狗”契约指对于人们的心理空间的影响太小、基本不影响人们的投资、无法创造价值的契约。

因此要研究“明星”契约、“金牛”契约和“问号”契约三个权力契约的特点及适用对象。每个投资人都要结合自己的投资偏好选择不同的契约类型国家进行投资。同时各个国家自身可以根据不同的契约特性选定权力契约目标。

1.“明星”权力契约

特点：具备“明星”权力契约的国家和地区的权力契约影响力大，对于全球投资人，心理空间的正向、负向影响都很大，是商业社会的引领者。由于“水阀”打开了，该国就会有资本流入，该国的资产价格就会上涨，所以对投资者来说可以投资该国的“三价”，从而实现自身价值倍增。由于影响力的增强，该国必须保持高度警惕，进行价值创造，否则将出现权力契约负向影响情况，出现价值倍减。同时，该国在商业社会中的领导者地位，保持“明星”权力契约的正向影响，也就是对社会释放“正能量”。

适用对象：对于资产升值有较高要求的投资者；短时间内资产快速升值的投资者；有较好心理承受能力，可以承受双向波动风险的投资者，在该国投资容易出现“神奇”的投资对象。

2.“金牛”权力契约

特点：该国或该地区权力契约对于人们的心理空间影响进入相对稳定的时期，会有商业社会领导国家的资本流入，以保持心理空间的稳定。因此，这种权力契约与“明星”权力契约国家的关联性较大。首先该权力契约不可能继续引领世界的发展，他们属于商业社会中的跟随者，会有自己跟随的权力契约，即“明星”权力契约。这种权力契约的引导下的投资收益非常稳定，波动幅度有限，因此资产价格上升的空间有限。

适用对象：避险资本可以进行投资，以保持稳定回报，适合保值需求的投资者，不适合想谋求更大升值空间的投资者。对于拥有较大规模的资产的财富拥有者，这些国家正是他们首选用来配置他们需要避险的安全资产首选地。

3.“问号”权力契约

特点：短期内权力契约对于人们心理空间影响大小及变动方向不能确定，可能出现相对较长时间的等待。“问号”权力契约的表现和对于投资人的心理空间影响，需要通过观察来判定。但该权力契约的影响水平处于低位，有上升的空间。资产价格较低，可以用较低的成本持有该国的资产，同时有效避免“明星”契约的双向波动风险。

适用对象：希望获得资产升值且愿意等待的投资者；需要有敏锐的判断力和前瞻性，可以从中判断出权力契约对于未来的影响力，不愿承担高成本双向波动风险的投资者。

（五）投资人权力契约选择的步骤

投资人在选择权力契约时要遵循以下三个步骤：

第一步，判断一个“明星”国家的权力契约对于人们心理空间的影响，只有被人气关注的“明星”国家才拥有权力契约。对于心理空间正向和负向影响大的权力契约国家，才可以实现投资的价值倍增（减）。有些国家希望自己拥有较大影响力的权力契约，这需要实力、前景、遏制确定，有了较大的权力契约，才能创造比较价值。

第二步，选择至少具有倍增（减）价值洼地的商品，运用权力契约引导投资。图 6-17 表示权力契约创造倍增的比较价值。每个国家和地区要利用权力契约创造商品倍增（减）的比较价值，有了影响力的权力契约，必须认真利用，在价值低位善于利用权力契约引导商品实现倍增，在价值高位——没有倍增空间时，善于利用权力契约抑制商品的上涨，再寻找新的倍增价值商品创造新的价值，利用权力契约影响投资人的心理空间，从而真正实现价值投资。如图 6-17 所示，权力契约先影响商品①，到了高位，没有倍增空间，再影响商品②，最后影响商品③，按照人气线关注转移，这样才能保证整个国家权力契约正常运行。

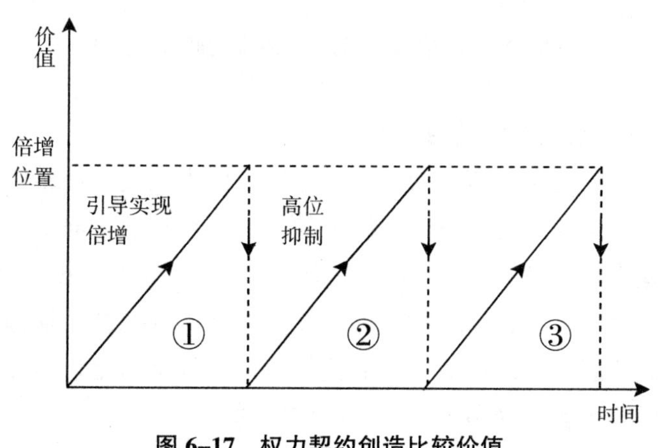

图 6-17　权力契约创造比较价值

第三步，也是最后一步，选择商品价值升值过程中运用权力契约的时间节点，就是国家和地区要判断权力契约影响力变化的时间节点。如图 6-18 所示。投资研究过程中真正的时间节点是商品在即将实现价值倍增（减）、成倍增（减）、百倍增（减），或者是已经实现倍增（减）、成倍增（减）、百倍增（减）的关键时期，投资人左右为难时。权力契约的运用形成正、负向心理空间变化决定价值创造的过程中寻求倍增（减）的重要依据。这就是投资人在判断倍增（减）时间节点上，为什么格外关心权力契约，因为它可能导致向上倍增无法实现，相反出现百倍减。另外，权力契约的运用也会带来价值创造的深刻变化，带来价值倍增（减），所以权力契约运用也形成时间节点，如图 6-19 所示。权力契约必须累积到 A 点向下形成倍减和 B 点向上形成倍增，A、B 两点成为时间节点。

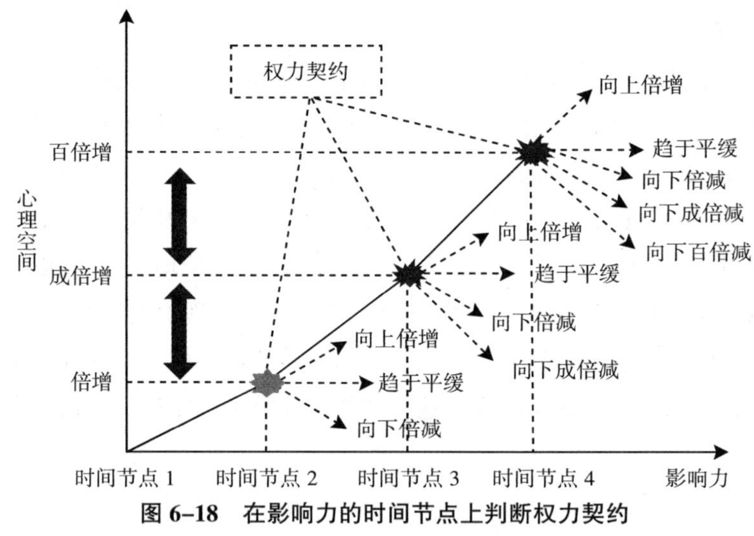

图 6-18　在影响力的时间节点上判断权力契约

（六）商业社会权力契约的目标

对于商业社会的国家而言，为了吸引全球投资人投资，都希望实现其在商业社会中最具影响力的权力契约目标，该国的权力契约长期正向影响人们的心理空间，能消除和避免对于心理空间的负向影响，正确引导人们投资该国各种商品，创造商业比较价值。这种权力契约目标会使该国在国际社会长期拥有有影响力的权力契约，如此才能不断地创造倍增的比较价值，社会财富快速而大量向该国积累。但这一目标能否实现受多个因素共同作用的影响。

之所以权力契约要实现正向影响的心理空间，其原因是，正向影响的心理空

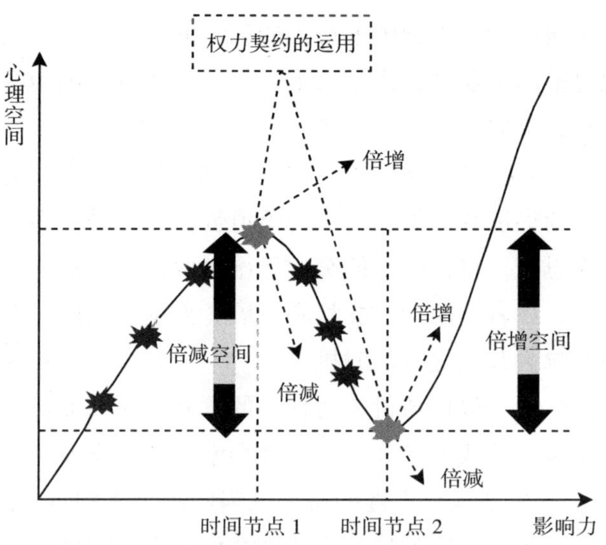

图 6–19　权力契约的运用形成影响力时间节点

间使该国一直处于人气矩阵的“明星”地位，该国的权力契约就是“明星”契约，吸引全世界的投资。契约获得意味着支持该国或该地区在商业社会实现了价值创造，这从日本和拉美的过往历史就可以看出。如果权力契约对心理空间产生负向影响，处理不好，很可能使一个国家很快失去投资人的关注，丧失价值创造的地位。所以，只有心理空间长期正向影响才能保证该国在商业社会的领导地位。

运用权力契约引导投资调整原因有两个：一是防止别国权力契约对于心理空间正向影响过大，引发对本国的权力契约心理空间的打压，从而使该国的价值创造受到限制。二是权力契约用来调整一个国家价值创造的时间、空间，防止该国在人气关注中的价值高估。心理空间导致的价值高估，不但为该国未来的价值创造打压埋下隐患，也会对一国的经济发展和商业社会进程带来不利影响及巨大风险。一些国家爆发不同程度的金融危机就是因为该国心理空间到了一定的高位，权力契约运用不当，导致系统性风险，出现了资产泡沫破灭。

三、权力契约影响力选择

（一）权力契约影响力时机选择——以人为主的时代

工业社会是以技术为主的时代，这时主要是运用市场经济，所以该阶段法治的权力是为了维护市场竞争力，让市场经济更有秩序。例如美国的法治无处不在，无时不有。美国作为由移民社区组成的联邦制国家，在社区法治的基础上形成了由社区法治到州法治，再到国家法治的独特的法治模式。法治的推动和引领作用、法治权力对推动工业社会进步的重要作用，在以美国为主的西方国家工业高速发展中得到充分证明。

工业社会技术创新已经发展到了高位，不仅要维护法治权力，更要提高权力契约的影响力。契约促进和保护人们进行价值创造，推动社会进步。感性的德治思维、线性的法治思维，将被跳跃的契约思维所取代，德治、法治将会融合在契约治理的思维之中，三者不断形成交集和发展。人是发展的主题，以人为主的时代也是权力契约影响力开始提升的时机。

商业价值社会主要是以创造价值为核心的营商，在商业价值社会，人的哲学思维的正确与否决定人的成败，如同工业社会掌握的科学技术的多少决定人的成败一样。因为哲学思维是基于人性的研究，因此每个人的哲学思维都不尽相同。而商业价值社会以人为本，这就导致商业社会每个人价值的大小是根据每个人的哲学思维判断得到的，不同人的不同哲学思维使得不同的人获得的价值大小也不同。同时人的思维不断碰撞和思考是创新思想的来源，也是权力契约的来源。人是权力契约的创造者，也是权力契约的执行者。社会中的每一个人也只有充分利用和遵守权力契约创造商业价值，才能推动以人为主的商业社会不断进步，在商业社会过上高品质和有尊严的生活。

（二）权力契约影响力情形选择

通过人们心理认知的分析，文化、经济和社会价值创造是契约影响力形成的源泉，权力契约影响力反映了人们的心理空间大小。本节利用价值维数对于人们心理空间的影响，分析权力契约影响力提升的情形。

1. 维数的定义

在物理学和哲学的领域内，维数指独立的时空坐标的数目。零维是一个无限小的点，没有长度。一维是一条无限长的线，只有长度。二维是一个平面，是由长度和宽度（或部分曲线）组成面积。三维是二维加上高度组成体积。四维分为时间上和空间上的四维，人们说的四维经常是指关于物体在时间线上的转移。

从哲学角度看，人们观察、思考与表述某事物的“思维角度”简称“维数”。例如，人们观察与思考“月亮”这个事物，可以从月亮的“内容、时间、空间”三个思维角度去描述；也可以从月亮的“载体、能量、信息”三个思维角度去描述。分析一个国家或者商品的维数多种多样，国家的权力契约空间影响具体维数在本节第四部分展开。

维数的测算可以参考科莱斯平衡计分卡，是源自哈佛大学教授 Robert Kaplan 与诺朗顿研究院的执行长 David Norton 于 20 世纪 90 年代所从事的“未来组织绩效衡量方法”的一种绩效评价体系。如表 6–1 所示。

表 6–1　维数测算方式

维数	维数 1	维数 2	维数 3	维数 4
比重				
分值				

2. 维数的类型

具体的维数千变万化，但维数的类型可以分为三种：单一维数、多维数和关键维数。

单一维数相当于一维空间，只能用一条线来表示，单一维数是相对于多维数而言的一个概念，一般指在判断、说明、评价一个事物时仅从一个角度、层次去考量，单一维数的国家或商品往往只能小幅波动，其提升的心理空间受限。如图 6–20 所示。

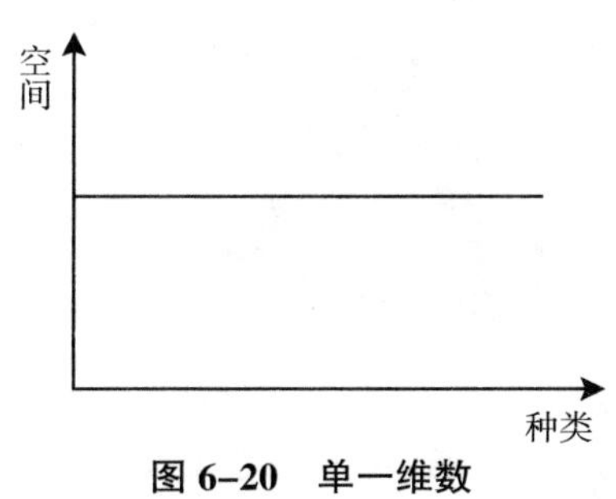

图 6–20　单一维数

多维数指除了单一维数以外其他的所有维数，多维数包含二维、三维、四维等维数。从哲学的角度考虑，每个国家或商品都能够从多维数去考量。维数越多，在判断空间影响力的时候可以考虑的因素越多。相比单一维数，多维数可以提升空间的影响力。如图 6–21 所示，相比单一维数，多维数的商品的空间不再受到限制。

关键维数指所有维数中最重要、最具有决定性的维数，相当于决定性因素。多维数的国家或商品可以有不止一个的关键维数，也不是所有多维数的国家或商品都有关键维数。关键维数可以大大提升心理空间，同时关键维数还决定了多维

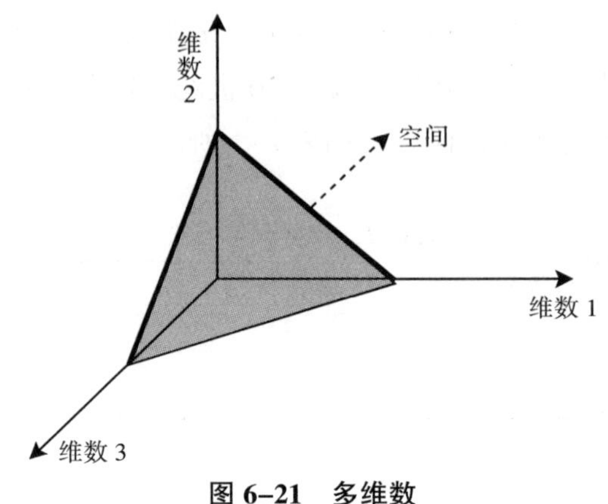

图 6-21 多维数

数国家和商品的最大的空间极限位置。如图 6-22 所示，其中维数 2 是关键维数，因为维数 2 空间增大，同时关键维数的高度决定了该商品多维数的空间极限大小。

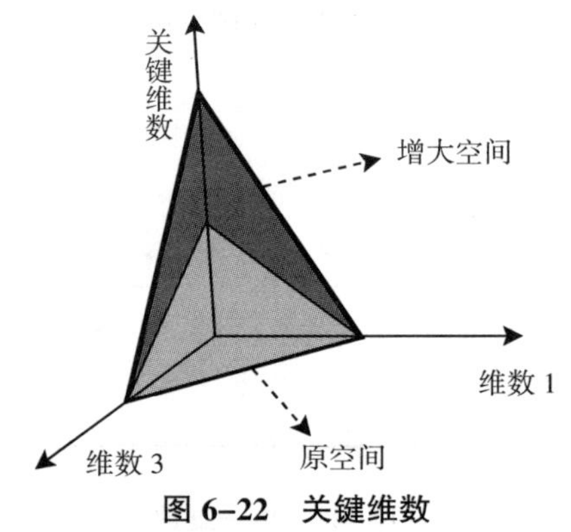

图 6-22 关键维数

3. 维数的情形

一个国家权力契约影响力能否提升和空间多大，影响的维数很多。在权力契约影响力提升过程中，由于影响权力契约维数不同，主要有三种不同的提升情形。

情形 1：权力契约影响力维数单一，决定心理空间提升幅度受限，如图 6-23 所示。

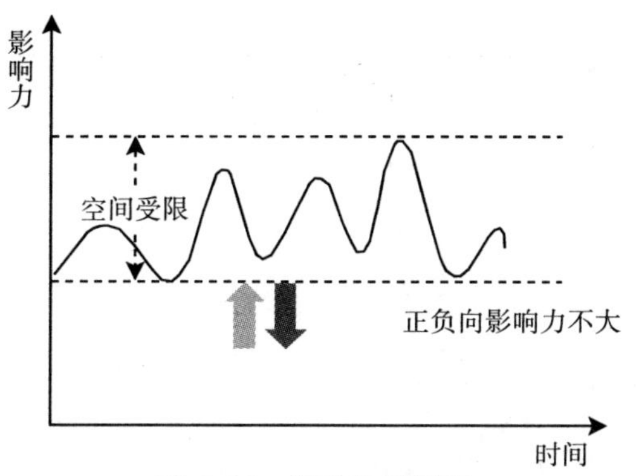

图 6–23　提升空间受限

情形 1 的影响力变动总体趋势：时间长，空间受限，波动相对稳定。

优点：正负向影响力不大，易于把控。

缺点：波动不大，未来上升空间不大。

适用：小的商业社会国家，跟随商业社会领头羊国家的其他商业社会国家。

要求：选择正确的跟随国家，防止跟随权力契约影响力下降的国家。创造自己的价值。

心理空间有限的国家也很常见，对于一些在工业社会已经发展较好的国家，由于权力契约影响力的维数单一，即使进入商业社会后影响力提升的幅度也有限，所以这些国家只能跟随商业社会领导国家的发展。如新西兰的农业资源、澳大利亚的矿产资源维数单一，这些国家就只能保持在不断控制和被遏制的态势，未选择正确的跟随国家，不会有较大的提升空间。

情形 2：权力契约影响力有多种维数，决定心理空间在一定时期内提升，如图 6–24 所示。

情形 2 的影响力变动总体趋势：影响力提升的时间有限制，随着时间推移影响力慢慢减弱。

优点：时间损失少，空间大，可以实现较快的影响力提升。

缺点：提升速度快，不容易控制，随后影响力慢慢减弱。

适用：发展到顶端的商业社会国家。

要求：防止影响力提升过快，从而导致过早出现资产泡沫现象，使该国家退出商业社会领袖国家行列。

这种情形比较常见，德国、英国都是以经济、文化和社会发展多个维数来提升该国的影响力，曾经都是引领世界的国家，只不过时间比较短暂，心理空间比

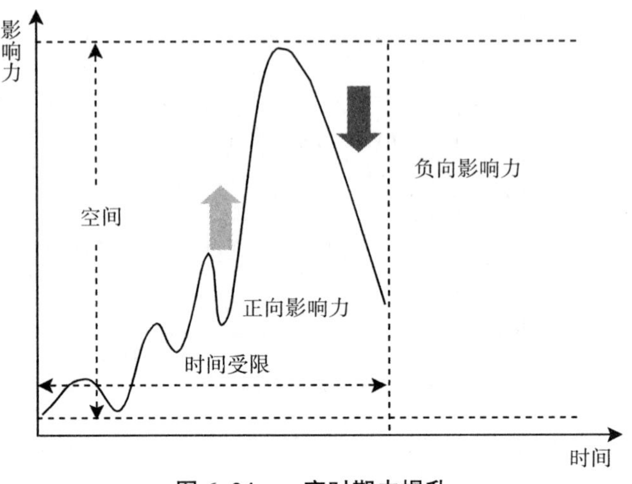

图 6-24　一定时期内提升

单一维数大，但往往发展到了一定阶段就没有了上升空间。

情形 3：权力契约影响力有关键维数，决定心理空间长期提升，如图 6-25 所示。

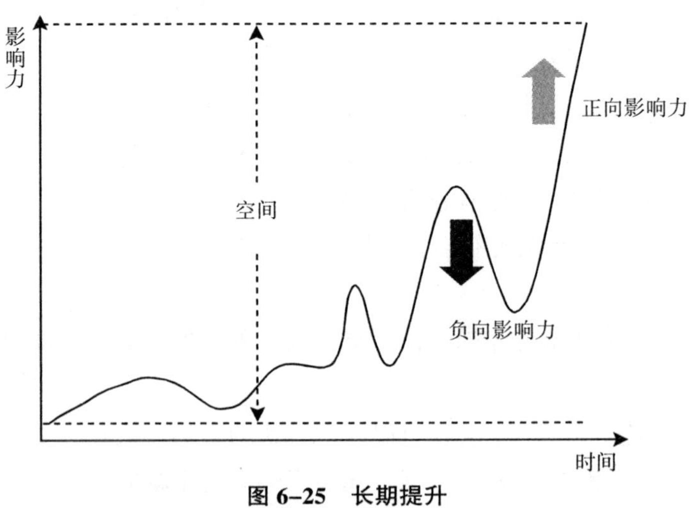

图 6-25　长期提升

情形 3 的影响力变动总体趋势：影响时间长，心理空间大。

优点：有较长的上升周期，可以实现多次的价值创造，正向、负向的影响力都很大。

缺点：存在未知性，正向、负向可能变化频繁，不易把握。

适用：商业社会领头羊国家。

要求：该情形需要国家在有前景的前提下做好规划。不仅要有实力，如人口、资源、文化等方面的优势，同时还需要不断创新，这样就可以提升权力契约的影响力。重点是延长影响力的时间，扩大心理空间。

很多国家的影响力都不可能实现长期的提升，心理空间不断扩大。纵观历史还没有哪个国家从最低位的心理空间一路上升到高位后，长期保持全球影响力。近百年来，美国是到目前为止保持全球影响力最长的国家。美国引领世界的时间比较长，就是因为美国具有全球技术创新的关键维数，这是全世界的共识，赢得了全球投资人的权力契约。

（三）保持权力契约影响力长期提升方法

商业社会中权力契约影响力提升的方法有四种：政策、法规、口碑、事件。但它们的作用基本一致，大到投资某一国家，小到投资某一种商品，权力契约的影响力都呈现出引导、支持、控制、打压这样一个权力契约运用的效果。同时，在权力契约影响下的这个国家或者这种商品所代表的商业价值也呈现出阶段性变化。权力契约的人气线选择过程是在商业社会中的商业价值即经济价值、文化价值、社会价值之间流动的过程。权力的发展过程是权力影响的资本类型在被引导、支持到了高位时，开始控制资产价格，防止泡沫过大，导致资本流出，再发展到打压，最终转移到了新的资产类型，由此便形成了权力契约的人气线转移。

一个国家权力契约影响力形成的心理空间类型有所不同，这是由各国的价值维数不同引起的，但各国保持本国权力契约影响力的方法是相同的，权力契约影响力的提升方法主要分为四种。如图 6–26 所示。

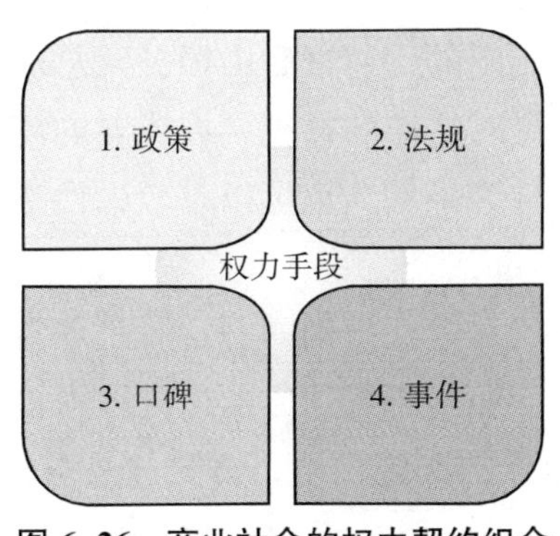

图 6–26　商业社会的权力契约组合

1. 方法一：政策

政策是国家政权机关、政党组织和其他社会政治集团为了实现自己所代表的阶级、阶层的利益与意志，以权威形式标准化地规定在一定的历史时期内，应该达到的奋斗目标、遵循的行动原则、完成的明确任务、实行的工作方式、采取的一般步骤和具体措施。政策具有以下特点：

（1）阶级性。这是政策的最根本特点。在阶级社会中，政策只代表特定阶级的利益，从来不代表全体社会成员的利益，不反映所有人的意志。

（2）正误性。任何阶级及其主体的政策都有正确与错误之分。

（3）时效性。政策是在一定时间内的历史条件和国情条件下，推行的现实政策。

（4）表述性。就表现形态而言，政策不是物质实体，而是外化为符号表达的观念和信息。它由权力机关用语言和文字等表达手段进行表述。

政策可以大致把握当年各项工作完成的情况，也能较为准确地判断来年的经济形势。例如 2015 年的中央经济工作会议基调是，坚持稳中求进工作总基调，坚持以提高经济发展质量和效益为中心，主动适应经济发展新常态。2016 年的中央经济工作会议基调是，坚持稳中求进工作总基调，保持积极财政政策，同时要保持稳健货币政策。

2. 方法二：法规

法规指国家机关制定的规范性文件，主要指行政法规、地方性法规、民族自治法规及经济特区法规等。如我国国务院制定和颁布的行政法规，省、自治区、直辖市人大及其常委会制定和公布的地方性法规。设区的市、自治州（《立法法》2015 年修订），也可以制定地方性法规，报省、自治区的人大及其常委会批准后施行。法规也具有法律效力。

行政法规是由国务院制定的，通过后由国务院总理签署国务院令公布。这些法规也具有全国通用性，是对法律的补充，在成熟的情况下会被补充进法律，其地位仅次于法律。法规多称为条例，也可以是全国性法律的实施细则，如治安处罚条例、专利代理条例等。

地方性法规、自治条例和单行条例的制定者是各省、自治区、直辖市的人民代表大会及其常务委员会，相当于各地方的最高权力机构。地方性法规大部分称作条例，有的为法律在地方的实施细则，部分为具有法规属性的文件，如决议、决定等。

法规具有明示作用、预防作用、矫正作用和扭转社会风气、净化人们的心灵、净化社会环境的社会性效用，理顺、改善和稳定人们之间的社会关系，提高整个社会运行的效率和文明程度，为商业社会构建一个高度秩序、高度稳定、高度效率、高度文明的基础。

3. 方法三：口碑

口碑是一种影响顾客判断和购买行为的重要营销工具以及顾客信息来源途径。此外，随着互联网和电子商务的迅猛发展，使得顾客的口碑得以更快、更广地传播，营销工具成为营商工具，成为人们投资和价值创造、提升影响力、打开和影响人们心理空间的重要判断依据。

美国口碑市场营销协会（2006）将口碑定义为某一消费者向其他消费者提供信息的行为，口碑是顾客的声音，一个自然而然的、真实的、诚实的过程。人们相互之间寻找建议，谈论他们有过相关经验的产品、服务或品牌。而我们传统意义上的口碑主要是指非商业的相关个人间关于产品和公司的面对面的交流，因多发生于亲戚朋友等强关系人群中而具备了很大的影响力，因此口碑被广泛应用于现代营销推广中。随着传播技术和现代网络的发展，网络口碑的概念也被提出，冲击并完善了传统口碑的概念。

商业社会口碑的类型有很多种，其中典型的有专家言论、社会舆论、意见领袖，他们是在人际传播网络中经常为他人提供信息，同时对他人施加影响的活跃分子。随着微博等在线社交媒体的兴起，消息的发布不再局限于大众传播媒介，广大普通用户逐步成为信息的源头，消息的传播过程中意见领袖发挥中介作用。

商业社会的口碑多样化，具有以下特点：①口碑主体的变化性，具体表现在口碑的对象不可能一成不变，一段时间口碑集中在某国家，但过段时间口碑又会转移到其他国家，这是口碑主体的变化性。②口碑内容的专业性，口碑的内容必须是专业性的、能够获得大众认同的、影响社会行为的。不能让人们信服的口碑只能叫作言论，不能算作口碑。③口碑平台的高低性，主要指口碑的发出者所处的平台高低不同，那么该口碑的影响力就不同。例如总统或国家领导人所处的平台地位高，其发出口碑的权力契约影响力要远远大于普通民众发出的口碑影响力。④口碑时间的选择性，不是所有口碑发出后都能达到影响人们心理空间的效果，要把握口碑的影响力，时间的选择是很重要的一个方面。关于某件事情或某个人的口碑，在某段时间内可能不会引发关注，但如果口碑发出的时间选择在关键的时间节点上，其影响力效果可能会达到百倍。如图 6-27 所示。

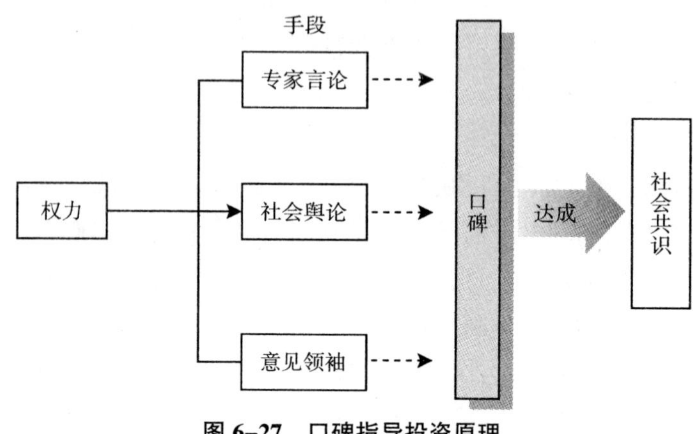

图 6-27　口碑指导投资原理

4. 方法四：事件

事件（Mega-event）一词最初源于西方旅游学界，是指对城市乃至国家产生重大社会和经济影响的事件，它往往会极大地促进城市社会经济的发展并创造出非同寻常的知名度。事件的载体是互联网，利用的工具包括微博、微信等。事件的特点为主动性、专题性、时限性、全局性、稀缺性、活动性、风险性、资本性及周期性。

随着全球经济活动的一体化发展不断加快，一件突发事件发生之后所产生的影响已经不再简单地局限在一个国家或者地区，而是波及多个国家乃至全球，在局部地区的突发事件，却可能在全球范围内产生巨大的影响（刘定平，2014）。

商业社会的事件不再仅仅影响人们的购买愿望，更多的是影响人们投资。事件大小不同，则影响力不同。事件的大小虽然没有一个可以量化的标准，但人们会关注更多的事件，所以影响国际投资或国内资产价格变化的事件往往能造成更大的影响力。事件范围不同，则影响力不同。事件发生在国内和发生在国际的影响力大小不同，目的都是通过"敲警钟"的方式，帮助商业社会投资人找寻价值洼地，影响人们的心理空间，提升权力契约的影响力。

事件从准备到发生再到结束是一个长时间的过程。在事件的准备期，权力契约的效应即影响力逐步提升，拉动整个事件的发展。事件的发生期是权力契约影响力最大的时期，此阶段，世界眼光都关注在此事件上，所以权力契约效应集聚在一起，影响力达到了最高位。事件结束后，影响不可能立刻消失，仍会有一段时间的后续效应，关注逐渐减少，权力契约的影响力也随之降低到准备期的水平。如图 6–28 所示。

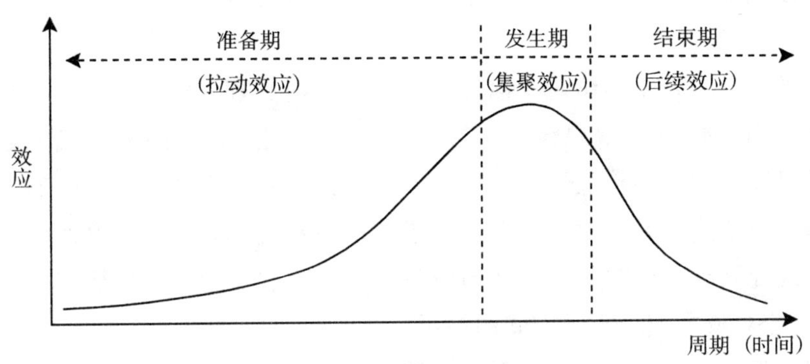

图 6–28　事件和权力契约效应的关系

四、心理空间的把控调整

（一）心理空间调整的类型：主动和被动

对于商业社会的国家来说，契约心理空间的调整分为主动和被动。主动调整是指一国通过权力契约自行调整，对资本的短期变动方向产生影响。而被动调整指的是顺应国际资本间的比较价值流动，由国际社会资本流动的一般规律决定的方向性变动。

每个国家都应该运用权力契约主动进行调整，以防超越人们的心理空间，产生不利的后果。中国在全球利用权力契约时是非常智慧的。改革开放 30 多年，随着中国经济的高速发展，很多国家散布中国“崩溃论”和中国“威胁论”，打压和捧杀中国，然而中国政府冷静分析提出民族复兴、中国崛起，形成与中国价值维数相适应的心理空间。中共十九大提出的奋斗目标，在全世界形成了中国未来几十年的心理空间，这是中国政府在通过权力契约主动调整全球影响力，形成适合自己国家的心理空间。

权力契约的被动调整是由于心理空间发生巨大变化，在投资人意料之外，引起价值的大幅波动，这也是人们会经常碰到的，可能会出现“黑天鹅”事件。美国的“9·11”事件对于美国的心理空间打击是致命的，2008 年美国的金融危机后果也很严重，都在美国意料之外，美国必须谨慎应对。中国 2015 年下半年股市大幅下跌，出乎投资人的意料，这是短期的股市被动调整，在 3600 点附近政府开始救市，2638 点股市才稳定下来，市场参与各方必须认真应对。只不过有些被动调整是短期的，有些被动调整将是长期的，短期调整处理不好就会成为长期调整，使这个国家落后几十年，错过发展的良好机遇期，出现“拉美”现象、日本现象。

当一国某资本处于高位时，该资本若不及时对心理空间进行主动调整，就会出现资本外流的情况，如果该国不进行新的价值创造，该国的人气也会逐渐离开。如果可以实现新的价值创造，那么该国的人气就不会离开，在短暂调整后又会迎来新一轮空间上升。对于一个已经进入商业社会的国家而言必须积极应对被动调整，因此被动的调整如果不谨慎应对，很有可能变为长期趋势。

（二）应对权力契约心理空间的挤压

人们心理空间的产生，主要取决于其对一国的国家安全、国际社会贡献、周边国家状态和处理方式、国家形象标识、国民素质、历史文化形象、政府形象、企业城市形象等多个价值维数的衡量，一个国家稍有不慎，在一个或多个维数出现问题，该国的心理空间就会受到挤压，出现被动调整，而处理不好，就会发生长期调整。在国际市场上，资本流动的频率非常高，投资者的投机性很强。短期投机资本对各国的政治、经济、军事形势等都十分敏感，有一点风吹草动，都会改变资本的流向。所以任何一点市场信息都可能改变市场心态和人们的心理空间，累积到一定的程度就会发生质变，在时间节点上发生倍减，从而使国家权力契约的影响力发生巨大变化。

把控权力契约心理空间，主要有三个步骤：一是寻找影响权力契约心理空间的维数，控制契约心理空间的核心是了解影响心理空间的关键维数。这些维数和关键维数是一个国家通过先天的禀赋、后天的努力、终身的进步积累而来的，很多无法改变。二是围绕这些价值维数和关键维数，进行影响力时间节点的判断是人的智慧，是全球投资人的选择，也是本章的核心。美国的关键维数是高科技，影响力的时间节点已经过去，而中国的创新思维关键维数影响力时间节点刚刚开始。三是选择对应控制手段，对不同维数要选择不同的把控手段，从而把控好权力契约的心理空间，这些是政治家和其他学科研究利用影响力四种方法开展的工作。

影响契约心理空间的维数，主要分为内部维数和外部维数两大类 4 个方面。内部维数分为文化维数和政治维数；外部维数分为国际文化维数和国际政治维数。维数的具体内容，如图 6-19 所示。

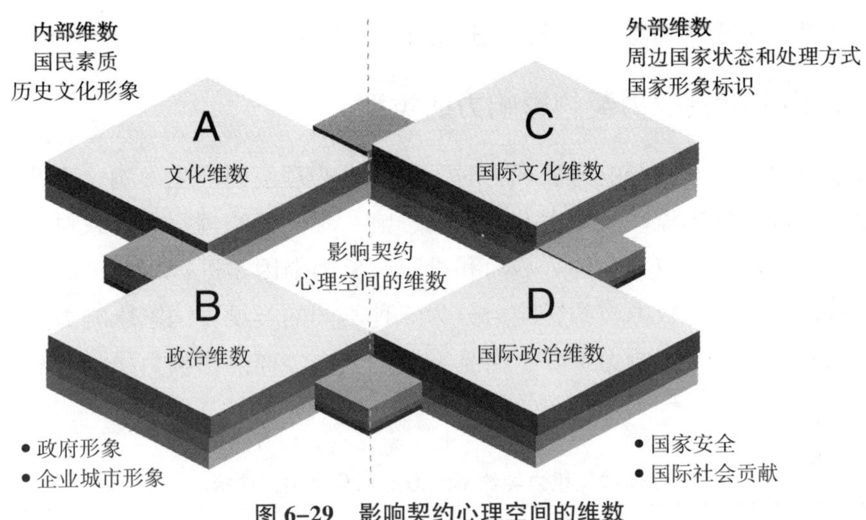

图 6–29 影响契约心理空间的维数

第四节 权力契约变化的价值创造

一、权力对策的研究对象

本章所说的权力对策，其研究重点就在应对上。权力的变动是一个动态、复杂的变化过程，具体表现在全球投资人对于该国权力契约的心理空间提升和挤压上。实际上是全球投资人如何充分利用权力契约进行应对，从而帮助该国和投资人创造最大的商业价值。因此，如何应对权力变动成为本章的研究对象。

现阶段还不是整个世界都进入了商业社会，一些国家仍处于工业社会甚至农业社会中，也就是说，它们还处于需求满足阶段，它们的权力不具有全球影响力，它们的权力契约还无法发挥作用，无法寻求全球投资，这时价值投资的权力对策还不适用该国。该国是否进入商业社会，成为四大对策是否适用的首要判断依据。

作为投资者，当一个国家的心理空间开始受到挤压、权力契约的影响力减少时，该国的商品心理空间提升的影响力也会变小，增大了投资该国商品实现倍增的难度。作为国家的管理者，需要研究如何使本国权力契约影响力长期提升，并且使本国持续处于“明星”阶段，创造更大的比较价值。

二、商业社会权力契约影响力的类型

商业社会权力契约影响力表现为对于投资人心理空间产生影响，由此对投资者的投资引起的资本流动类型也有很大的影响，不同的心理空间导致对于投资的反应也不相同，应按权力契约影响力和投资对象两个因素进行划分，如表 6–2 所示。这种划分方式将权力契约影响力分为 6 种不同的类型：国家影响力上升、国家影响力稳定、国家影响力下降、商品影响力上升、商品影响力稳定和商品影响力下降。

表 6–2　权力契约影响力的划分及类型选择

影响力 对象	上升	稳定	下降
国家	★		
具体商品	★	★	★

在这几种类型中并不是所有类型都需要关注，本书重点关注的有 4 种：国家影响力上升以及该国商品影响力上升、商品影响力稳定和商品影响力下降。

权力契约影响力变动值得重点关注的是国家影响力上升，同时该国的商品影响力上升、稳定和下降。国家权力契约影响力不断上升，意味着这个国家是人气关注的“明星”国家，具有价值的倍增空间，投资该国的商品才可能创造价值。该国的具体商品影响力上升、稳定和下降必须关注，它们是投资人投资的重要对象。

当一个国家的权力契约保持上升时，人们才会投资该国的商品，投资该国的商品才会安全，才有比较价值。投资人在该国寻求权力契约上升的商品进行投资，寻找文化价值、经济价值和社会价值创造的商品标的。同时，一个国家权力契约影响力的具体表现形式是该国的商品投资，如果一个国家商品投资的权力契约利用不好，反过来会影响该国的整体权力契约影响力上升，所以该国的商品投资的政策、法规、口碑、事件营商相当重要，呵护和监管好资本市场的商品投资，是商业社会的重中之重，也是本书权力契约影响力选择研究类型的重要原因所在。

三、“三价”的权力投资

（一）权力投资对策选择步骤

从国家层面来说，正确把握商业社会中的权力作用机理能够使本国的权力契约影响力更大，更加快速、健康地发展，创造更大的比较价值，有助于一个国家和地区选择适合自己的商业社会权力对策，也是一国政府和人民必须作出的正确抉择。把握权力作用机理便于全球投资人分辨该国政府和地区的权力契约运用的正确性，作出正确的投资决策。但权力变化并不都是由国家和地区决定的，权力契约变化在商业社会中主要由全球投资人决定，具有巨大的不确定性，每一个投资人都是商业社会的参与者，所以，权力契约不同的变化类型下，投资者必须选择相应的投资对策。权力对策的正确投资选择步骤一共分为 5 步，如图 6-30所示。只有根据这个步骤，商业社会的投资人才能更好地在商业社会实现价值创造，从而在商业社会占得先机。

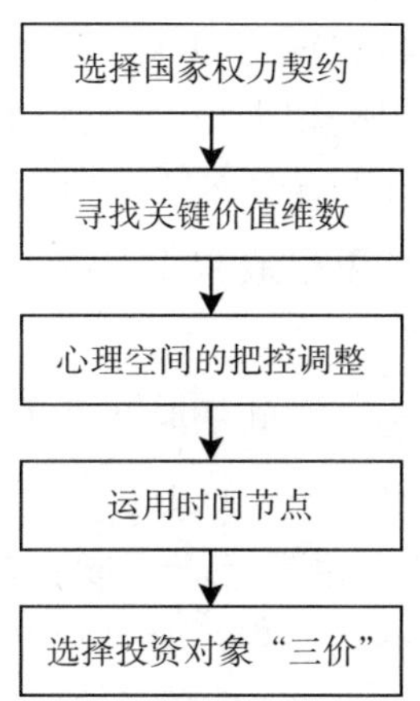

图 6-30　权力对策投资“三价”的步骤

第一步，对于投资人来说要选择国家权力契约，因为不同的权力契约所拥有的影响力提升空间不同，投资收益也就会不同。因为一个国家或地区自身的客观因素和全球投资人认同的价值维数决定心理空间大小。对于投资人来说，国家和地区确定的权力契约目标和投资人投资心理空间的变化是相互匹配的。在“明星”契约下，才可以使投资人在全球视野的投资中占得先机，不断地实现价值倍增。

第二步，寻找关键价值维数。选择好国家和地区的契约后，在一个国家（地区）通过寻找关键价值维数决定自己的投资路径非常重要。价值判断主要是要明确自己的比较价值目标。此时是这个国家商业社会发展最好的时期，商品投资价值空间大、增值速度快。

第三步，心理空间的把控调整。在商业社会中，权力契约存在较高的不确定性，对于这种契约投资的首选就是心理空间的把控能力。投资人要善于利用权力契约的把控方法，运用政策、法规、口碑、事件营商正确影响人们的心理空间，创造价值维数，应对别国的心理挤压，敢于主动调整人们的心理空间。

第四步，运用时间节点。任何一种权力契约都有空间限制，只是有的国家价值维数多，回旋余地大。如果不能正确利用时间节点调整权力契约空间，就会出现心理空间调整失误。好的时间节点，除了权力契约影响力继续保持外，投资人的心理空间可以一直保持长期的提升趋势。

第五步，选择投资对象“三价”。房价、物价和股价形成的“三价”是一国或地区人气价值的生动体现，“三价”是价值投资的最优选择对象，人们容易形成共识。权力契约的变动通过影响资本的流动影响“三价”的升降情况，是对人气对策的补充和完善。同时，根据权力契约的变动进行投资对象选择也是投资的重要步骤之一。“三价”代表的价值资产，是创造价值的最好载体，投资人要利用权力契约在“三价”投资对象上采取相应对策，创造商业价值。

（二）投资“三价”的选择

商业社会中权力契约影响心理空间的时间节点会受到价值维数的影响。无论是投资一个国家，还是投资在具体商品或其他领域上，都要根据心理空间与影响力的时间节点的变动不断调整，最后综合反映在具体的一个国家“三价”维数上。如图 6-31 所示，便是权力对策投资“三价”的典型状态下的选择逻辑。

对于商业社会中的投资人来说，实现价值创造的关键一步也是最后一步，就是投资“三价”。然而，对于“三价”的投资，权力契约的变动总是随着时间节点的转折情况变动。权力契约影响力变动过程是商业社会中的商业价值即文化价值、经济价值、社会价值之间流动的过程，也就是“三价”。因此投资人总是根据“三价”转折力度进行投资。

商业社会具有代表性的“三价”，即房价、物价和股价，三者在一条最为合理的人气线上分析权力契约在不同的时间节点的投资对策，“三价”投资要综合心理空间、时间节点是否明确以及价值维数分析，如图 6-32 所示。

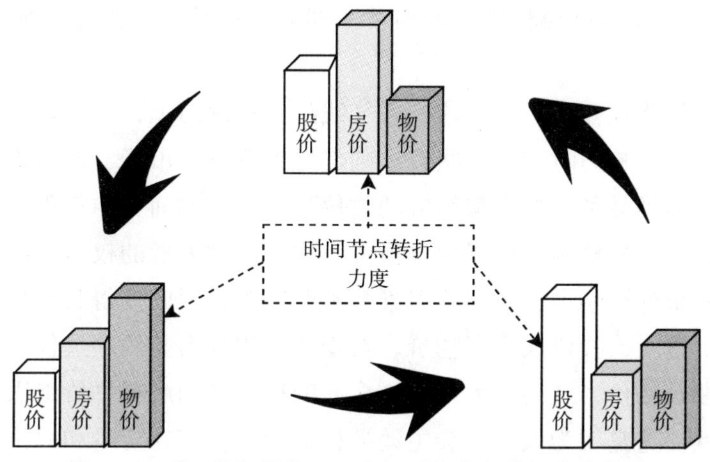

图 6-31 “三价”投资心理空间时间节点转折变化典型

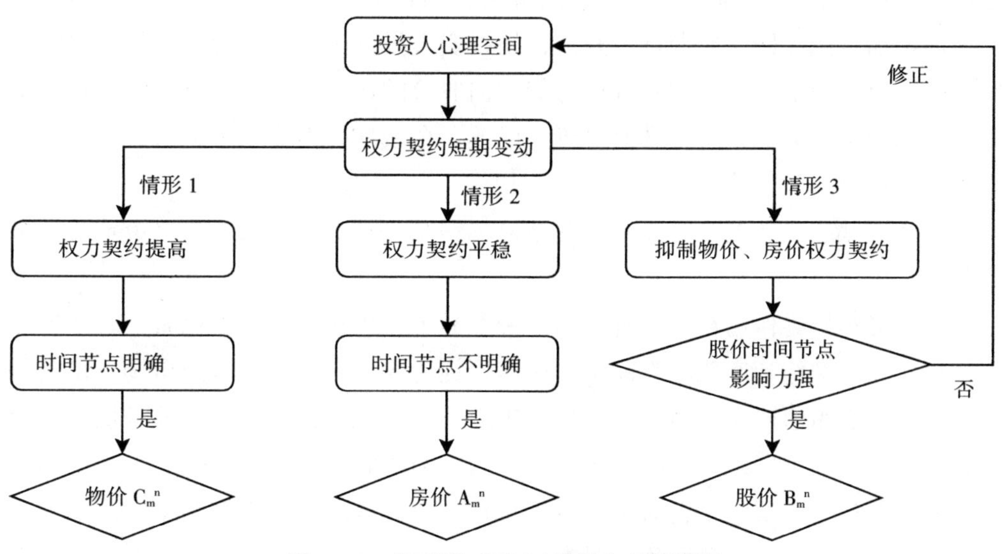

图 6-32 “三价”投资时间节点判断流程

注：A 代表房价，B 代表股价，C 代表物价；m 不同取值，对应在房、屋、股“三价”上，分别代表不同地区、区域的房价，不同属性的物价和不同行业、板块的股价；n=1 代表比较价值，n=2 代表相对价值，n=3 代表绝对价值。

下面从商业社会具有代表性的“三价”上，分析权力契约变化在心理空间、时间节点突破和价值维数分析中，价值创造如何实现投资的具体运用。

1. 情形一：权力契约提高—时间节点明确（物价不能上涨时间长）—投资物价

权力契约始终加在“三价”这一人气线的一种商品上，在选择“三价”投资时，只要物价的影响力时间节点明确，则优先投资物价市场，即物价为权力契约的确定性投资商品品种，权力契约撬动物价最容易，如前文中货币升值时人们首先选择股价、金钱杠杆首先选择房价投资一样，这时大量的权力契约全都作用在物价市场，物价的影响力、时间节点维数不断增多，由此使得其影响力的时间节点不断明确。这时，投资人投资物价、对物价运用权力契约是最佳权力对策。一旦价值维数驱动物价，就会有大量思维多元的权力契约解释物价上涨，从而使得物价上涨加快。这是因为人们不会主动把权力契约投资在房价和股价上，物价是权力契约投资的最为安全的选择，但由于物价时间节点的不断延长，心理空间就会超过极限。为了控制物价上涨人们就会有两种选择：一是减少权力契约的影响，即增加金钱杠杆，或者货币升值，使投资人投资房价、股价；二是使权力契约影响股市，如果不能成功实现权力契约向股价的转移，股市上涨又没有其他推动力，如货币升值不久或者升值时机不成熟，金钱杠杆不能一味宽松，股价就会缺乏上行动力。

2. 情形二：权力契约平稳—时间节点不明确—投资房价或股价（由币值或金钱决定）

权力契约始终作用在“三价”的一种商品上，当权力契约平稳时，时间节点不明确，权力契约到底能够帮助谁——房价或者物价，投资房地产市场还是股票市场，要根据币值或金钱对策才能作出决定。比如说，当金钱杠杆准备加在房价时，权力契约的价值维数不断涌现，房价影响力的时间节点不断确定，房价的心理空间不断打开，币值平台对于股价也一样。总而言之，权力契约帮助币值和金钱对策，共同完成房价和股价的投资。

3. 情形三：抑制物价的权力契约，扩大股市的权力契约——投资股价

（1）提高股价时间节点的影响力——投资股价。当投向物价的权力契约时间节点受到抑制时，具体表现为限制物价上涨，如大量抛出猪肉和粮食以稳定物价，这时权力契约可能帮助房价，人们发现权力契约影响力影响房价也会出现问题，人们就会到处炒高房价，抑制起来非常困难，就会出现到处都是限购、限贷等一系列措施。这时，人们都会希望将权力契约的影响力转向股市，大量的资金涌入股票市场，推动股价上涨。此时，投资思维必须进行转换，需要较高的智

慧。一种方式是权力契约配合币值、金钱，让个人投资者成为主体并投资股市，这时所有投资者不会十分理智，容易出现股市的暴涨暴跌，出现“股市也需要权力契约的干预和限制的”错觉；另一种方式是将权力契约运用在机构投资者上，大力培养机构投资者，规范机构投资者的投资行为，在相对高位股市由机构投资者持有股票，机构投资者相对稳健，股市就会避免大起大落，股市才能真正规范起来。权力契约真正成为股市的重要推动力，权力干预股市现象就会少得多。

（2）股价时间节点的影响力下行——股价大幅下跌。权力契约从物价、房价转向股价，也有不确定性，如果人们对于股价的时间节点的影响力转折力度不够，股价的心理空间就会大幅下跌，这时必须配合币值守住重要心理关口、金钱杠杆对于股价的资产市值心理阈值放大，才能真正实现权力契约向股市的有效转移。否则，一旦人们对于股价的时间节点影响力转折力度不够，资产价格大幅下跌，股市就会大幅下跌，重新树立投资者信心则需要相当长的时间。

参考文献

[1] Alamedin Bannaga. Currency Crisis in Sudan in 2012: An Econometric Analysis [J]. Arab Economic and Business Journal, 2015, 10 (1): 22-38.

[2] Amit Ghosh, Ramkishen S. Rajan. Exchange Rate Pass-through in Korea and Thailand: Trends and Determinants [J]. Japan and the World Economy, 2008, 21 (1): 55-70.

[3] Ajayi, A. R. and M. Mougoue. On the Dynamic Relation between Stock Prices and Exchange Rates [J]. The Journal of Financial Research, 1996, XIX (2): 193-207.

[4] Apte, P. G. The Interrelationship between Stock Markets and the Foreign Exchange Market [J]. Prajnan, 2001 (1): 17-29.

[5] Abul F. M. Shamsuddin, Jae H. Kim. Integration and Interdependence of Stock and Foreign Exchange Markets: An Australian Perspective [J]. Int. Fin. Markets, Inst.and Money, 2003 (13): 237-254.

[6] Bird, M., C. Channon, A. S. C. Ehrenberg. BrandImage and Brand Usage [J]. Journal of Marketing Research, 1970 (8): 307-315.

[7] Cocco, J. Portfolio Choice in the Presence of Housing [J]. Review of Financial Studies, 2005, 18 (2): 15-16.

[8] Chow, E. H., W. Y. Yang and T. S. Wang. Stock Return and Exchange Rate Risk: Evidence from Asian Stock Markets Based on a Bi-variate GARCH Model [J]. International Journal of Business, 2000, 5 (2): 97-117.

[9] Davidson. Econometric Modeling of the Sterling Effective Exchange Rate [J]. Review of Economic Studies, 1985 (52): 231-250.

[10] Frankel, J. Internationalization of the RMB and Historical Precedents [J]. Journal of Economic Integration, 2012, 27 (3): 329-365.

[11] Gerald F. Davis, Managed by the Markets: How Finance Re-Shaped America [R]. 2009: 235-255.

[12] Grimes A., S. Kerr, A. Aitken. Housing and Economic Adjustment [R]. Motu Working Paper, 2003.

[13] H. Bouakez, N. Rebei. Has Exchange Rate Pass-through Really Declined? Evidence from Canada [J]. Journal of International Economics, 2008, 75 (2): 249-267.

[14] J. Savage, J. S. Kerr, S. Topliss. The Private Residential Rental Market in New Zealand [Z]. Research Monograph #50, Wellington, N. Z. Institute of Economic Research, 1989.

[15] Kahneman, D. Attention and Effort [M]. Englewood Cliffs, NJ: Prentice-Hall, 1973.

[16] Kyung-Chun Mun. Volatility and Correlation in International Stock Markets and the Role of Exchange Rate Fluctuations [J]. Int. Fin. Markets, Inst. and Money, 2007 (17): 25-41.

[17] Keller, K. L. Conceptualizing, Measuring and Managing Customer-Based Brand Equity [J]. Journal of Marketing, 1993 (57): 1-22.

[18] Ming-Shiun Pan, Robert Chi-Wing Fok, Y. Angela Liu. Dynamic Linkages between Exchange Rates and Stock Prices: Evidence from East Asian Markets [J]. International Review of Economics and Finance, 2007 (16): 503-520.

[19] Mussa M. Empirical Regularities in the Behavior of Exchange Rate and Theories of the Foreign Exchange Market [A]// Karl Brunner, Allan H. Meltzer. (eds.) Policies for Employment, Prices, and Exchange Rates [C]. Carnegie Rochester Conference Serieson Public Policy, 1979.

[20] Nagashima Akira. A Comparison of Japanese and U. S. Attitude toward Foreign Products [J]. Journal of Marketing, 1970, 34 (1): 68-74.

[21] O'Donovanand, B. D. Rae. The Determinants of House Prices in New Zealand: An Aggregate and Regional Analysis [J]. New Zealand Economic Papers, 1997 (2): 175-198.

[22] Peter B. Evans, Harold K. Jacobson and Robert D. Putnam. (eds.) Double-Edged Diplomacy: International Bargaining and Domestic Politics, Berkeley [M].

Los Angeles: University of California Press, 1993.

[23] Qian, Y. M. and Yu, X. Y. Business Cycles, Firm Size and Market Reactions to News [R]. Working Paper, 2009.

[24] Roth Martin S., J. B. Romeo. Matching Product Category and Country Image Perceptions: A Framework for Managing Country-of-origin Effects[J]. Journal of International Business Studies, 1992, 23 (3): 477-497.

[25] Richins, M. L. Special Possessions and the Expression of Material Values [J]. Journal of Consumer Research, 1994 (21): 522-533.

[26] Roll, R. Industrial Structure and the Comparative Behavior of International Stock Market Indicts [J]. Journal of Finance, 1992 (47): 3-41.

[27] Roberto Cardarelli, Selim Elekdag, M. and Ayhan Kose. Capital Inflows: Macroeconomic Implications and Policy Responses [R]. IMF Working Paper, 2009.

[28] Sheth Jagdish N., Venkatesh Viswanath, Gross Barbara L. Why We Buy What We Buy: A Theoy of Consumption Value [J]. Journal of Business Research, 1991, 22 (2): 159-170.

[29] Takatoshi, Ito, Yuri N., Sasaki, Kiyotaka Sato. Pass-through of Exchange Rate Changes and Macroeconomic Shocks to Domestic Inflation in Eastern Asian Countries [C]. RIET1 Discussion Paper Series, 2005.

[30] Taylor, M. P., I. Tonks. The Internationalization of Stock Markets and the Abolition of UK Exchange Control [J]. Review of Economics and Statistics, 1989 (71): 332-336.

[31] Woodruff. Customer Value: The Neat Source for Competitive Advantage [J]. Academy of Marketing Science, 1997, 25 (2): 139-153.

[32] Wing T. W., Peter H. Exchange Rate and the Prices of Nonfood, Nonfuel Products [R]. Brookings Papers on Economic Activity, 1984.

[33] Zeithaml Valarie A. Consumer Perceptions of Price, Quality, and Vaule: A Means-End Model and Synthesis of Evidence [J]. The Journal of Marketing, 1988 (52): 2-22.

[34] 安吉. 农业在发展中国家经济发展中的作用研究 [D]. 浙江大学博士学位论文, 2007.

[35] 白钦先, 王兆刚. 体制变革的风险与可持续发展——浅评日本的金融改

革与金融危机 [J]. 日本学刊，1999 (2)：50-63.

[36] 白琳. 顾客感知价值、顾客满意和行为倾向的关系研究述评 [J]. 管理评论，2009，21 (1)：87-93.

[37] 柏拉图. 理想国 [M]. 郭斌和，张竹明译. 北京：商务印书馆，1986.

[38] 博格，罗尔斯. 生平与正义理论 [M]. 顾肃，刘雪梅译. 北京：中国人民大学出版社，2010.

[39] 毕玉江，朱钟棣. 人民币汇率变动的价格传递效应 [J]. 财经研究，2006 (7)：53-62.

[40] 卜永祥. 人民币汇率变动对国内物价水平的影响 [J]. 金融研究，2001 (3)：78-88.

[41] 曹东华. 流行语拾贝 [J]. 语文建设，2000 (6)：30.

[42] 陈敬东，王丽影. 基于伊利的价值导向型顾客满意理论与实证研究 [J]. 现代财经 (天津财经大学学报)，2015 (1)：103-113.

[43] 陈广前. 改革开放 30 年中国会计准则的历史变迁 [D]. 天津财经大学博士学位论文，2010.

[44] 陈懋功. 关于配第价值论中几个争论的问题——与晏智杰、尹昕同志商榷 [J]. 经济科学，1985 (5)：77-80+71.

[45] 陈雨露，侯杰. 汇率决定理论的新近发展：文献综述 [J]. 当代经济科学，2005 (5)：45-52+110.

[46] 陈雨露，王芳，杨明. 作为国家竞争战略的货币国际化 [J]. 经济研究，2005 (2)：35-44。

[47] 柴红霞. 西方近代社会契约理论的演进逻辑 [D]. 东北师范大学博士学位论文，2018.

[48] 迟海燕. 价值投资综述 [J]. 上海国资，2003 (1)：41-44.

[49] 丹尼尔·贝尔. 后工业社会 [M]. 北京：科学普及出版社，1985.

[50] 邓丕. 浅析国际金融危机的生成机理与传导机制 [J]. 科学咨询 (科技·管理)，2012 (5)：20-22.

[51] 邓志强. 社会转型对共青团参与社会管理的挑战及其应对 [J]. 中国青年研究，2012 (1)：27-30.

[52] 董大海. 基于顾客价值构建竞争优势的理论与方法研究 [D]. 大连理工大学博士学位论文，2003.

[53] 段彦飞. 美国债务经济的国际循环 [J]. 美国研究，2008（4）：53-64.

[54] 范秀成，陈洁. 品牌形象综合测评模型及其应用 [J]. 南开学报（哲学社会科学版），2002（3）：7-14.

[55] 樊华. 关于价值投资的若干问题探讨 [J]. 中国商论，2017（36）：32-33.

[56] 国家行政学院经济学教研部副主任董小君，国家开发银行博士蒋伟. 准确把握危机后国际资本流动新趋势 [N]. 中国经济时报，2017-09-22（5）.

[57] 赫伯特·斯宾塞. 社会学研究 [M]. 张红晖，胡江波译. 北京：华夏出版社，2001.

[58] 黄梅波，王珊珊. 美国国债危机的根源及出路 [J]. 亚太经济，2012（1）：70-74.

[59] 黄群慧. 中国的工业大国国情与工业强国战略 [J]. 中国工业经济，2012（3）：5-16.

[60] 黄卫平，丁凯. 以汇率改革带动产业结构优化升级 [J]. 前线，2006（5）：7-14.

[61] 胡晓炼. 人民币汇率形成机制改革的成功实践 [EB/OL]. 中国人民银行官方网站，2010-07-30.

[62] 纪宝成. 流通领域必须坚持多种经济成分的长期并存 [J]. 财贸研究，1992（4）：1-9.

[63] 金碚. 论经济全球化3.0时代——兼论“一带一路”的互通观念 [J]. 中国工业经济，2016（1）：5-20.

[64] 蒋廉雄，卢泰宏. 形象创造价值吗？——服务品牌形象对顾客价值—满意—忠诚关系的影响 [J]. 管理世界，2006（4）：106-114+129.

[65] 加里·胡佛，薛源等. 愿景：企业成功的真正原因 [M]. 北京：中信出版社，2003.

[66] 李楠. 马克思的社会理想与中国特色社会主义理论的人类性 [J]. 学术探索，2013（1）：44-48.

[67] 李北东.《马克思主义基本原理概论》的差别教学 [J]. 四川师范大学学报（社会科学版），2012，39（3）：84-87.

[68] 李新宽. 重商主义概念辨析 [J]. 东北师范大学学报（哲学社会科学版），2009（4）：137-141.

[69] 李维才. 唐代粮食问题研究 [D]. 山东大学博士学位论文，2011.

[70] 李婷. 基于顾客满意的效用定档理论与实证研究 [D]. 西安理工大学博士学位论文，2017.

[71] 鲁世巍. 美元霸权与国际货币格局 [M]. 北京：中国经济出版社，2006.

[72] 罗茂菊. 19 世纪到 20 世纪初美国文学中的百老汇 [J]. 安徽文学，2014，4（下半月）：34–36.

[73] 卢梭. 社会契约论 [M]. 何兆武译. 北京：商务印书馆，2009.

[74] 吕耀. 中国农业社会功能的演变及其解析 [J]. 资源科学，2009（6）：950–955.

[75] 刘定平. 突发事件环境下投资者情绪对股票价格波动影响的实证研究 [D]. 西南财经大学博士学位论文，2014.

[76] 刘尧. 大学 EMBA 教育如何突围 [J]. 教育与职业，2013（10）：18.

[77] 黎贵才，卢荻. 国际资本流入是否提升了中国经济增长效率 [J]. 经济学家，2014（3）：56–63.

[78] 马克思恩格斯选集（第 2 卷）[M]. 北京：人民出版社，1995.

[79] 马克思，恩格斯. 马克思恩格斯全集（第 3 卷）[M]. 北京：人民出版社，1965.

[80] 马丁·雅克. 大国雄心：一个永不褪色的大国梦 [M]. 北京：中信出版社，2016.

[81] 密尔. 论自由 [M]. 程崇华译. 北京：商务印书馆，1959.

[82] 倪庆东. 汇率变动对我国股票市场的影响研究 [D]. 西南财经大学博士学位论文，2010.

[83] 彭德金. 论中国传统道德与文艺关系的演变 [J]. 吉林教育，2011（8）：18–19.

[84] 裘超强. 中国股市价值投资研究 [D]. 上海交通大学博士学位论文，2008.

[85] 尚勇. 论知识社会 [J]. 中国软科学，2009（8）：1–12.

[86] 绳鹏. 销售行为学 [M]. 北京：中国社会科学出版社，2008.

[87] 孙智君. 20 世纪三四十年代中国农村工业化思想研究——基于期刊文献的考察 [J]. 河北经贸大学学报，2013，34（6）：127–131.

[88] 谭光万. 中国古代农业商品化研究 [D]. 西北农林科技大学博士学位论文，2013.

[89] 谭小芬，林木材. 人民币升值预期与中国房地产价格变动的实证研究[J]. 中国软科学，2013（8）：55-66.

[90] 田进. 心理预期对汇率变动的影响[J]. 商场现代化，2005（30）：263.

[91] 唐可欣，魏玮. 西方经济学经济周期理论研究进展与展望[J]. 经济纵横，2010（12）：126-130.

[92] 王凤祥. 贝尔纳主义研究[D]. 华东师范大学博士学位论文，2013.

[93] 王靓靓. 价值投资策略在证券市场的适用性研究[J]. 时代金融，2015（23）：129+132.

[94] 王高望，邹恒甫. 重商主义、货币和宏观经济政策分析[J]. 世界经济文汇，2013（5）：1-17.

[95] 汪建红. 论历史基础知识的特征——以“男耕女织”为例[J]. 历史教学，2015，7（上半月）：35-38.

[96] 王强军. 刑法修正之于社会舆论：尊重更应超越[J]. 政法论丛，2014（3）：104-111.

[97] 汪侠，刘泽华，张洪. 游客满意度研究综述与展望[J]. 北京第二外国语学院学报，2010，32（1）：22-29.

[98] 吴鑫育，任森春，马超群，汪寿阳. 中国股票市场的时变杠杆效应研究——基于随机 Copula 模型的实证分析[J]. 管理科学学报，2017（9）：70-84.

[99] 吴季松. 自然科学技术与社会科学研究在中国决策中的作用[J]. 国际社会科学杂志（中文版），1993（2）：131-136.

[100] 吴俊良. 基于股票价值投资理念的投资者实践操作探索[J]. 中国集体经济，2018（3）：88-89.

[101] 武修文，武文博. 市场、规模和杠杆因素对中国股市波动的影响分析[J]. 中央财经大学学报，2014（9）：47-54.

[102] 熊彼特. 经济分析史（第 1 卷）[M]. 北京：商务印书馆，1991.

[103] 徐赛. 中国国际话语权问题研究[D]. 国际关系学院博士学位论文，2015.

[104] 杨和英. 由“封闭社会”通向“开放社会”——从柏格森、波普尔到索罗斯[J]. 中共贵州省委党校学报，2009（5）：76-78.

[105] 杨静，高琳琦. 顾客偏好的动态挖掘算法[J]. 信息与控制，2007（1）：125-128.

［106］杨岳峰. 当代美元霸权的内在矛盾及其影响研究［D］. 吉林大学博士学位论文，2011.

［107］杨文圣. 马克思划分社会形态的多重维度［J］. 史学理论研究，2012（1）：22-28.

［108］易小明. 论比较价值［J］. 哲学动态，2015（8）：34-39.

［109］尹小兵. 货币价值理论：一个综述［J］. 金融研究，2006（9）：179-190.

［110］尹志超，宋全云，吴雨. 金融知识、投资经验与家庭资产选择［J］. 经济研究，2014（4）.

［111］喻文菡，邓朝华，邱心镜. 基于感知价值和信任的移动健康服务用户采纳行为研究［J］. 医学与社会，2013，26（11）：70-74.

［112］袁闯，周晖，刘宛晨，刘灿辉. 中国证券公司净资本比率顺周期性实证研究［J］. 金融研究，2012（5）：70-79.

［113］余金成. 论社会规律形态［J］. 天津师范大学学报（社会科学版），2012（3）：1-9.

［114］周暄明，丁子函，堀江正弘. 日本经济高速增长的政策软实力［J］. 现代日本经济，2010（1）：7-14.

［115］郑志国. 全球化视域中的人类社会发展规律［J］. 岭南学刊，2016（6）：5-22+2.

［116］张新波，张志强. 马克思恩格斯的社会发展动力思想探析［J］. 中共山西省直机关党校学报，2011（1）：9-11.

［117］张钦辉，吉昱华. 国际金融危机对世界及中国经济的影响［J］. 特区经济，2011（8）：70-73.

［118］张仲华. 基于激励的心理期望管理研究［J］. 商场现代化，2007（34）：261-262.

［119］张会清，唐海燕. 人民币升值、企业行为与出口贸易——基于大样本企业数据的实证研究：2005~2009［J］. 管理世界，2012（12）：23-34+45+187.

［120］曾贵. 价值投资的风险观及其投资启示［J］. 湖南工业职业技术学院学报，2016，16（5）：20-23.